Grenzen der Demokratie

Friedrich Thießen (Hrsg.)

Grenzen der Demokratie

Die gesellschaftliche Auseinandersetzung
bei Großprojekten

2. Auflage

 Springer VS

Herausgeber
Friedrich Thießen
Technische Universität Chemnitz,
Deutschland

Das Buch ist entstanden auf Initiative des Rhein-Main-Instituts, Darmstadt.

ISBN 978-3-531-19681-7 ISBN 978-3-531-19682-4 (eBook)
DOI 10.1007/978-3-531-19682-4

Die Deutsche Nationalbibliothek verzeichnet diese Publikation in der Deutschen Nationalbibliografie;
detaillierte bibliografische Daten sind im Internet über http://dnb.d-nb.de abrufbar.

Springer VS
© VS Verlag für Sozialwissenschaften | Springer Fachmedien Wiesbaden 2012
Einbandentwurf: KünkelLopka GmbH, Heidelberg

Gedruckt auf säurefreiem und chlorfrei gebleichtem Papier

Springer VS ist eine Marke von Springer DE. Springer DE ist Teil der Fachverlagsgruppe Springer
Science+Business Media.
www.springer-vs.de

Inhalt

Großprojekte aus der Sicht der Bürger

Großprojekte aus Sicht von Politik und Wirtschaft

Vorwort

Die Auseinandersetzung mit großen Infrastrukturprojekten fordert die Gesellschaft in besonderem Maße. Nutzen und Lasten von Großprojekten sind oft nicht gleich verteilt. Während manche sich von dem Projekt Vorteile versprechen, sehen andere Einschränkungen auf sich zukommen. Daraus resultieren intensiv geführte Auseinandersetzungen, die oft auf dem Gerichtswege ausgetragen werden.

Die Parteien sind meist ungleich organisiert. Sie haben ungleiches Ausgangswissen und können unterschiedlich viele Ressourcen an Zeit und Geld in die Auseinandersetzungen investieren. Dies stellt besondere Anforderungen an die gesellschaftlichen Verfahren, mit denen zwischen den Interessen abgewogen wird. Für die Gesellschaft als Ganzes ist es wichtig, über Verfahren zu verfügen, welche die Partikularinteressen in Grenzen halten. Die Verfahren müssen bei unterschiedlichen Organisationsgraden der Beteiligten, bei unterschiedlichem Einsatz an Zeit und Geld und bei unterschiedlicher Artikulationsfähigkeit und Kompetenz der Betroffenen in der Lage sein, die gemeinwohlmaximierende Lösung zu finden.

Die offiziellen Entscheidungsverfahren sind nicht immer in der Lage, dies zu erreichen. So treten vermehrt informelle Verfahren – etwa in Gestalt sogenannter "Mediationen" oder Abstimmungen an „runden Tischen" hinzu. Die Erfahrungen zeigen, dass aber auch diese Verfahren nicht in der Lage sind, Ergebnisse zu produzieren, die von allen Beteiligten mitgetragen werden. Sie werden missbraucht und verlieren an Akzeptanz. Deshalb sind Gerichte diejenigen Institutionen, die letztlich über Großprojekte entscheiden. Sie müssen umfangreiches Abwägungsmaterial zur Kenntnis zu nehmen und Funktionen erfüllen, die nach der Gewaltenteilung eigentlich vom Gesetzgeber und der Exekutive wahrzunehmen sind. Werden sie dieser Aufgabe gerecht?

Wie also steht es in Deutschland mit der Qualität und Objektivität der Verfahren, mit denen über große Infrastrukturprojekte entschieden wird? Welche Defizite es in dieser Hinsicht noch gibt, soll in dem vorliegenden Band behandelt werden. 23 Autoren, allesamt langjährige Begleiter großer Infrastrukturvorhaben geben einen Einblick in die Abläufe bei solchen Projekten. Verhaltensweisen der verschiedenen Gruppen von Beteiligten an Großprojekten werden ausführlich geschildert. Das Buch will Fakten aufzeigen, die der weiteren Forschung als Grundlage dienen können und aus denen vielleicht Gesetzmäßigkeiten erkennbar werden.

Der Herausgeber bedankt sich bei einer Vielzahl von Personen, die zum Gelingen des Werkes beigetragen haben. Dazu gehört zuerst das Rhein-Main-Institut mit seinen Vorstandsmitgliedern Martin Führ und Martin Kaltenbach für die Förderung dieses Buches. Dann ist den Autoren sowie vielen weiteren Mitarbeitern aus deren Kanzleien, Unternehmen, Bürgerinitiativen und Parteien zu danken. Ganz besonderer Dank gehört Frank Schindler vom VS-Verlag für seine Hilfe. Und ohne die koordinierende Tätigkeit von Frau Uta Martin hätte das Buch nie erscheinen können.

Frankfurt, im Januar 2012

Friedrich Thießen

Friedrich Thießen

Einleitung / Zusammenfassung

Der Umgang mit Großprojekten gehört zu den schwierigen Problemen unserer Zeit. Flughäfen, Bahnhöfe, Autobahnen, Kanäle, Tiefseehäfen, Kraftwerke, Windparks u.v.a. sind Vorhaben, die eine Vielzahl von Menschen involvieren und gesellschaftliche Konflikte heraufbeschwören.

Man kann Großprojekte aus mehreren Sichtweisen betrachten:

- Rechtliche Sicht
- Betriebswirtschaftliche Sicht
- Volkswirtschaftliche Sicht
- Medizinische Sicht
- Technische Sicht u.a.

Das vorliegende Buch enthält Beiträge zu all den genannten Aspekten. Als Klammer fungieren die *Abläufe* in den Prozessen bis zur formalen Genehmigung von Großprojekten. Erstmals in der Literatur werden die tatsächlichen Abläufe bei der Vorbereitung, Genehmigung und die damit zusammenhängenden gesellschaftlichen Auseinandersetzung untersucht. Dies erfolgt am Beispiel von Flughäfen. Die Sichtweise ist weniger analytisch als deskriptiv. Das Buch will Fakten offenlegen, die der weiteren Forschung als Grundlage dienen können. Einige Schlussfolgerungen lassen sich aber gleichwohl schon jetzt ziehen und sind in diese Zusammenfassung sowie die Einzelbeiträge der Autoren eingearbeitet.

Begriffsbestimmung

Der Begriff *Großprojekt* wird viel verwendet, aber selten exakt abgegrenzt. Synonym werden die Begriffe Großvorhaben oder *Mega-Projekt*[1] verwendet. Die Bundesregierung spricht von Infrastrukturprojekten mit überregionaler Relevanz.[2] Im Gesetzentwurf des Bundesinnenministeriums vom 6.12.2010 für das Planungsvereinheitlichungsgesetz[3] wird von „wichtigen Infrastrukturvorhaben" gesprochen. Die Deutsche Industrie und Handelskammer verwendet den Begriff in einer Stellungnahme zum Gesetz übereinstimmend.[4] Letztlich betroffen von dem Gesetz sind Projekte, für die ein *Planfeststellungsverfahren* notwendig ist, so dass man den Begriff auch nach diesem rechtlichen Kriterium abgrenzen könnte, also als Projekte, für die ein Planfeststellungsverfahren erforderlich ist.

---

[1] Siehe Bent Flyberg, Nils Bruzelius und Werner Rothengatter (2003), Megaprojects and Risk, Cambridge University Press
[2] Siehe Bundestagsdrucksache 17/4788 http://dipbt.bundestag.de/dip21/btd/17/047/ 1704788.pdf, S.1
[3] Siehe http://fluglaermbbi.de/downloads/101206_gesetzentwurf_bmi.pdf
[4] Siehe http://www.dihk.de/ressourcen/downloads/stellungnahme-VwVfG-novelle.pdf, S.1

Auch in der privaten Wirtschaft wird der Begriff Großprojekt verwendet. Im Deutsche Bahn Konzern zeichnen sich Großprojekte u.a. durch folgende Eigenschaften aus: es sind zeitlich begrenzte, genau definierte Vorhaben von konzernweiter Bedeutung. Das Budget beträgt mehr als 250 Mio. Euro. Es gibt eine eigenständige Organisation und besondere Aufsichts- und Kontrollverfahren.[5]

In diesem Buch rekurrieren wir im Sinne der Bundesregierung auf

- Infrastrukturvorhaben mit überregionaler Relevanz,
- für die im Regelfall spezielle Instrumente der regionalen Entwicklungssteuerung angewandt werden müssen (Landesentwicklungspläne, Planfeststellungsverfahren, Raumordnungsverfahren) und
- für die sich begünstigte und belastete Menschen unterscheiden lassen.

Methodisches Vorgehen

Da bisher so wenig über die konkreten Abläufe bei Großprojekten bekannt ist, ist das Buch als quellenerzeugendes Werk konzipiert.[6] Das Buch wählt den Ansatz der Zeitzeugenbefragung. Ausgewählte Experten aus unterschiedlichen Fachgebieten geben Bericht über ihre jeweilige persönliche Arbeit, über die von ihnen wahrgenommene Arbeit anderer Fachleute und über die allgemeine Entwicklung, so wie sie sie wahrgenommen haben.

Die Experten erhielten zur Vorbereitung ein kurzes Exposee, welches die Intention des Buches aufzeigte. Anschließend konnten die Experten über diejenigen Episoden berichten, die ihnen besonders wichtig oder typisch erschienen. Dabei hielten sich manche eng an die Vorgaben, während andere mehr oder weniger davon abwichen, wenn ihnen bestimmte Zusammenhänge besonders bedeutend waren.

Die Herausgeber beschränken sich weitgehend auf die Darlegung der Berichte der Autoren. Auf den allgemeinen Wesenskern von Phänomenen wird bei Zeitzeugenbefragungen mit Hilfe einer Variation der Kontexte geschlossen, in welchen die Subjekte die Phänomene erlebt haben: „Was invariant bleibt, gibt Hinweise auf das Wesen des Phänomens."[7] Um trotz Variation der Kontexte die Beiträge vergleichbar zu halten, erfolgte eine Beschränkung auf *Ausbauverfahren von Flughäfen*. Die Autoren wurden so ausgewählt, dass sie aus ganz verschiedenen Blickwinkeln und Interessen heraus und bei unterschiedlichen Projekten Erfahrungen bei derartigen Ausbauverfahren gesammelt haben.[8] Die Erfahrungen der Autoren stammen im Wesentlichen aus dem Zeitraum 1978 bis 2010.

Die Herausgeber sind der Überzeugung, dass die hier vorgestellten Berichte in diesem Sinne einen kleinen Einblick in das Wesen des Umgangs mit Großprojekten in Deutschland geben.

---

[5] Für diese Informationen bedanke ich mich bei Herrn Stefan Penn, Leiter Großprojekte beim Deutsch Bahn Konzern.
[6] Mayring, Philipp, Einführung in die qualitative Sozialforschung, Weinheim, 2002
[7] Mayring, Philipp, 2002, S.108
[8] Zur Mitarbeit aufgefordert wurden außer den hier mitwirkenden Autoren auch Vorstände von Flughäfen, Luftverkehrsgesellschaften und Landesregierungen.

Die Ergebnisse

In den nun folgenden Abschnitten werden wichtige Aspekte, welche die Autoren dieses Bandes darlegen, kurz zusammengefasst geschildert, um einen Einblick in die Struktur und Besonderheiten der Abläufe bei Großprojekten zu geben.

Diese Kenntnisse können nützlich sein für:

- Die *Legislative* in Deutschland, welche erkennen kann, wie die Beteiligten bei Groß-projekten typischerweise agieren und reagieren und die daraus lernen kann, welche Folgen Politikmaßnahmen haben.
- Die *Exekutive*, welcher vielleicht nicht bewusst ist, wie ihre verschiedenen Organe bei Großprojekten handeln.
- Die *Judikative*, welche Informationen über mögliche Schwachpunkte des legislativen Systems, insbesondere der Rechtssprechung in Deutschland gewinnen kann.
- *Protagonisten* aus Wirtschaft und der Bürgerschaft, die etwas über Macht- und Ein-flusspositionen sowie über den Erfolg und Misserfolg unterschiedlicher Maßnahmen erkennen können.
- Die *Wissenschaft,* welche eine Sammlung von Tatbeständen vorfindet, die bisher über Abläufe bei Großprojekten nicht zu finden ist.

Das Grundprobleme: Überflutung mit Informationen

Ein Grundprobleme von Großprojekten scheint die Überflutung mit Informationen zu sein. Letztlich geht es um die Frage, ob ein Großprojekt durchgeführt werden soll oder nicht. Welche Alternativen gibt es, und wie sind alle Möglichkeiten zusammen zu bewerten.

Viele Autoren berichten über die ungeheuren Informationsmengen, die mit Großpro-jekten verbunden sind. Diese Informationen betreffen viele Fachgebiete. Sie haben eine enorme Breite des Themenspektrums, weil Großprojekte in viele Bereiche hineinwirken. Sie gehen aber in jedem Fachgebiet tief in Details und erreichen bisweilen die Grenze der Verständnisfähigkeit selbst von Spezialisten. Kaum einer der Involvierten hat das Gefühl, die Informationsmengen bewältigen zu können. Damit fehlt ihnen die Fähigkeit, fundierte Entscheidungen zu treffen.

Ein Autor dieses Bandes vermutet, dass aufgrund dieser nicht vollständig bewältigbaren Informationsflut eine rationale sachliche Aufklärung der Vor- und Nachteile von Großprojekten nicht gelingen kann und deshalb letztlich *politisch* über Großprojekte entschieden werden muss.

Über Großprojekte kann nicht von *Experten* entschieden werden, weil diese, wie das Buch zeigt, aus ihren speziellen Blickwinkeln heraus nur Teilinformationen beisteuern können, und weil kaum jemand das, was die Experten sagen, auf Korrektheit und Unverzerrtheit hin überprüfen kann. Die Manipulation von Gutachten ist ein in diesem Band viel angesprochenes Problem. Anstatt also nicht überprüfbaren Experten eine Ent-scheidung zu überlassen, sei es besser, die Entscheidung politisch, d.h. demokratisch treffen zu lassen.

Allerdings lässt sich das Informationsproblem mit einer Verlagerung auf die politische Ebene auch nicht lösen. Denn es muss bei politischen Entscheidungen zu einem Mindestmaß an demokratischer Willensbildung kommen. Dies setzt ein Mindestmaß an unverzerrter Informiertheit entweder *aller* Beteiligten – bei direkter Demokratie – oder wenigstens von deren demokratisch gewählten Vertretern voraus. Wie mit den gewählten Vertretern (d.h. der Legislative) in Bezug auf Informationen (z.B. durch Vorhabensträger und die Exekutive) umgegangen wird, zeigen Beispiele in diesem Buch auf.

Die Aggregation des Expertenwissens, die Kontrolle der Gutachter und sonstigen Fachleute, die öffentliche Meinungsbildung, das In-Schach-halten privater Interessen u.v.m. stellen sich bei Großprojekten als Mammutaufgabe heraus, die – das deutet sich in dieser Arbeit an – bisher nicht zufriedenstellend gelöst ist.

Die Entstehung von Projektideen

Es wird viel über die Rolle der Politik als Antreiber von Entwicklungen gesprochen. Tatsache ist aber, dass es nicht immer die Politik ist, die Großprojekte initiiert, sondern ein Unternehmen, das ein privatwirtschaftliches Ziel erreichen will. Bei kleineren Projekten ist dies kein Problem: die Unternehmen beginnen einfach unter Einhaltung der üblichen Vorschriften mit ihrer Arbeit.

Bei großen Projekten dagegen gehen die Unternehmen in der ersten Stufe auf die zuständigen Behörden zu und fragen, welche Anforderungen noch erfüllt werden müssen, damit das Projekt realisiert werden kann. Bei größeren Projekten bleibt es gar nicht aus, dass Gespräche über den Kreis der zuständigen Behörden hinaus geführt werden. Auf diese Weise kommt die Politik ins Spiel. Sie ist anfänglich noch nicht unbedingt sichtbar. Die ersten Gespräche werden ohne Öffentlichkeit geführt. Die Politik wird erst dann sichtbar, wenn Entscheidungen durch größere Gremien gebracht werden müssen.

Neuerdings wird die Politik immer früher sichtbar. Sie versucht, die Verantwortung für Großprojekte von sich weg zu schieben und trachtet danach, mit runden Tischen oder Mediationsverfahren die allgemeine Bevölkerung stärker einzubinden. Ein Trend hin zu solchen, die Öffentlichkeit einschließenden Verfahren der direkten Demokratie ist unübersehbar.

Runde Tische oder Mediationsverfahren sind aber, das zeigen die Erfahrung und die Beispiele in diesem Buch, auch keine Lösung des Informationsproblems. Sie sind nicht „ergebnisoffen", sondern werden von allen Beteiligten benutzt, ihre Ziele zu erreichen. Dabei haben diejenigen, welche die Arbeitsweise von runden Tischen, Mediationsverfahren etc. beeinflussen können, einen enormen Vorteil. Sie verwenden erhebliche Mühe darauf, Verfahrensweisen und Abläufe zu finden, durch welche die wahrscheinlichen Ergebnisse in ihrem Sinne beeinflusst werden. Die Autoren dieses Bandes zeigen hierfür eine Fülle von Beispielen. Es wird deutlich, wie weit entfernt von einem befriedigenden Stand derartige Verfahren heute noch entfernt sind.

Ziele der Politik

Welche Ziele die Politik bei Großprojekten verfolgt, ist nicht immer klar erkennbar. Auch für die handelnden Personen in der Politik sind Großprojekte in ihrer Komplexität schwer zu begreifen. Ob sie wirklich zu einer Verbesserung einer Situation, zu einer Wohlfahrt-steigerung, beitragen, ist auch für Handelnde in der Politik nicht leicht zu erkennen.

Natürlich bildet sich jeder eine persönliche Meinung, ob er ein Projekt für gut oder schlecht hält. Aber kaum jemand kann sicher sein, dass die Meinung, die er sich persönlich gebildet hat, wirklich fundiert ist. Man stößt daher bei Großprojekten häufig auf Menschen, die keine eigenständige Meinung vertreten, sondern sich an vorgegebenen Linien orientieren. Dies sind häufig Parteilinien oder, falls keine Parteilinie für ein bestimmtes Projekt definiert wurde, die Ansicht von Fraktionsvorsitzenden diverser Parlamente, oder – bei den größeren Projekten – die Ansichten der Landesregierungen.

Autoren in diesem Band stellen fest, dass von den Parteien, Fraktionsvorsitzenden und insbesondere den Landesregierungen Druck auf die Führungskräfte einer Region ausgeübt wird, die von der Landesregierung einmal eingeschlagene Linie zu verfolgen. Dies hängt offenbar damit zusammen, dass es bei Großprojekten häufig gute Argumente sowohl für als auch wider die Projekte gibt und eine eindeutige Vorteilhaftigkeit daher nicht begründbar ist. Jeder könnte genauso überzeugend befürwortende wie ablehnende Argumente vorbringen. Um nun „unfruchtbare" Diskussionen zu unterbinden, wird Druck auf die Führungskräfte der jeweils betroffenen Region ausgeübt, sich nicht gegen die festgelegte Richtung zu äußern.

Auf der anderen Seite üben auch die Initiatoren und Vorhabensträger Druck auf die Politik aus, die Projekte zu unterstützen. Die Vorhabensträger haben eine ziemlich genaue Vorstellung davon, ob *ihnen* ein Projekt nützt oder nicht. Dieser Druck wird z.B. mit der Drohung, aus einer Region in eine andere abzuwandern, subtil unterstützt. Die Diskussion wird durch vereinfachte, plakative und zugespitzte Argumente geprägt. Im Fall von „Stuttgart 21" haben die Vorhabensträger sicherlich auch deshalb solche Probleme, weil es in dem Fall nicht gelungen ist, ganz einfache und genügend wichtige Gründe zu finden (bei anderen Großprojekten sind es häufig Arbeitsplatzargumente), warum das Projekt notwendig sei.

Die Prüfung von Alternativen

Eine Rolle der Politik könnte es sein, die von privaten Projektträgern initiierten Projekte zu durchleuchten und auf denkbare Alternativen hin zu überprüfen. Es versteht sich und ist niemandem anzukreiden, wenn private Projektträger vor allem solche Projekte vorschlagen, die ihnen selbst nützen. Es ist aber nicht gesichert, dass solche Vorhaben auch aus Sicht der Gesellschaft die wohlfahrtmaximierenden sind. Eine Prüfung von Alternativen ist deshalb sinnvoll.

Im Fall von Flughafenausbauten ist ein Fakt bemerkenswert: Die Missachtung von Alternativen. Aus gesellschaftlicher Sicht wäre es angesichts der weitreichenden Wirkungen, die Großprojekte oft haben, sinnvoll, objektiv über Alternativen nachzudenken. Dies erfolgt aber im Regelfall nicht. Es wird so getan, als hätte der Projektinitiator alle denkbaren Alternativen objektiv abgewogen und nur das eine, zur Debatte stehende Projekt sei realisierbar und für die Gesellschaft vernünftig. Ein Autor dieses Bandes formuliert seine Beobachtung so:

> „Musste die Alternativensuche wirklich derart grob und oberflächlich ausfallen? Meiner Wahrnehmung nach gab es überhaupt keine ernsthafte Prüfung alternativer Lösungen, was einen Gesetzesverstoß darstellt, denn eine gewisse Sorgfalt ist schon notwendig. Aber nachzuweisen, ob

dieses Mindestmaß an Ernsthaftigkeit und Sorgfalt wirklich erreicht bzw. verfehlt wurde, ist sicherlich fast unmöglich. Die Grenzen des Rechtsstaates sind hier erreicht."

Ex post Controlling

Schließlich ist daran zu denken, Projekte ex post zu überprüfen, um aus Fehlern zu lernen. Grundsätzlich kann nicht ausgeschlossen werden, dass Beteiligte lernen und Fehler nicht ein zweites Mal machen wollen. Immerhin sind Großprojekte von der Öffentlichkeit begleitet.

Allerdings beklagen die Autoren in diesem Band, dass sie ein wirksames und systematisches ex post Controlling nicht beobachten. Eine Kontrolle darüber, ob die zur letzten Ausbauentscheidung führenden Gründe und Ziele erreicht wurden, fehlt in der Regel. In den hier behandelten Fällen wurde kein einziges Mal eine ex post Kontrolle der Zielerreichung durchgeführt.

In der politischen öffentlichen Darstellung wird mit dem Worten: „auf den Weg gebracht", „in die Wege geleitet", „ein Projekt angestoßen" der positive Beginn bzw. die Erwartung veröffentlicht. Der eigentliche Projektstart wird ebenfalls öffentlichkeitswirksam begangen. Ein Hinterfragung oder wirtschaftliches Resümee, auch um hieraus Lehren für die Zukunft zu ziehen, eine abschließende Kosten- / Ertragskontrolle unterbleibt in der Regel bzw. wird nicht publiziert.

Die Steuerung der Genehmigungsverfahren

Eine Vielzahl von Berichten in diesem Band behandelt den Prozess der Genehmigung von Großprojekten. Großprojekte greifen in die Belange vieler Personen und Institutionen ein. Die Rechtslage erlaubt diese Eingriffe nicht ohne weiteres, weshalb eine Fülle von Genehmigungen einzuholen ist, wozu Informations- und Prüfungsschritte durchlaufen werden müssen. Diese Prüfschritte fallen in den Verantwortungsbereich nachgeordneter Behörden (z.B. Regierungspräsidien). Sie werden nach Ansicht vieler Autoren dieses Bandes weniger von dem Wunsch sachbezogener Erkenntnisgewinnung getragen, als vielmehr von dem Wunsch, ein Großprojekt, für das einmal eine positive politische Vorentscheidung gefallen ist, tatsächlich durchzusetzen. Die Behörden agieren in den ihnen gesetzten Grenzen als Erfüllungsgehilfen der oberen politischen Instanzen, die in den Vorgesprächen mit den Vorhabensträgern eine positive Vorentscheidung getroffen haben. Da zu dem Zeitpunkt der politischen Vorentscheidung noch gar nicht alle Informationen auf dem Tisch lagen (und der Vorhabensträger die Politik vermutlich nicht über alles informiert hat), geraten die nachgeordneten prüfenden Instanzen in Konflikte, welche sie mit verschiedensten Maßnahmen zu lösen versuchen. Nachgeordnete Behörden dehnen ihre Ermessensspielräume weit aus, um die Projekte im Sinne der Landesregierungen realisieren zu können.

In den folgenden Abschnitten werden einige Aspekte der Steuerung von Projekten aufgegriffen und typische Maßnahmen vorgestellt.

Gremienarbeit

Die Bildung diverser Gremien ist ein Kennzeichen von Großprojekten. Gremien bereiten Entscheidungen vor, beschaffen und sichten Informationen, äußern Einschätzungen, nehmen Bewertungen vor, tragen durch Verlautbarungen zur öffentlichen Meinungsbildung bei. Teils ist solche Gremienarbeit gesetzlich vorgeschrieben, teils wird sie freiwillig vorgenommen. In diesem Band wird über Gremien berichtet, die im Zusammenhang mit runden Tischen und Mediationsverfahren gebildet wurden.

Gremien können nicht einfach so mit ihrer Arbeit beginnen. Die Arbeitsweise von Gremien muss vielmehr organisiert werden. Dies geschieht üblicherweise durch übergeordnete Institutionen (Sekretariate etc.). Diese Sekretariate legen wichtige Rahmenbedingungen fest. Scheinbar ist es die wichtigste Aufgabe der Sekretariate, die Gremien von formalen Aspekten (Protokoll schreiben, Einladungen verschicken) zu entlasten und somit zu einer Effizienzsteigerung der Gremien beizutragen. Tatsächlich aber legen die Sekretariate die Gremienarbeit weitgehend fest und determinieren damit die Ergebnisse. Einer Legitimation entzieht sich die Arbeit der Sekretariate bisher weitgehend. Sie tragen offenbar mehr zu den Ergebnissen bei als die Gremienmitglieder selbst.

Die Autoren dieses Bandes diskutieren diverse Maßnahmen z.B. im Zusammenhang mit der Aufgabenformulierung, mit Tagesordnungen, Sprecherlaubnissen, Antragsrechten, Erstellung- oder Nichterstellung von Zusammenfassungen, Einsichtsrechte in Akten etc., über welche durch die Sekretariate entschieden wird und welche die Ergebnisse der Gremienarbeit deutlich beeinflussen. Im Folgenden werden stichpunktartig einige genannt:

- Es wird versucht, Gremien „freundlich" zusammenzusetzen (z.B. Übergewicht von Vertretern der eigenen Meinung).
- Unfreundlich zusammengesetzte Gremien verpflichtet man zu einstimmigen Beschlüsse. Bei freundlich zusammengesetzten Gremien wählt man Mehrheitsbeschlüsse.
- Die Ergebnisprotokolle unfreundlich zusammengesetzter Gremien enthalten nur die konsensualen Aspekte. Divergierende Argumente werden nicht genannt.
- Unfreundlich zusammengesetzte Gremien werden nicht um schriftliche, sondern nur um mündliche Stellungnahmen gebeten, die nicht dokumentiert werden.
- Knappe Budgets verhindern tiefergehende Recherchen oder gar die Einholung umfangreicher Gutachten. Das Instrument knapper Budgets wird bei kritischen Themen eingesetzt. Ein knapper Zeitrahmen wirkt in dieselbe Richtung.
- Umfangreiche Budgets werden dort eingesetzt, wo Ergebnisse eine Projektunterstützung erwarten lassen. Dort gibt es auch längerfristigere Zeitrahmen.
- Untätigkeit ist ein Instrument, kritische projektgefährdende Themen „auszusitzen". Beobachtet wurde, dass solche Themen freundlich zusammengesetzten Gremien überantwortet werden, welche untätig bleiben. So wird das Entstehen von evtl. negativen Informationen verhindert.
- Gremien schalten Experten ein. In Einzelfällen haben sich Mitarbeiter von Vorhabensträgern nach ihrer Pensionierung selbstständig gemacht und wurden anschließend als „neutrale" Consultants berufen. In einem Fall hat ein solcher neutraler Consultant sogar die Abgeordneten des hessischen Landtages über das Pro und Contra eines Großvorhabens informiert, ohne dass den Abgeordneten bekannt gemacht wurde, dass der Referent früherer Mitarbeiter des Vorhabensträgers war.
- Gutachtenaufträge werden entweder von freundlich zusammengesetzten Gremien oder direkt vom Vorhabensträger erteilt (statt von neutralen Stellen). Auf diese Weise wird gehofft, eher gewünschte Ergebnisse zu erhalten. Unfreundlich zusammengesetzte Gremien erhalten nicht das Recht, Gutachtenaufträge zu erteilen.

Qualitätssicherung

Aus dem Misstrauen gegen Gutachter heraus, hat es sich eingebürgert, wissenschaftlichen Prinzipien folgend Gutachten einer sogenannten Qualitätssicherung unterziehen zu lassen. Allerdings zeigt sich, dass auch der Prozess der Qualitätssicherung nicht frei von Eingriffen ist.

Die Autoren dieses Bandes stellen fest, dass eine strengen Anforderungen genügende Qualitätssicherung eher vermieden wird. Qualitätssicherung wird meist nicht derart in den Prozess der Projektgenehmigung eingebunden, dass die Ergebnisse irgendeine definitive Bindungswirkung entfalten. Es sind „nice-to-have" Erkenntnisse, welche die Qualitätssicherung liefert, und es bleibt den Entscheidungsträgern frei, sie zu beachten oder nicht.

Autoren dieses Bandes berichten auch, dass die Qualitätssicherung als Instrument benutzt wird, Kritiker in die Vorhaben einzubinden. Dabei wird die Tatsache genutzt, dass Stellungnahmen von Qualitätssicherern nicht binden. Sie sind auch wenig öffentlichkeitswirksam. Durch Verträge werden die Qualitätssicherer zudem zum Schweigen über alle bekannt gewordenen Inhalte verpflichtet, so dass diese in ihrer Arbeit als „Kritiker" der Projekte eher behindert werden als ihr Anliegen wirksam voranzubringen.

Steuerungsmaßnahmen der Politik

Eine Reihe von Beiträgen in diesem Band beleuchtet die *Signale*, welche die Politik in Bezug auf ein Großprojekt aussendet und die *Maßnahmen*, die sie tatsächlich ergreift. Hier scheint es ein Missverhältnis zu geben. Die an die Öffentlichkeit gerichteten Signale und die tatsächlichen Maßnahmen divergieren. Dies sei an einigen Beispielen beleuchtet:

- Absichtserklärungen werden ohne Zeitrahmen ausgegeben. Dabei wird die Tatsache genutzt, dass ex post Kontrollen nicht durchgeführt werden.
- Absichtserklärungen werden ohne rechtliche Bindung ausgesprochen, so dass die handelnde Minister oder Amtsleiter nachgeordneter Behörden ihre Entscheidungen unberührt davon treffen können. *„Die Genehmigung einer solchen Maßnahme wird auf keinen Fall erteilt"*, erklärte der Hessische Minister für Wirtschaft und Technik einmal – unverbindlich –, um die Bevölkerung zu beruhigen. Später wurde die Genehmigung doch erteilt.
- Landtagsbeschlüsse suggerieren eine besonders hohe Relevanz und beruhigen die Bevölkerung. Sie enthalten aber häufig nur vage Absichtserklärungen und sind nicht mit konkreten Maßnahmen unterlegt. Es wird sorgfältig darauf geachtet, dass sie unverbindlich bleiben und niemanden zu irgendeinem Handeln zwingen.
- In Dortmund rief ein Bürgermeisterkandidat im Vorfeld einer Kommunalwahl einmal einen runden Tisch ins Leben, konsultierte Bürger und arbeitete an einem Vergleichsvorschlag streitender Ansichten mit. Nach der Wahl übernahm seine Partei die Vorschläge nicht.
- Unangenehme Beschlüsse werden auf wenig öffentlichkeitswirksame Zeiten gelegt (Vorweihnachtstage, Urlaubszeit).
- Beschlüsse von runden Tischen und Mediationsverfahren werden, wenn die Stimmung beruhigt ist, nicht oder nur teilweise umgesetzt (Beispiele Frankfurt, Dortmund).

- Um das Risiko eines Projektscheiterns zu verringern, werden Gesamtprojekte in Teilschritte zerteilt. Kleinere Teilschritte passieren die Gremien leichter.
- Maßnahmen werden verklausuliert erklärt: Landebahnen werden „aus Sicherheitsgründen" verlängert oder um „Verspätungen" zu reduzieren.
- Teilgenehmigungen werden erteilt und lösen später Sachzwänge aus.

Auffällig an den Verlautbarungen aus der Politik ist, dass die privatwirtschaftlichen Interessen der Projektträger praktisch nie thematisiert werden. Stattdessen stellt die Politik die sozialen Wirkungen der Projekte heraus. Die Projekte werden dabei auf wenige Kernwirkungen (z.B. Arbeitsplätze) reduziert.

Die Rolle der Richter

Eine besondere Rolle bei Großprojekten spielen die Gerichte. Dies liegt daran, dass Streitigkeiten oft nicht gütlich im Kompromisswege gelöst werden können. Bei Großprojekten ist wegen der Größe der Projekte schlicht jedes Nachgeben mit einer entsprechend großen Vermögensminderung verbunden. Die Parteien wählen deshalb häufig den Klageweg.

Für die Gerichte ist die oben thematisierte Informationsflut ein Problem. Komplexe Vorhaben wie Flughafenausbauten stellen Richter vor enorme Schwierigkeiten. Sie müssen über schwierigste Fragen aus sehr unterschiedlichen Fachgebieten richten.

Die Informationsflut ist allerdings kein Problem, für das die Rechtsprechung nicht Lösungen gefunden hätte. Es gibt verschiedene anerkannte Verfahren, wie Gerichte mit dem Problem der Informationsflut umgehen können.

Auffällig bei den hier thematisierten Großprojekten ist es nun, dass die Richter diese Verfahren weitgehend ignorieren. In den meisten Fällen zeigten die Richter kein Interesse an einer Aufklärung der Sachlage und an einer Vertiefung in die Fakten hinein.

Das oberste Verwaltungsgericht Hessens, der VGH in Kassel, hat sich bei seinen Entscheidungen im Flughafenausbau Frankfurt eine Fülle von Fachgutachten vorlegen lassen, deren Durchdringen praktisch keinem Laien möglich ist, hat aber in keinem einzigen Fall die Möglichkeit genutzt, Hilfestellung von gerichtsbestellten Obergutachtern zu erhalten. Es fragt sich: haben die Richter die vielen Gutachten ganz alleine durchgearbeitet und verstanden?

Es scheint also so zu sein, dass das Verhalten, das man bei Politikern und anderen Führungskräften vorfindet, nämlich sich der Analyse und Sichtung der ungeheuren Faktenflut zu entziehen, auch bei den Gerichten vorhanden ist. Sie negieren die Pflicht zur Beschaffung und Analyse der Fakten. Ja, man kann sagen, die Richter versuchen erst gar nicht, sich in die schwierige Materie einzuarbeiten und sich ein konkretes Bild der Fakten zu machen.

Wie aber agieren sie dann? Auf welcher Grundlage sprechen sie ihre Urteile? Als Methode der Richter schält es sich heraus, dass sie nach Spielräumen suchen, die sie durch *eigenes Ermessen* ausfüllen dürfen. In Verwaltungsgerichtsverfahren gibt es viele derartige Spielräume. Und ein weiterer Spielraum ergibt sich dadurch, dass nirgendwo festgelegt ist, wie tief durchdacht dieses „eigene Ermessen" eigentlich ausfallen muss. Dafür gibt es keine festen Regeln. Reicht die Anwendung gesunden, aber laienhaften Menschenverstandes aus? Oder muss sich der Richter in die Fakten und Methoden der Spezialisten hineinarbeiten?

Dies ist nicht geklärt und gibt den Richtern Spielraum, den sie häufig im Sinne politischer Vorgaben ihrer jeweiligen Landesregierungen nutzen.[9]

In der Konsequenz muss man feststellen, dass Großprojekte nicht immer wirklich fundiert geprüft werden: die nachgeordneten Fachbehörden versuchen, die Vorgaben der Politik zu erfüllen und die Gerichte beurteilen die vorliegenden Fakten nach „eigenem Ermessen" und orientieren sich dabei ebenfalls an den Vorgaben der Politik.

Das Amtsermittlungsprinzip und seine Umsetzung

Im Verwaltungsgerichtsverfahren gilt der *Amtsermittlungsgrundsatz*. Demnach haben die Gerichte die Pflicht, die relevanten Sachverhalte von sich aus zu überprüfen. Diesem Grundsatz kommen die Gerichte bei Großprojekten praktisch nicht nach. Deshalb hat es sich eingebürgert, dass die streitenden Parteien Privatgutachten vorlegen, welche die notwendigen Informationen liefern. Solche Gutachten sind aber oft nicht objektiv und werden von den Partien auch so ausgestaltet, dass sie die Argumentation der eigenen Partei unterstützten. Es handelt sich nicht um neutrale, wissenschaftliche Gutachten, sondern um interessegeleitete mehr oder weniger wissenschaftlich verbrämte Begründungen der eigenen Position.

Gerichte haben insoweit, als sie solche Gutachten bei ihrer Entscheidungsfindung berücksichtigen, die Pflicht, die vorgelegten Papiere zunächst auf die Einhaltung der notwendigen Qualitätsmerkmale hin zu überprüfen. Dieser Pflicht kommen die Gerichte in vielen Fällen aber auch nicht nach. Sie prüfen die Gutachten durch mehr oder weniger einfache *Plausibilitätsüberlegungen*.

Es kann schon als eine Art Anmaßung der Richter betrachtet werden, wenn sie über die Frage, ob die Qualität eines Gutachtens ausreicht, durch eigene Plausibilitätsüberlegungen entscheiden wollen. Die Richter überschätzen ihre Fähigkeiten, und sie unterschätzen die Gewieftheit der Gutachter. Denn die Gutachter haben sich mittlerweile auf das Verhalten der Gerichte eingestellt. Die Gutachten werden entsprechend der typischen groben Prüfverfahren der Richter ausgestaltet; sie sind zunehmend ein Reflex nicht mehr der wissenschaftlichen Qualitätsanforderungen an Gutachten, sondern des Verhaltens der Richter. Wissenschaftliche Standards treten in den Hintergrund. Es werden standardisierte und leicht verständliche Vorgehensweisen gewählt, welche die Plausibilitätsprüfungen der Richter passieren. In den Details finden sich dann Manipulationen teils enormen Ausmaßes. Diese Manipulationen werden in vielen Beiträgen dieses Buches geschildert.

Nur um ein Beispiel zu nennen: Teilzeit-Arbeitnehmer an Flughäfen, welche nur 2 oder 3 Stunden pro Tag arbeiten, werden in Gutachten als Vollzeitarbeitnehmer gezählt, wodurch die ökonomischen Wirkungen von Flughäfen aufgebläht werden. Es ist vermutlich noch nie vorgekommen, dass Richter solchen Manipulationen nachgespürt hätten. Man müsste sehr tiefgehende Untersuchungen durchführen, um die Manipulationen aufzudecken, was die Richter unterlassen und was die Gutachter ihrerseits einkalkulieren.

Aber die Richter gehen noch einen Schritt weiter. Wie Gerichte selbst Gutachten, an denen erhebliche Zweifel ganz offensichtlich sind, akzeptieren, sei an einem weiteren Fall verdeutlicht: Einer streitenden Partei war aufgefallen, dass ein wichtiger Datensatz eines Gutachtens einen völlig veralteten Zeitraum abdeckte. Der Richter ordnete eine Aktualisie-

---

[9] Beispielhaft zur Art der Abwägung nach freiem Ermessen s. Hessischer VGH Kassel, Verfahren 11 C 227/08.T, Urteil vom 21. August 2009, S. 110 ff. insbes. S. 114 f.

rung an. Danach konnte der Gutachter die zentralen Schlussfolgerungen seines früheren Gutachtens nicht mehr aufrechterhalten. Der Richter erkannte die früheren Schlussfolgerungen gleichwohl an, weil sie ihm eher plausibel erschienen als die Schlussfolgerungen, die man aus den aktualisierten Daten ziehen musste. Durch die Aktualisierung hatte der Richter einen formalen Fehler beseitigen lassen. Dann konnte er in eigenem Ermessen entscheiden.

In einigen Fällen haben sich Richter auf die Existenz von Qualitätssicherungsgutachten berufen, welche die Beklagtengutachten bestätigten. Hierzu kann als Beispiel die Hamburger Qualitätssicherung eines für einen Projektträger angefertigten Prognosegutachtens aufgeführt werden: Der Ersteller des Prognosegutachters verweigerte dem Qualitätssicherer den Einblick in die Details der Prognose. Eine wirkliche Qualitätssicherung war deshalb nicht möglich. Der Qualitätssicherer konnte nur feststellen, dass die Methodik des Prognosegutachtens nicht von vornherein durch das Raster einer groben Plausibilitätsprüfung falle. Dies reichte dem Richter, um die Prognose anzuerkennen. Den Manipulationen im Detail spürte er nicht nach.

Alles zusammengenommen zeigt sich also, dass die derzeitige Rechtslage offenbar einen sehr weitgehenden Freibrief für den virtuosen Umgang mit Gutachten und der richterlichen Ermittlung von Tatsachen und Sachverhalten darstellt. Das Verhalten der Richter, die sich auf eigenes Ermessen stützen und tiefgehende Recherchen unterlassen, eröffnet den Gutachtern eine Fülle von Möglichkeiten, ihre Ergebnisse „zielorientiert" anzupassen.

Die Unabhängigkeit der Richter

Von einigen Autoren wird die Unabhängigkeit oder Abhängigkeit der Richter von der Politik thematisiert. Grundsätzlich werden Richter im Richterwahlausschuss und nicht direkt von der Politik gewählt. In Hessen aber wurde z.B. der 11. Senat des VGH eigens gegründet, um Luftverkehrsfragen zu klären. Der A-380-Prozess war der erste Testfall. Die Richter wussten von vornherein, warum sie auf ihren Platz befördert worden waren und was von Ihnen erwartet wurde. Ob Richter bei Großprojekten wirklich unabhängig sind, wird von vielen Autoren in diesem Band bezweifelt.

Die Rolle der Revision im Verwaltungsgerichtsverfahren

Greifen wir die Frage auf, welche Rolle für Großprojekte die Möglichkeit einer Revision von Verwaltungsgerichtsurteilen beim Bundesverwaltungsgericht in Leipzig spielt?

Liest man die Beiträge in diesem Band, dann kann die Rolle des Gerichtes in Leipzig gar nicht hoch genug eingeschätzt werden. Dies liegt daran, dass bei Großprojekten, die so bedeutend erscheinen, dass die Landesregierungen eingreifen, die nachgeordneten Behörden und die Landesgerichte, wie gezeigt, in ihrer Arbeit nicht mehr ganz unabhängig sind. Das Bundesverwaltungsgericht befindet sich außerhalb des Einflusses der Bundesländer und ist damit die praktisch einzige unabhängige Instanz.

Aus mehreren Gründen ist der Einfluss dieser Instanz auf Großprojekte jedoch begrenzt.

In diesem Band werden zwei Aspekte von den Autoren angesprochen:

Zum einen werden viele Entscheidungen der Landesgerichte sofort von den begünstigten Unternehmen umgesetzt, so dass eine Revision in vielen Fällen vor vollendeten Tatsachen steht. Es kommt zur sog. „Richterschelte", materielle Änderungen erfolgen aber nicht mehr.

Zum anderen ist an die besondere Struktur der Verfahren vor dem Bundesverwaltungsgerichtes zu denken: In der Revision werden nur noch *Verfahrensfehler* behandelt. In die *Tatsachenermittlung* wird dagegen nicht mehr eingegriffen. Deshalb ist es schwierig, Fehler unterer Gerichte zu rügen, die bei der Beurteilung von Tatsachen, z.B. dem leichtfertigen Anerkennen manipulierter Gutachten, aufgetreten sind. Dies gibt den Richtern an Landesgerichten die Möglichkeit, Fachgutachten auch minderer Qualität (sie dürfen nur keine extrem groben Verstöße gegen übliche Praktiken aufweisen) zu akzeptieren, ohne mit nachträglicher Kritik rechnen zu müssen.

Die Neutralität von Experten

Ein großes Problem ist der Mangel an unbeeinflussten Experten. Großprojekte werden von bedeutenden Vorhabensträgern unterstützt. Der Arm großer Vorhabensträger reicht in Deutschland weit. Bei vielen Sachfragen gibt es Schwierigkeiten, Personen zu finden, die bereit sind, ein Gutachten zu übernehmen, dessen Ergebnis gegen einen bedeutenden Vorhabensträger gerichtet sein könnte. Viele potentielle Gutachter haben Angst, dass sie nie wieder einen Gutachtenauftrag bekommen, weil es in der Regel die großen Vorhabensträger sind, die häufiger Gutachten gebrauchen. Wenn ein Projekt von der öffentlichen Hand unterstützt wird, dann gilt das erst Recht: Ein Gutachter, der mit Ergebnissen rechnet, die sich gegen ein solches Projekt auswirken, muss damit rechnen, keinen Auftrag von der öffentlichen Hand mehr zu bekommen.

Das Verhalten der Bürger

Fragen wir uns als letztes, welche Reaktionen Großprojekte bei den Bürgern einer betroffenen Region auslösen. Hier stoßen wir auf sehr unterschiedliche, teils sehr engagierte, teils aber durchaus auch irrationale, zumindest nicht wirklich vernünftig erscheinende Verhaltensweisen. Während bei den Projektträgern, deren Gutachtern, aber auch bei den Politikern, den beteiligten Juristen und den Richtern wie oben gezeigt in Bezug auf Großprojekte ein an den eigenen Interessen orientiertes eher rationales Verhalten zu beobachten ist, handeln die Bürger ganz anders. Es ist eine starke emotionale Komponente zu beobachten sowie ein eher kürzerfristiger Betrachtungshorizont.

Generell scheint es die Regel zu sein, dass Bürger nur dann reagieren, wenn sie durch irgendetwas persönlich beeinträchtigt werden. Frühzeitige Informationen lösen bei den Bürgern überwiegend keine Reaktionen aus. Erst dann, wenn sich eine unmittelbar wahrnehmbare Beeinträchtigung einstellt, beginnen Reaktionen. Allerdings reagieren viele Bürger selbst dann nicht. Bei vielen hat sich eine Art Resignation gegenüber allen bedeutenderen Vorgängen eingestellt, die verhindert, dass sie aktiv werden. Vielleicht liegt es daran, dass Großprojekte so komplex sind, dass den Bürgern die Möglichkeiten, ihre eigenen Interessen einzubringen, als sehr gering erscheinen: Die Verfahren sind undurchsichtig. Die Erfahrung zeigt, dass Politik und Vorhabensträger oft zusammenarbeiten, so dass Widerstände gegen Großprojekte keinen Erfolg haben. Viele Bürger arrangieren sich deshalb frühzeitig mit den Beeinträchtigungen.

Nur ein winziger Teil der Bürger wird aktiv. Es kommt zur Gründung von Bürgerinitiativen, die einen Zusammenschluss aktiver Bürger darstellen. Häufig kommt es dabei aber zu persönlichen Animositäten der Aktiven. Viele möchten sich nicht unter- und einordnen, so dass die Front gegen ein Großprojekt zersplittert ist.

Unter den Aktiven gibt es aber immer wieder auch Personen, die sehr viel Bewegung erzeugen. Solche charismatischen Personen können andere motivieren, selbst aktiv zu werden. Dies hat bei den ersten Protesten gegen Flughafenerweiterungen (Startbahn West, 1978 - 80) zu enormen Aktivitäten von Bürgern geführt. Der damalige Pfarrer von Mörfelden-Waldorf, Herr Öeser, erlangte durch sein Wirken bleibende Berühmtheit. Unter seiner Leitung hatten Aktivisten zeitweilig das Heft in der Hand und bestimmten die öffentliche Diskussion. Die Politik hat aus diesen Erfahrungen gelernt: Sie lässt sich seitdem die Bestimmung der Formen der öffentlichen Meinungsäußerung nicht mehr aus der Hand nehmen.

Die Formen, in denen sich Bürgerproteste äußern, sind Demonstrationen, Besetzungen bestimmter Plätze, Flugblattaktionen, Erzeugung von Sachinformationen und deren Verbreitung über die Presse oder an andere Aktivisten, Volksbefragungen. Wie die Erfahrungen zeigen, sind praktisch alle diese Instrumente erfolglos. Insbesondere Demonstrationen entfalten nur ganz selten größere Wirkungen. Zumeist schließen sich zu wenige Personen an. Oft erscheinen die Themen den Bürgern als zu abstrakt. Bürger nehmen an Demonstrationen offenbar eher teil, wenn sie bereits persönliche Beeinträchtigungen erleben oder durch die Themen emotional berührt werden. Der Erfolg der Anti-Stuttgart 21-Bewegung muss aus diesem Blickwinkel heraus betrachtet werden.

Die Politik reagiert auf Bürgerproteste unsicher. Teils wird versucht, diese zu vereinnahmen, zu integrieren. Teils werden diese aber auch bewusst ausgegrenzt. Erinnerlich ist der berühmte Satz des hessischen Ministerpräsidenten Börner, der über einen Teil der Demonstranten sagte „*früher am Bau hätte man das mit der Dachlatte erledigt*". Solche Sätze entfalten Wirkung, weil sie eine soziale Ausgrenzung der Protestwilligen darstellen. Die überwiegende Zahl der Bürger möchte nicht ausgegrenzt sein, sondern möchte zur akzeptierten Mehrheit gehören. Durch derartige Sätze wird klargestellt, wer zur akzeptierten Mehrheit gehört, was bei den Bürgern, die mit einem Anschluss an eine Protestbewegung liebäugeln, aufmerksam wahrgenommen wird. Ein Teil der Protestwilligen lässt sich auch durch Polizeieinsätze einschüchtern. Die Angst vor einer „erkennungsdienstlichen Behandlung" ist deutlich zu spüren. Bürger möchten in der anonymen Masse verschwinden, nicht aber als Einzelperson auffallen. Berichtet die Presse darüber, dass die Polizei Autonummern aufgeschrieben und Personen photographiert hat, schüchtert das Protestwillige ein.

In der jüngeren Zeit ist die Politik dazu übergegangen, Bürger über formale Verfahren einzubeziehen (Mediation, runde Tische). Der Hauptgrund scheint zu sein, dass mithilfe dieser Formen anderen Formen des Bürgerprotestes der Boden entzogen wird. Personen, die an den anderen Formen des Protestes teilnehmen, werden dann ausgegrenzt, weil es ja die Möglichkeit der Beteiligung an den runden Tischen und den Mediationsverfahren gibt. In diesen Verfahren bestimmt dann aber die Politik mit den oben genannten Methoden die Abläufe und kann die Ergebnisse entsprechend steuern.

Problematisch an Bürgerprotesten ist insbesondere der späte Zeitpunkt, zu dem sie üblicherweise einsetzen. Menschen werden erst dann aktiv, wenn sie persönlich betroffen sind. Das führt dazu, dass zu den Zeitpunkten, zu denen die notwendigen Entscheidungen zu treffen sind, d.h. im Planungsstadium, relativ wenig Widerstand gegen Großprojekte vorhanden ist.

Über Geld redet man nicht

Ein letzter interessanter Aspekt betrifft die praktisch völlige Ausgrenzung des Faktors Geld bei Debatten über Großprojekte. Obwohl Großprojekte meist deutlich erkennbar Gewinner und Verlierer verursachen, wird in der öffentlichen Debatte selten über Gewinne und Verluste in monetären Größen diskutiert.

Für negativ betroffene Bürger macht sich die Tradition in Deutschland ungünstig bemerkbar, dass Entschädigungszahlungen relativ gering ausfallen. Im Falle des Luftverkehrs sind wesentliche Belastungen durch Fluglärm entschädigungslos hinzunehmen. Währenddessen profitieren Anbieter von Luftverkehrsleistungen wie Flughäfen, Airlines und Zulieferer ganz direkt messbar monetär von Großprojekten. Dies wird aber nie thematisiert.

Statt monetärer Aspekte werden bestimmte soziale Eigenschaften der Projekte in den Vordergrund gerückt. Die gesamtgesellschaftliche Wohlfahrt und insbesondere die Frage von Arbeitsplätzen wird in einer wenig konkreten, ex post nicht nachprüfbaren Art und Weise thematisiert. Es wird an ein Gruppengefühl appelliert und die Zustimmung zu dem Großprojekt zu einer sozialen Pflicht hochstilisiert. Gegner von Projekten werden in eine Minderheitenecke gedrängt und sozial ausgegrenzt.

Zusammenfassende Würdigung

Fassen wir die hier vorgetragenen Punkte zusammen, dann ergibt sich, dass sich die Abläufe bis zur Genehmigung von Großprojekten durch folgende Aspekte auszeichnen:

- *Grundproblem*: Überflutung der Entscheidungsträger mit für den Einzelnen nicht bewältigbaren Informationsmengen.
- *Landesregierung*: Involvierung von Landesregierungen, die zu einem ganz frühen Zeitpunkt, an dem noch nicht alle Informationen verfügbar gemacht wurden, bereits informelle Vorentscheidungen über die Unterstützung oder Ablehnung von Großprojekten treffen.
- *Nachgeordnete Behörden*: Beeinflussung nachgeordneter Behörden durch Landesregierungen.
- *Prozesssteuerung*: Im Verlauf der Prozesse zur formalen Genehmigung von Großprojekten Einsatz diverser Instrumente der Verfahrenssteuerung, um Ergebnisse im Sinne der früher getroffenen informellen Vorentscheidungen erzielen zu können.
- *Gerichte*: Rückgriff von Richtern auf das eigene Ermessen. Dadurch Entwertung von Gutachten und Expertenmeinungen.
- *Revisionsgerichte*: Geringe Einflussmöglichkeit des Revisionsweges.
- *Bürger*: Nicht ganz rationale Aktivitäten der Bürger.

Das Informationsproblem bei Großprojekten

Christoph Ewen

Wahr oder unwahr?

Zum Umgang mit Fachfragen in der gesellschaftlichen Auseinandersetzung um Flughäfen[1]

Zusammenfassung

Im folgenden Beitrag wird die Frage thematisiert, wie die Klärung wissenschaftlich-fachlicher Fragen im Kontext öffentlicher Debatten um Infrastrukturanlagen stattfinden sollte.Angesichts der Relevanz wissenschaftlich-fachlicher Einschätzung für die am Ende zu treffende Entscheidung gilt es, genau hinzuschauen, wer aus welcher Rolle heraus und mit welchem Interessenhintergrund welche fachliche Position vertritt. Für den Staat als Garant einer fairen und richtigen Entscheidung erwächst hier eine neue Rolle. Er muss neben Macht und Wohlstand auch Expertise organisieren. Ein Weg dafür wäre, im Vorfeld der politischen Entscheidungen, neutrale Instanzen einzusetzen, die
Sachfragen behandeln (Mediation, Runder Tisch etc.). Über Szenarien, Anhörungen und Gutachten mit Qualitätssicherung können unterschiedliche fachliche Positionen aufeinander bezogen und eine neutrale Position im Hinblick auf die Beantwortung von Fachfragen entwickelt werden. Das Mediationsverfahren zur Zukunft des Frankfurter Flughafens stellt für diese Vorgehensweise eine Pilotanwendung dar. Hier wurden beispielhaft Fachzusammenhänge im weitgehenden Konsens untersucht, verknüpft und interpretiert. Die politische Entscheidung wird damit nicht ersetzt – sie wird besser vorbereitet. Für das Verständnis politischer Entscheidungen ist es dabei wichtig, dass die vorbereitende Klärung der Sachfragen durch eine Instanz vermittelt worden ist, die nicht im Verdacht steht, parteiisch zu sein.

Einleitung

Die Auseinandersetzung um das Bahnprojekt „Stuttgart 21" weist auf eine gesellschaftliche Lernaufgabe hin: Wie können Debatten um derartige, große Infrastrukturvorhaben geführt werden und was sind angesichts der komplexen Zusammenhänge richtige Entscheidungen?

In Konflikten um große Infrastrukturvorhaben geht es nicht nur um unterschiedliche Interessen. So hat die Mehrheit der Demonstranten und Demonstrantinnen in Stuttgart, ob pro oder contra, vermutlich keine persönlichen „Aktien" im Spiel. Es geht um das Allgemeinwohl, auf das sich beide Seiten berufen.

---

[1] Die folgenden Ausführungen basieren auf den Erfahrungen des Autors mit einer Vielzahl an strittigen Vorhaben der öffentlichen Infrastruktur, insbesondere auch mit dem Ausbaudiskussion um den Frankfurter Flughafen. Sie sind nach Einschätzung des Autors verallgemeinerbar. Der Autor war von 1998 bis 1999 Projektleiter des wissenschaftlichen Begleitprogramms der Mediation und von 2000 bis 2003 Projektleiter des Managements des Regionalen Dialogforums zum Flughafen Frankfurt.

Der vorliegende Beitrag geht der Frage nach, wie sich in dieser Situation legitime und richtige Entscheidungen treffen lassen, und ob in diesem Zusammenhang die Rolle des Staats als Entscheider neu justiert werden muss. Dabei wird auf die Erfahrungen aus dem Mediationsverfahren zum Frankfurter Flughafen Bezug genommen, das als ein frühes Pilotvorhaben im Hinblick die oben angesprochene Rollenneujustierung angesehen werden kann.

Wie in Deutschland Entscheidungen über Flughäfen getroffen werden

Die Entscheidung über den Bau oder die Erweiterung eines Flughafens greift in die Rechte einer Vielzahl von Menschen ein. Dazu wird die Umwelt beeinträchtigt, und es werden wirtschaftliche Interessen von Unternehmen tangiert.

Der Gesetzgeber schreibt für die Prüfung der Notwendigkeit des Vorhabens und für die Klärung, ob unzumutbare Beeinträchtigungen stattfinden, ein Planfeststellungsverfahren vor. Angesichts der erforderlichen Prüfungen und Darlegungen umfassen Genehmigungsanträge leicht einige hundert Aktenordner. Der größte Teil davon sind fachliche Gutachten. Die Genehmigungsbehörde muss sich mit tausenden von Einwendungen und Stellungnahmen beschäftigen, die sich häufig wiederum auf fachliche Argumente stützen.

In ihrer Entscheidung wägt die Behörde ab zwischen unterschiedlichen rechtlichen Positionen. Doch die Frage, in welchem Maße etwa Anwohner in ihrem Recht auf körperliche Unversehrtheit beeinträchtigt werden, wird über fachliche Expertise beantwortet. In der Begründung bezieht die zuständige Behörde Position: Was kann man wissen, was ist ungewiss, und welchen Einfluss hat dieser Stand des Wissens auf die Entscheidung?

Die von der zuständigen Behörde erteilte Genehmigung kann vor den Gerichten angefochten werden. Und auch das Gericht muss nicht nur prüfen, ob die Behörde richtig abgewogen hat – es muss sich wiederum mit den fachlichen Fragen beschäftigen.

Aber eines scheint klar: Auch wenn letztlich formale Entscheidungen getroffen werden – Vorhaben mit derart hoher politischer Relevanz wie ein Flughafenausbau werden von der Politik entschieden. Das Parlament kann die Entscheidung, ob ein Flughafen ausgebaut wird, oder nicht, an sich ziehen und ein Gesetz verabschieden[4]. Je nach Verfassung des Bundeslandes kann eine solche Entscheidung auch per Volksentscheid getroffen werden.[6]

Politische und gesellschaftliche Auseinandersetzungen im Vorfeld der Entscheidung

Vertreter und Vertreterinnen unterschiedlicher Positionen werben für ihre Position, suchen Unterstützung – und das geschieht im politischen System über Wahlen. Fragen werden zugespitzt und über Mehrheiten entschieden. Doch da die Mehrheit der Entscheidenden – seien es Parlamentarier oder die breite Bevölkerung – nicht betroffen sind, geht es darum, ob der Flughafenausbau im Ganzen gesehen sinnvoll und richtig ist. Und dabei spielen

- Fragen der Fairness (geht man mit den Lärmbetroffenen fair um?) und
- Fragen der Wahrheit (sind die Verkehrsprognosen plausibel?)

---

[4] Da Flughäfen hierzulande mehr oder weniger im öffentlichen Besitz sind, hat das Parlament ohnehin die Möglichkeit, Flughafenplanungen frühzeitig zu beeinflussen.
[6] Wobei die Entscheidung nicht allein in der Hand des Landes liegt, denn dieses handelt nur in Bundesauftragsverwaltung handelt, der Bund kann mitreden.

die zentrale Rolle. Fachfragen stehen im Mittelpunkt der öffentlichen Debatte.

So thematisieren die wirtschaftlichen Akteure den Bedarf (als Luftverkehrsgesell-schaft), die wirtschaftliche Stabilität (als Unternehmen) oder die Arbeitsplatzsituation (als politische Akteure, teilweise Bürgermeister) in der Region und begründen damit den erfor-derlichen Ausbau.

Umgekehrt sprechen Nachbarkommunen, Bürgerinitiativen und Umwelt- und Natur-schutzverbände die drohenden Nachteile an (Naturverlust, Lebensqualität, gesundheitliche Belastungen, ökonomische Schieflage).

Dass zwischen wirtschaftlicher Entwicklung, Mobilität und Lebensqualität abgewogen werden muss, ist trivial. Schwierig ist die Quantifizierung und Operationalisierung. Wie viele Arbeitsplätze werden geschaffen? Welche gesundheitlichen Folgen hat der Fluglärm? Ließe sich nicht ein Teil des Flugverkehrs auf die Schiene bringen?

Innerhalb der Konfliktparteien existieren im Hinblick auf diese Fragen klare Welt- und Faktenbilder. Und es gibt jeweils auch Gutachten, die diese Faktenbilder stützen – oder die sich zumindest so interpretieren lassen, dass sie die jeweiligen Bilder stützen. Expertisen mit davon abweichenden Aussagen werden verdrängt („kognitive Dissonanz") oder als Interessengutachten abgetan.

Der neutrale politisch interessierte Bürger, die damit befasste Parlamentarierin oder auch der darüber schreibende Journalist sind zunehmend verwirrt. Ist die Wissenschaft nicht dazu in der Lage, eindeutige Antworten zu geben? Was ist denn jetzt wahr?

Je erfolgreicher die Kontrahenten dabei sind, ihre Interpretationen der Sachlage in der öffentlichen Meinung deutlich werden zu lassen, umso schwieriger wird es für die politisch entscheidenden Akteure, eine Entscheidung für oder gegen eine dieser Positionen durchzu-setzen. Dies ist die Gemengelage aus der heraus es zu Runden Tischen, Mediationsverfah-ren, Dialogforen oder ähnlichem kommt.

Der Umgang mit Wissen und Komplexität als neue Herausforderung

Die gesellschaftliche Reflexion über diese Konflikte fokussiert auf die Frage, ob die de-mokratische Praxis reformiert werden muss. Bürgerbeteiligung und Volksbegehren werden als probate Mittel angepriesen. Dabei wird zu wenig beachtet, dass dahinter die Frage steht, wie für derartige Entscheidungen tragfähige Wissensbestände aufgebaut werden können.

Ein Blick zurück zeigt, dass es sich hier um eine neue Qualität handelt. Bis in die Sechzigerjahre dieses Jahrhunderts stand die Wissenschaft, u.a. die Naturwissenschaft, außerhalb des gesellschaftlichen Streits. Dies hat sich geändert. *„Once upon a time there was an era in which, when science spoke, citizens took off their hats and listened to the Word, in silence. It was the era of the World of Tomorrow. People believed what the doc-tor, physicist or agronomist said. That period, a long honeymoon with science, is over. At the end of the Sixties, the term 'scientific' began to take on negative connotations, evoking more doubts than certainties ..."*[7]

Zwischenzeitlich hat sich eine Art Säkularisierung der Wissenschaften vollzogen. Es gibt eine Vielzahl kritischer Institute, und der Anteil der wissenschaftlich ausgebildeten Menschen in unserem Land ist deutlich angestiegen. Expertise ist mittlerweile Teil des demokratischen Streits. Gleichzeitig ist die Relevanz der Wissenschaft für die Gesellschaft

---

[7] Carrada, G.: Communicating Science - a scientist's survival kit, European Commission, 2006, in: http://ec.europa.eu/research/science-society/pdf/communicating-science_en.pdf (Fundstelle am 25.9.10)

deutlich gestiegen. Viele politische Entscheidungen lassen sich letztlich nur noch auf wissenschaftlicher Basis treffen.

Der Umgang mit Wissen und mit Komplexität stellt den Staat vor grundlegende neue Herausforderungen. Wie Willke (2003) beschreibt, lässt sich die Entwicklung des Staates anhand seiner Steuerungsaufgaben historisch nachvollziehen. War es anfangs seine Aufgabe, den Landfrieden herzustellen, kam mit den Folgen der industriellen Revolution die Frage der Verteilungsgerechtigkeit und der Organisation der Wohlfahrt hinzu. Die aktuelle Aufgabe ist es, mit Wissen (bzw. dem Fehlen von Wissen) und mit divergierender Expertise umzugehen.

Tabelle 1: Staat und Steuerung[8]

Staatsfunktion	Infrastruktur	Steuerungsproblem
Pazifizierung	macht-basierte Infrastruktur	Organisation der Macht
Redistribution	geld-basierte Infrastruktur	Organisation der Wohlfahrt
Gesellschaftssteuerung	wissens-basierte Infrastruktur	Organisation der Expertise

Dabei kommt es darauf an, die Langfristigkeit aktueller Probleme zu verstehen und die Entwicklungen zu begleiten – statt immer nur wieder punktuelle Lösungen mit Gutachten vorbereiten und dann mit Gesetzen zu ,erschlagen': *„Probleme wie der Klimawandel lassen sich durch Gesetze nicht mehr lösen. Ein Problem verschwindet doch nicht, nur weil es ein Gesetz dazu gibt. Was wir in Zukunft leisten müssen, ist, mit Problemen zu leben. Sie beispielsweise durch Spezial-Parlamente langfristig zu verfolgen, unser Handeln immer wieder neu abzugleichen und zu reflektieren, damit uns diese Probleme nicht überwältigen."*[9]

Das formale Genehmigungs- bzw. Planfeststellungsverfahren sieht den Staat in der Rolle des Prüfers gesetzlicher Anforderungen. Es geht davon aus, dass die Behörde genug wissen kann, um zu entscheiden. Die Behörde muss wissen können, ob und in welchem Ausmaß es gesundheitliche Lärmschäden gibt, und wie diese in Abwägung zum zukünftigen Verkehrsbedürfnis und von den möglicherweise entstehenden Arbeitsplätzen zu bewerten sind. Bürgerinnen und Bürger sowie Träger öffentlicher Belange können ihre Einwendungen formulieren und im Rahmen eines Erörterungstermins vortragen. Die Behörde hört sich das an, wägt ab, gibt ggf. noch ein weiteres Gutachten in Auftrag, und entscheidet dann. Eine treffende Beschreibung dieser Rolle wäre etwa der Schiedsrichter, der anhand eines vorgegebenen Regelkodexes eine Entscheidung trifft.

Doch was ist, wenn die Entscheidung des Schiedsrichters aufgrund unterschiedlicher Interpretation der Sachlage nicht mehr akzeptiert wird? Die Erweiterung um spezielle Fachparlamente oder informelle fachliche Klärungsprozesse bedeutet, dass der Schiedsrich-

---

[8] Quelle: Willke, H.: Welche Expertise braucht die Politik? Beitrag im Rahmen der ITA-Tagung in Wien, 26. Mai 2003
[9] Willke, H. Stochern im Nebel – Interview, in: brand eins, Heft 5, 2010

ter seine Entscheidung aufschiebt und einen Moderator, eine neutrale Institution damit beauftragt, die Parteien und ihre Fachleute miteinander ins Gespräch zu bringen. Klärende „Ober"-Gutachten werden dann nicht mehr von der Genehmigungsbehörde, sondern von einem Runden Tisch beauftragt und entgegengenommen. Der Staat übergibt einen Teil seiner Verantwortung an gesellschaftliche Akteure.

Im besten Fall entsteht im Hinblick auf die Fakten eine neutrale Position. Während die Parteien die Gutachten und Sachfragen jeweils in ihrem Sinne interpretieren, kann der Runde Tisch als Ganzes eine Deutungshoheit entwickeln, die im eskalierenden Konflikt von großem Wert sein kann. Der vom Staat beauftragte Moderator muss daher nicht nur die Akteure miteinander ins Gespräch bringen, er muss gleichzeitig einen Prozess der Durchdringung von Komplexität und der Beantwortung fachlicher Fragen organisieren.

Die anschließende Entscheidung muss den gesetzlichen Vorgaben folgen, also von der Genehmigungsbehörde getroffen und dann ggf. von den Gerichten überprüft werden. Auch wenn Behörden und Gerichte sich hinsichtlich ihrer Entscheidung nicht von den Ergebnissen eines vorgeschalteten Dialogprozesses beeinflussen lassen dürfen, so dürfen sie sich aber sehr wohl auf die sachlichen Klärungen, die Gutachten und die Strukturierung des Diskursfeldes beziehen.

Das Frankfurter Mediationsverfahren als Beginn eines Lernprozesses

Nach diesen grundlegenden konzeptionellen Ausführungen wagen wir im Folgenden einen Blick in die Realität. Das Mediationsverfahren um die Zukunft des Frankfurter Flughafens hatte eine starke fachliche Ausrichtung – es wurde sehr viel Wert auf die Klärung von Fachfragen gelegt:

- Zu Beginn des Verfahrens erarbeitete die Mediationsgruppe denkbare Szenarien für die Zukunft des Frankfurter Flughafens – und einigte sich dabei auf Einfluss- und Wirkfaktoren, die diese Szenarien beeinflussen bzw. mit denen sich die Wirkungen dieser Szenarien bewerten lassen.
- Auf dieser Basis erarbeitete die wissenschaftliche Begleitung des Verfahrens ein ausführliches Arbeitsprogramm mit ökonomischen, verkehrlichen, sozialen und ökologischen Themen, die es im Laufe des Verfahrens im Konsens zu klären galt.
- Im Rahmen von Arbeitsgruppen wurden Ergebnisdokumente erarbeitet, in denen Konsens- und Dissenspunkte identifiziert und zu klärende Fragestellungen benannt wurden.
- Auf Vorschlag der Arbeitsgruppen entschied sich die Mediationsgruppe für spezifische Formen, die offenen Fragen zu klären. Es wurden wissenschaftliche Hearings durchgeführt und Gutachten vergeben.
- Die Gutachten wurden ausgeschrieben und im Konsens vergeben. Es wurden jeweils Qualitätssicherungskreise zur Begleitung der Gutachten eingerichtet, bei denen auch unterlegene Anbieter einbezogen wurden.
- Die Ergebnisse der Diskussionen, Hearings und Gutachten fanden in die Ergebnisdokumente Eingang.
- Der Schlussbericht der Mediation stellte eine verdichtete Zusammenstellung der Ergebnispapiere dar.

Bilanziert man im Nachhinein den Erfolg des Mediationsverfahrens, dann gibt es ambivalente Aussagen. Strittig war vor allem die letztlich getroffene Entscheidung, den Ausbau mit einem Nachtflugverbot (von 23 bis 5 Uhr) zu verknüpfen. Nicht zuletzt, weil am Tag nach der Verkündung des Kompromisses relevante Akteure sich davon wieder distanzierten.[10]

Dagegen war das wissenschaftliche Programm deutlich weniger umstritten. Es gelang weitgehend, vorher strittige Themen streitfrei zu stellen und Bewusstsein für die Komplexität und die Betroffenheiten der jeweils „anderen Seite" zu wecken.

Die untrennbare Kopplung von Ausbau und Nachtflugverbot stützte sich auf die Erkenntnis, dass der Ausbau aus wirtschaftlichen Gründen erforderlich sei, ein damit verbundener Anstieg der Lärmbelastung aber mit einer deutlichen Entlastung in der Nacht kompensiert werden müsse.

Akteure, die mit diesem Kompromiss unzufrieden waren und nur eines dieser beiden Paket-Bestandteile haben wollten, waren gezwungen, sich mit den dahinter liegenden Sachthemen zu beschäftigen. Daher nahmen in der öffentlichen Diskussion die beiden Themen „Lärmbelästigung" und „wirtschaftliche Effekte" eine Schlüsselrolle ein.

Im Hinblick auf die Wirkungen von Fluglärm kann das wissenschaftliche Programm der Mediation und des nachfolgenden Regionalen Dialogforums als beispielhaft eingeschätzt werden. Es gelang, die unterschiedlichen Akteursgruppen zuneigenden Gutachter in einen fachlichen Austausch zu bringen und einen Beurteilungsmaßstab zu formulieren, der breite fachliche Akzeptanz und auch bei der Formulierung des neuen Fluglärmgesetzes der Bundesregierung Berücksichtigung fand.[11]

Im Hinblick auf ökonomische Fragen war die Erfolgsbilanz des fachlichen Programms weniger gut. Zwar gelang es, innovative wissenschaftliche Wege zu gehen und unterschiedliche Ansätze zu verknüpfen. Allerdings formulierten einzelne Qualitätssicherer dezidiert ablehnende Voten. Und auch die als Ergebnis formulierten Zahlen über die Arbeitsplatzeffekte eines Ausbaus wurden zum einen methodisch angegriffen und zum anderen in der öffentlichen Debatte in ihrer Komplexität nicht wahrgenommen.

Ein wichtiger Effekt des fachlichen Disputs auf neutralem Boden war das wachsende Verständnis für die jeweils andere Seite. So war zu Beginn der Mediation für den einen oder anderen Vertreter der Luftverkehrsseite das Thema „Fluglärm" noch ein unbeschriebenes Blatt. Und die kommunalen Vertreter wussten wenig über die Zwänge eines internationalen „Hubs".[12] Damit ist noch keine Lösung im Streit geschafft – aber es ist ein Kommunikationszusammenhang geschaffen, ohne den eine Lösung nicht möglich ist.

---

[10] Interessant ist jedoch, dass auch 10 Jahre nach Abschluss des Mediationsverfahrens der Kompromiss eine große Rolle in der regionalen Debatte spielt, und selbst die Gerichte in ihren Entscheidungen darauf Bezug genommen haben.

[11] Das im Anschluss an die Mediation gegründete Regionale Dialogforum zum Flughafen Frankfurt ließ noch offene Fragen im Kontext der Lärmwirkungsforschung untersuchen. Und auch das daran anschließende Forum Flughafen und Region setzt die Tradition fort und bringt Lärmwirkungsforscher zu einem fachlichen Austausch zusammen, um in die politische Debatte getragene fachliche Kontroversen auf neutralem Boden zu klären.

[12] Hubs and spokes – zu übersetzen als „Nabe und Speichen" – ist das derzeit dominante Wirtschaftsmodell der Airlines, die Passagiere an großen Flughäfen (Hubs) sammeln und dann verteilen.

Kriterien für einen angemessenen Umgang mit fachlichem Dissens

Natürlich stellt sich sofort die Frage der Legitimation derartiger informeller Prozesse. Warum belässt man es nicht bei Enquête-Kommissionen, die explizit dafür gedacht sind, Experten und Parlamentarier zur Klärung zukunftsrelevanter Fragen zusammen zu bringen?

Das zentrale Erfolgskriterium für einen fachlichen Klärungsprozess ist, dass die fachlichen Bewertungen und Einschätzungen am Ende streitfrei stehen. Und zwar nicht nur in der wissenschaftlichen Welt, sondern auch und gerade bei den Konfliktparteien und bei den interessierten Bürgerinnen und Bürgern. Gelingt dies, kann der Klärungsprozess zu einer Deutungshoheit führen. Abweichende Voten werden in der öffentlichen Wahrnehmung als eindeutig interessengeleitete Positionen erkannt.

Die Erfahrungen bei mehreren informellen Klärungsprozessen[13] zeigen folgende Erfolgskriterien für einen neutralen Raum:

- Es bedarf eines politikfernen Raums. Die Politik ist zwar Auftraggeber, sie muss ihn aufs „richtige Gleis setzen", darf ihn dann aber nicht mehr beeinflussen. Ansonsten droht die Gefahr, dass die Eigenlogik des Politischen die dialogorientierte Logik beeinträchtigt.
- Es bedarf eines transparenten Prozesses, der seine Fragestellungen, seine Vorgehensweise und seine Ergebnisse verständlich kommuniziert. Die o.g. Zielgruppen müssen verstehen können, um was es geht. Dafür braucht der Prozess eine intensive Öffentlichkeitsarbeit, die gleichzeitig als Wissenschaftskommunikation konzipiert sein muss.
- Damit die Ergebnisse glaubwürdig sind, müssen Vertreter der Konfliktparteien mit am Tisch sitzen. Sie sind sozusagen die Wächter, die darauf achten, dass sich keine einseitige Vorgehensweise etabliert. Und sie bringen die Experten ihrer Wahl mit in den Prozess ein.
- Es bedarf einer starken, glaubwürdigen und prozesserfahrenen Führung, die von einer kompetenten und bislang noch nicht im Konfliktsystem aufgetretenen Wissenschaftlichen Begleitung unterstützt wird.
- Die Arbeit an unterschiedlichen Szenarien hat sich als gut geeignete Methode gezeigt. Diese Methode erlaubt es, den Prozess für unterschiedliche Weltbilder anschlussfähig zu machen.
- Die wissenschaftlichen Ergebnisse müssen so aufbereitet werden, dass die Beteiligten keine Vollzeitbeschäftigung aus ihrer Mitarbeit machen müssen.
- Und es muss deutlich werden, dass es Fragestellungen gibt, die sich aufgrund ihrer Komplexität einer wissenschaftlichen Klärung entziehen – so ist etwa die schädliche Wirkung hoch dosierten Fluglärms unstrittig, bei niedrigeren Levels lässt sich der Expertenstreit aufgrund der unklaren Kausalzusammenhänge derzeit wohl (noch) nicht klären.

Die im Kontext des Mediationsverfahrens angesprochene Frage der „Waffengleichheit" zwischen Befürwortern und Gegnern trifft nicht den Kern.

---

[13] Z.B. der Runde Tisch Gewässerschutz Werra/Weser und Kaliproduktion, der ICE-Beirat Darmstadt, das Regionale Dialogforum zum Flughafen Frankfurt, das Lokale Dialogforum zur Nordostumgehung in Darmstadt.

- Es hätte z.B. die Möglichkeit für die dem Ausbau kritisch gegenüberstehenden Kommunen gegeben, ihr Geld in wissenschaftliche Unterstützung statt in teure juristische Berater zu stecken.
- Die Bürgerinitiativen und Umweltschutzverbände hätten, wenn sie an der Mediation beteiligt gewesen wären, auf eine andere Bearbeitung der ökonomischen Fragen hinwirken können.

Entscheidend ist, dass man es schafft, wissenschaftliche Ergebnisse streitfrei zu stellen oder zumindest in ihrer Pluralität ausgewogen darzustellen. Denn das „Aufeinanderstapeln" von Gutachten und Gegengutachten führt zu einer Verunklarung der Situation, die eine ausgewogene gesellschaftliche Meinungsbildung erschwert.

Und es ist wichtig, Wege zu finden, die Themen hinter den Themen anzusprechen. Etwa die Frage, ob 1-Euro-Reisen auf die Kanarischen Inseln sein müssen oder ob der Unternehmensberater an einem Tag von Frankfurt erst nach Stockholm, dann nach Mailand und dann wieder nach Frankfurt kommen können muss. Oder die Frage, ob in zwanzig Jahren der nächste Wachstumsschub für den Flughafen ansteht, und welche Wege es geben könnte, frühzeitig aus diesem Wachstumszwang auszusteigen. Auch wenn derartige Fragen nicht auf der offenen Bühne verhandelt werden, so schwingen sie doch als Subtext im gesellschaftlichen Diskurs mit.

Resumée

Der Weg vom entscheidenden zum zusätzlich moderierenden Staat, der die Pluralität der wissenschaftlichen Expertisen einbezieht und zur Vorbereitung staatlicher und politischer Entscheidungen einen glaubwürdigen und gesellschaftlich basierten fachlichen Klärungs-Diskurs initiiert – dies könnte ein Bild für den zukünftigen Umgang mit Ausbauvorhaben von Flughäfen sein.

Sicherlich wird es auch in Zukunft Streit um die Ausgestaltung von Dialogprozessen geben. Und Interessengutachten werden weiterhin auf den Meinungsmarkt kommen. Wichtig ist aber, dass es für den interessierten und offenen Beobachter ein Angebot gibt, sich über die fachlichen Fragen, über die zentralen Dissense zu informieren – und zwar bei einem „Anbieter", der nicht im Verdacht steht, parteiisch zu sein.

Wulf Hahn, Ralf Hoppe

Die Bedeutung unabhängiger Gutachten im Planfeststellungsverfahren

Zusammenfassung

Das Planfeststellungsverfahren zum Flughafenausbau Frankfurt/Main hat gezeigt, dass die staatlichen Behörden nicht willens oder in der Lage sind, die für die juristische Auseinandersetzung erforderlichen fachlichen Angriffspunkte und Themen vollständig aufzugreifen und zu erarbeiten, um die Interessen der Betroffenen vertreten zu können. Dies führt dazu, dass sich die Betroffenen zur Wahrung ihrer Interessen frühzeitig selbst organisieren müssen und gutachterliche Unterstützung benötigen, um alle für die juristische Auseinandersetzung erforderlichen fachlichen Angriffspunkte und Themen zu erkennen und zu bearbeiten. Dies allein reicht aber nicht aus, um sich über den gesamten Prozess eines Planfeststellungsverfahrens ausreichend Gehör zu verschaffen. Zukünftig ist es erforderlich aufgrund der Sachinformationen eine Strategie zur Öffentlichkeitsarbeit zu entwickeln, um Einfluss auf politische Entscheidungsprozesse nehmen zu können.

Einleitung

Der folgende Beitrag beleuchtet aus der Sicht eines Sachverständigen bestimmte Abläufe im Planfeststellungsverfahren zum Ausbau des Flughafens Frankfurt/Main. Dabei sollte insbesondere die Auseinandersetzung zwischen den Verfahrenbeteiligten und die jeweiligen Ziele ins Verhältnis zum Ergebnis gesetzt werden. Im Anschluss wird geprüft, welche Lehren gezogen werden können.

Die Fraport AG hat im Herbst 2004 im Rahmen des Planfeststellungsverfahrens u.a. folgende Gutachten vorgelegt:

- G 8: „Luftverkehrsprognose 2015" (Intraplan GmbH, nachfolgend ITP)
- G 19.1: „Einkommens- und Beschäftigungseffekte des Flughafen Frankfurt/Main" (Prof. Dr. Bert Rürup, TU Darmstadt u.a.) und
- G 19.2: „Standortfaktor Flughafen Frankfurt/Main-Bedeutung für die Struktur, Entwicklung und Wettbewerbsfähigkeit der Wirtschaft der Region Rhein-Main" (Prof. Dr. Herbert Baum, Universität Köln u.a.)

Diese Gutachten dienten der Vorhabensträgerin neben anderen Gutachten als Grundlage für die Planrechtfertigung zum Ausbau des Frankfurter Flughafens. Die Initiative Zukunft Rhein-Main (ZRM) beauftragte am 30.11.2004 RegioConsult mit der Prüfung dieser drei Gutachten, da erhebliche Zweifel an der Richtigkeit und Plausibilität der Ausarbeitungen bestanden. Im Folgenden wird das Ergebnis der Überprüfung der Luftverkehrsprognose von 2015 und der im Verfahren aktualisierten Prognose für 2020 zusammengefasst und die Bedeutung, die diese Gutachten für das weitere Planungsverfahren hatten dargestellt.

Die Luftverkehrsprognose 2015/2020 – Prognoseannahmen

Aufgabe von Intraplan war es das Passagieraufkommen, den Luftfracht- und Luftpostverkehr sowie den landseitigen Verkehr zu prognostizieren. Dies war wesentlich für das Ausbauverfahren, denn nur mit Wachstum war der Flughafenausbau begründbar.

Die Prognoseverfahren für den Personen- und Frachtverkehr sind in den Grundzügen identisch. Die Luftverkehrsnachfrage wurde je Region nach Herkunfts- und Zielgebieten prognostiziert. Die wichtigsten Prognoseannahmen von Intraplan waren:

- Die Wirtschaftskraft in Deutschland und in Rhein-Main nimmt bis 2015 um 48% zu. Die Beschäftigungsentwicklung nimmt bis 2015 um 3% zu.
- Die Weltwirtschaft wächst bis 2015 um 2,8% pro Jahr.
- Die europäische EU-Osterweiterung ist in der Prognose berücksichtigt.
- Die Luftverkehrspreise bleiben bis 2015 real konstant.
- Für den Fall des Flughafenausbaus wird eine engpassfreie Angebotserweiterung mit Erhaltung der Hubfunktion angenommen. Ohne Ausbau soll es dagegen eine Kapazitätsgrenze von 500.000 Flugbewegungen geben und zu einer Verlagerung der Hubfunktion kommen.
- Die Angebote und Kapazitäten anderer Flughäfen wurden im Prognosemodell berücksichtigt.
- Der Hochgeschwindigkeitsverkehr der Bahn wurde mit allen geplanten Ausbaumaßnahmen bis 2015 berücksichtigt.
- Aufgrund des Nachtflugverbotes für die Zeit von 23 bis 5 Uhr morgens wurden im Planungsfall in diesem Zeitraum keine Flugbewegungen zugrunde gelegt.

Prognoseergebnisse

Die wichtigsten Ergebnisse der Verkehrsprognose von Intraplan für den Flughafen Frankfurt Main unter Berücksichtigung der geplanten Kapazitätserweiterungen sind in der Tabelle 1 zusammengefasst.

Tabelle 1: Auswirkungen des geplanten Flughafenausbaus auf den Passagierverkehr[1]

	Prognose-nullfall (ohne Landebahn Nordwest) 2015	Planungsfall (mit Lande-bahn Nord-west) 2015	Differenz Planungsfall – Prognosenullfall 2015	zum Ver-gleich: Situation 2000
Gesamtaufkommen (mit Transit) (Mio. Pass.)	58,2	82,3	24,1	49,4
Transitaufkommen (Mio. Pass.)	0,2	0,5	0,3	0,4
Lokalaufkommen (ohne Transit) gesamt (Mio. Pass.) –	58,0	81,8	23,8	49,0
- davon Originärverkehr (Mio. Pass.)	41,9	44,9	3,0	24,5
- davon Transferverkehr (Mio. Pass.)	16,1	36,9	20,8	24,5
Anteil Originärverkehr am Lokalaufkommen (in %)	72,2	54,9	- 17,3	49,9
Anteil Transferverkehr am Lokalaufkommen (in %}	27,8	45,1	+ 17,3	50,1

Die prognostizierten Passagierzahlen entsprechen einem Zuwachs von durchschnittlich 3,5 % pro Jahr. Bis 2005 sollen die durchschnittlichen Zuwachsraten aufgrund

- des Verkehrsrückgangs seit dem 11. September 2001,
- der begrenzten Kapazitäten und
- der Entlastung durch den Hochgeschwindigkeitsverkehr der Bahn sowie
- der Kooperation Luft–Schiene

geringer ausfallen (2,7 % pro Jahr).

Bei dem von ITP angenommenen Ausbau mit zusätzlicher Landebahn Nordwest bis Ende 2006 wird zwischen 2005 und 2010 ein überproportionaler Passagierzuwachs von 4,7 % pro Jahr erwartet, der zwischen 2010 und 2015 in ein geringeres Wachstum von 3,0% pro Jahr übergehen soll. Das Luftfrachtaufkommen soll im Zeitraum 2000 bis 2015 von 1,59 Mio. t auf 2,76 Mio. t anwachsen. Dies entspricht einem Zuwachs von fast 74 % oder durchschnittlich 3,7% pro Jahr. Der Postverkehr geht durch den Wegfall des Nachtpost-sterns nach 2006 zurück.

Die Flugbewegungen steigen von 459.000 in 2000 zunächst bis zur Kapazitätsgrenze von 500.000 im Jahr 2005 an. Mit der zusätzlichen Bahnkapazität gibt es bis 2010 einen Wachstumsschub aufgrund des Nachholbedarfs. Im Zeitraum von 2010 bis 2015 pendelt sich das Wachstum auf einen Wert von durchschnittlich 2,4 % pro Jahr ein. In 2015 werden 657.000 Flugbewegungen erwartet. Bezogen auf den Zeitraum 2000 bis 2015 soll das Wachstum jährlich 3,5 % betragen.

---

[1] Quelle: G 8, 2004, Abb. 2-3, S. 45

Methodische und inhaltliche Mängel der Luftverkehrsprognose 2015

Es zeigte sich, dass die Luftverkehrsprognose 2015 eine Reihe von Mängeln besaß. Diese sind gravierend:

- Das Verkehrsmodell zur Luftverkehrsprognose 2015 wurde auf der Basis von Vorgaben der Fraport AG für die Anzahl der Flugbewegungen für den Prognosenullfall (maximal 500.000 Flugbewegungen) erstellt. Dadurch wird das sonst übliche Verfahren bei der Modellerstellung umgedreht, da ein wesentliches Ergebnis – die Zahl der Flugbewegungen – bereits im Vorfeld festgelegt wird.
- Ein weiterer wesentlicher Mangel des Gutachtens ist die nicht aktuelle und teilweise fehlerhafte Datenbasis zur Berechnung der Verkehrsnachfrage. Insbesondere die geringen Wachstumsraten des Bruttoinlandsprodukts (BIP) zwischen 2000 und 2005 wurden nicht berücksichtigt. Diese betragen im Durchschnitt unter ein Prozent, während ITP von durchschnittlich 2,2 % ausgeht. Da das Wirtschaftswachstum nach ITP die wesentliche Eingangsgröße für die Zunahme des Luftverkehrsaufkommens ist, sind die gravierenden Auswirkungen des geringeren Wirtschaftswachstums kaum zu übersehen.
- In der Prognose werden die aktuell verfügbaren Daten zur Beteiligung der Bevölkerung am Fernverkehr und dem Anteil des Flugverkehrs am Fernverkehr sowie die Angaben zur Reisehäufigkeit nicht ausreichend berücksichtigt.
- Das Verlagerungspotenzial von Flügen auf die Bahn wurde von ITP nicht ausreichend beachtet. Ein erheblicher Anteil der innerdeutschen Flüge kann auf den Hochgeschwindigkeitsverkehr der Bahn verlagert werden.[2]
- Die Auswirkungen des demografischen Wandels (Bevölkerungsabnahme) und der stagnierenden oder rückläufigen Einkommen bzw. des privaten Konsums wurden nicht berücksichtigt. Diese werden die Nachfrage nach Flügen mittelfristig jedoch negativ beeinflussen.
- Die Entwicklung des Low-Cost-Bereiches wurde unzureichend erfasst. Dieser hat bis 2004 bereits ein Fünftel des Luftverkehrsmarktes erobert und soll bis 2010 ein Drittel des europäischen Marktes abdecken. Diese Entwicklung hat erst ab 2000 richtig eingesetzt, und konnte daher im Analysefall des Jahres 2000 der Luftverkehrsprognose nicht bzw. nur unzureichend erfasst werden.
- Die Konkurrenzsituation zum zweiten deutschen Hubflughafen, München, wird in der Luftverkehrsprognose nicht ausreichend berücksichtigt. Dieser Hub wird immer stärker ausgebaut und gewinnt im Interkontinentalverkehr zunehmend an Bedeutung. Auch im Europaverkehr werden Marktanteile von Frankfurt abgezogen.[3]

Das am ausgebauten Flughafen Frankfurt Main erzielbare Luftverkehrsaufkommen wird aufgrund der dargestellten Fehler und methodischen Mängel deutlich überbewertet. Das Aufkommen des Luftverkehrs im Jahr 2015 in Frankfurt muss aus Sicht des Planungszeitpunktes wesentlich geringer ausfallen als von ITP angegeben.

---

[2] Die damalige Analyse von Regio Consult hat sich voll bestätigt, wie beispielsweise die fast vollständige Verlagerung der Flüge von Köln nach Frankfurt auf die Bahn zeigt.
[3] Auch diese Bewertung von Regio Consult wurde durch die tatsächliche Entwicklung bestätigt.

Schon Ende 2005 – und damit nach nur fünf Prognosejahren – betrug die Differenz zwischen Prognose und tatsächlicher Entwicklung 4,1 Mio. Passagiere, da nur 52,2 Mio. Fluggäste den Frankfurter Airport nutzten, denn Intraplan hatte 56,3 Mio. Passagiere für 2005 prognostiziert.[4]

Aber auch *im Fall des Nichtausbaus (Prognosenullfall)* und den in diesem Fall von ITP angenommenen 451.600 Flugbewegungen pro Jahr im Personenverkehr, kann *ein jährliches Fluggastaufkommen von fast 70 Mio.* erreicht werden, da davon auszugehen ist, dass in diesem Fall zukünftig größeres Fluggerät eingesetzt wird und damit die durchschnittliche Passagierzahl pro Flug von ca. 114 auf ca. 150 steigen kann, wie das Beispiel London Heathrow zeigt.[5] Die FRAPORT AG geht dagegen nur von einer Steigerung der Besetzung von derzeit 114 auf 130 Passagiere pro Flug aus (vgl. Tab. 2), obwohl der Flughafen doch gerade seine Hubfunktion stärken möchte und zunehmend größeres Fluggerät eingesetzt wird.

Tabelle 2:   Auswirkungen des Besetzungsgrades auf die Passagierprognose im Prognosenullfall

	Flugbewegungen	Pass./Flug	Passagiere/a in Mio.
2003	424.718	114	48,4
Flugbewegungen nach ITP im Prognosenullfall 2015	451.160	129	58,2
Prognosenullfall auf Basis des Besetzungsgrades von London Heathrow	451.160	144	64,97
Prognosenullfall	451.160	150	67,67

Quelle: G 8, 2004, Abb. 2-3, S. 45, S. 187, Bezugsgröße Passagierflüge

Aufgrund der vorgetragenen Kritik an der Luftverkehrsprognose im Anhörungsverfahren, forderte die Anhörungsbehörde das Regierungspräsidium Darmstadt am 21.11.2005, dass die die Luftverkehrsprognose grundlegend überarbeitet und auf das Prognosejahr 2020 „fortgeschrieben" werden musste. Dabei folgte sie den o.g. Kritikpunkten in vollem Umfang:

„*1. Im Gutachten G 8 beruhen die zugrunde gelegten Daten im Wesentlichen auf dem Basisjahr 2000. Im Falle eines Planfeststellungsbeschlusses im Jahr 2007 wären die Daten dann 7 Jahre alt. Um die für die Prognoseentscheidung relevante tatsächliche Situation im Zeitpunkt der Planfeststellungsentscheidung möglichst genau abzubilden, sollte vor dem Hintergrund der von der Rechtsprechung gestellten Anforderungen (vgl. etwa BVerwGE 56,110; BVerwGE 107, 142) anstelle des Jahres 2000 ein möglichst aktuelles Bezugsjahr verwendet werden. Im Erörterungstermin ist nachvollziehbar der Rückgriff auf das unter Berücksichtigung der Datenverfügbarkeit geeignete Jahr 2004 angemahnt worden. Darüber hinaus ist nach einer weiter gehenden Begründung für die Auswahl des Basisjahrs verlangt worden. Bei der Prognoseentwicklung werden das Jahr 2001 und in dessen Auswirkung auch noch das Jahr 2002 als Jahre für Sonderein-*

---

[4] Vgl. G 8, 2004, Abb. 3-23, S. 123.
[5] Vgl. G 8, 2006, Tab. 6-3, S. 163. LHR hat 2004 144 Passagiere/Flug.

flüsse genannt, die als Grundlage für eine Prognose ungeeignet sind. Es wird aber nicht erklärt, was Sondereinflüsse sind und was im Einzelnen dazu gehört.

2. Des Weiteren bedürfen wesentliche Eingangsannahmen der Luftverkehrsprognose der Korrektur:

a) Das Gutachten G 8 geht noch von einer Inbetriebnahme der neuen Landebahn im Jahre 2006 aus. Realistisch anzunehmen ist diesbezüglich aber allenfalls das Jahr 2010. Die in der Luftverkehrsprognose infolge der Engpassfreiheit unterstellten Wachstumsraten werden daher erst wesentlich später erzielt werden können, was voraussichtlich Einflüsse auf das Verkehrsaufkommen im Prognosezieljahr haben wird.

b) Die in der sozioökonomischen Entwicklung auf Seite 89 des Gutachtens dargestellte Strukturdatenprognose für Deutschland ist inzwischen überholt. Es stellt sich die Frage, welche Quellen man der Prognose zugrunde legt. Geeignet erscheint diejenige des Statistischen Bundesamtes aus dem Jahre 2003 zu sein; dort wird die Entwicklung der Bevölkerung in Deutschland von 2002 bis 2050 auf der Basis der 10. koordinierten Bevölkerungsvorausberechnung dargestellt. Diese Prognose zeigt auf, dass etwa ab dem Jahr 2010 die Bevölkerungszahl tendenziell rückläufig ist. Im Gutachten G 8 auf Seite 89 nimmt die Bevölkerung zwischen 2010 und 2015 dagegen zu. Diesbezüglich ist im Erörterungstermin auf einen Widerspruch zu der von demselben Gutachter gefertigten Bedarfsprognose für den Flughafen Kassel-Calden verwiesen worden. Bei dieser sei der Bevölkerungsrückgang zwischen 2010 und 2015 in der Tendenz zutreffend, wenn auch in einem geringeren Maße als vom Statistischen Bundesamt ermittelt, dargestellt worden. Es bedarf zumindest einer eingehenden Begründung, dass trotz einer möglicherweise negativen Bevölkerungsentwicklung und der vom Statistischen Bundesamt prognostizierten Veränderungen der Altersstruktur der Bundesrepublik Deutschland zugunsten eines höheren Anteils älterer Menschen die Nachfrage nach Luftverkehr ansteigt.

c) Im Erörterungstermin ist die dem Gutachten zugrunde liegende Annahme (vgl. S. 38 und 98), die Luftverkehrspreise würden bis zum Jahre 2015 real konstant bleiben, mit nachvollziehbarer Argumentation angegriffen worden. Das Ergebnis der Gegenüberstellung von Preissenkungs- und Preiserhöhungseinflüssen dürfte zu überprüfen sein. Insgesamt fehlen bei der Gegenüberstellung auf Seite 98 unter 3.2.4 Zahlen, die die dort aufgestellten Prämissen nachvollziehbar machen.

d) Grundsätzlich leidet das Gutachten darunter, dass die zur Ermittlung der Prognosen des Teils B des vorliegenden Gutachtens (insbesondere Fluggastprognose, Frachtprognose, Prognose der Flugbewegungen und der maximalen Startgewichte) herangezogenen Eingangswerte nicht aufgeführt sind. Es ist stattdessen generell so aufgebaut, dass zunächst die gewählte Berechnungs- bzw. Prognosemethode erläutert wird und anschließend die Ergebnisse dargestellt werden. Die für ein neues Gutachten benötigten Eingangswerte sollten generell angegeben werden.

3. Zudem stellt sich bei einer Überarbeitung des Gutachtens die Frage, welches Prognosejahr zugrunde gelegt werden soll. Im vorliegenden Gutachten G 8 ist dies das Jahr 2015. Dies dürfte unter Berücksichtigung der Erkenntnisse aus dem Erörterungstermin nicht mehr vertretbar sein. Bei einer unterstellten Inbetriebnahme der neuen Landebahn im Jahre 2010 würde die Prognose nur etwa 5 Jahre über die Inbetriebnahme der Landebahn hinausreichen. Das Gutachten begründet auf Seite 29 das Prognosejahr 2015 mit den Anforderungen an eine Umweltverträglichkeitsuntersuchung (UVS) und mit dem Unterrichtungsschreiben meiner Behörde zum Scoping-Termin der UVS am 14.02.2001 im Rahmen des Raumordnungsverfahrens.

Aufgrund der inzwischen eingetretenen Zeitverschiebung wäre es meines Erachtens nicht zu vertreten, die Daten des Gutachtens G 8 als Grundlage des Planfeststellungsverfahrens beizubehalten. Es gibt keine normativen Vorgaben für den Prognosezeitraum, sondern es ist eine Einzelfallentscheidung, ob das Bezugsjahr 2015 noch Ausdruck sachlicher Erwägungen ist (vgl. hierzu BVerwG - Beschluss vom 25.05.2005 - 9 B 41.04). Der Prognosezeitraum soll nach der Kommentarliteratur (vgl. Hofmann/Grabherr, Luftverkehrsrecht, § 6 Rdnr. 51) in der Regel in Anlehnung an § 4 Abs. 3 FluglärmG 10 Jahre ab der geplanten Inbetriebnahme der neuen Lan-

debahn betragen. Im vorliegenden Fall wäre dies etwa das Jahr 2020. Die Wahl eines so bemessenen Prognosehorizonts würde durchaus auch den zeitlichen Prämissen des Gutachtens G 8 entsprechen.

4. Neben diesen allgemeinen Kritikpunkten ist das Gutachten in folgenden wesentlichen Punkten im Hinblick auf die verwendeten Daten und Methoden ergänzungs- bzw. erklärungsbedürftig:

a) Im Erörterungstermin ist kritisiert worden, dass das Gutachten (S. 56) die für das Prognoseverfahren verwendeten Methoden und Datengrundlagen u. a. auf die Verkehrsströme in der Ist-Situation 2000 stützt. Aus empirischen Grundlagen, nämlich u. a. Fluggastbefragungen auf dem Flughafen Frankfurt/Main und auf anderen Flughäfen (Quelle-Ziel, Reisezweck) und Mobilitätsbefragungen (Personengruppen, Reisehäufigkeit) werden die derzeitigen, tatsächlichen Personenströme in Form von Quelle-Ziel-Matrizen erfasst. Um das Ergebnis transparent und nachvollziehbar zu machen, hätte es einer Aussage darüber bedurft, in welchen Zeiträumen welche Fluggäste befragt wurden (Transfer-, Transit- oder Originärpassagiere; Geschäfts-, Urlaubs- oder Privatreisende; Altersgruppen). Die Relevanz besteht auch deshalb, weil Fraport selbst im Erörterungstermin am 23.09.2005 eingeräumt hat, dass die Flugbewegungen von 657.000 nachfrageorientiert seien.

d) Die Darstellung der Low-Cost-Angebote unter 3.2.5.2 auf Seite 101 f. des Gutachtens G 8 ist von den Einwendern als nicht mehr aktuell abgelehnt worden. Das unterstellte Angebot sollte mit Bezug auf die im neuen Basisjahr gegebenen Verhältnisse aktualisiert werden.

e) Die Aussagen des Gutachtens bezüglich der HUB-Funktion des Verkehrsflughafens München (Seite 102) müssten mit Bezug auf die geplante dritte Bahn aktualisiert werden.

Bei den ausländischen Hubflughäfen sollte Dubai Berücksichtigung finden, da dort ein Mega-HUB mit 6 parallelen Start- und Landebahnen und einem Passagieraufkommen von 120 Mio. geplant ist. Die erste Bahn wird bereits im Jahre 2007 in Betrieb gehen. Es sollte insoweit prognostiziert werden, ob und inwieweit diese erweiterten und neuen HUB's Verkehre aus Frankfurt abziehen.

Insgesamt zeigt sich, dass insbesondere wegen eines zu kurzen Prognosezeitraums und veralteter bzw. möglicherweise unzureichender Eingangswerte eine Überarbeitung des Gutachtens G8 geboten erscheint, damit es eine sichere Grundlage für Planrechtfertigung und Dimensionierung sowie die Betrachtung der Auswirkungen des geplanten Vorhabens darstellen kann."[8]

Die neue Luftverkehrsprognose 2020

Aufgrund der umfangreichen Kritik wurde eine neue Luftverkehrsprognose gefordert, die die Fraport AG im Herbst 2006 vorlegte.

Auch die neue Luftverkehrsprognose für 2020 wurde von RegioConsult überprüft.[9] Vergleicht man die Ergebnisse der beiden Prognosen anhand der wesentlichen Kennzahlen mit den in den letzten Jahren tatsächlich eingetroffenen Werten, so sind bereits in den ersten Prognosejahren erhebliche Abweichungen zum Planfall festzustellen. Ein solcher Vergleich ist zulässig, weil für die Entwicklung bis 2010, indem die Landebahn Nordwest noch nicht zur Verfügung steht, die für diesen Zeitraum im Prognosefall ermittelten jährlichen Wachstumsraten, zugrunde gelegt werden können. Diese Raten sind niedriger als jene nach Fertigstellung der neuen Landebahn Nordwest.

So weicht die tatsächliche Zahl der Passagiere im Jahr 2010 (53,0 Mio.) um 7,7 Mio. von dem von ITP erwarteten Wert von 60,7 Mio. für das Jahr 2010 ab. Auch die Zahl der

---

[8] Vgl. Vorgezogener Anhörungsbericht des RP Darmstadt vom 21.11.2010.
[9] Vgl. RegioConsult (2007): Stellungnahme zur Aktualisierung der Luftverkehrsprognosen für die Planfeststellung gemäß Gutachten G 8 neu, S. 126ff.

Flugbewegungen liegt 2010 (464.432) um 63.863 unter dem prognostizierten Wert von 528.295 (vgl. Tab. 4). Die Flugbewegungen haben im Vergleich zu 2005 (490.147) absolut betrachtet um 25.715 Flugbewegungen abgenommen.

Die Qualität des Prognosemodells von Intraplan

Intraplan ist der Gutachter, der regelmäßig von Luftverkehrsgesellschaften benutzt wird, um Prognosen für Rechtszwecke erstellen zu lassen. Warum schätzt das Prognosemodell von ITP falsch?

Das Modell von ITP, das davon ausgeht, dass das Wachstum im Luftverkehr vor allem vom Wachstum des BIP abhängt, ist zu eindimensional angelegt. Der Erklärungsgehalt der Variable BIP ist unzureichend. Das im Modell verwendete lineare Regressionsverfahren muss deshalb durch ein multiples Verfahren ersetzt werden. Die Schwächen des Modells beruhen des Weiteren darauf, dass die zugrunde gelegten Prämissen nicht zutreffen. ITP geht noch immer von Einkommenssteigerungen aus und bildet diese über das Bruttoinlandsprodukt ab, ohne die Luftverkehrsnachfrage nach einzelnen Segmenten (verhaltenshomogenen Gruppen) realitätsgetreu abbilden zu können. Bezüglich des zentralen Parameters „Luftverkehrspreise" sind diese im Gegensatz zur Annahme von ITP nicht real konstant (vgl. Tab. 3).

Tabelle 3:   Preisentwicklung Luftverkehr und allgemeine Preisentwicklung[10]

Jahr	Verbraucherpreisindex Luftverkehr (Personenverkehr)	Verbraucherpreisindex
2005 D	100,0	100,0
2006 D	102,0	101,6
2007 D	104,8	103,9
2008 D	115,6	106,6
2009 D	116,9	107,0
2010 D	118,9	108,2

Grundsätzlich ist am Modell zu kritisieren, dass das angewendete Gesamtverkehrsmodell von ITP nicht transparent dargestellt wird. Es ist nur möglich, das Modell im Detail nachzuvollziehen, wenn die Quell-/Zielmatrizen für den Analyse- und Prognosefall differenziert nach Flugbewegungen und Aufkommen von Passagieren bzw. Fracht vorgelegt werden. Das verwendete Netzmodell wird nicht offen gelegt, genauso wenig wie das Flughafenwahlmodell. Dies ist aber zwingende Voraussetzung, um überprüfen zu können, ob die Konkurrenzsituation für Frankfurt richtig abgebildet wurde. Dies betrifft sowohl die konkurrierenden europäischen Flughafenstandorte wie auch Standorte in Asien. Konkurrenzstandorte werden im Modell offenbar unzureichend berücksichtigt.

In diesem Zusammenhang ist auch zu kritisieren, dass nicht dargestellt ist, wie im Modell und in welcher Größenordnung die Verlagerung von Luftzubringern auf den Hochgeschwindigkeitsverkehr der Bahn berücksichtigt wird. Dies ist deshalb von besonderer Be-

---

[10] Quelle: Statistisches Bundesamt Statistisches Bundesamt, Verbraucherpreisindizes für Deutschland -Eilbericht-, Juli 2011, S. 23f und Fachserie 17, Reihe 9.2, Preise und Preisindizes für Verkehr, Juni 2011, S. 7 bis 23 und Statistisches Bundesamt 2010, Preise und Verbraucherpreisindizes für Deutschland, Lange Reihen ab 1948, S. 3

deutung, da diese Verkehre Flüge substituieren und dadurch Slots freiwerden können, die in der Folge auch für andere höherwertige Verkehre (z.B. Interkontinentalverkehre) genutzt werden könnten. Gleichzeitig kommt es, da Umsteiger von der Bahn in das Flugzeug im Gegensatz zu Umsteigern aus Flugzeugen nur einmal gezählt werden, zu einer (statistischen) Verringerung der Passagierzahlen. Aus diesen Gründen kommt der Verlagerung auf den Hochgeschwindigkeitsverkehr eine besondere Bedeutung zu. Kommt es zu hohen Verlagerungen auf den HGV kann das Flugangebot verbessert werden, ohne dass es sich wegen des beschriebenen statistischen Effekts in steigenden Passagierzahlen niederschlägt. Denn HGV-Zubringerverkehr wird als Originärverkehr gezählt. Das bedeutet, dass ein Modell, wie in G 8 neu, das diese Verlagerungen erheblich unterschätzt, die Zahl der Passagiere viel zu hoch ausweist. Davon ist hier auszugehen, da die Angaben für die Intermodalität insgesamt sehr niedrig sind.

Hinsichtlich der Rahmenbedingungen des Prognosenullfalls ist grundsätzlich zu kritisieren, dass dieser viel zu niedrig bemessen wurde, da selbst nach Auffassung der DLR 580.000 Flugbewegungen[11] möglich sind, sofern von der Lärmkontingentierung Gebrauch gemacht wird.

Eine Betrachtung von möglichen Auswirkungen von Preiserhöhungen für die Aufstellung des Analysefalles durch Sensitivitätsbetrachtungen wurde von ITP erst im Verfahren nachgereicht. Die daraus resultierenden Abwanderungen auf andere Verkehrsträger werden jedoch nicht thematisiert und in der Folge im Modell nicht ausreichend berücksichtigt.

Die Prognoseergebnisse sind aufgrund der genannten Defizite des Modells und der fehlerhaften Annahmen nicht realitätsnah. Besonders offensichtlich werden die fehlerhaften Ergebnisse der Prognose bereits bei einer einfachen Prüfung auf Plausibilität. Betrachtet man die Prognoseergebnisse des regionalen Luftverkehrsaufkommens vor dem Hintergrund der Bevölkerungsentwicklung bis 2020 so ist in keiner Weise nachvollziehbar, wie beispielsweise in den von ITP dargestellten fünf Regionen von Sachsen vor dem Hintergrund des bis 2020 erwarteten Bevölkerungsrückgangs (Regierungsbezirk Leipzig -8,2 %, Regierungsbezirk Dresden -11,7 % und Regierungsbezirk Chemnitz -15,6 %) und der damit verbundenen Veränderungen der Bevölkerungsstruktur noch Zunahmen zwischen 33 und 108 % möglich sein sollen. Auch für andere Regionen sind die dargestellten Zunahmen nicht nachvollziehbar.[12]

Die Aussage von ITP, dass sich die Daten der Modellbildung auf 2004[13] beziehen, kann für das Bruttoinlandsprodukt bezogen auf die europäischen Staaten nicht zutreffen. Die im Januar 2003 veröffentlichte Studie der EU, die ITP als Quelle angibt, kann als Grundlage nur Daten aus den Jahren 2001 und früher verwendet haben. Die Angaben zu den außereuropäischen Staaten lassen sich auf der Basis der angegebenen Quelle nicht einmal ansatzweise nachvollziehen. Warum ITP eine andere räumliche Abgrenzung der Regionen vornimmt, als die in der von ITP angegebenen Quelle, erschließt sich ebenso wenig wie die einzelnen Werte selbst.

Eine Abschätzung des Fluggastaufkommens für das Jahr 2020 auf Basis der Angaben von G 8 neu ergibt ein Passagieraufkommen von 71,5 Mio. Fluggästen. Hierfür sind lediglich 526.000 Flugbewegungen notwendig, sofern die Besetzung pro Flug auf 136 Passagie-

---

[11] Vgl. schriftliche Mitteilung vom 21.2.2007 von Herrn Pak, DLR.
[12] Vgl. ITP, 12.09.2006, S. 125.
[13] Vgl. ITP, 12.09.2006, S. 63.

re gesteigert werden kann, was den Annahmen von G 8 neu entspricht.[14] Diese Anzahl der Flugbewegungen entspricht 90 % der von der DLR genannten heutigen Kapazität am Flughafen Frankfurt/Main.

Ein Beispiel für die völlig falschen Ergebnisse ist auch, dass trotz eines Wirtschaftswachstums von 2,5 % im Jahr 2006, entgegen der von ITP für alle vier Kennziffern erwarteten Zunahmen, diese nur bei der Luftfracht erreicht bzw. sogar übertroffen werden konnten. Dies ist umso überraschender als durch die Fußballweltmeisterschaft eine Zunahme der Passagierzahlen in der Bundesrepublik ausgelöst wurde, an der vor allem Frankfurt durch seine Funktion als Hub und Austragungsort von WM-Spielen partizipiert hat.[15] Durch diesen Sondereffekt wäre, bezogen auf 2006, sogar mit einer stärkeren Zunahme der Flugbewegungen und des Passagieraufkommens zu rechnen gewesen, als von ITP angenommen.

Der Vergleich der Prognose mit der Realität zeigt, wie wichtig der Einsatz der Szenario-Technik gewesen wäre, um darzustellen, welche Auswirkungen es auf die Luftverkehrsprognose hat, wenn kein kontinuierliches Wachstum realisiert werden kann. Diese Methode wurde im Rahmen des von der EU geförderten und von der DLR koordinierten Projekts ‚Consave 2050' angewendet, da nur damit unterschiedliche Entwicklungspfade mit unterschiedlichen Prognosen abgebildet werden können. Wilken vom DLR kritisierte bereits 2005 an der Luftverkehrsprognose von ITP, dass diese nur zu einem Punktergebnis für 2015 gekommen sei. Das RDF kritisierte: *„Eine derartige one-shot-Prognose sei möglicherweise in Zukunft keine ausreichende Planungsgrundlage mehr. Alternativ könnten Variantenprognosen und Szenarien eine Rolle spielen. Daher schlägt Wilken vor, zukünftig auf der Grundlage unterschiedlicher Szenarien oder Variantenprüfungen zu Ergebnissen zu kommen."*[16]

Diese Kritik, die bereits in der Mediation genannt wurde, ist vom Vorhabensträger und auch von der Planfeststellungsbehörde nie aufgegriffen worden, obwohl auch das RP Darmstadt im Anhörungsbericht vom 29.09.2005 eingefordert hatte, ein wahrscheinliches, ein optimistisches und ein pessimistisches Szenario zu erstellen.

Die starken Abweichungen innerhalb der ersten Prognosejahre verdeutlichen die gravierenden Schwächen des Prognosemodells von ITP. Die Prognose von ITP ist nicht belastbar und ist daher keine geeignete Grundlage für das Planfeststellungsverfahren bzw. den Planfeststellungsbeschluss.

Die Hubfunktion des Frankfurter Flughafens

Der Ausbau des Flughafens Frankfurt wird immer wieder damit begründet, dass die Hubfunktion ohne Ausbau verloren werden würde. Die Fakten zeigen aber, dass Frankfurt der zentrale Hub für Deutschland ist und bleibt. Er ist wichtigster Flughafen für den Interkontinentalverkehr. Frankfurt gehört nach wie vor zu den größten Flughäfen der Welt und liegt gemessen am Passagieraufkommen auf Position 8, bei Fracht ebenfalls auf Rang 8.[17]

---

[14] Vgl. Tab. 6-2 in G 8 neu, 2006, S. 161.

[15] Bei der Zahl der im Juni 2006 insgesamt in das Bundesgebiet einreisenden Passagiere war vor dem Hintergrund der Fußballweltmeisterschaft in Deutschland festzustellen, dass aus den Nationen der Endspielmannschaften, Frankreich und Italien, mit 0,9 Millionen nahezu ein Viertel (+ 24,0%) mehr Passagiere an deutschen Flughäfen ankam als im gleichen Vorjahresmonat. Diese Zunahme entsprach einem Plus von 167 000 Fluggästen, womit für diese beiden Staaten im Vorjahresvergleich die höchste jemals ermittelte Zuwachsrate realisiert wurde.

[16] Vgl. Regionales Dialogforum (2005): Expertenhearing Prämissencontrolling von 14.07.2005.

[17] Vgl. DLR, Luftverkehrsbericht 2008, S. 47.

Es ist kein Funktionswandel erkennbar. Die Zahl der Passagiere im Interkontinentalverkehr konnte in den letzten Jahren weiter ausgebaut werden. So hat das Interkontinentalaufkommen seit 2002 von 17,132 Mio. auf fast 22,536 Mio. Passagiere pro Jahr (2009) zugenommen. Diese Zahlen belegen, dass die Funktion als Interkontinental-Hub voll erhalten bleibt. Durch den Ausbau des HGV konnte und kann die Hub-Funktion weiter gestärkt werden.

Aufgrund der polyzentrischen Struktur in der Bundesrepublik sind zukünftig Verluste in einigen Segmenten zu erwarten:

- im innerdeutschen Verkehr an Köln/Bonn bedingt durch geringeren Berlinverkehr (Hauptstadtfunktion),
- an München wegen bestehender Hubfunktion,
- an Berlin wegen zukünftiger Hubfunktion (Hub für Luftverkehr zwischen West- und Osteuropa),
- zukünftig an Leipzig (Fracht)

Diese Verluste können jedoch durch höherwertige Verkehre kompensiert werden. Weiteres Wachstum (Anzahl der beförderten Passagiere) ist in Frankfurt auch ohne wesentliche Steigerung der Flugbewegungen möglich, durch größere Flugzeuge und Slots von Kurzstreckenflügen, die auf die Schiene verlegt werden, und so für Europa- und Interkontinental-Flüge frei gemacht werden.

Das Verfahren vor dem Verwaltungsgerichtshof in Kassel

Die Verhandlung war dadurch gekennzeichnet, dass an den Verhandlungstagen jeweils zuerst der Vortrag der Kläger erfolgte und anschließend der der Beklagten. Eine Erwiderung auf die Sachvorträge der Beklagten war den Klägern nicht bzw. nur in sehr eingeschränktem Umfang möglich. Bereits die Verhandlungsorganisation offenbarte damit, dass keiner der Richter wirkliches Interesse daran hatte, Sachfragen zu erörtern. Entsprechend selten gab es Nachfragen der beteiligten Richter.

Es wurde im Verfahren deutlich, dass sich das Gericht mit den Grundlagen und der Methodik der Luftverkehrsprognose im Detail nicht auseinandergesetzt hat. So lag dem Gericht weder die Quell- und Zielverkehrsmatrix der Luftverkehrsprognose vor, noch die entscheidungserheblichen Daten aus den Fluggastbefragungen, mit denen die Matrix erstellt wurde. Auch die Annahme von Beweismitteln hat der Vorsitzende des 11. Senates trotz erkennbarer Unkenntnis, wie eine Quell-Ziel-Matrix in einem Verkehrsgutachten aussieht, abgelehnt. Es war für die Betroffenen deshalb nicht erkennbar, dass das Gericht daran interessiert war sich mit entscheidenden Gutachten zur Planrechtfertigung des Ausbaus des Frankfurter Flughafens (Landebahn Nordwest) inhaltlich auseinander zu setzen und zumindest stichprobenhaft auf Plausibilität zu prüfen. Der VGH begnügte sich damit, den nicht belastbaren Ausführungen von Gertz (TU Hamburg) zur Methodik zu folgen, ohne eigene Ermittlungen über die Ergebnisse der Prognose anzustellen.

Bei näherer Prüfung wäre beispielsweise deutlich geworden, dass die Behauptung von ITP, eine weltweite Modellierung von Haustür zu Haustür verkehrszweigübergreifend durchführen zu können, nicht leistbar ist.[18] Der Beweisantrag auf Einholung eines Sachver-

---

[18] Vgl. AZ C 318-08, VGH-Urteil vom 9.08.2009, S. 182-185.

ständigengutachtens zur Frage, ob die Belastbarkeit der Ergebnisse der Luftverkehrsprognose ohne Quelle-Zielmatrix geprüft werden könne, wurde ermessensfehlerhaft verworfen.

Die gravierenden Mängel an der Methodik sowie die starken Abweichungen zwischen Prognose und Realität, die bereits 2009 klar erkennbar waren und in der mündlichen Verhandlung vor dem VGH in Kassel vorgetragen wurden, konnten den 11. Senat nicht davon abhalten, sich über den gesamten Sachvortrag der klagenden Kommunen der ZRM ohne erkennbare Auseinandersetzung hinwegzusetzen. Die erheblichen Abweichungen der realen Luftverkehrsentwicklung von der Prognose von ITP haben das Gericht nicht daran gehindert, dem Gutachter Glauben zu schenken und die Prognose abzunehmen (vgl. hierzu Tab. 4).

Gegenüber der von der DLR im Luftverkehrsbericht 2009 angenommenen Gesamtkapazität (des Flughafens Frankfurt im Nicht-Ausbaufall von etwa 580.000 Flugbewegungen, besteht noch eine erhebliche Reserve von über 100.000 Flugbewegungen im Vergleich zu 2010 (464.432, vgl. Tab. 4). Selbst im stärksten Wachstumsjahr 2010 seit der Wiedervereinigung (BIP +3,6 %) hat sich die Differenz zu der von ITP prognostizierten Entwicklung auf 63.863 Flüge erhöht. Die Landebahn Nordwest ist nicht zwingend notwendig, um die Hubfunktion des Flughafens Frankfurt zu gewährleisten. Gleichfalls hat das Gericht die reale Entwicklung der Luftverkehrspreise vollständig ignoriert, obwohl durch offizielle Statistiken des Statistischen Bundesamtes der Nachweis erbracht wurde, dass die Entwicklung der Luftverkehrspreise nicht real konstant ist (vgl. Tab. 3).[19] Der Vorsitzende Richter Dr. Zysk weigerte sich auch, ein Gutachten zur Verlagerungsfähigkeit von Flugverkehr auf den Hochgeschwindigkeitsverkehr der Bahn in Deutschland und Europa hinsichtlich der Bedarfsfrage als relevant anzusehen.[20]

---

[19] Vgl. AZ C 318-08, VGH-Urteil vom 9.08.2009, S. 188-189.
[20] Vgl. AZ C 318-08, VGH-Urteil vom 9.08.2009, S. 211.

Tabelle 4: Kennzahlen zur Entwicklung des Flugverkehrs am Flughafen Frankfurt/Main in den Jahren 2004-2010[21]

Jahr	Passagiere nach ITP	jährliche mittlere Zuwachsrate nach ITP	Passagiere auf Basis der von ITP angenommenen mittleren Wachstumsrate	Passagiere (tatsächlich)	Differenz Prognose zur tatsächlichen Entwicklung
2004			51.098.271	51.098.271	
2005	52.200.000		52.580.121	52.219.412	-360.709
2006		2,90%	54.104.944	52.821.778	-1.283.166
2007		2,90%	55.673.988	54.167.817	-1.506.171
2008		2,90%	57.288.533	53.472.915	-3.815.618
2009		2,90%	58.949.901	50.937.897	-8.012.004
2010	60.700.000	2,90%	60.659.448	53.013.771	-7.645.677

Jahr	Luftfracht/ Luftpost nach ITP in Mio. t	jährliche mittlere Zuwachsrate nach ITP	Luftfracht/ Luftpost auf Basis der von ITP angenommenen mittleren Wachstumsrate	Luftfracht/ Luftpost (tatsächlich)	
2004			1.868.821	1.868.821	
2005	1,964	3,60%	1.936.099	1.991.537	55.438
2006		3,60%	2.005.798	2.154.064	148.266
2007		3,60%	2.078.007	2.190.461	112.454
2008		3,60%	2.152.815	2.133.302	-19.513
2009		3,60%	2.230.316	1.917.228	-313.088
2010	2,269	3,60%	2.310.608	2.307.793	-2.815

Jahr	Bewegungen nach ITP in 1.000	jährliche mittlere Zuwachsrate nach ITP	Bewegungen auf Basis der von ITP angenommenen mittleren Wachstumsrate	Bewegungen (tatsächlich)	Differenz Prognose zur tatsächlichen Entwicklung
2004			477.475	477.475	
2005	490	1,70%	485.592	490.147	4.555
2006		1,70%	493.847	489.406	-4.441
2007		1,70%	502.243	492.569	-9.674
2008		1,70%	510.781	485.783	-24.998
2009		1,70%	519.464	463.111	-56.353
2010	528	1,70%	528.295	464.432	-63.863

---

[21] Quelle: Auswertung der Luftverkehrsstatistik der Fraport 2004-2010 http://www.fraport.de /cms/default /dok/396 /396035.entwicklung_der_verkehrszahlen_standort.htm

Jahr	Maximale Startgewichte nach ITP in Mio. t	jährliche mittlere Zuwachsrate nach ITP	Maximale Startgewichte auf Basis der von ITP angenommenen mittleren Wachstumsrate	Maximale Startgewichte (tatsächlich)	
2004	27,2		27.229.634	27.229.634	
2005	28,1	3,35%	28.141.827	28.160.324	18.497
2006		3,35%	29.084.578	27.973.445	-1.111.133
2007		3,35%	30.058.911	28.240.441	-1.818.470
2008		3,35%	31.065.885	28.393.009	-2.672.876
2009		3,35%	32.106.592	27.186.902	-4.919.690
2010	33,1	3,35%	33.182.163	27.963.744	-5.218.419

Zusammenfassend muss festgestellt werden, dass die Bedarfsentscheidung nicht auf der Basis fundierter Informationen getroffen wurde.

Das bedeutet, dass ohne den nachgewiesenen Bedarf ca. 282 ha Wald, davon 224 ha Bannwald im Mark- und Grundwald gerodet wurden.[22] Das Gericht hat die Unersetzlichkeit des Bannwaldes damit außer Kraft gesetzt und überwiegende Gründe des Gemeinwohls (vgl. § 22 Abs. 2 Satz 3 HForstG) geltend gemacht, ohne dass die Bedarfsfrage ausreichend erörtert und nachvollzogen wurde.[23] Der Gesetzgeber hatte, um derartige Großprojekte leichter genehmigungsfähig zu machen, das früher im Hessischen Forstgesetz verankerte absolute Rodungsverbot entfernt.[24]

Erfahrungen und Lehren aus dem Verfahren

Die Reaktionen des Vorhabensträgers und auch des Gutachters Intraplan im Erörterungstermin in der Stadthalle Offenbach am 20.09.2005 haben gezeigt, wie zutreffend die inhaltliche Kritik der Arbeitsgemeinschaft Zukunft Rhein-Main war. Diese Kritik führte dazu, dass die Luftverkehrsprognose und alle darauf aufbauenden Gutachten aktualisiert werden mussten und dass das in 2003 begonnene Verfahren[25] bis 2009 dauerte.

Festzustellen ist, dass die Betroffenen von Infrastrukturprojekten immer im Nachteil sind: Sie müssen sich selbst organisieren und enorme finanzielle Mittel bereitstellen, um die ihnen eigentlich zustehenden Rechte mühsam zu erstreiten.

Die Einbeziehung der Betroffenen erfolgte lediglich über die vorgeschriebene Öffentlichkeitsbeteiligung im Planfeststellungsverfahren mit Planauslegung vom 17.01.2005 bis 16.02.2005 und der Durchführung eines mehrmonatigen Erörterungstermins vom 12.09.2005 bis 27.03.2006 und nach der zweiten Offenlegung mit erneuter Planauslegung vom 23.03.2007 bis 23.04.2007. Von der Durchführung eines ergänzenden umfassenden

---

[22] Vgl. PFB zum Ausbau des Flughafens Frankfurt/Main vom 18.12.2007, S. 196.
[23] Vgl. AZ C 318-08, VGH-Urteil vom 9.08.2009, S. 314.
[24] Vgl. Kommentar zum Hessischen Forstgesetz in der Fassung des 07.09.2007, zu § 22 Ausweisung von Bannwald, S. 54.
[25] Vgl. Antrag der Fraport vom 08.09.2003, geändert durch den Antrag vom 12.02.2007, letzte Änderung am 30.11.2007.

Erörterungstermins wurde jedoch abgesehen und lediglich vier Einzelerörterungen mit vier existenziell betroffenen Landwirten am 26.09.2007 durchgeführt. Anfang November 2007 wurden die anerkannten Naturschutzverbände wegen zweier nicht offen gelegter Pläne erneut beteiligt.[26]

Die Ergebnisse der Mediation vom 02.02.2000[27] spielten im Planfeststellungsverfahren nur noch am Rande eine Rolle. Weder das Anti-Lärm-Paket noch das Nachtflugverbot wurden eingehalten. Die hessische Landesregierung Koch/Hahn hat ihren „Wortbruch" mit rechtlichen Risiken begründet und den Beschluss zum Nachtflugverbot des Hessischen Landtags nicht umgesetzt.

Fraport ist es durch ihre aufwendigen und teuren Kampagnen teilweise gelungen, die Öffentlichkeit mit dem Hauptargument für den Ausbau, der angeblichen Schaffung von 100.000 Arbeitsplätzen zu überzeugen. Obwohl Studien der Zukunft Rhein-Main, die wissenschaftlich fehlerhafte Anwendung der Methoden (Input-Output-Analyse sowie der Regressionsanalyse) in den Gutachten G 19.1: „Einkommens- und Beschäftigungseffekte des Flughafen Frankfurt/Main" (Prof. Dr. Bert Rürup, TU Darmstadt u. a.) und G 19.2: „Standortfaktor Flughafen Frankfurt/Main - Bedeutung für die Struktur, Entwicklung und Wettbewerbsfähigkeit der Wirtschaft der Region Rhein-Main" (Prof. Dr. Herbert Baum, Universität Köln u. a.) belegen konnte, ist es nicht gelungen, diese gravierenden Fehler in der politischen Diskussion erfolgreich einzusetzen.[28]

Mittlerweile hat Fraport nach Presseberichten einräumen müssen, dass lediglich 3.000 Beschäftigte aufgrund des Ausbaus eingestellt werden.

Das Verfahren zeigt, wie nachlässig von Seiten der Behörden agiert und in erster Linie das Infrastrukturprojekt unterstützt wurde, ohne die Belange der betroffenen Bevölkerung ausreichend zu berücksichtigten. Es verdeutlicht außerdem, dass die erstellten Gutachten interessengeleitet sind und den Behörden, der Wille und/ oder die Sachkenntnis fehlt, diese zu überprüfen. Es entsteht dadurch, bei den betroffenen Bürgern der Eindruck, dass das Planfeststellungsverfahren nur dazu dient, die Planung halbwegs gerichtsfest zu machen. Ein neutraler Abwägungsprozess und Interessenausgleich findet nicht statt.

Dies wird besonders deutlich, wenn man die Ergebnisse der Luftverkehrsprognose von ITP mit der bis 2010 tatsächlich eingetretenen Entwicklung vergleicht. Die tatsächliche Zahl der Passagiere im Jahr 2010 (53,0 Mio.) ist um 7,7 Mio. geringer als der von ITP erwartete Wert von 60,7 Mio. im Jahr 2010. Die Zahl der Flugbewegungen liegt 2010 (464.432) um 63.863 unter dem von ITP prognostizierten Wert von 528.295. Die Flugbewegungen haben im Vergleich zu 2005 (490.147) sogar um 25.715 Flugbewegungen abgenommen. Das Frachtaufkommen (Luftfracht und Luftpost) lag bis 2007 über den erwarteten Werten, 2008 und 2009 deutlich darunter. Der von ITP für 2010 erwartete Wert wurde fast erreicht (-2.815 t).. Besonders hoch sind im gesamten Zeitraum von 2005 bis 2010 die Abweichungen bei den maximalen Startgewichten. Der tatsächliche Wert liegt 2010 um 5,2 Mio. t unter dem von ITP prognostizierten Wert von 33,2 Mio. t.

Das Auftreten der Richter erfordert gesonderte Bemerkungen. Der Ablauf der Verhandlungstage vor dem Hessischen Verwaltungsgerichtshof in Kassel im Jahr 2009 war

---

[26] Vgl. PFB zum Ausbau des Flughafens Frankfurt/Main vom 18.12.2007, S. 266-268. Pläne B 9.2-3a, B 10-6a.

[27] Vgl. Mediationsgruppe, Bericht Mediation Frankfurt Flughafen, Darmstadt, S. 178 ff.

[28] Vgl. RegioConsult (2005): Begutachtung der Studie „G 19.1 - Einkommens- und Beschäftigungseffekte des Flughafens Frankfurt/Main" 12. Juli 2004, S. 4-9 sowie Begutachtung der Studie G 19.2 „Standortfaktor Flughafen Frankfurt Main - Bedeutung für die Struktur, Entwicklung und Wettbewerbsfähigkeit der Wirtschaft der Region Rhein-Main" 22. Juli 2004, S. 4-6.

trotz der großen Bedeutung für die betroffene Bevölkerung vom Desinteresse der Richter des 11. Senats und von einem ungewöhnlichen Verfahrensablauf gekennzeichnet. Eine Erwiderung auf die Sachvorträge der Beklagten war den Klägern nicht bzw. nur in sehr eingeschränktem Umfang möglich. Durch die Verhandlungsorganisation entstand bei den Betroffenen der Eindruck, dass keiner der Richter Interesse daran hatte, Sachfragen zu erörtern. Entsprechend selten gab es Nachfragen der beteiligten Richter.

Im Verlauf der Verhandlungstage bestätigten sich die schlimmsten Befürchtungen der Kommunen und der betroffenen Bevölkerung, die sich aufgrund des massiven politischen Drucks, dem die Richter ausgesetzt waren, nur geringe Chancen ausrechneten.

Aufgrund des VGH-Urteils, das nur die Nachtflugregelung im PFB des Landes Hessen beanstandet hat, kann es zumindest noch gelingen, die betrieblichen Auswirkungen hinsichtlich der Betroffenheit der Bevölkerung durch Lärm zu mindern und damit zumindest ein wichtiges Ziel der betroffenen Bevölkerung doch noch zu erreichen. Hierzu hat vor allem die fundierte Kritik des angesetzten Flottenmix in den Auswirkungsprognosen beigetragen.[29] Durch die erhebliche Veränderung des Flottenmix im Datenerfassungssystem vom 29.4.2009 (das weitgehend dem DES der Planfeststellung (B 11 Kapitel 18.3) entspricht) im Vergleich zum Datenerfassungssystem (DES) des LEP (bzw. dem planfestgestellten Gutachten G 16.2), kam es zwangsläufig zu einer günstigeren Lärmprognose. Denn der AzB-Klasse S 5.2 sind höhere Geräusch-Emissionspegel zugeordnet als der AzB-Klasse S 5.1. Die Fraport hat im neuen DES 178.533 Flugzeuge der Klasse S 5.2 (z. B. Flugzeuge wie Embraer E 195) weniger angesetzt als im DES des LEP, obwohl dies sachlich nicht gerechtfertigt ist, da sie falsch zugeordnet wurden.

Das Planfeststellungsverfahren zum Flughafenausbau Frankfurt/Main hat gezeigt, dass nur eine frühzeitige Mobilisierung der Betroffenen und die Berücksichtigung gutachterlicher Expertise möglich ist, die für die juristische Auseinandersetzung erforderlichen fachlichen Angriffspunkte und Themen zu erarbeiten, um die Interessen der Betroffenen vertreten zu können. Die staatlichen Behörden sind nicht willens und/oder in der Lage dieser Aufgabe im Interesse der betroffenen Bürger nachzukommen. Daher ist eine wichtige Lehre aus diesem Verfahren für die Betroffenen Gutachten, die im Auftrag der öffentlichen Hand oder von Projektentwicklern entstanden sind, kritisch überprüfen zu lassen. Es ist nicht ausreichend, auf juristischen Sachverstand zu vertrauen – dazu sind die Themen zu komplex. Nur durch die Kombination von gutachterlicher Expertise und juristischem Sachverstand ist es möglich den Prozess zu beeinflussen. Nur durch den externen Sachverstand von Gutachtern und Juristen ist es den Betroffenen gelungen, die interessengeleiteten Sachvorträge der Gutachter der Fraport AG zu erschüttern.. Sachverstand allein reicht aber nicht aus, um sich über den gesamten Prozess des Verfahrens Gehör zu verschaffen. Zukünftig ist es erforderlich, aufgrund der Sachinformationen eine Strategie zur Öffentlichkeitsarbeit zu entwickeln, um mehr Einfluss auf politische Entscheidungsprozesse nehmen zu können.

In sehr komplexen Verfahren muss es zudem frühzeitig Abstimmungsprozesse zwischen den beteiligten Gutachtern und Juristen geben, die im Fall des Flughafens Frankfurt von der ZRM organisiert wurden. Eine derartige Zusammenarbeit ist jedoch nicht nur für

---

[29] Vgl. hierzu RegioConsult (2007): Plausibilitätsprüfung der Angaben zum Flottenmix in G 13.1, G 16.2, B 11 in Verbindung mit G 8 und RegioConsult (2009): Plausibilitätsprüfung der Angaben zum Flottenmix in G 13.1, G 16.2, B 11 in Verbindung mit G 8, S. 12. Endbericht vom 30.07.2009, im Auftrag der AG Lärm der ZRM.

die Phase des Planfeststellungsverfahrens erforderlich, sondern auch für das Klageverfahren und die Verhandlungstage zu empfehlen.

Friedrich Thießen

Manipulationen bei Großprojekten und ihre gesellschaftliche Funktion

Zusammenfassung

Infrastrukturgroßprojekte stürzen moderne Gesellschaften in Konflikte. Aus Sicht eines Teils der Bevölkerung, mindestens aber aus Sicht einer Lobbygruppe sind sie sinnvoll. Aus Sicht eines anderen Teils der Bevölkerung sind sie mit Lasten verbunden, welche die Vorteile nicht aufwiegen. Üblicherweise wird bei streitigen Projekten mit Hilfe von Gutachten versucht, eine Klärung der gesellschaftlichen Vorteilhaftigkeit herbeizuführen. Wie sich am Beispiel des Flughafens Frankfurt zeigt, werden dabei aber erhebliche Manipulationen vorgenommen, welche zu einer verzerrten Darstellung der Vorteilhaftigkeit führen. An Manipulationen ist eine Phalanx aus Gutachten, Wirtschaftslobbyisten, Politik und Gerichten beteiligt.

Die Manipulationen sind derart häufig und auch derart offensichtlich, dass es sich fragt, ob sie nicht eine bestimmte gesellschaftliche Funktion besitzen? Es wird argumentiert, dass durch ein System aus Manipulationen der in der Öffentlichkeit diskutierten Informationen und das Darüber-Hinwegsehen das Entstehen ordnungsbedrohender Widersprüche in einer Gesellschaft verhindert werden kann.

Das System stabilisiert eine Gesellschaft kurzfristig. Es birgt aber die Gefahr, dass der wahre Wert eines Projektes nicht mehr erkennbar ist. Es besteht das Risiko, dass sich kleine Gruppen Ressourcen aneignen, welche die Gesellschaft diesen Gruppen bei Kenntnis der wahren Verhältnisse nicht überlassen hätte. Eine Gesellschaft sollte sich daher gut überlegen, wann sie das Ritual der Manipulationen einsetzt.

Einleitung

Als die Vorbereitungen zum Ausbau des Frankfurter Flughafens mit einer vierten Rollbahn in diejenige Phase eintrat, in welcher die Öffentlichkeit informiert werden musste, begann eine Diskussion über die Wirkungen eines solchen Ausbaus. Es entstand ein Bedarf an wissenschaftlich gesicherten Erkenntnissen über die Auswirkungen von Flughäfen. In diesem Zusammenhang wurde das Rhein-Main-Institut gegründet. Das Institut sollte Kommunen und Bürger mit wissenschaftlich fundierten Einsichten versorgen. Das Rhein-Main-Institut hat nun mehr als 10 Jahre gearbeitet und seine Forschungsergebnisse der Öffentlichkeit zur Verfügung gestellt. Wichtige Ergebnisse wurden in anerkannten, referierten wissenschaftlichen Zeitschriften veröffentlicht.

Während meiner Tätigkeiten für das Institut wurde ich auf Manipulationen aufmerksam, die im Ausbauverfahren genau dort vorgenommen wurden, wo es um Informationen ging, die für die Öffentlichkeit bestimmt waren. Ich stellte fest, dass diese Manipulationen nicht singulären oder zufälligen, sondern systematischen Charakter aufwiesen.

Unter einer Manipulation verstehe ich in diesem Beitrag einen Eingriff in ein Verfahren, der verhindert, dass möglichst wahrhaftige Erkenntnisse entstehen. Der Begriff der Manipulation ist grundsätzlich wertneutral und bedeutet ursprünglich nichts weiter als Handgriff. Aber schon in seiner Umschreibung als „Kunstgriff" wird eine Wertung sichtbar. Heute wird der Begriff in diesem Sinne oft als verdeckte, für andere nicht sichtbare Handlung verstanden. Dabei kann sich eine Wertung rechtfertigen, wenn eine entsprechende Absicht damit verknüpft ist.

Der Hessische Ministerpräsident Roland Koch hatte in einer Schrift, die an alle Haushalte in den vom Ausbau betroffenen Regionen des Rhein-Main-Gebietes versandt worden war[1], von der *„Durchschaubarkeit* der Entscheidungsvorbereitung" und von der „Politik der *Offenheit*" gesprochen.[2] Diese Offenheit sei ein *„sichtbares Zeichen* der Fortentwicklung der demokratischen Kultur in unserem Land".[3] Die weiter unten ausführlich dargestellten Manipulationen finden sich aber an solchen Stellen, die für die Öffentlichkeit kaum zugänglich sind. Sie sind eben gerade *nicht offen* und *nicht sichtbar*. Sichtbar sind nur die manipulierten, an die Öffentlichkeit gelangenden Informationen.

Es mag berechtigte Gründe dafür geben, dass man der Öffentlichkeit keine unverfälschten Informationen zukommen lässt. Aber von einer durchschaubaren Entscheidungsvorbereitung und von einer Politik der Offenheit kann in Bezug auf den Flughafenausbau nicht gesprochen werden. Eine Landesregierung, die der Öffentlichkeit gegenüber von Durchschaubarkeit und Offenheit spricht, wo sie gleichzeitig massive Anstrengungen unternimmt, Prozesse gerade nicht durchschaubar und nicht offen zu gestalten, muss sich Fragen gefallen lassen.

Ziel des vorliegenden Beitrags ist es, einige der vorgenommenen Manipulationen zu dokumentieren. Dadurch soll zum einen ein Beitrag geleistet werden, das Geschehen beim Ausbau des Flughafens Frankfurt in einer historischen Perspektive festzuhalten. Dadurch sollen zum anderen die Grundlagen gelegt werden, um in einem nächsten Schritt daraus Schlussfolgerungen und Konsequenzen ziehen zu können. Dabei beschränke ich mich auf den Kreis von Gutachten, die mit ökonomischen Fragestellungen befasst waren. Abschließend soll eine Hypothese über die *Funktion* der Manipulationen in Flughafenausbauverfahren aufgestellt werden, die allgemeingültigen Charakter besitzt.

Der Flughafenausbau: ein Rückblick

Der Ausbau des Flughafens Frankfurt wurde in vier Schritten beschlossen. Zunächst wurden Absprachen in einem kleinen Kreis aus Mitgliedern der Luftfahrtindustrie und der Politik getroffen, die nicht öffentlich bekannt wurden. Dann wurde im Rahmen des Mediationsverfahrens die Öffentlichkeit informiert und implizit um ihre Zustimmung gebeten.[4] Im nächsten Schritt wurde im Raumordnungsverfahren die Raumverträglichkeit geprüft. Schließlich wurde im Planfeststellungsverfahren die eigentliche Entscheidung über den Flughafenausbau und seine Ausgestaltung getroffen. Raumordnungs- und Planfeststellungsverfahren sind stark von rechtlichen Notwendigkeiten geprägt. Im Mediationsverfah-

---

[1] Die Mediatoren, Hg. (ohne Jahr), „Flughafen Frankfurt – Ausbau oder nicht? Das Mediationsverfahren mit Ergebnissen und Empfehlungen", Projektbüro der Mediationsgruppe beim Umlandverband Frankfurt, Frankfurt.
[2] Ebenda S.2.
[3] Ebenda S.2.
[4] Siehe hierzu den Beitrag von Dirk Treber in diesem Band.

ren ging es mehr darum, Stimmungen in der Bevölkerung herbeizuführen, die einem Ausbau förderlich waren.[5]

Das Mediationsverfahren gilt heute als entscheidendes Element beim Ausbau des Frankfurter Flughafens. Seine besondere Bedeutung wird oft darin gesehen, dass mit seiner Hilfe gewalttätige Proteste verhindert worden seien.[6] Hierin könnte man einen Grund sehen, die oben angesprochenen Manipulationen zu rechtfertigen, denn im Rahmen eines Zieles der Gewaltverhinderung kann es u.U. richtig sein, der Öffentlichkeit Informationen vorzuenthalten. Allerdings ist die Gewaltbereitschaft generell zurückgegangen. Gewalt in der öffentlichen Auseinandersetzung war ein Phänomen im Gefolge der 68er Unruhen und anderer sozialer Strömungen früherer Jahrzehnte.[7] Unter diesem Blickwinkel betrachtet mutet das Argument, das Mediationsverfahren habe der Gewaltverhinderung gedient, eher wie eine Monstranz an, die vorweggetragen wird, um Fragen nach anderen Gründen zu unterbinden.

Manipulationen im Mediationsverfahren

Welche Manipulationen sind vorgekommen? Betrachten wir zunächst die Mängel des Mediationsverfahrens im Allgemeinen. In einer Studie des Rhein-Main-Instituts wurden die Mängel des Mediationsverfahrens in folgenden Aspekten zusammengefasst:

- Quantitative Mängel
  - Ausgeklammerte Fragestellungen
  - Unzureichend tief geprüfte Fragestellungen
  - Magere oder fehlende Erkenntnisse, die der Öffentlichkeit anders präsentiert wurden
- Qualitative Mängel
  - Unzureichendes Forschungsdesign der Gutachten
  - Rudimentäre Prüfungen
  - Fehlende Nachvollziehbarkeit und Verifizierbarkeit von Argumenten
  - Fehlende Objektivität der Beteiligten

Einige dieser Mängel erscheinen auf den ersten Blick typisch für umfangreiche Projekte, die eine Vielzahl von Fragen aufwerfen: Zeitdruck, nicht tief geprüfte oder ganz ausgeklammerte Fragestellungen etc. sind bekannte Begleiterscheinungen großer Projekte mit

---

[5] S. Dirk Treber in diesem Band.
[6] Hierzu gibt es viele Quellen. Siehe beispielhaft http://www.tu-braunschweig.de/Medien-DB/isw/verkehr-sitzung11-flughafen-referat.pdf oder http://www.jusline-pro.at/ra/ehp/downloads/mediation/rojahn.pdf oder http://www.iber-consult.com/public_documents/Frankfurt-Mediation.pdf mit weiteren Literaturangaben (Zugriff 16.9.2010)
[7] Die Argumentation der Gewaltverhinderung erscheint nicht überzeugend. In allen Industrieländern hat man in den letzten Jahren eine Abkehr von gewalttätigen Maßnahmen zur Erreichung politischer Ziele festgestellt. Die Zeiten, in denen Protestgruppen wie die sog. 68er ihre Forderungen gewaltsam durchsetzten, sind vorbei. Augenfällig wird dies auch an einigen Konflikten, die Europa viele Jahre begleiteten: die Zahl gewaltbereiter Personen in Korsika, Irland, im Baskenland, in Wallonien oder Südtirol ist gesunken, ihre Akzeptanz in der Bevölkerung ist zurückgegangen. Industrieländer haben sich gefestigt. Die Bereitschaft zu Gewalt zum Erreichen politischer Ziele ist kaum mehr vorhanden. Allerdings sind in allerjüngster Zeit einige Anzeichen sichtbar geworden, die von einer wieder stärker werdenden Gewaltbereitschaft zeugen. Gewalt scheint zuzunehmen, wenn Konflikte systematisch zulasten einer Partei ausgetragen werden.

begrenzten Zeit- und Geldressourcen. Allerdings erscheinen die Mängel nicht ganz zufällig verteilt zu sein. Es lassen sich Systematiken erkennen.[9] Bestimmte Fragestellungen wurden mit systematisch weniger Aufwand untersucht als andere. Und bestimmte Ergebnisse wurden systematisch häufiger kommuniziert als andere.[10]

Im Folgenden sollen einige der vorgekommenen Fälle vorgestellt werden:

- Der Arbeitskreis Verkehr lud Experten ein, um über Alternativen zum Flughafenausbau zu diskutieren. Er bat die Experten aber nicht, wie bei anderen Problemkreisen üblich, um *schriftliche* Gutachten, sondern nur um *mündliche* Stellungnahmen. Diese wurden der Öffentlichkeit im Gegensatz zu allen schriftlichen Stellungnahmen nicht vorgelegt. Einzig die Hessische Landesregierung präsentierte einen schriftlichen Beitrag, der dann zum Ergebnispapier des Arbeitskreises erklärt und veröffentlicht wurde.
- Der Arbeitskreis, der sich mit externen ökonomischen Effekten des Flughafenausbaus befassen sollte, löste sich nach kurzer Zeit selbst auf. Er erklärte: *„Angesichts der geringen verfügbaren Literatur beschloss der Arbeitskreis Ökonomie, auf die Bearbeitung dieses Themas zu verzichten."*[11] Das Büro der Mediatoren gab sich mit dieser Antwort zufrieden, obwohl die nicht beantwortete Frage zu den Kernfragen des Flughafenausbaus gehörte. In anderen Fällen, in denen nicht auf Literatur zurückgegriffen werden konnte (z.B. Arbeitsplätze), haben die Mediatoren umfangreiche Gutachten erstellen lassen.

Bei allen Gutachten aus dem Bereich Verkehr fällt der starke Einfluss von zwei privaten Unternehmen, Fraport und Lufthansa, auf:

- Der Arbeitskreis V6 (der ein verkehrsrelevantes Thema behandelte) war mit drei lufthansaafinen Personen bei nur einem Unabhängigen folgendermaßen zusammengesetzt: Ein Lufthansamitarbeiter, ein ehemaliger Lufthansamitarbeiter, ein lufthansanahes Institut und ein Unabhängiger.[12]
- Das wichtige Gutachten V3 *„Kooperation von Flughäfen"*, das klären sollte, ob sich der Flugverkehr mehr über die Fläche verteilen ließe und so eine Erweiterung des Flughafens durch Aufbau eines Flughafensystems vielleicht entbehrlich sein könnte, wurde nicht von den Mediatoren, sondern von der Deutschen Lufthansa in Auftrag gegeben. Die Lufthansa hatte aber von vornherein bekannt gegeben, dass sie eine Kooperationslösung nicht anstrebe.
- Dasselbe Prinzip wurde bei der Studie *„Ausbau Schienenverkehr ..."* angewandt. Das Gutachten wurde nicht von den Mediatoren, sondern vom Flughafen (damals FAG) in Auftrag gegeben. Der Flughafen ließ also prüfen, ob er angesichts immer besser werdender Alternativen nicht in gewisser Weise und gewissen Grenzen überflüssig sei.

Auffällig ist auch Folgendes: Es wurden Grundsätze guten wissenschaftlichen Arbeitens insofern angewandt, als die Gutachten durch qualitätssichernde Kontrollgutachten evaluiert

---

[9] Quelle der folgenden Ausführungen ist die von der Mediationsgruppe herausgegebene CD, die einen umfassenden Einblick in die Begutachtungstätigkeit der Mediation gibt. Siehe auch http://www.rm-institut.de/docs/mediation-evaluation.html (Zugriff 16.9.2010)
[10] Siehe auch: Boon, Wit, 2005; Hauff, Horbach, 2000
[11] Siehe Mediation 2000
[12] Ebenda

wurden. Aus diesen Kontrollgutachten folgte aber i.d.R. dann nichts, wenn die Aussagen Tendenzen aufwiesen, die nicht in Richtung einer Bestätigung der Ausbaunotwendigkeit gingen. Dies sei an einem Beispiel erläutert:

Der Kontrollgutachter zu einem Gutachten des Problemkreises V4 merkte an[13], dass die Preiselastizitäten nicht angemessen berücksichtig seien und dadurch die Existenz und Behandlung von Alternativen zum Flughafenausbau unterdrückt wurden. Der Gutachter überarbeitet sein Gutachten daraufhin und wies nun auf die hohen Preiselastizitäten hin, die sich in seinen Daten deutlich abzeichneten. Dies heißt eigentlich, dass Alternativen zum Flughafenausbau ernsthaft in Erwägung hätten gezogen werden mussten, denn hohe Preiselastizitäten bedeuten, dass Menschen nicht zwingend einen Flughafen in ihrer Region benutzen, sondern auch weite Landan- und -abreisen durchführen. Im Endbericht der Mediatoren wird der Aspekt aber abgetan mit der Erklärung, Elastizitäten seien nichts wirklich Bestimmbares.[14]

Es gab einige Fälle, in denen keine Chance zu bestehen schien, mit Hilfe von unabhängigen Gutachtern Aussagen zu erhalten, welche die Ausbaunotwendigkeit stützten. Hier kam es zu sehr merkwürdigen Erscheinungen. Im Ergebnispapier zum Themenkreis Ö 19 z.B. wurde auf Basis einer vom Planungsbüro Speer und Partner angefertigten, aber nicht der Öffentlichkeit zugänglich gemachten Studie erklärt, es gebe keine negativen Auswirkungen des Ausbaus auf Immobilienwerte. Dies widersprach zu dem Zeitpunkt der internationalen Literatur, wurde aber ohne Kommentierung anerkannt, wobei niemand widersprechen konnte, weil die Studie nicht veröffentlicht wurde. Wie die tatsächliche Situation war, zeigte im Jahr 2000 eine vom Maklerunternehmen Eschner und Partner für den Raum Darmstadt vorgelegte Studie, die eine deutliche Preiswirkung des Fluglärms nachwies. Und im Jahr 2005 legte das Rhein-Main-Institut eine Studie für das gesamte Rhein-Main-Gebiet vor, die die international bekannten Wirkungen von Fluglärm auf Immobilienwerte auch für das Rhein-Main-Gebiet nachwies und bestätigte.[15]

Manipulationen und die Wirtschaftsgutachten

Eine besondere Gruppe von Gutachten hatte die Aufgabe, die arbeitsplatzschaffenden Wirkungen von Flughafenerweiterungen nachzuweisen. Dies war in der Auseinandersetzung mit der Öffentlichkeit das entscheidende Argument für den Ausbau. Auf den Nachweis vieler Arbeitsplätze kam es deshalb besonders an. Die Mediatoren gaben sich deshalb bei diesem Thema nicht mit dem Stand der Literatur zufrieden, was völlig ausgereicht hätte, da nahezu alle von Flughäfen beauftragten Gutachter zu fast identischen Ergebnissen gelangen. Vielmehr vergaben die Mediatoren eigene, sehr aufwändig zu bearbeitende Gutachten (W1/W2, W3 und W4).[16] Bei allen Gutachten sind Manipulationen zu finden, die teilweise in den Gutachten selbst liegen und teilweise im gezielten Umgang mit den Gutachten der Öffentlichkeit gegenüber.

---

[13] Quelle ist die von der Mediationsgruppe herausgegebene CD.
[14] Ebenda.
[15] S. Thießen, Schnorr, 2006, S. 88 ff.
[16] Siehe Madiation 2000.

Das Gutachten W3

Aufgabe des Gutachtens W3 war es, mit Hilfe einer empirischen Untersuchung die Arbeitsmarktentwicklung bestimmter Flughafenstandorte zu beleuchten. Das Gutachten wurde einem renommierten großen Forschungsinstitut, dem Rheinisch-Westfälischen Institut für Wirtschaftsforschung (RWI) aus Essen, übertragen. Man hatte dem RWI die Aufgabe gegeben, empirisch für die Vergangenheit die Bedeutung der Flughäfen für die Arbeitsplätze einer Region aufzuzeigen.

Aus heutiger Sicht muss vermutet werden, dass die Auftraggeber, die Mediatoren, wirklich geglaubt hatten, dass Flughäfen die Jobmotoren der jeweiligen Region seien. Man hatte vor Augen, dass in Frankreich, England und anderen Regionen jeweils der größte Flughafen in der Region der größten Stadt mit den meisten Arbeitsplätzen lag. Es drängte sich die Vermutung auf, die Entwicklung der Arbeitsmärkte einer Region und des Flughafens in der Region müsse positiv korreliert sein. Auch vermutete man sicherlich, dass die Ausnahmestellung der Städte und ihrer Flughäfen sich auch bei den Arbeitsmärkten zeigen müsste. Vielleicht hat man sogar geglaubt, es läge eine Kausalität vor, so dass eine Stadt, dessen Flughafen wächst, genau deshalb auch wachsen müsse.

All diese Überlegungen waren aber falsch. Die empirischen Befunde des Essener Institutes zeigten: Flughäfen haben *keinen* Einfluss auf die Arbeitsmärkte der Regionen. Sie sind *nicht* die Jobmotoren ihrer Regionen.[17]

Der Umgang mit den Ergebnissen: Lehrstück manipulativen Vorgehens

Wie ist man nun im Mediationsverfahren mit diesem Ergebnis umgegangen? Hier nun stößt man auf eine der großen Manipulationen, die vorgenommen wurden. Im Endbericht der Mediatoren wird das Ergebnis des Essener Instituts überhaupt nicht erwähnt. Und später im eigentlichen Genehmigungsverfahren für den Ausbau wurde das Essener Institut von Fraport nicht mehr um ein neues Gutachten gebeten. Der Flughafen reichte im eigentlichen Ausbauverfahren nur noch die „passenden" Wirtschaftsgutachten ein – das unpassende fehlte.

Die Art und Weise, wie die Ergebnisse des Gutachtens W3 im Mediationsverfahren eliminiert wurden, ist ein Lehrstück manipulativen Vorgehens. Es lief folgendermaßen ab: Man ließ die drei Wirtschaftsgutachten durch einen Zwischengutachter sichten und zusammenfassen. Den Mediatoren wurde nur die zusammengefasste Sicht dieses Zwischengutachters zur Kenntnis gebracht. Auch bei einer Anhörung vor dem hessischen Landtag ließen sich die Abgeordneten die Arbeitsplatzwirkungen des Flughafens durch diesen Zwischengutachter erläutern.

Wer aber war dieser Zwischengutachter? Auf ihm lastete ja nun die enorme Verantwortung, der Öffentlichkeit die Ergebnisse der Gutachten zu erklären. Der Zwischengutachter war der pensionierte Herr Heinrich Beder, ein Ingenieur, der vor seiner Pensionierung 30 Jahre lang Mitarbeiter der Lufthansa gewesen war. Er verwarf das Gutachten W3, weil es zu anderen Ergebnissen kam als die anderen Gutachten. Wenn jene richtig seien, müsse „im Umkehrschluss" gefolgert werden, dass W3 falsch sei. Bei seinem Vortrag vor den Abgeordneten des Hessischen Landtags beschrieb Beder das Gutachten mit wenigen will-

---

[17] Siehe das Gutachten W3 in der von der Mediationsgruppe herausgegebenen CD. Siehe Mediation, 2000; RWI, 1999; Lucas 1999.

kürlich aus dem Gutachten herausgegriffenen Sätzen[18] und bedeutete den Abgeordneten, das Gutachten biete „nichts grundsätzlich Neues" und bestätige, „was allgemein schon in der Öffentlichkeit bekannt ist."[19] Dies ist doch eine beachtlich Fehldarstellung eines empirischen Befundes und ein bedenklicher Umgang mit den Abgeordneten des deutschen Volkes.

Zusammenfassend ergibt sich also, dass die Eliminierung von W3 durch den früheren Lufthansamitarbeiter Heinrich Beder ein bedenkliches Maß von Manipulation an einer ganz entscheidenden Stelle des Mediationsverfahrens darstellt. So darf mit der Öffentlichkeit, an die das Mediationsverfahren gerichtet war und die von dieser Manipulation keine Kenntnis erhielt, nicht umgegangen werden.

Das Gutachten W1/W2

Betrachten wir nun die Gutachten W1/W2 und W4, die zusammengenommen die von der Politik propagierten 100.000 Arbeitsplätze nachwiesen. Es ist interessant nachzuverfolgen, wie dies erreicht wurde, nachdem die reale Empirie des Gutachtens W3 ja gezeigt hatte, dass Flughäfen *keine* arbeitsplatzschaffende Kraft besitzen.

Wir wenden uns im Folgenden zunächst dem Doppelgutachten W1/W2 zu, betrachten dabei aber nicht den für das Mediationsverfahren erstellten Text, sondern das methodengleiche, leicht modifizierte und ins Planfeststellungsverfahren eingebrachte Gutachten G 19.1.[20] Der Nachweis der Arbeitsplätze erfolgt bei diesem Gutachten nicht statistisch-deskriptiv, sondern ökonometrisch auf Basis eines mathematischen Modells in Form der Input-Output-Rechnung. Diese Rechnung existiert in verschiedenen Varianten seit den dreißiger Jahren des 20. Jahrhunderts und wurde in Deutschland in der wissenschaftlichen Literatur der 60er und 70er Jahre ausführlich diskutiert. Die Mängel der Rechnung wurden dabei deutlich herausgearbeitet. Heute werden die Input-Output-Tabellen von den statistischen Ämtern berechnet. Die Methode wird aber fast nur noch zur Rechtfertigung von Großvorhaben eingesetzt. Sie wird von Vorhabensträgern verwendet, die Arbeitsplätze nachweisen wollen.

Dazu verwendet man eine Variante dieser Rechnung, die rein mathematisch immer zu positiven Arbeitsplatzzahlen gelangt. Das zentrale Element dieser Variante ist es, die Input-Output-Rechnung bei den Ausgaben der Vorhabensträger, hier der Flughäfen, beginnen zu lassen. Diese werden als *Anstoß*effekte bezeichnet, obwohl sie überhaupt nicht am Anfang der für die Betrachtung der von Flughäfen ausgelösten relevanten ökonomischen Entwicklungen stehen, sondern *mittendrin*. Denn das Geld, das von Flughäfen ausgegeben wird, muss im Rahmen einer vorgelagerten Kaufkraftverschiebung von anderen Aktivitäten abgezogen und zu den Flughäfen hin geflossen sein. Wenn man dies außer Acht lässt, bleiben die negativen Wirkungen der mit dem Vorhaben verbundenen Kaufkraftverschiebung außerhalb der Betrachtung (was die Absicht des Verfahrens ist). Dies führt notwendigerweise zu einer Überschätzung der entstehenden Arbeitsplatzzahlen. Richtigerweise müsste man die Rechnung bei der verfügbaren Kaufkraft der Bevölkerung beginnen, die entweder den

---

[18] Quelle: http://starweb.hessen.de/elbib/parlamentaria/frankfurt_flughafen_anhoerung/beder.html (Zugriff 16.9.2010)
[19] Quelle: http://starweb.hessen.de/elbib/parlamentaria/frankfurt_flughafen_anhoerung/beder.html (Zugriff 16.9.2010)
[20] Siehe Hujer u. a. 2004.

Flughäfen oder anderen Branchen zugeleitet werden kann. Man würde dann erkennen, dass eine Verlagerung der Kaufkraft weg von den anderen Branchen und hin zum (ausgebauten) Luftverkehr dem Luftverkehr nützt und die anderen Branchen schädigt, denn Geld kann nicht zweimal ausgegeben werden. Netto werden sich nur dann Arbeitsplatzschaffungen einstellen, wenn die Arbeitsproduktivitäten der geschädigten Branchen höher sind als die der Luftfahrtindustrie. Dass dies im Mittel nicht der Fall ist, hatte das RWI aus Essen empirisch festgestellt.

Die Bestimmung der „richtigen" Größenordnung

Während das gezeigte Vorgehen (d.h. der Start der Rechnung bei den Anstoßeffekten, statt bei der Kaufkraft der Bevölkerung) sichert, dass immer eine insgesamt *positive* Zahl von Arbeitsplätzen errechnet werden kann, muss ein anderes Problem auf andere Art und Weise gelöst werden: Es geht um die *Größenordnung* der Zahl geschaffener Arbeitsplätze.

Zumeist sind Flughafenausbauten hochpolitische Angelegenheiten, und es muss eine gewisse Mindestzahl an Arbeitsplätzen aufgezeigt werden, um in der öffentlichen Diskussion Wirkung zu entfalten. Andererseits darf die Zahl auch nicht zu groß sein, weil sonst Glaubwürdigkeitsprobleme drohen. Im Rhein-Main-Gebiet wurde zuerst von bis zu 250.000 Arbeitsplätzen gesprochen. Dann entwickelte sich als magischer politischer Wert die Zahl von 100.000 Arbeitsplätzen.

Gutachter, die im Auftrag von Flughäfen mit der Input-Output-Methode arbeiten, lösen das *Größenproblem* i.d.R. dadurch, dass sie an den Anfang ihrer Untersuchungen eigene Erhebungen setzen. Durch diese eigenen Erhebungen bestimmen sie die Höhe der Anstoßeffekte und eine Reihe weiterer notwendiger Eingangsvariablen. Diese Erhebungen werden zumeist nicht veröffentlicht. Es wird behauptet, die Daten gehörten den Auftraggebern. Sie seien betriebsintern und geheim. Im Fall des Gutachtens W1/W2 offenbarten selbst die wenigen veröffentlichten Angaben zu den Eingangserhebungen eine Fülle von Mängeln, von denen einige in der Öffentlichkeit erregt debattiert wurden.

Wesentliche Lieferanten der benötigten Eingangsdaten waren Fraport und Lufthansa, d.h. die Hauptinteressenten an dem Ausbauvorhaben. Bei dem im eigentlichen Ausbaugenehmigungsverfahren von Fraport eingereichten Gutachten führte das dazu, dass Fraport sowohl Auftraggeber des Gutachtens als auch Lieferant der für das Ergebnis entscheidenden Eingangsdaten war, und die Öffentlichkeit keine Möglichkeit hatte, die Qualität der Eingangsdaten zu kontrollieren.

Etwa die Hälfte der errechneten Arbeitsplätze resultierte aus einer sehr ungewöhnlichen Produktivitätskennzahl im Sektor „Verkehr", die laut Angaben des Hessischen Statistischen Landesamtes in Wiesbaden von Fraport selbst stammte, weil Fraport in dem Sektor das dominierende Unternehmen sei und die anderen Unternehmen im Schnitt ganz andere Produktivitätskennzahlen aufwiesen. Im Gutachten G19.1 wird diese ungewöhnliche Zahl nicht kommentiert und ihr Einfluss auf die Ergebnisse auch nicht reflektiert. Aber es wird immerhin angemerkt: *„Der entsprechende sektorale Arbeitskoeffizient in der Input-Output-Tabelle für Hessen übertrifft den korrespondierenden Wert für die BRD um nahezu das Dreifache."*[21] Konkret heißt das, dass Mitte der 90er Jahre im Sektor Verkehr im Bundesdurchschnitt 100.000 DM Bruttoproduktionswert von 0,78 Beschäftigten erwirtschaftet

---

[21] Hujer u.a., 2004, S.90.

wurden, während dafür in Hessen 2,06 Erwerbstätige nötig gewesen sein sollen[22] – ein abstruser Wert, den sonst vielleicht nur Entwicklungsländer erreichen. Als Erklärung für diese Zahl könnte man z.B. vermuten, dass der Flughafen halbtags- oder stundenweise beschäftigte Personen als ganze Erwerbstätige gemeldet hat. Diese hohe Zahl notwendiger Beschäftigter führt auf jeden Fall dazu, dass eine Steigerung der Produktion am Flughafen nach einem Ausbau eine enorme Zahl zusätzlicher Arbeitsplätze nötig machte. Ob diese sehr ungewöhnlich niedrige Produktivitätszahl für Hessen überhaupt stimmt, konnte nie aufgeklärt werden, weil Fraport sich einer Aufklärung entzog.

Das Gutachten W4

Das Gutachten W4 ist das zweite zentrale Gutachten zum Nachweis von Arbeitsplätzen. Im Mediationsverfahren konnte mit diesem Gutachten eine „ausreichende" Menge an Arbeitsplätzen nachgewiesen werden, so dass Fraport die Gutachter bat, auch für das Planfeststellungsverfahren ein Gutachten zu erstellen. Dort wurde es „G 19.2" genannt.[23]

Die in diesem Gutachten vorgenommenen Manipulationen sollen hier nicht in allen Einzelheiten dargestellt werden. Das Rhein-Main-Institut hat in einem Workshop mit 12 Wissenschaftlern aus Deutschland und den Niederlanden die Methodik untersuchen lassen.[24] Dort wurden die erheblichen Mängel offengelegt und vom Rhein-Main-Institut dokumentiert.[25]

Ich möchte im Folgenden nur auf einen besonders spektakulären Aspekt näher eingehen, der die vorgenommenen Manipulationen offenlegte. Dies hatte folgende Ursache: Im Planfeststellungsverfahren wurde bemängelt, dass die Daten des Gutachtens veraltet seien – sie endeten Mitte der 90er Jahre, weil der Kern des Gutachtens aus dem Mediationsverfahren stammte. Es wurde deshalb eine Aktualisierung verlangt. Die Gutachter sollten die Arbeitsplatzeffekte mit den von ihnen behaupteten Funktionen an aktualisierten Daten erneut prognostizieren.

Wenn ein Wissenschaftler Funktionen an Daten misst, die er zum Aufstellen der Funktionen nicht verwendet hat, spricht man vom Out-of-sample-Test. Solche Tests haben einen hohen wissenschaftlichen Stellenwert. Sie eignen sich dazu, die Qualität der behaupteten Funktionen zu überprüfen. Erbringen der Out-of-sample-Test und der ursprüngliche Test keine übereinstimmenden Ergebnisse, müssen die Funktionen verworfen werden.

Die Resultate der Neuberechnung waren nicht überraschend. Während die alten Funktionen erhebliche arbeitsplatzschaffende Wirkungen des Flughafens aufgezeigt hatten, ergab es sich nun mit den von der Behörde vorgegebenen Daten, dass der Flughafen *keinerlei* Arbeitsplätze schaffte. Aus der früheren Funktion

$$(1) \qquad RWI = 0,99\,NWI + 0,2\,LVI$$

wurde die neue Funktion

$$(2) \qquad RWI = 1,13\,NWI - 0,1\,LVI,$$

[22] Hujer u.a., 2004, S.90, Fußnote 61
[23] Siehe Baum u.a., 2004.
[24] Siehe Rhein-Main-Institut, 2007, Dokumentation zum Konsensworkshop, zur Evaluation der Gutachten im Planfeststellungsverfahren zum Ausbau des Rhein-Main-Flughafens G 19.1 und G 19.2, Darmstadt
[25] Quelle siehe vorherige Fußnote.

wobei RWI ein Indikator der regionalen Wirtschaftskraft ist, aus der sich die Arbeitsplätze im Rhein-Main-Gebiet ableiten ließen, NWI einen Indikator der allgemeinen (bundesweiten) wirtschaftlichen Entwicklung darstellt und LVI ein Indikator der Flughafengröße ist, der im Gutachten wesentlich durch die Zahl der Direktflugverbindungen dominiert wird.

Die Funktion (1) behauptet also, dass ein Teil der regionalen Entwicklung des Rhein-Main-Gebietes auf gesamtwirtschaftliche Faktoren (NWI) zurückzuführen ist, während ein Teil auf die Größe des Flughafens Frankfurt gemessen an der Zahl der Direktflugverbindungen (LVI) zurückzuführen ist: je mehr Direktflugverbindungen der Flughafen hat, desto schneller wächst das Rhein-Main-Gebiet.

Mit den von der Planfeststellungsbehörde angeordneten Out-of-sample-Daten ergab sich nun Gleichung (2), die besagt, dass die Flughafengröße negativ mit der regionalen Wirtschaftskraft und den Arbeitsplätzen verbunden ist (der Koeffizient LVI hat den Wert -0,1). Es konnten mit den neuen Daten keinerlei positive Wirkungen des Flughafens auf den Arbeitsmarkt des Rhein-Main-Gebietes mehr nachgewiesen werden. Damit hatten die Gutachter letztlich genau dasselbe Ergebnis erzielt, wie das Rheinisch Westfälische Institut für Wirtschaftsforschung aus Essen für das Mediationsverfahren.

Zusammenfassend zeigte also die von der Behörde angeordnete Out-of-sample-Überprüfung im günstigsten Fall, dass die vom Gutachter behaupteten Koeffizienten nicht stabil waren und keiner Überprüfung standhielten. Das hätte zu einer kompletten Revision des Gutachtens führen müssen. Tatsächlich aber wurde das Gutachten nur mit leichten Modifikationen von der Planfeststellungsbehörde anerkannt. Das Genehmigungsverfahren nahm seinen Fortgang, und nach außen wurden unverändert 100.000 Arbeitsplätze behauptet.

Wir können hier abbrechen und zusammenfassend folgern: Die zielorientierten Manipulationen im Gutachten G 19.2 sind Legion. Interessant sind auch die Hilfestellungen der Gerichte, das manipulierte Gutachten, das einer wissenschaftlichen Kritik nicht standhält, dennoch „zu retten". Auch andere relevante Gruppen (die Mediatoren, die Planfeststellungsbehörde, die Landesregierung in Wiesbaden) haben sich nicht ernsthaft gegen eine derartige, manipulative Gutachtertätigkeit gewehrt. Sie haben sich auch nicht gegen eine deutlich gewordene Gutachterbeauftragungstätigkeit gewehrt, die zu solchen Gutachten führt. Insofern ergibt sich der Eindruck als ob von weiten gesellschaftlichen Kreisen praktisch erwartet wurde, dass der Gutachter manipulativ vorging, um gewünschte Ergebnisse der Öffentlichkeit präsentieren zu können.

Die Funktion von Manipulationen

Zusammenfassend zeigt sich: Es gab im Mediationsverfahren und im späteren Ausbauverfahren drei große Wirtschaftsgutachten. Bei allen dreien sind erhebliche Manipulationen nachweisbar. Diese liegen teilweise in den Gutachten selbst. Teilweise liegen sie im Umgang mit den Ergebnissen der Gutachten der Öffentlichkeit gegenüber.

Die Wirkung war jedes Mal,

- dass die der Öffentlichkeit präsentierten gesellschaftlichen Vorteile des Flughafens in Form von Einkommen und Beschäftigung bedeutender dargestellt wurden, als es bei

Abwesenheit der Manipulationen und streng wissenschaftlicher Vorgehensweise der Fall gewesen wäre.

- dass die Lasten aus dem Ausbauvorhaben kleiner erschienen und die Vorteile größer, so dass die Abwägung zugunsten des Ausbauvorhabens verschoben wurde.[26]
- dass verschleiert wurde, wer die Nutznießer des Ausbauvorhabens sind bzw. waren.
- Die Informationspolitik zielte darauf, als Hauptprofiteur die allgemeine Öffentlichkeit erscheinen zu lassen.
- Der Nutzen aus dem Ausbau erschien breit gestreut.
- Es wurde verschleiert, dass die Lastträger des Ausbauvorhabens ihre Lasten ohne adäquate ökonomische Entschädigung tragen müssen.
- Auf Seiten der Politik, der Vorhabensträger und auch auf Seiten der Gerichte gab es keine Bemühungen, ernsthaft gegen die aufgezeigten Manipulationen anzugehen.
- Auf Seiten der Gerichte war zu erkennen, dass sie Gutachten selbst dann, wenn Manipulationen ganz offensichtlich sind, anerkennen.

Manipulationen der gezeigten Art sind also offenbar ein Phänomen, das nicht sanktioniert wird. Aber nicht nur das: die manipulierten Gutachten gerieten ins Zentrum sozialer Prozesse der Spaltung und Ausgrenzung. Nachdem in der Startphase des Mediationsverfahrens die verschiedene Gruppen noch miteinander diskutierten und sich anhörten, kam es danach zu einer wesentlich auf die kommunizierten Gutachtenergebnisse gestützten „offiziellen" Meinung und in der Folge zu einer sozialen Spaltung und einem Abbruch des Aufeinander-hörens. Menschen, welche dem Ausbauvorhaben positiv gegenüber standen, wurden zur „allgemeinen Öffentlichkeit" hochstilisiert, während Menschen, welche Argumente gegen die „offizielle" Meinung vorbrachten, als Vertreter rein privater Interessen sozial ausgegrenzt wurden. Der Zusammenhang zwischen diesem Nicht-mehr-aufeinander-hören, der Ausgrenzung und den Manipulationen im Verfahren zur Flughafenerweiterung ist unübersehbar.

Es drängt sich deshalb die Frage auf, welche Funktionen es hat,

- wenn auf der einen Seite in Verfahren zu Großprojekten mittels diverser Vorschriften fachkundige Informationen auf Basis fundierter Gutachten gefordert werden,
- wenn auf der anderen Seite aber diese Gutachten und Informationen durchaus deutlich erkennbar zielgerichtet manipuliert sind, keine fachkundigen, rein sachlichen, sondern interessegeleitete Informationen enthalten und Entscheidungen trotzdem darauf bauen.

Es kann angenommen werden, dass Manipulationen der gezeigten Art eine gesellschaftsnotwendige Funktion haben. Hierfür wird im Folgenden eine denkbare Hypothese vorgetragen, die sich aus den Abläufen des Flughafenausbaus aufdrängt. Man könnte diese Hypothese „Konsistenzthese" oder „Widerspruchsbeseitigungsthese" nennen[27]:

---

[26] Eine solche Kleinrechnung der Lasten ist aus öffentlichen Bauvorhaben bekannt, wo häufig während der Entscheidungsphase vergleichsweise niedrige Baukosten diskutiert werden, während nach der Entscheidung Kostensteigerungen bekannt werden.

[27] Nach dem *Aneignungsargument* sind die aufgezeigten Verhaltensweisen überall dort zu finden, wo große Projekte zu erheblichen Lastverteilungen, zu Gewinnern und Verlierern führen. Man kann in den Manipulationen eine Art ritualisierte Aneignung von Ressourcen erkennen. Dies sei in stilisierter Form folgendermaßen gezeigt: Es gibt in der Gesellschaft (bzw. bei einem Teil der Gesellschaft) eine latente Bereitschaft, Lasten umzuverteilen (bzw.

Projekte, für die – aus welchen Gründen auch immer – eine latente Durchführungsbereitschaft in einer Gesellschaft besteht, können diese Gesellschaft in Widersprüche stürzen. Die Widersprüche können darin bestehen, dass die gewünschten Entscheidungen mit tradierten Ordnungsprinzipien nicht harmonieren. Als tradierte Ordnungsprinzipien gelten in modernen Gesellschaften u.a. die Einhaltung rechtlich vorgeschriebener Verfahrensweisen und logisches Argumentieren auf wissenschaftlich fundierter Basis. Diese sind notwendige Bestandteile auf dem Wege zu einer Entscheidungsfindung.[28] Ein Flughafenausbau ohne Planfeststellungsverfahren, ohne Gutachten, ohne fundierte Meinungen von Fachleuten, ohne logisches Argumentieren etc. wäre undenkbar.

Gleichzeitig gibt es aber auch latente Präferenz zum – fast unbedingten – Ausbau von Flughäfen. Man will sowohl das eine als auch das andere. Daraus resultieren Widersprüche. Es werden dann Maßnahmen erforderlich, die Widersprüche zu beseitigen. Es existiert daher ein gewisser Erwartungsdruck an die Entscheidungsträger und Gutachter, die Verfahren so zu lenken, dass sich die gewünschten Ergebnisse (möglichst) widerspruchsfrei, d.h. unter Einhaltung der üblichen Formen der Entscheidungsfindung einstellen. Es besteht kein Wunsch danach, die *üblichen* Regeln der Entscheidungsfindung wegen *eines* Projektes aufzugeben. Die langfristigen Folgen könnten unübersehbar sein. Es muss beides in Harmonie gebracht werden, d.h. es dürfen die üblichen Formen nicht angetastet werden, während gleichzeitig das Projekt nicht scheitern darf. Dies gelingt im Fall des Ausbaus von Flughäfen nicht ohne erhebliche Manipulationen in den Gutachten und Verfahren, weil die tatsächliche Realität nicht so ist wie die gewünschte. Erst die Manipulationen ermöglichen es, solche Informationen zu verbreiten, die notwendig sind, die Widerspruchsfreiheit (scheinbar) herzustellen. Über die dabei vorgenommenen Manipulationen muss dann konsequenterweise hinweggesehen werden, weil sonst die Missachtung der Formen offensichtlich werden würde. Man erreicht dann, dass das *eine* Projekt unter Umgehung der tradierten Formen durchgeführt werden kann, ohne die tradierten Formen ganz außer Kraft setzen zu müssen. Die *Manipulationen* und das *Darüber-Hinwegsehen* sind die beiden Elemente, welche die Konsistenz herstellen. Manipulationen und das Darüber-Hinwegsehen verhindern das Entstehen ordnungsbedrohender Widersprüche.

Manipulationen der gezeigten Art sind aber insofern gefährlich, als die Gesellschaft Gefahr läuft, nicht mehr erkennen zu können, ob überhaupt noch ein Vorteil aus einem Vorhaben resultiert. Wenn alle Informationen manipuliert sind oder sein können, wie soll dann die Gesellschaft noch den Wert eines Projektes erkennen? Es besteht das Risiko, dass sich kleine Gruppen Ressourcen aneignen, welche die Gesellschaft diesen Gruppen bei Kenntnis der wahren Verhältnisse nicht überlassen hätte. Eine Gesellschaft sollte sich daher gut überlegen, wann sie das Ritual der Manipulationen einsetzt. Im Ausbauvorhaben des Flughafens Frankfurt wurde es offenbar übertrieben, denn die Alternativen zu einem Ausbau sind vielfältig und gesellschaftlich in keiner Weise weniger Wert als der Ausbau.

---

der eigenen Gruppe Ressourcen anzueignen). Die Aneignung der Ressourcen beginnt mit einer Informationspolitik, welche in der Kernthese verbreitet, es gebe keine (oder nur unbedeutende) Lastverschiebungen. Dies unterstützt einen sozialen Konsens in Bezug auf die Durchführung des Projektes. Damit ist der Boden bereitet, um Ausgrenzungen solcher Menschen vorzunehmen, welche die These nicht anerkennen. Anschließend eignet sich die Mehrheit (oder auch nur ein besonders aktiver Teil der Bevölkerung) die verteilbaren Ressourcen (entschädigungslos) an.
[28] Siehe u.a. Deutsche Gesellschaft für Evaluation – DeGEVal, 2002; Führ, Baukrowitz, 2005.

Literatur

Baum, Herbert, u.a., 2004, Standortfaktor Flughafen Frankfurt Main – Bedeutung für die Struktur, Entwicklung und Wettbewerbsfähigkeit der Wirtschaft der Region Frankfurt/Rhein-Main, (G 19.2), Gutachten zum Ausbau des Flughafens Frankfurt Main für die Unterlage zum Planfeststellungsverfahren, Frankfurt.

Boon, Bart und Ron Wit, 2005, The contribution of aviation to the economy – assessment of arguments put forward, Nr. 7997.35, CE-Institute, Delft.

Deutsche Gesellschaft für Evaluation – DeGEval, 2002, Standards für Evaluation, Köln, Online im Internet: URL: http://www.degeval.de/standards/Standards. pdf.

Führ, Martin und Andrea Baukrowitz, 2005, Evaluierung regionalwirtschaftlicher Wirkungsanalysen, Edition der Hans-Böckler-Stiftung 147, Düsseldorf: Hans-Böckler-Stiftung.

Hahn, Wulf und Ralf Hoppe, 2005, Begutachtung der Studien Ausbau Flughafen Frankfurt/Main Gutachten G 19.1 „Einkommens- und Beschäftigungseffekte des Flughafens Frankfurt/Main" 12. Juli 2004 sowie Gutachten G 19.2 „Standortfaktor Flughafen, Bedeutung für die Struktur, Entwicklung und Wettbewerbsfähigkeit der Wirtschaft der Region Rhein-Main" 22. Juli 2004. Auftraggeber: Landkreis Groß-Gerau in Kooperation mit der AG Prognose der Zukunft Rhein-Main.

Hauff, Michael und Jens Horbach, 2000, Stellungnahme zur wissenschaftlichen Methodik der im Rahmen des Mediationsverfahrens erstatteten Gutachten zu den Beschäftigungswirkungen eines Ausbaus des Flughafens Frankfurt, unveröffentlichtes Gutachten im Auftrag des Magistrats der Stadt Hofheim, Hofheim.

Hujer, Reinhard, u.a., 2004, Einkommens- und Beschäftigungseffekte des Flughafens Frankfurt Main, (G 19.1), Gutachten zum Ausbau des Flughafens Frankfurt Main für die Unterlage zum Planfeststellungsverfahren, Frankfurt.

Lucas, Rainer, 1999, Stellungnahme zu dem vorgelegten Gutachten des RWI „Bedeutung von Flughäfen für die Struktur und Entwicklung der regionalen Wirtschaft – ein europäischer Vergleich, in: Das Mediationsverfahren Flughafen Frankfurt – Gutachten, Zusammenfassungen Endbericht und Präsentationen der Ergebnisse, Herausgegeben von der Hessischen Staatskanzlei, Wiesbaden, CD ROM.

Mediation, 2000, Das Mediationsverfahren Flughafen Frankfurt – Gutachten, Zusammenfassungen Endbericht und Präsentationen der Ergebnisse, Herausgegeben von der Hessischen Staatskanzlei, Wiesbaden, CD ROM.

RWI, 1999, Bedeutung von Flughäfen für Struktur und Entwicklung der regionalen Wirtschaft – ein europäischer Vergleich, in: Das Mediationsverfahren Flughafen Frankfurt – Gutachten, Zusammenfassungen Endbericht und Präsentationen der Ergebnisse, Herausgegeben von der Hessischen Staatskanzlei, Wiesbaden, CD ROM.

Thießen, Friedrich und Stefan Schnorr, 2005, Immobilien und Fluglärm, in: RDM Informationsdienst für Sachverständige, Schriften des Ring Deutscher Makler, RDM-Verlagsgesellschaft, Berlin, Nr. 5, S.28-36.

Thießen, Friedrich und Stefan Schnorr, 2006, Marktgerechte Bepreisung von Immobilien mit Fluglärm, in: Immobilien und Finanzierung, Der langfristige Kredit, 57. Jg., Heft 3, S. 88-93.

Joachim Drews, Frank Zimmermann

Zur Notwendigkeit einer unabhängigen Kontrolle: Die Messung von Lärm als Politikum

Zusammenfassung

Wir betreiben unabhängig von Politik und Industrie Geräte zur Messung und seiner Auswertung. Dabei stellen wir fest, dass die offiziell betriebene Lärmmessung und Lärmauswertung veraltete Technik benutzt, verzerrte und unvollständige Daten sowie eingeschränkte Leistungen in der Datenauswertung und -präsentation liefert. Die Missstände sind systematisch. Sie haben offenbar das Ziel, Informationen über die tatsächliche Lärmbelastung der Bevölkerung zu unterdrücken.

Wir sind zu der Erkenntnis gelangt, dass die Kontrolle offizieller Maßnahmen durch unabhängige Gruppen unerlässlich ist, um den gefilterten Informationen der Ministerien und sonstiger Behörden sowie der Luftverkehrsindustrie etwas Wahrhaftiges entgegenzusetzen.

Moderne Demokratien sind offenbar nicht so demokratisch wie man das hoffen würde. Es gibt eine Zusammenarbeit der Behörden mit der Industrie, die von dem abweicht, was in Gremien beschlossen wurde. Ohne Kontrolle durch die Gesellschaft kommen die Interessen der Bürger zu kurz.

Einführung

Angefangen hat unser Interesse an der Fluglärmbelästigung im Jahre 1998, d.h. lange vor dem umstrittenen Flughafenausbau des Jahres 2011. In einem neuen Verfahren wurden zu dieser Zeit die Routen der startenden Maschinen so gebündelt, dass alle nach Westen startenden und dann nach Norden abdrehenden Maschinen über unsere Ortschaften flogen. Sie nahmen Richtung auf das Funkfeuer Taunus. Dort verteilten sich dann die Flüge je nach Flugziel in die verschiedenen Richtungen. Früher waren die Flugzeuge schon kurz nach dem Start breitflächig über der Region gestreut geflogen, wodurch die Bürger in den einzelnen Ortschaften den Fluglärm nicht vollständig ertragen mussten.

Wie kam es zu der neuen Regelung? Es gab Gerüchte, denen zufolge sich einflussreiche Bürger aus Königstein und Kronberg über den Fluglärm beschwert hatten. Durch die neue Regelung wurden vor allem diese beiden Orte von Fluglärm entlastet, obwohl dort auch schon vorher vergleichsweise wenig Fluglärm vorhanden war. Aber welche Gründe wirklich entscheidend waren, wurde nie geklärt.

So gründeten aufgrund der zusätzlichen, durch die neuen Routen entstandenen Lärmbelästigung 1999 sechs Bürger die Bürgerinitiative WIDEMA. WIDEMA steht für Flörsheim-*Wi*cker, Wiesbaden-*De*lkenheim und Hochheim-*Ma*ssenheim.

Das grundlegende Problem war zunächst, mehr Kenntnisse über die Flugverkehrstechnik zu erlangen, die bis dahin nur Fachleuten vorbehalten waren. So bauten wir uns dieses

Know How auf, wobei uns ein erfahrener Pilot mit seinem umfangreichen Fachwissen unterstützte.

Die Fluglärmkommission

In der Folge bemühten wir uns, bei der Fluglärmkommission unser Problem der zusätzlichen Belastung durch die neue Flugverkehrsbündelung über unserem Heimatgebiet vorzutragen. Diese Kommission, mit vollständigem Namen „Kommission zur Abwehr des Fluglärms", ist ein Beratungsorgan, das bundesweit an allen Flughäfen nach §32b des LuftVG eingerichtet ist. Sie dient der Beratung der Genehmigungsbehörde sowie der für die Flugsicherung zuständigen Stellen über Maßnahmen zum Schutz gegen Fluglärm und gegen Luftverunreinigungen durch Luftfahrzeuge. Die Kommission ist berechtigt, der Genehmigungsbehörde sowie der für die Flugsicherung zuständigen Stelle Maßnahmen zum Schutz der Bevölkerung gegen Fluglärm oder zur Verringerung der Luftverunreinigung durch Luftfahrzeuge in der Umgebung des Flugplatzes vorzuschlagen.

In der beim Flughafen Frankfurt eingerichteten Kommission saßen zu dieser Zeit auf der einen Seite Fachleute aus der Luftverkehrsbranche und auf der anderen Seite Vertreter der Kommunen. Die Vertreter der Flugsicherung, des Flughafens und der Luftfahrtgesellschaften brachten neben ihrem Know How vor allem die wirtschaftlichen Interessen ihrer Unternehmen ein. Auf der anderen Seite gab es den in diesem Gremium vertretenen, durch das Land Hessen eingesetzten Fluglärmbeauftragten. Er soll als fachlich kundige Person grundsätzlich die Interessen der Bürger vertreten. Ebenso sollten die kommunalen Vertreter, meist die Bürgermeister, ihre Bürger vor unnötigen Lärmbelästigungen schützen. Diese hatten aber in der Regel keinerlei flugtechnisches Fachwissen.

Die Tagungen der Kommission sind nicht öffentlich, wodurch keinerlei Transparenz über deren Entscheidungen in der Öffentlichkeit vorhanden ist. Aufgrund unseres nach einiger Zeit ausgeprägten Fachwissens und der sachgerechten Problemdarstellung bekamen wir zweimal die Gelegenheit, unsere Standpunkte sachdienlich vorzutragen. Die öffentlichen Vertreter zeigten sich angesichts der dargestellten Probleme ziemlich überrascht. Das Ergebnis dieser Darlegungen war, dass nach 23.00 Uhr das Gebiet unserer Gemeinden zum Schutz der Bürger nicht mehr von startenden Schwermaschinen überflogen werden durfte.

Wir sind in dieser Phase erfolgreich gewesen, weil wir uns fachgerechtes Know How angeeignet hatten und somit die Vertreter der Fluglärmkommission auf unnötige Lärmbelastungen aufmerksam machen konnten, denen sie bislang keine Bedeutung beigemessen hatten.

Wir rüsteten auf: die Fluglärmmessung

Trotz der ersten Erfolge war es immer noch teilweise unerträglich laut. Wir empfanden ein zunehmendes Bedürfnis, *genau* zu wissen, mit welcher Lautstärke die Flugzeuge uns überflogen. Es gab zwar eine offizielle Lärmmessung. Diese signalisierte „alles in Ordnung". Aber die tatsächliche Lärmbelastung, vor allem durch einzelne schwere Flugzeuge, passte dazu gar nicht. Wir wollten wissen, wie dieses „alles in Ordnung" wirklich beschaffen war.

Zuerst erwarben wir ein relativ einfaches Fluglärmmessgerät. Der Flughafenbetreiber, die heutige Fraport AG, machte sich über uns lustig. Sie hätten 37 Messgeräte im Rhein-

Main-Gebiet in Betrieb, und alles sei unter Kontrolle, hieß es. Wir maßen den Lärm und machten erstaunliche Beobachtungen:

- *Mit unserem Gerät konnten wir herausfinden, dass Maschinen regelmäßig bis zu 95 dB und mehr erzeugten. Das sind Werte, bei denen Gesundheitsgefährdungen entstehen.*
- *Wir stellten fest, dass die von uns gemessenen Werte immer höher waren als die von Fraport bekannt gegebenen. Fraport lag immer um mehrere Dezibel niedriger.*

Die offiziellen Lärmmesswerte sind zu niedrig

Was waren die Ursachen dieser Differenzen? Die Deutsche Flugsicherung lehnte es ab, sich ernsthaft mit uns zu befassen. Unsere Werte taugten nichts, hieß es. Lärmmessung sei schwierig. Das könnten wir nicht. Zum Glück bekamen wir Kontakt zu Experten der Firma deBakom, Gesellschaft für sensorische Messtechnik mbH. Diese versorgte uns mit dem notwendigen Wissen. Die deBakom stellte außerdem in einer Untersuchung für zwei Kommunen fest, dass die Messwerte von Fraport im Schnitt um 2 bis 3 dB zu niedrig waren. Unser einfaches Gerät hatte also tendenziell richtig angezeigt.

Weiter stellte sich heraus, dass die Fraport AG bei der Lärmmessung offensichtlich mit Tricks gearbeitet hatte. Ihre Messgeräte sind zwar grundsätzlich in Ordnung und messen auch korrekt, aber der veröffentlichte Lärm ist ein gerechneter Durchschnittswert. Bei dieser Berechnung wurde getrickst. Man strich z. B. bei bestimmten Wetterbedingungen die Messwerte der erfolgten Flüge ganz. Hier wurde sehr großzügig verfahren, und es wurde vor allem dann gestrichen, wenn es sehr laut war. Vereinfacht gesagt blieben z. B. von tatsächlich vorhandenen 30 Flügen nur 15 übrig, und zwar die leiseren, so dass der aus der nun verbliebenen Gesamtzahl der Flüge resultierende Durchschnittswert zu niedrig war.

Vermutlich wird auch bei der Festlegung der Lärmisophone getrickst. Dies sind ebenfalls lediglich gerechnete Werte, die auch mitbestimmend sind für den Anspruch auf passiven Schallschutz im Zuge des Flughafenausbaus. In mehreren Stufen wird gemittelt und ermittelt, wer in einer entsprechenden Lärmzone liegt und wer nicht. In der Regel sinkt im Ergebnis der Kreis der Berechtigten, die Anspruch auf passiven Schallschutz haben. Der Deutsche Fluglärmdienst (DFLD) hat bereits in Tests nachgewiesen, dass die gerechneten Isophone-Bereiche zu schmal sind und nicht den tatsächlichen Belastungen entsprechen.

Es ist erstaunlich, dass Manipulationen an den Lärmwerten keine größeren Konsequenzen haben. Lärm belästigt die Menschen und macht krank. Wer im Alltagsleben übermäßigen Lärm wider allgemein geltende Rechtsvorschriften (z. B. Rasenmäherverordnung) erzeugt und seine Umgebung unnötig verlärmt, macht sich grundsätzlich strafbar. Dies gilt jedoch scheinbar nicht für die Luftverkehrsbranche, die bekanntermaßen am Fluglärmgesetz selbst mitgeschrieben hat.

Gerechneter Dauerschall oder gemessener Einzelschall?

Lärm zeigt sich physikalisch in einem Schalldruck. Ein Lärmereignis führt zu einer Erhöhung des Schalldrucks, dann sinkt er wieder bis zum nächsten Lärmereignis. International hat sich als Maß für die Menge des Lärms der Dauerschallpegel eingebürgert. Das ist vereinfacht gesagt ein aus erhöhten und verminderten Schalldrücken gemittelter Wert. Den Dauerschall kann keiner hören, er ist lediglich ein gerechneter Wert. Wir haben festgestellt, dass dieser Mittlungswert des Dauerschallpegels den Eindruck, den Lärm auf den Menschen macht, nicht korrekt wiedergibt.

Deshalb haben wir aus unseren Erfahrungen abgeleitet und dies ist mittlerweile unsere ständige Forderung: Der Einzelschall einer Maschine ist das Maß eines störenden Flugereignisses, das zu zählen ist.

Debatten in der Öffentlichkeit sind heute kaum noch möglich

Wir sehen es als unsere Aufgabe an, die Öffentlichkeit zu informieren. In der Anfangszeit wurden die Ergebnisse unserer Lärmmessungen auch meistens in der Presse veröffentlicht. Dies war in den frühen Jahren unserer Bürgerinitiative noch möglich.

Heute finden die Bürgerinitiativen, die sich gegen die permanenten Störungen durch den Flughafen zur Wehr setzen, in den Zeitungen kaum noch Gehör; offensichtlich als Folge des Einflusses von Luftverkehrslobby und Politik.

Diskussionen sind nicht mehr gewünscht. Mittlerweile kann man Informationen fast nur noch im Internet und in Mitgliederversammlungen bekannt geben. Oder man spricht die Entscheidungsträger direkt an.

Wir haben mit allen Kommunen der Rhein-Main-Schiene Kontakt und informieren diese regelmäßig. Wir sind wirtschaftlich unabhängig und unterhalten keinerlei politische Kontakte, die uns irgendwie verpflichten und die Ergebnisse unserer Arbeit beeinflussen würden.

Neue Technologien: neue Entdeckungen

2007 legten wir uns ein neues, hochwertigeres Fluglärmmessgerät der Klasse 1 zu. Dies erforderte technische Unterstützung, die wir durch den Deutschen Fluglärmdienst (DFLD) bekamen. Der DFLD betreibt einen leistungsstarken Server, auf dem die notwendigen Berechnungen durchgeführt werden. Dort werden auch die täglichen Messwerte unserer Klasse-1-Messstation archiviert und können dann über das Internet über unsere Website www.widema.de zu jeder Zeit über den gesamten Zeitraum nach verschiedensten Kriterien durchsucht und eingesehen werden.

Es ergibt sich eine beeindruckende Darstellung, die ihresgleichen sucht: initiiert und umgesetzt von Horst Weise vom Deutschen Fluglärmdienst (www.dfld.de). Diese logistische Meisterleistung steht für eine nachhaltige Kontrolle von Lärmereignissen nicht nur in Deutschland, sondern sogar in ganz Europa. Obwohl dies seit der Mediation zum Flughafenausbau versprochen ist, gibt es weder durch entsprechende Behördenträger noch durch die Luftverkehrsbranche vergleichbar tiefe Darstellungen des Lärmmonitorings im Internet.

Verknüpfung von Positionsdaten und Lärmdaten

Etwa im Jahr 2005 wurden wir darauf aufmerksam, dass Flugzeuge Daten aussenden, die mit handelsüblichen Geräten aufzuzeichnen waren, aus denen ihre geographische Position und ihre Identität zu bestimmen sind. Mit diesen Daten war es möglich, neue Erkenntnisse über den Flugverkehr zu gewinnen. So beschlossen wir, uns eine solche technische Ausrüstung zu erwerben.

Wir sind seit dieser Zeit nun in der Lage, die neu gewonnen Daten mit den von uns gemessenen Lärmwerten zu koppeln und damit jedes Lärmereignis der verursachenden Flugbewegung und dem Flugzeugtyp zuzuordnen. D.h. wir können Lärm nicht nur punktuell messen, sondern einem Flugzeug zuordnen, das über dem Rhein-Main-Gebiet seine Bahn zieht. Es ergaben interessante Befunde:

- Mit den gewonnen Daten für die Flugspuren konnten wir feststellen, wie dicht und hoch das Rhein-Main-Gebiet von Flugverkehr überzogen wird.
- Die Flugspuren eines Tages konnten wir in Google Earth nicht nur als Radarspinnennetz in der Draufsicht betrachten, sondern konnten durch Kippen der Ansicht auch Aussagen über die große Anzahl von Überflügen über das Rhein-Main-Gebiet treffen.
- Die Belastungen für die Menschen in der Rhein-Main-Region durch den Luftverkehr betreffen nicht nur den Fluglärm als eine Frage von Starts und Landungen oder der Flughafennähe, sondern sie bestehen auch aus den feinstofflichen und toxischen Gesundheitsgefährdungen des verbrannten Kerosins, nicht nur bei Start und Landung in nächster Umgebung, sondern in allen Überflughöhen, was gerne unterschlagen wird.
- Ein weiteres Ergebnis unserer Flugspurenaufzeichnung ist, dass wir nun die Start- und Landeverfahren, nicht nur einzelner Maschinen am Flughafen Frankfurt studieren konnten. Dazu verfolgten wir die Flugspuren der entsprechenden Maschinen von Tag zu Tag und stellten dabei fest, dass mindestens die Hälfte der Maschinen zu tief fliegt.
- Über den Vergleich der Ist-Route mit der Soll-Route ist z. B. zu sehen, dass die Maschinen vielfach nicht nur zu tief, sondern auch zu langsam Höhe beim Starten gewinnen. Das heißt, die Maschinen erzeugen somit Lärm auf diesen Abflug-Routen, der eigentlich vermeidbar ist. Anders formuliert, die Luftverkehrsgesellschaften drangsalieren die Bevölkerung – wissend, dass Lärm gesundheitsschädigend ist.

Diese Daten leiten wir neben unseren Lärmmessdaten an den DFLD weiter. Nach Aufbereitung durch den DFLD stehen diese Daten dann auch in grafischer Form im Internet der breiten Öffentlichkeit zur Verfügung und auch der Politik sowie der Luftverkehrsbranche. Die verfügbaren Flugspuren können dann sogar koordinatengenau in Google Earth abgeflogen werden, womit feststellt werden kann, wo genau und in welcher Höhe ein Flugzeug eine Wohngegend überflogen hat.

Das Problem unnötiger Emissionen

Im Großraum Frankfurt werden nicht nur viel unnötiger Lärm erzeugt, sondern dabei ebenso unnötig zusätzlich die Umwelt verschmutzt und darüber hinaus die Fluggesellschaften wirtschaftlich geschädigt. Beispielhaft sei das Anflugverfahren genannt. Beim international üblichen Anflugverfahren nimmt die Maschine die Nase nach unten, der Pilot schaltet auf „Leerlauf" und gleitet im sog. CDA-Anflugverfahren auf die Landebahn zu. In Frankfurt ist dies nicht der Fall. Hier fliegt die Maschine stufenweise nach unten. Sie fliegt auf einer Flughöhe horizontal so lange, bis der Fluglotse den Befehl gibt, auf die nächste Flughöhe zu sinken. Das Flugzeug muss schnell an Höhe verlieren, weshalb der Pilot dann wieder

Gas geben muss, um auf der neuen tieferen Flughöhe zu bleiben. Dies erzeugt unnötige Emissionen. Für das Verfahren benötigt man weniger Fluglotsen bei der Deutschen Flugsicherung, als wenn nach anderen, effizienteren, aber personalintensiveren Anflugverfahren geflogen würde.

An anderen internationalen Großflughäfen, wie z. B. dem Flughafen London-Heathrow, vergleichbar mit Frankfurt, werden die Flugzeuge im Landeanflug ganz eng von den Fluglotsen geführt. Die Lotsen müssen aufgrund der intensiven Arbeitsbelastung häufiger eine Pause einlegen. So sehr personalkostensparend das Anflugverfahren in Frankfurt für die Deutsche Flugsicherung (DFS) auch ist, umso teurer wird es für die Fluggesellschaften und die Umwelt, da hierbei tausende Tonnen Kerosin unnötig verbraucht werden. Die Lufthansa beschwert sich hin und wieder wegen des unnötigen Kerosinverbrauchs, aber sie übt hinsichtlich dieses Punktes keinerlei Druck auf DFS und Politik aus, da ihr andere Themen wichtiger zu sein scheinen. Andererseits wehrt sich die Lufthansa strikt gegen das lärmgünstige „Steilstart-Verfahren", da hier angeblich aufgrund höheren Kerosinverbrauchs Mehrkosten entstünden und entzieht sich damit jeglicher ernsthaften Diskussion über den Lärmschutz der Anrainerbewohner.

Die Bedeutung unabhängiger Messungen

Zur Beruhigung der Bevölkerung wurde während der heißen Phase der Ausbaudiskussion das Flugspurennachverfolgungssystem „StanlyTrack" (stanlytrack.dfs.de) durch die Deutsche Flugsicherung ins Internet gestellt. Mit diesem System kann man zeitversetzt startende und landende Flugzeuge nachverfolgen für den Fall, dass man das Gefühl hat, dass eine Maschine aufgrund von Abweichungen von den vorgegebenen Flugrouten unnötig Lärm verursacht. Eine Identifikation des jeweiligen Flugzeuges und der Fluggesellschaft konnte nur auf schriftliche Anfrage bei der DFS vorgenommen werden. Weitere eigene Berechnungen, geschweige denn langzeitstatistische Bestandsaufnahmen waren bzw. sind mit dem System nicht möglich. Es ist ein nettes Spielzeug im Internet – mehr nicht – ein billiges Alibi der Luftverkehrsbranche ohne ernsthafte Absicht im Hinblick auf den überhandnehmenden Fluglärm im Rhein-Main-Gebiet Abhilfe und Entlastung für die Flughafennachbarn zu schaffen.

Unsere Erfahrungen haben deutlich gemacht, wie wichtig es ist, dass objektive Systeme zur Kontrolle von Fluglärm und Luftverschmutzung existieren. Dies können nur von lobby- und politikfernen unabhängigen Gruppen betrieben werden sollten, da unsere Erfahrungen gezeigt haben, dass eine Manipulation transparenter Daten aufgrund wirtschaftlicher Eigeninteressen der Luftverkehrsbranche sehr naheliegend ist, zum Schaden für den betroffenen Bürger. Solche Manipulationen sind nicht nur naheliegend, sie werden auch tatsächlich durchgeführt, wie die oben genannten Beispiele zeigen.

So mussten wir feststellen, dass Institutionen, die von Politik und Luftfahrtindustrie abhängig sind, im Rahmen der Lärmkontrolle und zum Schutz der Bürger, immer wieder

- verzerrte Daten,
- unvollständige Daten oder
- eingeschränkte Leistungen

lieferten.

Zusammenfassend können wir sagen, dass es unabdingbar ist, dass unabhängige Gruppen ein eigenes spezifisches Know How aufbauen, um den gefilterten Informationen der politischen Interessengruppen und der Luftverkehrslobby fundiert entgegentreten zu können. Erst wenn ausreichende, weitgehend objektive Transparenz hinsichtlich der Problemstellung und der gewünschten Ziele gegeben ist, kann die Bevölkerung entscheiden, welchen Weg die bürgerliche Gesellschaft einschlagen soll.

Mediation und Regionales Dialogforum

Nicht lange nach Gründung unserer Bürgerinitiative begann die Planung für den Flughafenausbau. Eine Teilnahme am Mediationsverfahren wurde uns verwehrt. Als Bürgerinitiative im Rhein-Main-Gebiet, die gegen den Ausbau war, nahmen wir am ausbaubegleitenden Regionalen Dialogforum (RDF) als einzige BI teil. Die Arbeit im RDF nahm einerseits sehr viel Zeit und Energie in Anspruch, sie stellt aber andererseits heute für uns einen unentbehrlichen Erfahrungsschatz in der weiteren Auseinandersetzung mit den Luftverkehrsinteressen dar.

Letztlich war die Teilnahme am RDF zwar wirkungslos, da der Ausbau zuvor bereits von der Mehrheit im Hessischen Landtag beschlossen war und der praktische Ausbau in der Luft von der Luftverkehrsbranche, nicht erkennbar für die betroffene Bevölkerung, bereits durchgeführt wurde.

Die RDF-Teilnahme war jedoch nicht nutzlos, da wir im Verlauf des Forums lernten, in welchem Maße Politik und Luftverkehrslobby zusammenarbeiten und Abläufe manipulieren. Dieses Wissen ermöglicht es uns heute, gezielter eine dauerhaft angelegte Nachhaltigkeit und Transparenz im Hinblick auf die Begierden dieser Branche zu fordern. Auch wissen wir jetzt, was die Bürger selbst beitragen müssen, weil die Politik das Notwendige nicht leistet. Was war die Ursache für diesen Gedanken?

Die Zusammensetzung im RDF war von vornherein so angelegt worden, dass eine Mehrheit „pro-Ausbau" vorhanden war, einschließlich des moderierenden Instituts. Aber man hatte immerhin Redefreiheit. Wir konnten viel vortragen. Aber erreicht hat man zumindest unmittelbar nichts. Die Abläufe waren so organisiert, dass sich praktisch keine Wirkungen ergaben. Wir selbst haben durch vielfältige Informationen, die wir erhielten, enorm profitiert. Es wurden hoch interessante Studien und Gutachten mit wertvollen Ergebnissen erstellt, die aber leider bis heute nicht zum Nutzen der Bürger umgesetzt wurden. Das RDF war eine reine Alibi-Veranstaltung.

Schließlich wurde die Arbeit im RDF mit dem Urteilsspruch „pro-Ausbau" mit dem Planfeststellungsbeschluss sang- und klanglos beendet. In der Nachfolgeorganisation „Forum Flughafen und Region (FFR)" und dem dort angesiedelten „Umwelthaus" gibt es keinerlei Anzeichen, dass es dort bürgerschützender zugehen wird als in den Vorgängerorganisationen, dem Mediationsverfahren und dem Regionalen Dialogforum. In welche Richtung das Umwelthaus gesteuert wird, liegt auf der Hand und zeichnet sich bereits ab: den Bürgern im Rhein-Main-Gebiet vorzumachen, trotz Ausbau und Kapazitätserweiterung werde es nicht lauter. Über die Luftverschmutzung durch CO_2 und NOX der startenden und landenden Maschinen wird auch weiterhin nicht informiert. So hat der Flugbetrieb in Frankfurt z. B. im Jahr 2009 rd. 790.000 t CO_2 produziert.

Ein Rede- und Antragsrecht in den neuen Gremien haben wir, wie auch viele andere Gruppierungen, dort nicht. Damit haben wir beschlossen: Es reicht. Wir wollen unsere wertvolle Zeit nicht dort als Claqueure und Stimmvieh der Luftverkehrslobby verschwenden. Wir werden uns nun noch intensiver um unsere Lärm- und Flugspurenmessungen, die Auswertung der Luftverkehrsdaten und die Information der Öffentlichkeit kümmern.

Fazit

Mit unseren Geräten werden wir auch in Zukunft der Luftverkehrslobby auf die Finger schauen. Wir können Flüge zurück auf drei Jahre nachweisen. Somit ist es leicht für uns, die Situation vor und nach Eröffnung der neuen NW-Bahn aufzuzeigen und zu analysieren.

Die Kontrolle offizieller Maßnahmen durch unabhängige Gruppen hat sich als unerlässlich erwiesen, um den gefilterten Informationen der Ministerien und sonstiger Behörden sowie der Luftverkehrsindustrie etwas Wahrhaftiges entgegenzusetzen. Ohne Kontrolle durch die Gesellschaft kommen die Interessen der Bürger zu kurz.

Ohne sach- und fachgerechte Eigeninitiative von Bürgern wird den Anliegen der Bürgerschaft keine Rechnung getragen, da den wirtschaftlichen Interessen, hier der Luftverkehrslobby, auch durch eine Anzahl von kommunalen und politischen Vertretern in der Regel Vorrang vor dem Schutzbedürfnis der Bürger eingeräumt wird. Dies wurde uns vielfältig im Rahmen der Planungen zum Flughafenausbau Frankfurt, als Vorstufe im Mediationsverfahren, dem folgenden Erörterungstermin zum Flughafenausbau in Offenbach, dem darauffolgenden „Regionalen Dialogforum" und nun auch im „Forum Flughafen und Region" mit dem dort angesiedelten Umwelthaus ebenso bestätigt wie beim Klageverfahren gegen den Flughafenausbau beim VGH in Kassel. Eine Gegenleistung durch die Luftverkehrsbranche für die zusätzlichen Belastungen der Bürger im Rhein-Main-Gebiet durch den Flughafenausbau wurden trotz vollmundiger politischer Versprechen, insbesondere des ehemaligen Ministerpräsidenten Hessens, Roland Koch: *„Kein Ausbau ohne Nachtflugverbot"*, bis dato nicht erbracht, obwohl bereits im Mediationsverfahren 2000 so festgelegt. Somit wurde das Mediationsverfahren, als ausgleichendes Verfahren im Rahmen des Interessenausgleichs zwischen Bürgern und Wirtschaft gedacht, als einseitiger Hebel für wirtschaftliche und politische Eigeninteressen der Luftverkehrsbrache mit Unterstützung der Landespolitik missbraucht.

Dieter Faulenbach da Costa

Die merkwürdig ungeklärte Frage: Was ist eigentlich eine Flughafenkapazität?

Zusammenfassung

Die Frage der hinzunehmenden Flughafengröße und des hinzunehmenden Lärms ist eine für die betroffenen Regionen äußerst wichtige. Flughafengenehmigungen gehen deshalb auch regelmäßig auf die erlaubten Kapazitäten ein. Allerdings geschieht dies auf eine äußerst unpräzise und zudem auch widersprüchliche Weise. Zum Begriff der Kapazität gibt es Dutzende von Varianten. Es ist kein Bemühen feststellbar, den Kapazitätsbegriff zu klären. Unschärfen werden ex post regelmäßig zugunsten der Flughäfen im Sinne einer Steigerung des Luftverkehrs, die keiner neuen Genehmigung mehr bedarf, entschieden.

Der folgende Beitrag führt kurz in einige der Merkwürdigkeiten zur Kapazitätsfrage ein. Anschließend wird erstmals in der Literatur der Begriff der Kapazität definiert. Damit wird ein Beitrag zur Rechtssicherheit geleistet. Urteile, die einen unbestimmten Kapazitätsbegriff verwenden, werden in Zukunft angreifbar werden. Außerdem wird die ex post-Kontrolle der Flughafenaktivitäten erleichtert, wenn genau definiert ist, was unter einer Kapazität eines Flughafens in einer Genehmigung verstanden wurde.

Einführung: Problemdarstellung

Im Verlauf der Erweiterung des Flughafens Frankfurt kam es zu einer ganz merkwürdigen Situation: Während um einen Teil der geplanten zusätzlichen Flüge erbittert gestritten wurde, war ein anderer Teil zusätzlicher Flüge außerhalb jeder rechtlichen Relevanz. Für rund 160.000 geplante zusätzliche Flüge musste der Flughafen enorme Auswirkungsanalysen anfertigen und langwierige rechtliche Prozedere durchlaufen, während für rund 175.000 Flüge, die sich der Flughafen im Laufe der Jahre ohne rechtliche Grundlage praktisch selbst genehmigt hatte, diese Auswirkungsanalysen nicht angefertigt zu werden brauchten.

Diese schizophrene Situation wurde vom Hessischen Verwaltungsgerichtshof für Rechtens erklärt. Die Bürger im Rhein-Main-Gebiet hatten dafür kein Verständnis.

Im folgenden Beitrag möchte ich aus eher technischer Sicht kritische Aspekte eines Flughafenausbaus schildern und zeigen, wie die Politik und die Gerichte damit umgehen. Es wird deutlich, dass sehr viel getan wird, um die Rechte der Bürger zu beschneiden und den Wünschen der Luftverkehrsindustrie nachzukommen.

Ich selbst bin Flughafenplaner und war jahrelang für eine größere Stadt im Rhein-Main-Gebiet für Fragen der Flughafenerweiterung tätig.

Der Kapazitätenstreit: Planfeststellung von 1971

Der Verwaltungsgerichtshof Kassel (VGH) urteilte beim bestehenden Flughafen Frankfurt Main, dass die Flughafennachbarn die planbare Kapazität des Pistensystems hinzunehmen haben (Urteil VGH vom 2. April 2003, 2 A 2646/01). Ausgangspunkt war eine Klage der Stadt Offenbach. Dabei berief sich die Stadt Offenbach auf die Planfeststellung vom März 1971. Gegenstand der Planfeststellung von 1971 war die Verschiebung und Verlängerung des Parallelbahnsystems und der Bau der Startbahn West mit einem prognostizierten und in die Auswirkungsbetrachtungen eingestellten Bewegungsaufkommen von 325.000 jährlichen Flugbewegungen (Fbw). Im Jahr 2000 wurden fast 450.000 Fbw abgewickelt. Im Raumordnungsverfahren von 2002 zum Ausbau des Flughafens Frankfurt Main, wurde der Planungsnullfall als hinzunehmende Vorbelastung mit 500.000 Fbw angenommen. Damit war nachweisbar, dass mindestens 175.000 Fbw keiner Auswirkungsbetrachtung unterzogen worden waren bzw. unterzogen wurden. Die Erweiterungen der Flughafeneinrichtungen, die diese Kapazität erst ermöglichten, waren ohne Genehmigungsverfahren errichtet worden – also praktisch illegal. Der VGH Kassel wies die Klage der Stadt Offenbach aber mit der Begründung zurück, dass mit der damaligen Planfeststellung keine Begrenzung der Kapazität verbunden gewesen sei und die Flughafennachbarn die mögliche planbare Kapazität hinzunehmen hätten.

Planfeststellung von 2007

Dieses Urteil widerspricht jedem rechtsstaatlichen Empfinden der Bürger. Aber man muss es hinnehmen. Nun kam es im Rahmen der Planfeststellung von 2007 wieder zu einer Auseinandersetzung um Kapazitäten. Wie urteilte der VGH-Kassel jetzt?

Im Ausbauverfahren des Flughafens Frankfurt Main zum Bau der Nordwestbahn urteilte der VGH-Kassel, dass in der Rechtsprechung anerkannt sei, dass die für den Prognosezeitraum geplante Kapazität rechtlich relevant sei. Die mögliche planbare (Gesamt-) Kapazität bei den Lärmauswirkungen bei einem Flughafenausbau sei nicht zu berücksichtigen (VGH Kassel, 11 C 227/08.T, vom 21. August 2009). Begründet wird diese Auffassung damit, dass es zum Zeitpunkt der Planfeststellung nicht erkennbar sei, ob die mögliche planbare Gesamtkapazität jemals nachgefragt werde. Das Bundesverwaltungsgericht stellt in seinem Urteil 4 A 2001.06 Rnd 72, vom 09.11.2006 fest, dass jeder „[...] Flughafenbetreiber, dessen Anlagen noch über freie Kapazitäten verfügen, [...] ein wirtschaftliches Interesse daran [habe], mit Hilfe zusätzlichen Verkehrs die Auslastung zu erhöhen."

Gegensätze, die sich nicht aufheben

Drei unterschiedliche Urteile zum gleichen Thema Kapazität eines Flughafens, mit unübersehbaren Auswirkungen. Sie bedeuten:

- Bei *Bestandsflughäfen* ist die technisch mögliche, also die planbare[1] Kapazität hinzunehmen.

---

[1] Erläuterungen zu diesem Begriff siehe Anhang

- Bei *Flughafenausbauten* oder *Neubauten* ist nur die geplante[2] Kapazität bei den Auswirkungsbetrachtungen zugrunde zu legen.

Dabei verweisen die Gerichte regelmäßig auf die in den Planfeststellungsbeschlüssen enthaltenen Genehmigungsvorbehalte. Dieser Genehmigungsvorbehalt (der in jeder behördlichen Entscheidung enthalten ist), so die Gerichte, gebe den Genehmigungsbehörden ja die Möglichkeit, bei höheren Kapazitäten entweder neu zu entscheiden oder die Kapazität zu begrenzen. Dass die Genehmigungsbehörden in der Vergangenheit regelmäßig nichts dergleichen taten, ist den Gerichten zwar bekannt, aber für die Rechtmäßigkeit einer Planfeststellung ohne Belang, so die erkennenden Senate.

Was passiert bei Kapazitätssteigerungen im Bestand?

Die Genehmigungsbehörden behaupten regelmäßig, dass die anstehenden oder vorgenommenen kapazitiven Erweiterungen keine Kapazitätserhöhungen zur Folge hätten, sondern ausschließlich einer flüssigeren Verkehrsabwicklung dienten. Außerdem blieben die Lärmauswirkungen unterhalb von 2 dB(A), allein deshalb sei keine neue Genehmigung erforderlich. Dies ist gleichzusetzen mit einer Aufforderung an alle Flughafenbetreiber, geplante Erweiterungen so zu stückeln, dass weder kapazitive Erweiterungen, noch entsprechende Lärmauswirkungen beweisbar sind. Die Folge war in der Vergangenheit, dass schließlich ohne jede neue Genehmigung und Prüfung durch die Öffentlichkeit, ohne erneute Planfeststellung und Abwägung eine Verdoppelung des Verkehrsaufkommens vorgenommen werden konnte.

Die Logik der Gerichte

Mit den oben vorstehenden Ausführungen aus verschiedenen obergerichtlichen Urteilen wird deutlich, dass die Verwaltungsgerichtsbarkeit

- dem Bestandschutz existierender Flughäfen oberste Priorität einräumt und
- in Ausbauverfahren der Planerhaltung.

Würde nämlich bei bestehenden Flughäfen der gleiche Maßstab wie bei auszubauenden Flughäfen angelegt, müssten kapazitive Erweiterungen grundsätzlich planfeststellungspflichtig sein, oder im Ausbaufall die planbare (Gesamt-) Kapazität als Maßstab der Auswirkungsbetrachtungen, oder alternativ in der Planfeststellung bindende Obergrenzen festgeschrieben werden. Nur so könnten die Belange der Flughafennachbarn annähernd gleichberechtigt in die Genehmigungsverfahren eingebracht und berücksichtigt werden.

Damit dieser offensichtliche Widerspruch, der einerseits durch die Betroffenen hinzunehmenden und der andererseits durch die Verursacher nicht anzunehmenden Verkehrsentwicklung, nicht beantwortet werden muss, begrenzen die Verwaltungsgerichte die Prognosezeiträume regelmäßig auf 10 bis 15 Jahre. Flughafenbetreiber, Genehmigungsbehörden und Raumordnungsbehörden nehmen diese „Begrenzung" gerne zum Anlass, eine über den Planungs- und Prognosezeitraum hinausgehende Konfliktbetrachtung zu verweigern. Zum Nachteil des Flughafens und zum Nachteil der Flughafenumgebung. So bleiben

---

[2] Erläuterungen zu diesem Begriff siehe Anhang

Zukunftsfragen der Flughafenentwicklung und der Raumordnung unbeantwortet und eine raumordnerische Konfliktbewältigung, mit möglichen Folgen für die Standortentscheidung, wird verhindert.

Das Kapazitätsbestimmungsproblem

Zu den beschrieben Widersprüchlichkeiten in der Rechtsprechung gesellt sich ein zweites Problem. In allen Genehmigungsverfahren für Flughafenausbauten nutzen Vorhabenträger und Genehmigungsbehörden die nicht vorhandene Definition des Begriffs der Kapazität, um durch die beliebige Nutzung dieser Kapazitätsbegriffe die Einwendungen der Flughafennachbarn ins Leere laufen zu lassen.

Auch die Gerichte haben bisher kein Interesse an der Klärung des Kapazitätsbegriffs gezeigt, sondern regelmäßig diese Verwirrung genutzt, um die Vorträge der Kläger in diesem Punkte als unerheblich zu bezeichnen.

Die nachfolgenden Betrachtungen sollen zur Klärung des Kapazitätsbegriffs und einem einheitlichen Verständnis beitragen. Dabei ist das Prinzip, das hinter den Begriffen zu finden ist, und deren Einordnung relativ einfach, wie den nachfolgenden Ausführungen zu entnehmen ist.

- Es wird hier erstmalig der Versuch unternommen, die vielfältigen Kapazitätsbegriffe zusammenzuführen und deren Einordnung innerhalb eines Kapazitätssystems nachvollziehbar zu erläutern.
- Außerdem wird erstmalig zusammenfassend dargestellt, welche Einflüsse Flughafenlayout, Wetter, Flugzeugmix und andere Maßnahmen und Ereignisse auf die Flughafenkapazität haben.
- Schließlich soll kurz der Unterschied zwischen nachvollziehbaren analytischen Kapazitätsmodellen und den sensibel auf jeden Eingriff reagierenden und nicht nachvollziehbaren Simulationsmodellen beschrieben werden. Dies ist notwendig, weil die Gerichte immer wieder Computer-Simulationen als richtig bezeichnen, ohne dass die Ergebnisse der Simulationen nachvollziehbar vorgelegen haben.

Begriffsverwirrung: Was ist die Kapazität?

In Urteilen der Obergerichte, den Planfeststellungsbeschlüssen, den Schriftsätzen der Anwälte der Vorhabensträger und der Planfeststellungsbehörden, den Gutachten und Anträgen auf Planfeststellung wird bei der Definition der Kapazität Begriffsverwirrung betrieben. Dabei werden folgende, nicht näher definierte Begriffe wahlweise, ohne weitere Definition und nach Opportunität verwendet:[3]

> „Absolute Spitzenstunde, Betonkapazität, Bewegungswert, Design-Spitzenstunde, Eckwert, Kapazität, Kapazitätsgrenze, Kapazitätsobergrenze, Koordinationseckwert, Koordinierungseck-

---

[3] Quelle der Begriffe sind: Urteil des VGH-Kassel zum Ausbau des Flughafens Frankfurt Main vom 21. August 2009, Schriftsätze der Anwälte im entsprechenden Verfahren, Planfeststellungsbeschluss vom 18. Dezember 2007, Gutachten des Antrags auf Planfeststellung vom September 2006, Schriftsätze und Gutachten der Planfeststellungsbehörde, des Flughafenbetreibers, Unterlagen der Mediation zum Ausbau des Flughafens Frankfurt Main, Landesentwicklungsplan Erweiterung Flughafen Frankfurt Main vom 27. Juli 2007 (Nr. 15 GVbL-Hessen, Teil I) und Planfeststellungsbeschluss vom 18. Dezember 2007.

wert, Maximalkapazität, Nachfragespitzen, planbare Kapazität, praktische Kapazität, praktische Bahnkapazität, Spitze, planbare Zeitnischen, Spitzenstunde, Spitzenstunden Kapazität, Spitzenzeiten, stündliche Kapazität, Verkehrsspitzen, Verzögerungsspitzen"

und viele andere nicht näher definierte Begrifflichkeiten.[4]

Interessant ist nun, dass eine Aufklärung, was sich hinter jedem Begriff verbirgt, nicht betrieben wird, obwohl die Gerichte an den Begriff der Kapazität weitreichende Rechtsfolgen knüpfen.

Begrifflichkeiten in der Flughafenplanung

Welche Begriffe sind in der Flughafenplanung maßgeblich und werden von jedem Planer verstanden und richtig eingeordnet?

In der nachfolgenden Tabelle wird eine Einordnung der oben stehenden Begriffe versucht, gleichzeitig wird deren relativer Anteil in einem engpassfreien Szenario auf Basis des IATA Airport Development Reference Manual vom Januar 2004 definiert:

In der Flughafenplanung ist die jährliche Kapazität von untergeordneter Bedeutung[5]. Für die Dimensionierung der primären Flughafenanlagen (Start- und Landebahnen, Abrollwege, Rollwege, Vorfelder, Passagier- und Frachtterminalanlagen) ist neben der absoluten Spitze (für die Anzahl der erforderlichen Abstellpositionen der Flugzeuge) die typische Spitzenstunde maßgeblich. Dabei stellt die typische Spitzenstunde die 30. Spitze dar. Mit entsprechenden Multiplikatoren können aus der typischen Spitzenstunde bedarfsweise weitere Kapazitäten (Tag, Woche, Monat, Jahr) errechnet werden. Dabei verlaufen die entsprechenden Relationen annähernd auf einer asymptotischen Ausgleichskurve (siehe Abb. 1).

Tabelle 1:   Zum Begriff der Kapazität

Kapazitätsanteile Relativ	Bezeichnung der in der Flughafenplanung verwendeten Begriffe für die Kapazität	Weitere zuzuordnende und verwendete, aber nicht definierte Begriffe
100%	Maximale Kapazität	Betonkapazität, technische Kapazität, Kapazitätsgrenze, absolute Spitze, technische Maximalkapazität, Spitzenstunde, Spitzenstundenkapazität, Kapazitätsobergrenze
~80%	Typische Spitzenstunde	Design Spitze, Bemessungsspitze, planbare Spitze, planbare Kapazität, Kapazitätseckwert, praktische Kapazität, planbare Spitze, planbare Flugbewegungen, 30. Bemessungsspitze
~70%	Koordinierungseckwert (voll koordinierter Flughafen)[6]	Dieser Wert ist für die Flughafenplanung ohne Belang.
Unbestimmte Begriffe		
		Verkehrsspitzen, Verzögerungsspitzen, Kapazität, Bahnkapazität, etc.

---

[4] Nähere Erläuterungen zu den Kapazitätsbegriffen siehe Anhang.
[5] Lediglich für die Auswirkungsbetrachtungen (Fluglärm, Schadstoffe, u.a.m.) werden die verkehrsreichsten sechs Monate herangezogen.
[6] Näheres zu diesem Begriff siehe Anhang.

Abbildung 1:   Korrelation von Spitzenstundenaufkommen, Divisor und Jahresaufkommen

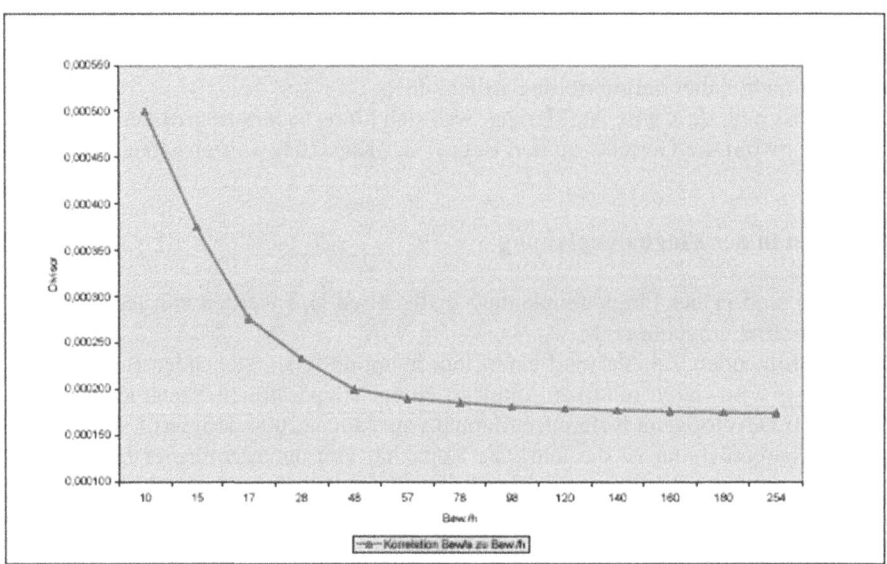

Anhand von Abb. 1 kann die Abhängigkeit von typischer Spitzenstunde und Jahresaufkommen bei der Neuplanung von Flughäfen für die erste Dimensionierung (über den Divisor) der Flughafenanlagen hilfreich eingesetzt werden. Bei bestehenden und hochfrequen-
tierten Flughäfen verdeutlicht Abb. 1, dass mit zunehmenden Verkehrsaufkommen das
Wachstum nicht mehr in der Spitze sondern in der Breite stattfinden muss, dagegen findet
bei schwach frequentierten Flughäfen zuerst das Wachstum in der Spitze statt. Dies bedeutet, dass bei zunehmender Verkehrsentwicklung aus einzelnen Spitzen in der Tagesgangli-
nie schrittweise ein Hochplateau wird. Das Jahresaufkommen, bzw. das Aufkommen in den
verkehrsreichsten sechs Monaten (nach Fluglärmschutzgesetz) ist für die Auswirkungsbetrachtungen maßgeblich.

Für die eigentliche Flughafenausbauplanung ist (nur) die typische Spitzenstunde von
Bedeutung. Die unterschiedlichen Bezugsgrößen und deren Bedeutung werden nachfolgend
erklärt. Lediglich in Genehmigungsverfahren ist die Kenntnis des jährlichen Aufkommens
für die Ermittlung der Auswirkungsbetrachtungen von Bedeutung; dabei sind dann die
jeweils geltenden gesetzlichen Vorgaben zu beachten.

Determinanten der Kapazität

Die nachfolgend beschriebenen Parameter bestimmen maßgeblich die Kapazität eines
Flughafens:

- das Pistenlayout (parallele, kreuzende, konvergierende, unabhängige Pisten),
- den Flugzeugmix,
- die sich aus dem Flugzeugmix ergebenden Staffelungsabstände,
- die meteorologischen Bedingungen,

- sowie weitere Faktoren, wie z.B. Lage und Anzahl der Abrollwege, Anzahl der parallelen Rollwege, Anzahl der Vorfeldpositionen, Art der Positionen[7], der Passgierabfertigungsanlagen und der Terminalvorfahrt und den angenommenen Verzögerungen.

Bei allen nachfolgenden Betrachtungen wird davon ausgegangen, dass das Layout der Flugbetriebsflächen und der flugbetrieblichen Anlagen neben der typischen Spitze auch das jeweilige Bemessungsflugzeug (Design Aircraft) maßgeblich für die Dimensionierung der Anlagen ist (für Start- und Landebahnlänge, die befestigte Breite der zu berollenden Flugbetriebsflächen, die Hindernisfreiheit für Rollvorgänge, die Tiefe der Flugzeugpositionen und die Dimensionierung der Abfertigungsanlagen im Passagierterminal – Check in, Grenz- und Sicherheitskontrollen, Warteräume, Anzahl der Flugzeugpositionen, Anzahl und Länge der Gepäckausgabebänder, Dimensionierung der Gepäckanlage, Größe der Zirkulationsflächen, der öffentlich zugänglichen Flächen, der Länge der Terminalvorfahrt und der sonstigen Nebenanlagen und -räume).

- *Pistenlayout.* Neben einer in der Hauptwindrichtung orientierten einfachen Piste, sind parallele Pistensysteme mit abhängig oder unabhängig zu betreibenden, aber auch kreuzende oder konvergierende Pistensysteme international üblich und gebräuchlich. Ob parallele Pistensysteme abhängig oder unabhängig betrieben werden können, ergibt sich zuallererst aus dem Achsabstand. Neben der Berücksichtigung der Hauptwindrichtung, können kreuzende oder konvergierende Pisten zur Erhöhung der Nutzbarkeit des Flughafens, aber auch zur Verteilung und Begrenzung des Fluglärms durch Pistennutzungs- und Belegungsstrategien der An- und Abflugrouten genutzt werden.
- *Flugbetriebsflächen.* Neben den Pisten sind die anderen Flugbetriebsflächen (Abrollwege, Rollwege, Vorfelder) unabdingbare Voraussetzungen zur Verkehrsabwicklung. Ohne Abrollwege bleibt die Piste solange blockiert, bis das Flugzeug wieder gestartet ist. Dies bedeutet, dass die Kapazität nicht bestimmbar ist. Mindestens ein Ab- und Zurollweg mit dahinter liegendem entsprechend dimensionierten Vorfeld, möglichst in der Mitte der Piste, ermöglicht eine stündliche Kapazität von etwa 11 Fbw, oder eine jährliche Kapazität von bis zu 65.000 Fbw. Rollwege am jeweiligen Pistenende, verbunden mit einem parallelen Rollweg, erhöhen diese Kapazität auf etwa 20 bis 25 Fbw/h oder auf eine jährliche Kapazität von bis zu 150.000 Fbw. Kapazitiv weiter wirksam sind so genannte Schnellabrollwege (erlauben ein Verlassen der Landebahn mit über 90 km/h) und ein zweiter paralleler Rollweg. Ein zweiter paralleler Rollweg ermöglicht einen Betriebsrichtungswechsel ohne Unterbrechung im laufenden Betrieb. Bei entsprechendem gleichgewichtigen Ausbau (balanced approach) können bei voller Nutzung der vorgenannten kapazitiven Maßnahmen je Piste 45 bis 55 Fbw/h und bis zu 320.000 Fbw/a unter planbaren Bedingungen (CAT I) abgefertigt werden.
- *Staffelung.* Wirbelschleppen von Flugzeugen können im Luftverkehr zu kritischen Situationen, bis hin zum Absturz, führen. Deshalb ist die Einhaltung von Staffelungsabständen sowohl beim Anflug als auch beim Abflug ein Gebot der Luftverkehrssi-

---

[7] Nach einer Auswertung verschiedener Flughäfen durch den Autor, werden über eine Außenposition zwischen 300.000 bis 350.000 Passagiere pro Jahr und über eine Gebäudeposition (Andockposition) etwa 550.000 bis 600.000 Passagiere pro Jahr abgefertigt.

cherheit. Die Staffelungsabstände sind abhängig vom Flugzeugmix. Dabei gilt allgemein folgende Matrix[8]:

„H" hinter „H"   = 4 nm

„M" hinter „H"   = 5 nm

„L" hinter „H"   = 6 nm

„l" hinter „M"   = 5 nm

Daraus wird deutlich, dass der Flugzeugmix die Kapazität eines Pistensystems stark beeinflussen kann. Diese Beeinflussung der Kapazität kann durch die Ausweisung von Pisten für die entsprechende Gewichtsklasse deutlich reduziert werden. Bei guten Sichtverhältnissen oder mit entsprechenden elektronischen Hilfen, können die Staffelungsabstände reduziert und damit die Kapazität erhöht werden.

- *Anflugverfahren*. Ein häufiger Irrtum ist, dass Präzisionsanflugverfahren sicherer sind und mit höherer Kapazität verbunden seien als Nicht-Präzisionsanflugverfahren und diese wiederum mehr Kapazitäten und eine höhere Sicherheit böten als Sichtanflugverfahren. Alle Verfahren müssen den Anforderungen der Luftverkehrssicherheit genügen, sonst wären sie nicht zulässig. Damit sind alle Verfahren in Bezug auf die Luftverkehrssicherheit gleich einzuordnen. Gegenstand der einzelnen An- und Abflugverfahren (Sicht, Nicht-Präzision, Präzision) ist die Nutzbarkeit des Flughafens. Nach ICAO wird eine Nutzbarkeit des Flughafens von mindestens an 95 Prozent der Betriebsstunden gefordert. Dies ist in Mitteleuropa aufgrund der meteorologischen Bedingungen nur möglich, wenn An- und Abflugverfahren angeboten werden, bei denen auch bei schlechter Sicht geflogen werden kann. Folglich ermöglichen elektronische An- und Abflughilfen den Flugbetrieb bei schlechtem Wetter, erhöhen damit die Betriebsbereitschaft (Betriebssicherheit) des Flughafens, nicht aber die Sicherheit des Luftverkehrs. Damit haben elektronische An- und Abflughilfen keinen Einfluss auf die Kapazität der typischen Spitzenstunde, wohl aber auf die Jahreskapazität des Flughafens. Deshalb erfolgen Kapazitätsanalysen unter der Annahme des Flugbetriebs nach den Regeln des Präzisionsanflugverfahrens der sog. „Category I".
- *Meteorologie*. Witterungsbedingungen haben einen starken Einfluss auf den Flugbetrieb. In der Regel soll gegen den Wind gestartet und gelandet werden. Die im Flugbetrieb zulässigen Seiten- und Rückenwindkomponenten werden durch die Regelwerke der ICAO oder durch in der Zertifizierung der Flugzeuge festgelegt. Unwetter oder entsprechende Wetterlagen (Gewitter, Sturm, starker Regen, Nebel, Schnee, Eis) können zu Flugausfällen oder Flugumleitungen führen. Diese Wetterlagen stellen, neben einer betriebsbedingten Sperrung von Flughäfen, den Teil der nicht planbaren Kapazität eines Flughafens dar, sie sind für die Kapazitätsberechnung und -überlegung für die Flughafenplanung in ihrer Größenordnung vernachlässigbar.

---

[8] „H" = Heavy, „M" = Medium, „L" = Light, nm = nautische Meilen. „H" = schweres Flugzeug über 125 t maximales Startgewicht (MTOW), „M" = mittleres Flugzeug von 5,5 t bis 125 t (MTOW), „L" = leichtes Flugzeug bis 5,7 t (MTOW).

- *Verzögerung*. Als Verzögerung werden, vereinfacht formuliert, verspätete Landungen und verspätete Starts bezeichnet. Dabei gehen die Flughäfen und Luftverkehrslinien davon aus, dass Verzögerungen unterhalb von 15 Minuten nicht als Verspätungen betrachtet werden und die Ursachen von Verzögerungen oberhalb von 15 Minuten je Flugbewegung zu analysieren sind und möglichst abgestellt werden sollten. Zu beachten ist, dass Verzögerungen bis vier Minuten je Flugbewegung in der Regel flugplanbedingt sind. Flugpläne für An- und Abflüge werden im fünf Minuten-Raster erstellt. Da auf einer Piste nur gleichzeitig eine Flugbewegung stattfinden kann, hat das nachfolgende landende Flugzeug eine flugplanbedingte Verzögerung mindestens in der Höhe des einzuhaltenden Staffelungsabstandes; dies gilt auch für startende Flugzeuge. Es ist deshalb unsinnig, bei Kapazitätsanalysen für bestehende und geplante Flughäfen ein maximales Verzögerungskriterium je Flugbewegungen von vier Minuten einzuführen. Ohne Berücksichtigung einer Verzögerung haben flugbetriebliche Anlagen mit nur einer Piste eine maximale Stundenleistungsfähigkeit von 12 Flugbewegungen. Erst das Verzögerungskriterium erhöht die Stundenleistungsfähigkeit einer entsprechenden Anlage. Dabei wird das Optimum zwischen planbarer Kapazität und akzeptabler Verzögerung bei einem durchschnittlichen Verzögerungskriterium je Flugbewegung von 15 Minuten erreicht; Erfahrungsgemäß liegt damit die durchschnittliche tägliche Verzögerung je Flugbewegung bei vier Minuten. Darüber hinausgehende Verzögerungen bringen keinen Kapazitätsgewinn mehr. Die in verschiedenen Verfahren vorgelegten Simulationen von nur einer Stunde mit einem Verspätungskriterium von maximal vier Minuten, sind fachplanerisch fragwürdig und im Ergebnis nutzlos.
- *Passagierterminal*. Bei Kapazitätsanalysen (siehe auch Flughafenkoordinator) sind die Passagierabfertigungsanlagen, bis hin zur Flughafenzufahrt und Terminalvorfahrt, auf ihre Kapazität zu untersuchen. In vielen Fällen verursachen diese Anlagen die Kapazitätsbegrenzung (z.B. beim Flughafen Tegel).

Analytische Kapazitätsmodelle versus Simulation

Die Kapazitäten verschiedenster Pistensysteme können sowohl analytisch berechnet, als auch mittels einer Simulation mit SIMMODplus realitätsnah ermittelt werden. Dabei ist die analytische Berechnung für Dritte immer nachvollziehbar, während die Simulation selbst für den Fachmann nur dann nachvollziehbar ist, wenn der Anwender alle getätigten Vorgaben und alle manuellen Eingriffe (davon gibt es praktisch endlos viele) offen legt.

Simulationen sind für die Ursachenanalyse bestehender Engpässe sinnvoll einsetzbar (von Experten für Experten). Wird jedoch ein Planungsflugplan des in 15 Jahren liegenden Planungshorizonts mit SIMMODplus simuliert, dann wird eine Präzision vorgetäuscht, die weder der Prognose noch dem Planungsflugplan innewohnt. Selbst die korrekteste Simulation kann keine falschen Inputdaten korrigieren. Die Frage, ob das Prognoseergebnis auf den beantragten Anlagen überhaupt abgefertigt werden kann, wird ausreichend genau mit einem durch Dritte nachvollziehbaren analytischen Kapazitätsmodell ermittelt. Eine Simulation mit SIMMODplus verbessert weder das Ergebnis, noch die Erkenntnis.

Beispielhaft mag hier der Versuch der Flughafen Berlin Schönefeld GmbH im April 2011 angeführt werden. In der Öffentlichkeit wird mittels der durch Airport Research Center durchgeführten Simulation der Eindruck vermittelt, dass das für 20XX prognostizierte

Verkehrsaufkommen nur mit einem garantierten unabhängigen Pistensystem abgewickelt werden könne. Bei genauerer Betrachtung fällt auf, dass die Simulation mit dem Flugbetriebsflächenlayout des Eröffnungsszenarios erfolgte. Das Eröffnungsszenario des Flughafens Berlin Schönefeld stellt aber nur den ersten Bauabschnitt der für den planfestgestellten Ausbau genehmigten Flugbetriebsflächen dar, so fehlen kapazitätserhöhende parallele Rollwege und Schnellabrollwege.

Zusammenfassung und Schlussfolgerungen

Die typische Spitzenstunde, bildet die geplanten oder die planbaren Kapazitäten der primären Flughafenanlagen ab. Diese typische Spitzenstunde sollte nicht mit dem Koordinationseckwert des Flughafenkoordinators verwechselt werden. Der Koordinationseckwert gibt lediglich an, wie viel Zeitnischen (Slots) der Flughafenkoordinator am Anfang einer Flugplanperiode auf der Slotkonferenz für den Flughafen A vergeben kann, vergeben will und vergeben hat. Der Koordinationseckwert kann aber durchaus auch als Indikator von Kapazitätsengpässen oder -defiziten herangezogen werden, und zwar immer dann, wenn das Delta zwischen Koordinationseckwert und typischer Spitze kleiner wird und gegen Null tendiert. Die typische Spitzenstunde bildet dabei die unter den Bedingungen der Präzisionsanflugregeln der Category I abwickelbaren und planbaren Flugbewegungen ab und stellt in der Regel die 30. vorkommende Spitze eines Flughafens dar.

Festgehalten werden kann auch, dass analytische Methoden der Kapazitätsberechnung zur Ermittlung der planbaren Kapazität eines Flughafens zuverlässig und nachvollziehbar sind und so in ausreichender Genauigkeit die möglichen und erwartbaren Belastungen für den Flughafen und die Flughafennachbarn berechnet werden können. Die bisher in verschiedensten Verfahren vorgelegten Simulationen beschäftigten sich nur mit der geplanten Kapazität, gaben an, eine Präzision des flugbetrieblichen Ablaufs wiederzugeben, die mit den Eingangsdaten (Prognose, Planungsflugplan) nicht erzielbar ist, weil die Ungenauigkeit der Prognosedaten (Eingangsdaten) ein derartig präzises Simulationsergebnis nicht zulassen.

Anhang

Der Kapazitätsbegriff in der Fachplanung

- *Technische Kapazität (Maximalkapazität)*. Die technische Maximalkapazität gibt alle unter jeglichen Bedingungen mögliche Flugbewegungen während einer Stunde (absolute Spitze) oder eines Jahres (absolutes Jahresaufkommen) an. Diese Kapazität kann zwar errechnet werden, ist aber unter realen betrieblichen Bedingungen niemals erreichbar und deshalb irrelevant für die Flughafenplanung und die Auswirkungsbetrachtungen. Zwischen technischer Maximalkapazität und absoluter Spitze besteht eine Korrelation. In der Flughafenplanung stellt die technische Kapazität 100 Prozent der Kapazität (Maximalkapazität) eines Flughafens dar. Festzuhalten bleibt, dass jede Kapazität (maximale, planbare, geplante oder koordinierte, sowohl eine Jahreskapazität als auch als auch eine Spitzenstunde und eine typische Spitze enthält) klar definierbar ist und klar zugeordnet werden kann. Zur besseren Unterscheidung der Spitzenstunde

(ob absolut oder typisch) wird nachfolgend immer das zugehörige Adjektiv „planbar"
oder „geplant" hinzugefügt.

- *Planbare Kapazität.* Die planbare Kapazität ist die Kapazität, die mit den flugbetrieblichen Anlagen des Flughafens (primäre Flughafenanlagen[9]) unter realistischen Bedingungen (z.B. Meteorologie) im Voraus planbar ist. Mit der planbaren Kapazität wird
  die planbare typische Spitze (30. Spitze) bzw. planbare Jahreskapazität bezeichnet, die
  unter der Annahme des Flugbetriebs nach den Präzisionsanflugregeln der Category I
  (CAT) erreicht werden kann. Damit wird deutlich, dass in meteorologischen Ausnah-
  mefällen noch zusätzliche Flüge nach den Präzisionsanflugregeln der CAT II/III (bei
  Bodensichtweiten unter 800 m) stattfinden können. Laut Deutschem Wetterdienst treten keine nennenswerten Schlechtwetterbedingungen im Binnenland Mitteleuropas auf
  (DWD, Ausbau Flughafen Frankfurt Gutachten G21.1 Flugklimatologisches Gutachten, vom 22. Juli 2004, S. 53). Diese, unter Schlechtwetterbedingungen stattfindenden,
  Flugbewegungen bleiben bei den Kapazitätsbetrachtungen unberücksichtigt. Die planbare Kapazität wird durch die planbare typische Spitzenstunde oder die 30. Spitze definiert. Zwischen planbarer typischer Spitzenstunde und dem planbaren Jahresaufkommen besteht eine Korrelation. Die planbare typische Spitze stellt im Idealfall 80
  Prozent der Maximalkapazität und erreicht bei 95% die Sättigungsgrenze der planbaren Kapazität. Das Delta zwischen Idealfall und Sättigungsgrenze wird in der Regel als
  verfügbare freie Kapazität bezeichnet. Eine freie Kapazität in der Größenordnung von
  mindestens fünf Prozent sollte jederzeit verfügbar sein. Werden etwa 90% der Maximalkapazität erreicht, sind kapazitive Maßnahmen unausweichlich zu planen und zu
  realisieren.
- *Geplante Kapazitäten.* Die geplante Kapazität eines Flughafens ist die Kapazität, die
  dem Flugplan für die Flugplanperiode entnommen werden kann, oder die prognostizierte oder geplante Kapazität für den Prognosehorizont die auf den dafür beschriebenen flugbetrieblichen Anlagen, ohne dass die planbare Auslastung des Systems erreicht wird, abgefertigt werden soll. Dabei setzt sich die geplante Kapazität sowohl aus
  der geplanten typischen Spitze, als auch aus dem geplanten Jahresaufkommen zusammen. Zwischen geplanter typischer Spitze und geplantem Jahresaufkommen gibt es eine Korrelation. Die geplante Kapazität wird von den Obergerichten als die Kapazität
  bezeichnet, für die der Flughafenbetreiber bei Neu- oder Ausbauten die Auswirkungsbetrachtungen vorzunehmen und die Flughafennachbarn einen Anspruch auf Abwägung haben. Der Anteil der geplanten Kapazität an der Maximalkapazität kann ermittelt werden, unterliegt aber keiner Zwangsläufigkeit. In der Regel sollte die geplante
  Kapazität unterhalb der planbaren Kapazität liegen. Bei Flughafenneubauten kann die
  geplante Kapazität einen geringen Anteil der planbaren Kapazität ausmachen. Beim
  Flughafen Frankfurt beträgt die geplante typische Spitze von 126 Flugbewegungen pro
  Stunde 83 Prozent der planbaren typischen Spitze von 152 Fbw/h. Bei Ausbauverfahren des Flughafens München beträgt die geplante typische Spitze von 120 Flugbewegungen pro Stunde 73 Prozent der planbaren typischen Spitze des beantragten Ausbaus
  und beim ausgebauten Flughafen Berlin Brandenburg beträgt dieses Verhältnis 82

---

[9] Bei Flughafenanlagen wird unterschieden zwischen primären Flughafenanlagen (Flugbetriebsflächen, Passagierterminal, Frachtterminal, Terminal Zufahrten), sekundären Flughafenanlagen (Tower, Feuerwehr, Flugzeugbetan-
kungsanlagen, Werkstätten, Sicherheitsanlagen, Ver- und Entsorgung, Flughafenzufahrten, Betriebstankstellen,
etc.) und tertiären Anlagen (landseitige Parkplätze, Hotels, Tankstellen, Kongresszentren, Einkaufszentren, etc.)

Prozent. Damit weisen alle drei Flughäfen nach Erreichen des Prognoseziels noch ausreichende freie Kapazitäten auf.

▪ *Koordinationseckwert.* Der Koordinationseckwert stellt den Wert der stündlich vom
Flughafenkoordinator vergebenen Slots (Zeitnischen) dar. Bei der Ermittlung der
zuteilbaren Slots berücksichtigt der Flughafenkoordinator alle Elemente eines Flughafens, die Einfluss auf die Kapazität haben, dazu gehören: der Luftraum, die Flugbetriebsflächen, die Passagierabfertigungsanlagen, die Terminalzufahrt, die Terminalvorfahrt, etc.. Dabei bestimmt das Element mit den geringsten Kapazitäten, unter Berücksichtigung freier Slots für „am Vortag koordinierbarer Flugbewegungen", den Koordinationseckwert. Der Koordinationseckwert stellt im Idealfall 70 Prozent der Maximalkapazität des Flughafens dar. Erreicht der Koordinationseckwert die typische Spitze
(planbare Kapazität) weist das Bewegungssaufkommen eine Tendenz hin zur Kapazitätsauslastung auf. Etwa ab einem Anteil von 90 Prozent der Maximalkapazität kann
angenommen werden, dass eine weitgehende Kapazitätsauslastung erreicht ist.

Nick Timm

Regionalökonomische Perspektiven einer Flughafenerweiterung

Zusammenfassung

Die Debatte um die regionalökonomischen Wirkungen von Flughäfen krankt an einer Vielzahl von Argumenten, deren Relevanz bisher nicht empirisch befriedigend bestätigt werden konnte. In den Regionen, in denen die Politik der Luftfahrtindustrie zu einem Ausbau ihrer Kapazitäten verhilft, werden einseitig nur bestimmte Argumente der regionalökonomischen Wirkungsanalyse vorgetragen. Ausbaukritische Argumente bleiben regelmäßig außer Acht. Der vorliegende Beitrag fasst Erfahrungen in Bezug auf regionalwirtschaftliche Wirkungen von Flughäfen zusammen, die im Rhein-Main-Gebiet gemacht wurden.

Einleitung

Es wird darüber gestritten, ob die Erweiterung eines Flughafens nur der Befriedigung von Wünschen einer Branche dient, oder ob die Erweiterung darüber hinausgehende regionalökonomische Vorteile bietet.

In der wissenschaftlichen regionalökonomischen Literatur gibt es den Glauben an den Nutzen von Infrastruktur. Es wird auch das Credo vertreten, im Zweifel sei *mehr* Infrastruktur immer günstiger für eine Region als *weniger* Infrastruktur. Im Rhein-Main-Gebiet besteht Uneinigkeit darüber, warum die Region wirtschaftlich so stark ist. Diejenigen, die vermuten, die zentrale Lage und die gute Infrastruktur sei verantwortlich, setzen sich *für* einen Flughafenausbau ein. Aber an harten Fakten und belastbaren Zahlen mangelt es. Die OECD hat in einer Publikation die Industrieländer vor zu viel Infrastruktur gewarnt.

Ein anderer Aspekt ist der Mangel an Identifikationspunkten im Rhein-Main-Gebiet. Das Rhein-Main-Gebiet verfügt trotz seiner Größe nicht über viele wichtige Unternehmenszentralen. Einige der wenigen haben das Gebiet verlassen. Es hat kaum außergewöhnliche Kulturgüter und auch keine Landschaften mit internationaler Ausstrahlung. Der Flughafen, der einer der größten der Welt ist, hat sich für das Rhein-Main-Gebiet als ein Kristallisationspunkt zur Identifikation und zum Beweis der eigenen Größe und Bedeutung entwickelt. Unterschwellig ist für viele Menschen dieser Aspekt wichtig, und sie befürworten einen Ausbau des Flughafens, selbst wenn damit Nachteile verschiedenster Art erkauft werden.

Im Folgenden werden einige Argumente zur regionalökonomischen Entwicklung des Rhein-Main-Gebietes mit ausgebautem Flughafen vorgetragen, deren Relevanz sich aus der Erfahrung im Rhein-Main-Gebiet ergibt.

Wegzug von Unternehmenszentralen trotz hervorragender Infrastruktur

Das Infrastrukturargument führt sich im Rhein-Main-Gebiet ad absurdum. Zahlreiche Unternehmenszentralen haben trotz der hervorragenden Verkehrsverbindungen eines internationalen Flughafens in den letzten Jahren die Region verlassen (z.B. Linde nach München, Altana nach Wesel, Deutsche Bahn nach Berlin, Hoechst/Aventis über Straßburg nach Paris, Metallgesellschaft/GEA über Bochum nach Düsseldorf, Degussa nach Düsseldorf).

Den Wegzug haben diese Unternehmen sicherlich nicht wegen des Ausbaus getan. Aber es zeigt doch, dass der Flughafen nicht unbedingt der Standortmagnet ist, der er angeblich sein soll, und dass Konzerne sich auch außerhalb eines Mega-Hubs ansiedeln.

Ein bundesdeutscher Megahub mit zentraler Passagier- und Umschlagsfunktion in bester Innenstadtlage eines ambitionierten Dienstleistungsstandortes ist nicht dazu angetan, dessen Attraktivität zu erhöhen und Imagedefizite zu beseitigen.

Die Politik macht es sich zu einfach. Das betrifft beide großen Parteien. Sie setzt einseitig auf ein kurzfristiges erhofftes Wachstum der beiden Großunternehmen Lufthansa und Fraport in der Erwartung, dass davon auch die Allgemeinheit profitieren wird. Sie übersieht dabei, dass die Region Rhein-Main Gefahr läuft von einer Monostruktur mit irreparablen Standortbelastungen geprägt und beherrscht zu werden.

Zugegeben, die Zeiten sind nicht rosig und Politiker brauchen Erfolge. Aber ich vermisse bei unseren Politikern ein langfristig angelegtes Standortkonzept, in dem natürlich auch ein internationaler Flughafen seine gewichtige Rolle spielt, mit der Möglichkeit jederzeit an jeden Punkt der Welt zu fliegen.

Ich vermisse den Mut und die Standfestigkeit, auch mal nein zu sagen, und sich nicht vor den Karren einer übermächtigen Wirtschaftslobby spannen zu lassen, für deren Anliegen man aus betriebswirtschaftlicher Sicht sogar ein gewisses Verständnis aufbringen kann. Aber man darf sich nicht erpressen lassen.

Anstelle dessen werden die mit dem Ausbau einhergehenden gesundheitlichen Belastungen Hunderttausender Menschen durch Lärm und Schadstoffe billigend in Kauf genommen. Mehr und mehr setzt sich auch bei Politikern die Erkenntnis durch, dass die gesundheitlichen Folgen für die Bevölkerung und die Belastungen für die Umwelt sehr viel folgenschwerer sind, als man dies bisher zugeben wollte. Ich habe meine Zweifel, ob die von der Landesregierung mit riesigem Aufwand und einer Laufzeit von fünf Jahren in Auftrag gegebene „Gesundheitsstudie" objektive Ergebnisse bringen wird oder auch nur wieder zum eigenen Nutzen missbraucht wird.

Der Flughafen frisst sich wie ein Krebsgeschwür in das Umland. Er vernichtet Bannwald, zerstört die Lebensqualität und verringert die Entwicklungsmöglichkeiten der Kommunen. Die quantitativen und qualitativen Siedlungsbeschränkungen sind derart einschneidend, dass man mit erheblichen strukturellen und sozialen Verschiebungen rechnen muss. Wer es sich leisten kann zieht weg, Kinder nehmen ihr Erbe nicht mehr an. Die unmittelbar am Flughafen liegenden Kommunen laufen Gefahr, zu einem riesigen flughafenabhängigen Gewerbegebiet mit absinkendem sozialem Niveau zu werden. Natürlich lässt es sich hier auch wohnen, aber dass man hier auch leben möchte und dass man sich hier auch ansiedeln möchte, halte ich für bedenklich.

Die Region ist längst nicht so homogen, wie sie sich gerne nach außen darstellt, um im Wettbewerb der Metropolen eine Rolle zu spielen. Ein Einigungsprozess im Rahmen eines übergreifenden zukunftsfähigen Standortkonzeptes ist dringend geboten.

Auch hier steht die Priorität des Flughafens im Wege. Der Flughafen spaltet, wie wir jetzt erst wieder bei den Diskussionen um die Flugroutenverlagerungen und den sog. „Aktiven Schallschutzprogramms" beobachten können. Die Steuerung dieses Prozesses, oder zumindest seine wesentliche Beeinflussung dem obersten Ausbauprotagonisten dem einstigen Vorstandsvorsitzenden der Fraport, Bender, anzutragen, ist wirklich der Gipfel an Kurzsichtigkeit. Man macht den Brandstifter zum Chef der Brandverhütung! Diese Besetzung zeigt aber, dass man einem Ausgleich der Interessen gar nicht interessiert und nur oder vor allem eines im Auge hat: die Kosten für eine Branche zu minimieren. Brutaler kann Lobbyarbeit gar nicht sein.

Die geschätzte Gesamtinvestition hat inzwischen die Größenordnung von 4,5 Mrd. Euro erreicht, zum großen Teil mitfinanziert aus öffentlichen Geldern. Würde man einen Teil dieser Summe in ein qualifiziertes Standortkonzept Rhein-Main-Region investieren, könnte man ein Vielfaches an zukunftsträchtigen Arbeitsplätzen schaffen und somit die Leistungsstärke der Region auch künftigen Generationen besser sichern als mit der Investition in eine Branche, deren langfristige Zukunft allein schon wegen der knapper werdenden Erdölreserven auf unsicheren Füßen steht.

Deutschlands Zukunft liegt in der Wissensgesellschaft und dem Dienst am Menschen. Bildung, Forschung, Kultur und Umweltschutz werden uns ebenso in Lohn und Brot bringen wie Gesundheitswesen und Pflegedienste. Es muss in Intelligenz investiert werden und nicht in Beton.

Zusammenfassung und Schlussfolgerung

Noch gehört das Rhein-Main-Gebiet zu den Regionen mit dem höchsten Einkommensniveau. Eine vorausschauende Standortpolitik sollte versuchen, vor allem die Ansiedlung und Entwicklung gut zahlender Unternehmen zu fördern.

Dazu gehört der Abbau von Negativassoziationen von Frankfurt bzw. Rhein-Main als Wohn- und Ansiedlungsstandort bei gleichzeitigem Aufbau eines positiven Images als internationaler und polyglotter Leistungsstandort mit Lebens- und Wohnqualität.

Es kann nicht sein, dass sich die Zukunftsentwicklung einer gesamten Region den betriebswirtschaftlichen Zielen zweier lobbystarker Großkonzerne unterordnen muss und der Flughafen imageprägend oder gar imgageschädigend der Region ihr Gesicht verleiht.

Im Übrigen wird die wirtschaftliche Bedeutung des Flughafens maßlos überschätzt: ca. 70.000 Beschäftigte am Flughafen repräsentieren gerade einmal ca. 3% der über 2 Millionen Beschäftigten in der Region. Selbst wenn bei einer Reduzierung des Verkehrs davon einige verloren gehen würden, so wäre doch zu erwarten, dass die Attraktivität der Region insgesamt durch eine verringerte Umweltbelastung steigen würde und dass dann vermehrt Unternehmen in der Region investieren würden.

Großprojekte aus rechtlicher Sicht

Frank Boermann, Marek Much

Die Bedeutung von Gutachten im planungsrechtlichen Gerichtsprozess

Zusammenfassung

Im Verwaltungsgerichtsverfahren gilt der Amtsermittlungsgrundsatz. Demnach haben die Gerichte die Pflicht, die relevanten Sachverhalte von sich aus zu überprüfen. Gleichwohl kommt bei der gerichtlichen Überprüfung komplexer Planungsverfahren den seitens des Vorhabensträgers und der beklagten Behörde bereits im Verwaltungsverfahren eingeholten Gutachten eine entscheidende Rolle zu. Die Rechtsprechung räumt den Behörden bei der Erstellung und/oder Bewertung von Prognosegutachten, seit neuerem aber auch bei naturschutzfachlichen Gutachten, einen Bewertungs- und Beurteilungsspielraum ein, der nur eingeschränkt der gerichtlichen Kontrolle unterliegt. Dies erschwert betroffenen Anwohnern die Prozessführung erheblich, da sie - etwas verkürzt gesagt - nachweisen müssen, dass das Behörden- oder Betreibergutachten fachlich nicht vertretbar ist. Dies ist bei der Erstellung von (Gegen-)Gutachten in Verwaltungsprozessen zu beachten. Hinzu kommt, dass die Anwohner in derartigen Verfahren einem erheblichen Kostenrisiko ausgesetzt sind, da die Rechtsprechung Kosten für Prozessgutachten der Behörde oder des Betreibers grundsätzlich als erstattungsfähig ansieht. Hierdurch wird der Grundsatz der prozessualen Waffengleichheit zu Lasten der Anwohner erheblich relativiert.

Einleitung

Bei der rechtlichen Auseinandersetzung im Rahmen von Infrastruktureinrichtungen bzw. großen umweltrelevanten Anlagen werden seitens der Beteiligten, insbesondere vom Vorhabenträger und den klagenden Anwohnern Gutachten zur Begründung der jeweiligen Rechtsposition beigebracht. Häufig entsteht aber im Rahmen des Gerichtsprozesses bei den klagenden Anwohnern Enttäuschung darüber, dass das Verwaltungsgericht dem „eigenen" Gutachter nicht folgt. Diese Enttäuschung wird häufig vom betreffenden Gutachter geteilt, der nicht nachvollziehen kann, warum das Gericht seinen Erwägungen nicht folgt. Die nachstehenden Ausführungen versuchen darzustellen, was tatsächlich die rechtlichen Parameter sind, die ein Gericht bei der Berücksichtigung von Parteigutachten anwendet und welche Schlussfolgerungen daraus – auch für die Zielrichtung eines Gutachtens zu ziehen sind.

Grundlagen des Verwaltungsprozesses

Im Verwaltungsprozess gilt der sog. Amtsermittlungsgrundsatz. § 86 Abs. 1 Satz 1 VwGO verpflichtet den Verwaltungsrichter in Konsequenz dieses Grundsatzes, den Sachverhalt ausreichend zu erforschen. Dabei hat das Gericht alle vernünftigerweise zu Gebote stehenden Möglichkeiten der Aufklärung auszuschöpfen, die geeignet sind, die für die Entscheidung erforderliche Überzeugung des Gerichts zu begründen. § 86 Abs. 1 Satz 2 VwGO stellt klar, dass das Gericht diese Aufgabe – im Gegensatz zum Zivilprozess – frei von Bindungen an das Vorbringen und an die Anträge der Beteiligten und damit auch nicht lediglich innerhalb etwaiger, durch deren Vorbringen und Anträge errichteter und nicht überschreitbarer Grenzen zu erfüllen hat. § 86 Abs. 1 Satz 1 HS. 2 VwGO berechtigt das Gericht zudem, bei der Sachverhaltsermittlung die Beteiligten heranzuziehen. Dadurch ist ihnen die Mitwirkung bei der dem Gericht aufgegebenen Sachverhaltsaufklärung als prozessuale Last auferlegt. Damit sind von der Behörde vorgebrachte Tatsachenbehauptungen (z.B. Erhebungen, Dokumentationen, etc.) genauso wie eingebrachte Parteigutachten stets als Parteivortrag einzubeziehen, deren Richtigkeit wiederum von den Beteiligten substantiiert bestritten werden kann.

Weil der Untersuchungsgrundsatz im verwaltungsgerichtlichen Prozess aber Ausfluss der Garantie des Rechtswegs gegen Akte der öffentlichen Gewalt aus Art. 19 Abs. 4 Satz 1 GG ist, und diese Garantie die vollständige Überprüfung der behördlichen Maßnahme sowohl in rechtlicher als auch in tatsächlicher Hinsicht durch ein Gericht erfordert, wäre es nicht mit Art. 19 Abs. 4 GG vereinbar, wenn das Gericht seiner Entscheidung allein das als Tatsachenbasis zugrunde legen müsste, was die Parteien behaupten. Ziel und Zweck der gerichtlichen Ermittlung nach dem Amtsermittlungsgrundsatz ist nämlich nicht nur eine nachgehende Kontrolle der behördlichen Sachverhaltsermittlung im Verwaltungsverfahren, sondern eine vollumfängliche, eigenständige „Zweitermittlung“, welche die vorangegangene behördliche Sachverhaltserforschung gleichsam überholt und letztlich bedeutungslos macht.[1] So hat das Bundesverfassungsgericht schon früh in Bezug die Rechtmäßigkeitskontrolle eines Verwaltungsakts festgestellt:

> „Der durch Art. 19 Abs. 4 Satz 1 GG gewährleistete Rechtsweg muss die vollständige Nachprüfung des Verwaltungsakts in rechtlicher und tatsächlicher Hinsicht durch ein Gericht ermöglichen. Das Gericht ist an die von der Verwaltungsbehörde getroffenen tatsächlichen Feststellungen nicht gebunden.“[2]

Insofern können eingebrachte Parteigutachten bei der Beweiswürdigung im Wege des Urkundsbeweises verwertet werden, doch haben diese dann nicht denselben Stellenwert wie das Gutachten eines vom Gericht beauftragten Sachverständigen.

Wird – wie bei komplexen fachplanerischen Verfahren häufig üblich – ein Gutachten von einer am Verfahren beteiligten Stelle der öffentlichen Verwaltung bereits im Verwaltungsverfahren eingeholt, handelt es sich dabei zwar ebenfalls auch um ein im Auftrag eines Beteiligten eingeholtes (Partei-) Gutachten. Angesichts der Bindung der Verwaltung an Recht und Gesetz geht die Rechtsprechung allerdings grundsätzlich davon aus, dass derartige Gutachten neutral und objektiv erstellt worden sind, wenn nicht gegenteilige An-

---

[1] Dawin in: Schoch/Schmidt-Aßmann/Pietzner, VwGO 18. Aufl. 2009, § 86 Rn. 23.
[2] BVerfG vom 05.02.1963 (2 BvR 21/60) = BVerfGE 15, 275 (Juris, Rn. 18).

haltspunkte bestehen[3]. Dabei ist zu beachten, dass dies in der Praxis auch insoweit gilt, wie sich die Behörde die Ausführungen eines Gutachtens des Vorhabenträgers zu Eigen macht, welches dieser im Rahmen der Antragsunterlagen beigebracht hat.

Ob das Gericht in solchen Fällen ein weiteres Gutachten einholt, liegt gemäß § 412 Abs. 1 ZPO i.V.m. § 98 VwGO in seinem Ermessen. Dieses Ermessen wird allerdings dann fehlerhaft ausgeübt, wenn das Gericht von der Einholung eines weiteren Gutachtens absieht, obwohl sich ihm die Erforderlichkeit weiterer Beweiserhebungen aufdrängte. Dies ist in folgenden Fällen[4] anzunehmen:

1. wenn das Beweisergebnis durch substantiierten Vortrag eines der Beteiligten oder durch eigene Überlegungen des Gerichts ernsthaft erschüttert wird,
2. wenn das Gutachten unvollständig, widersprüchlich oder aus anderen Gründen nicht überzeugend ist,[5]
3. wenn das Gutachten von unzutreffenden tatsächlichen Voraussetzungen ausgeht,[6]
4. wenn der Sachverständige erkennbar nicht über die notwendige Sachkunde verfügt oder Zweifel an seiner Unparteilichkeit bestehen,[7]
5. wenn sich durch neuen entscheidungserheblichen Sachvortrag der Beteiligten oder durch eigene Ermittlungstätigkeit des Gerichts die Bedeutung der vom Sachverständigen zu klärenden Fragen verändert,
6. wenn ein anderer Sachverständiger über neue oder überlegene Forschungsmittel oder über größere Erfahrung verfügt, oder
7. wenn das Gericht ohne eigene Fachkunde von einem vorliegenden Gutachten abweichen will.[8]

Ist das Gericht von der Richtigkeit der dem Partei-Gutachten zugrunde gelegten Tatsachen und den gezogenen Schlussfolgerungen aufgrund seiner eigenverantwortlichen und nachvollziehbaren Prüfung überzeugt, so ist die Einholung eines weiteren Gutachtens oder Obergutachtens weder notwendig noch veranlasst.[9] Für die beantragte Einholung eines Sachverständigengutachtens, namentlich eines weiteren Gutachtens, gelten insofern andere Maßstäbe als für sonstige Beweisanträge. Denn letztere dürfen grundsätzlich nur abgelehnt werden, wenn das vom Antragsteller angebotene Beweismittel schlechterdings untauglich ist, wenn es auf die Beweistatsache nicht ankommt oder wenn die Beweistatsache als wahr unterstellt wird; liegen diese Voraussetzungen nicht vor, dann muss nämlich insbesondere der Zeugen-Beweis antragsgemäß erhoben werden.[10] Der Grund für diese unterschiedliche Behandlung zwischen dem Beweis durch Sachverständige und dem Zeugenbeweis liegt darin, dass es bei letzterem um subjektive Wahrnehmungen geht, die sich hinsichtlich desselben Sachverhalts für jeden Zeugen anders darstellen können, beim Beweis durch Sach-

---

[3] Garloff in: Beck'scher Onlinekommentar, Stand 01.07.2010, § 98 VwGO Rn. 9.
[4] BVerwG vom 26.06.1992 (4 B 1 11/92) = BVerwG, NVwZ 1993, 572/578.
[5] BVerwG vom 03.02.2010 (2 B 73/09), Juris Rn. 9.
[6] BVerwG vom 05.02.1970 (8 C 172/67) = BVerwGE 35, 50 (Juris Rn. 20/21).
[7] BVerwG vom 06.02.1985 (8 C 15/84) = BVerwGE 71, 38 (Juris Rn. 23); BVerwGE vom 19.12.1968 (8 C 29/67) = BVerwGE 31, 149 (Juris Rn. 28).
[8] BVerwG vom 28.06.1990 (9 B 15/90) = BVerwG, NVwZ-RR 1990, 652/653; Kothe in: Redecker/von Oertzen, § 98 VwGO Rn. 12.
[9] BVerwG vom 23.05.1989 (7 C 2/87) = BVerwGE 82, 90 (Juris Rn. 71).
[10] BVerwG vom 06.02.1985 (8 C 15/84) = BVerwGE 71, 45 (Juris Rn. 15/16) = BVerwG, NJW 1986, 2268.

verständige jedoch um Aussagen, die sich auf Grund der besonderen Sachkunde des Gutachters objektivieren lassen. Daher reicht es zur Wahrung der Rechtsstellung der Beteiligten aus, wenn sie beim Beweis durch Sachverständige „die Wirkungen der ihm eigentümlichen Gewähr" an einem einzigen Sachverständigen erproben.[11]

Wegen des Untersuchungsgrundsatzes besteht für die Kläger im Verwaltungsprozess aber grundsätzlich keine Beweisführungspflicht, sondern nur die materielle Beweislast. Im Falle der Unerweislichkeit der Tatsache, also einer sog. „non liquet" Situation, stellt sich aber wegen der grundsätzlich umfassenden Ermittlungspflicht des Verwaltungsgerichts die Frage, zu wessen Lasten sich die Nichterweislichkeit einer Tatsache auswirkt. Die Antwort hierauf kann jedoch nicht pauschal gegeben, sondern sie muss in den Rechtssätzen gesucht werden, die in Ergänzung zu dem in Frage stehenden Tatbestandsmerkmal der materiellrechtlichen Norm eine Lösung bieten. Die danach notwendige Beweislastnorm ist deshalb objektiver Natur und von einer subjektiven prozessualen Beweisführungslast zu unterscheiden. Die durch die Beweislastnorm zu beantwortende Frage, wer bei Unerweislichkeit der Tatsache („non liquet") die - materielle - Beweislast trägt, ist folglich eine Frage des materiellen Rechts und nicht des Prozessrechts.[12] Dem entspricht es, dass der Untersuchungsgrundsatz des § 86 Abs. 1 VwGO als prozessrechtliches Gebot zwar die Pflicht des Gerichts zu erschöpfender Sachaufklärung mit allen möglichen und zumutbaren Mitteln begründet, für die sich danach etwa ergebende Situation der Unaufklärbarkeit aber keine Regeln zur Verfügung stellt. Fehlen ausdrückliche gesetzliche Regeln, gilt nach ständiger Rechtsprechung der allgemeine Grundsatz, dass die Nichterweislichkeit einer Tatsache zu Ungunsten des Beteiligten geht, der aus dieser Tatsache eine für ihn günstige materielle Rechtsfolge herleitet.[13]

Die Rolle von Privat- und Behördengutachten

Gerade bei größeren Verfahren mit Öffentlichkeitsbeteiligung, insbesondere bei komplexen Fachplanungsverfahren wie zum Beispiel bei Flughafenerweiterungen spielen solche Privatgutachten des Vorhabenträgers, die zur Antragsbegründung für das geplante Projekt eingereicht werden, sowie darüber hinaus behördlich eingeholte Gutachten eine maßgebliche Rolle.

Denn Fachplanung ist Projektplanung, mit der über die Zulässigkeit eines konkreten Vorhabens entschieden wird. Dabei hat die Planungsbehörde eine umfassende Abwägung der je nach Fachplanungsgebiet relevanten Belange innerhalb eines je nach Rechtsgebiet mehr oder weniger eingegrenzten Rechtsrahmens zu treffen. Dieses planungsrechtliche Abwägungsgebot erfordert wiederum, die Auswirkungen des Vorhabens auf die jeweiligen in Frage kommenden Belange im Rahmen der Planfeststellung zu berücksichtigen. Die Planfeststellungsbehörde ist dabei grundsätzlich gehalten, die durch ihre Planungsentscheidung geschaffenen Konflikte zu bewältigen.[14] Dafür sind in aller Regel Prognosen und daraus wiederum ggf. verschiedene Szenarien zu erstellen. Angesichts der Komplexität und der Verwissenschaftlichung umweltrelevanter Sachverhalte sowie mangels ausreichender

---

[11] Vgl. Schulz, Die Verwendung von Sachverständigengutachten als Urkunden und das Fragerecht der beteiligten im Verwaltungsprozess, NVwZ 2000, 1367/1372.
[12] BVerwG vom 28.03.1974 (5 C 27/73) = BVerwGE 45, 132 (Juris Rn. 5); Kopp/Schenke, VwGO § 108 Rn 12.
[13] BVerwG, NJW 1994, 468 m.w.N.
[14] BVerwG vom 18.03.2009 (9 A 31/07), Juris Rn. 27: 1. 2. e) bb) (1).

personeller und finanzieller Ressourcen der Behörden bedienen diese sich in der Regel externer Gutachter oder beziehen sich auf eingereichte Gutachten des Vorhabenträgers. Die darauf basierende von der Planfeststellungsbehörde endgültig getroffene Entscheidung zugunsten oder zulasten eines Projekts – ggf. unter Auflagen – ist letztlich exekutivisch-administrativer und damit in ihrem Kern immer auch politischer Natur. Aufgrund dessen hat die Rechtsprechung den Planungsbehörden im Rahmen ihrer Abwägungsentscheidung eine sog. *planungsrechtliche Einschätzungsprärogative* zugestanden, welche nur in engem Umfang überhaupt gerichtlich überprüfbar ist.[15]

Diese richterliche Selbstbeschränkung hat das Bundesverwaltungsgericht für die Fachplanung im Bereich der Verkehrinfrastruktur ausführlich in seiner Entscheidung[16] zum Ausbau des Flughafens Berlin-Schönefeld zum internationalen Verkehrsflughafen Berlin-Brandenburg International (BBI) dargelegt:

„Nach den in der Rechtsprechung zum Abwägungsgebot entwickelten Grundsätzen müssen ernsthaft in Betracht kommende Standortalternativen ermittelt, bewertet und untereinander abgewogen werden [vgl. BVerwG, Urteil vom 5. Dezember 1986 (BVerwG 4 C 13/85) = BVerwGE 75, 214, 236 f.]. Das gilt für die Landes- und Regionalplanung ebenso wie für die Fachplanung und erstreckt sich auch auf die Möglichkeit, an der gegenwärtigen Verkehrsinfrastruktur im Grundsatz festzuhalten. Die Standortauswahl ist nicht schon dann abwägungsfehlerhaft, wenn sich später herausstellt, dass eine zurückgestellte Alternative ebenfalls mit guten Gründen vertretbar gewesen wäre. Es ist nicht Aufgabe des Gerichts, durch eigene Ermittlungen und Wertungen ersatzweise zu planen und sich dabei von den Erwägungen einer „besseren" Planung leiten zu lassen. Ein Abwägungsfehler liegt also nicht schon dann vor, wenn für und gegen den einen wie den anderen Standort einleuchtende Gründe ins Feld geführt werden können. Die Standortwahl ist erst dann rechtswidrig, wenn sich die verworfene Alternative entweder als die eindeutig vorzugswürdige Lösung hätte aufdrängen müssen oder wenn der Planungsbehörde infolge einer fehlerhaften Ermittlung, Bewertung oder Gewichtung einzelner Belange ein rechtserheblicher Fehler unterlaufen ist. Die Bewertung der privaten und öffentlichen Belange und ihre Gewichtung im Verhältnis untereinander macht das Wesen der Planung als einer im Kern politischen Entscheidung aus, die gerichtlich nur auf die Einhaltung rechtlicher Schranken hin überprüfbar ist [vgl. BVerwG, Urteile vom 21. März 1996 (BVerwG 4 C 19/94) = BVerwGE 100, 370/383 f. sowie vom 8. Juni 1995 (BVerwG 4 C 4/94) und vom 14. Februar 1975 (BVerwG 4 C 21/74) = BVerwGE 48, 56/63 f.]."

Ähnlich hat auch bereits das VGH Mannheim in seiner Entscheidung[17] über den Planfeststellungsbeschluss für den Ausbau des Flughafens Stuttgart im Anschluss an die Rechtsprechung des Bundesverwaltungsgerichts[18] geurteilt:

„Bei der Auswahl zwischen verschiedenen Methoden zur Ermittlung und Beurteilung der Sicherheit eines Flughafens kommt der Planfeststellungsbehörde eine Entscheidungsprärogative zu."

Mithin sind also auch im verwaltungsgerichtlichen Prozess die gerichtlich voll überprüfbare Planrechtfertigung eines Vorhabens und die daran anschließende gerichtlich durch die

---

[15] BVerwG vom 12.08.2009 (9 A 64/07), Beck-Online Rn. 96; BVerfG vom 15.10.2009 (1 BvR 3474/08) = NVwZ 2009, 1489/1491.

[16] BVerwG vom 16.03.2006 (4 A 1075/04) = BVerwGE 125, 116 (Juris Rn. 98).

[17] VGH Mannheim vom 19.06.1989 (5 S 3111/87) = VGH Mannheim, NVwZ-RR 1991, 137.

[18] BVerwGE 72, 300 = BVerwG, NVwZ 1986, 208; BVerwGE 78, 177 = BVerwG, NVwZ 1988, 536.

fachplanerische Einschätzungsprärogative eingeschränkte Abwägungskontrolle strikt voneinander zu trennen. Andernfalls würde die gerichtliche Prüfung unzulässig in die planerische Gestaltungsfreiheit eingreifen, die nach diesen Grundsätzen nämlich allein der Verwaltung zusteht.[19]

Doch gilt diese Einschätzungsprärogative nicht nur im Bereich des Infrastrukturrechts, sondern greift praktisch für jedes fachplanerisch zu beurteilende Vorhaben.

So hat der für das Naturschutzrecht zuständige 9. Senat des Bundesverwaltungsgerichts diese Rechtsprechung auf das Naturschutzrecht ausgeweitet und konkretisiert. In seinem Urteil zur Nordumfahrung A 30 Bad Oeynhausen begründet das Gericht in aller Deutlichkeit seine Position zur *naturschutzfachlichen Einschätzungsprärogative*:[20]

> „Wenn und solange die ökologische Wissenschaft sich insoweit nicht als eindeutiger Erkenntnisgeber erweist, fehlt es den Gerichten an der auf besserer Erkenntnis beruhenden Befugnis, eine naturschutzfachliche Einschätzung der sachverständig beratenen Planfeststellungsbehörde als ‚falsch' und ‚nicht rechtens' zu beanstanden. Deren Annahmen sind daher nur einer eingeschränkten gerichtlichen Kontrolle zugänglich. Sie sind vom Gericht hinzunehmen, sofern sie im konkreten Einzelfall naturschutzfachlich vertretbar sind und nicht auf einem Bewertungsverfahren beruhen, das sich als unzulängliches oder gar ungeeignetes Mittel erweist, um den gesetzlichen Anforderungen gerecht zu werden. Insoweit steht der Planfeststellungsbehörde eine naturschutzfachliche Einschätzungsprärogative zu, wie sie in der Rechtsprechung des Bundesverwaltungsgerichts bereits für verschiedene vergleichbare Fragestellungen anerkannt ist [vgl. die Urteile vom 27.02.2003 (4 A 59/01) = BVerwGE 118, 15/20: zur Auswahl von FFH-Gebieten; vom 09.06.2004 (9 A 11/03) = BVerwG, NVwZ 2004, 1486/1497: zur Eingriffsregelung nach dem BNatSchG; vom 21.06.2006 (9 A 28/05) = BVerwGE 126, 166/179: zum Störungs- und Verschlechterungsverbot gemäß Art. 5 Buchst. d und Art. 13 VRL; vom 12.03.2008 (9 A 3/06), Rn. 74 f. und 202: zur Bestandserfassung und -bewertung in der FFH-Verträglichkeitsprüfung bzw. zur Eignung von Kohärenzsicherungsmaßnahmen; vom 13.03.2008 (9 VR 9/07), Rn. 14 und 45: zur Identifizierung europäischer Vogelschutzgebiete i.S.v. Art. 4 Abs. 1 Unterabs. 4 VRL bzw. zum günstigen Erhaltungszustand i.S.v. Art. 16 Abs. 1 FFH-RL). Von daher ist eine naturschutzfachliche Meinung einer anderen Einschätzung nicht bereits deshalb überlegen oder ihr vorzugswürdig, weil sie umfangreichere oder aufwändigere Ermittlungen oder ‚strengere' Anforderungen für richtig hält. Das ist erst dann der Fall, wenn sich diese Auffassung als allgemein anerkannter Stand der Wissenschaft durchgesetzt hat und die gegenteilige Meinung als nicht (mehr) vertretbar angesehen wird."[21]

Diese Rechtsprechung stellt die im Klageverfahren vor den Verwaltungsgerichten stehenden privaten Kläger bzw. Drittbetroffenen und Umweltverbände, die gegen das in Streit stehende Vorhaben vorgehen, damit allerdings vor eine besondere Herausforderung:

Einerseits stehen sie vor der schon schwierigen Aufgabe, die Gutachten der Planungsbehörde bzw. der privaten Vorhabenträger durch substantiierten Tatsachenvortrag zu erschüttern. Denn häufig bleibt ihnen angesichts der Komplexität der Fragestellungen nichts anderes übrig, als selbst ein Gutachten in Auftrag zu geben. Diese Gutachten dienen dann zunächst auch einmal dazu, die der Planungsentscheidung zugrundeliegenden Gutachten zu „verstehen" und auf ihre Belastbarkeit hin zu überprüfen. Denn auf Seiten der klagenden Anwohner ist regelmäßig nicht der erforderliche fachliche Sachverstand vorhanden, um

---

[19] BVerwG vom 11.07.2001 (11 C 14/00) = BVerwG, NVwZ 2002, 350/353.

[20] BVerwG vom 17.01.2007 (9 A 20/05), Juris Rn. 64.

[21] BVerwG vom 09.07.2008 (9 A 14/07) = BVerwGE 131, 274: Rn. 65 f. = BVerwG, ZUR 2009, 141/146.

solche behördlicherseits eingebrachten Fachgutachten zu überprüfen. Im Rahmen der sich dann unter Umständen anschließenden Erarbeitung einer Klagebegründung dienen solche (Kläger-) Gutachten dann auch der Substantiierung des Klagevorbringens.

Andererseits stehen die privaten Kläger und Drittbetroffenen wegen der fachplanerischen Einschätzungsprärogative zudem vor dem Problem, dass ihnen nun nur noch ein geringer rechtlicher Rahmen verbleibt, innerhalb dessen sie die Gutachten der „Gegenseite" überhaupt angreifen können, nämlich ob die Entscheidung der Planungsbehörde unter Beachtung des Gebots willkürfreier Abwägung vertretbar war und ob keine verbindlichen Planungsleitlinien außer Acht gelassen wurden.

So hat das Bundesverwaltungsgericht unter anderem[22] auch im Rahmen der straßenrechtlichen Planfeststellung entschieden:

> „Nach der ständigen Rechtsprechung des Bundesverwaltungsgerichts setzt eine ordnungsgemäße Untersuchung der von einem Straßenbauvorhaben voraussichtlich ausgehenden Geräuschimmissionen voraus, dass die ihr zugrunde liegende Verkehrsprognose mit den zu ihrer Zeit verfügbaren Erkenntnismitteln unter Beachtung der dafür erheblichen Umstände sachgerecht, d.h. methodisch fachgerecht erstellt worden ist. Die Überprüfungsbefugnis des Gerichts erstreckt sich allein darauf, ob eine geeignete fachspezifische Methode gewählt wurde, ob die Prognose nicht auf unrealistischen Annahmen beruht und ob das Prognoseergebnis einleuchtend begründet worden ist (Beschluss vom 5. Oktober 1990 - BVerwG 4 CB 1.90 - NVwZ-RR 1991, 129 <131>; Urteil vom 27. Oktober 1998 - BVerwG 11 A 1.97 - BVerwGE 107, 313 <326> m.w.N.)."[23]

Damit stellt sich jedoch die Frage, ob ein solcher Umgang seitens der Gerichte mit der planungsrechtlichen Einschätzungsprärogative das Grundrecht auf effektiven Rechtsschutz aus Art. 19 Abs. 4 GG nicht beeinträchtigt. Denn infolge dieser richterlichen Selbstbeschränkung in Bezug auf die Überprüfung der behördlichen Entscheidung auf bloße Willkürfreiheit sowie das Einhalten verbindlicher Planungsvorgaben, wird die Möglichkeit der Kläger und Drittbetroffenen, diese bereits vorhandenen Gutachten durch substantiierten Tatsachenvortrag zu erschüttern, wesentlich erschwert, insbesondere weil ihnen gar nichts anderes mehr möglich bleibt, als schon im Vorfeld zwecks Überpüfung der Planungsentscheidung und Vorbereitung einer möglichen Klage externe Privatgutachter, die meist viel Geld kosten, einzuschalten. Ferner können im verwaltungsgerichtlichen Prozess selbst häufig auch nur mit deren Hilfe geeignete Beweisanträge gestellt und somit eine eigenständige gerichtliche Beweisaufnahme provoziert werden.

Allerdings hat das Bundesverfassungsgericht die obige verwaltungsgerichtliche Rechtsprechung bereits mehrfach bestätigt.[24] So heißt es unter anderem in einem Beschluss des Bundesverfassungsgerichts zur gerichtlichen Kontrolle einer planungsakzessorischen Enteignung:

> „Bei der fachgerichtlichen wie der verfassungsgerichtlichen Überprüfung einer Planungsentscheidung ist zu beachten, dass die Gerichte die Planung im Ergebnis nur einer eingeschränkten

---

[22] vgl. auch: BVerwG vom 20.04.2005 – 4 C 18/03 bei 2.4 m.w.N. zu den Nachtflugregelungen für den Flughafen München; ebenso BVerwG vom 11.07.2001 = BVerwG, NVwZ 2002, 350 zum Flughafen Bitburg.
[23] BVerwG vom 12.08.2009 (9 A 64/07), Juris Rn. 96.
[24] BVerfG vom 20.02.2008 (1 BvR 2389/06) = BVerfG, NVwZ 2008, 775/776 f. sowie BVerfG vom 20.02.2008 (1 BvR 2722/06) = BVerfG, NVwZ 2008, 780/783 – beide zum Planfeststellungsbeschluss für den Flughafenbau Berlin Brandenburg International.

Kontrolle unterwerfen. Die Gerichte können ihre eigene Abwägung nicht an die Stelle derjenigen des Plangebers setzen; sie haben nur zu prüfen, ob sich diese in den rechtlich vorgezeichneten Grenzen hält. Eine unzulässige Ersetzung der Abwägung des Plangebers liegt jedoch – nach der verfassungsrechtlich nicht zu beanstandenden Rechtsprechung der Verwaltungsgerichte – nicht vor, wenn das Gericht im Rahmen der gerichtlichen Kontrolle des Abwägungsergebnisses und des Abwägungsvorgangs eigene Feststellungen trifft. Das Gericht verletzt nicht den planerischen Gestaltungsspielraum der Behörde, wenn es auf der Grundlage eigener Ermittlungen und Feststellungen den Abwägungsvorgang und das Abwägungsergebnis überprüft. Erst wenn sich dabei herausstellt, dass eine Abwägung nicht oder auf der Grundlage eines nur unzureichend ermittelten Abwägungsmaterials stattgefunden hat, darf das Gericht daraus den Schluss auf die Rechtswidrigkeit der Abwägung ziehen.‛[25]

In seiner Entscheidung[26] zum Ergänzungsplanfeststellungsbeschluss für den Verkehrsflughafen Leipzig/Halle hat das Bundesverfassungsgericht genauer Stellung bezogen, inwieweit Prognosen in Gutachten angefochten werden können:

„Bei der verfassungsgerichtlichen Überprüfung einer Planungsentscheidung ist zu beachten, dass das *BVerfG* die Regelung im Ergebnis nur unter Einschränkungen daraufhin überprüfen kann, ob sie das Willkürverbot beachtet und verhältnismäßig ist. Denn dem Plangeber ist gesetzlich eine Gestaltungsbefugnis und damit die Kompetenz eingeräumt, die erforderliche Abwägung selbst vorzunehmen. Das *BVerfG* kann – wie jedes Gericht – seine eigene Abwägung nicht an die Stelle derjenigen des Plangebers setzen; es hat nur zu prüfen, ob sich diese in den verfassungsrechtlich vorgezeichneten Grenzen hält. Hierfür ist maßgebend, ob der erhebliche Sachverhalt zutreffend und vollständig ermittelt und ob anhand dieses Sachverhalts alle sachlich beteiligten Belange und Interessen der Entscheidung zu Grunde gelegt sowie umfassend und in nachvollziehbarer Weise abgewogen worden sind. Soweit hierbei über Wertungen und Prognosen zu befinden ist, hat das *BVerfG* seine Nachprüfungen darauf zu beschränken, ob diese Einschätzungen und Entscheidungen offensichtlich fehlerhaft oder eindeutig widerlegbar sind oder der verfassungsrechtlichen Ordnung widersprechen (vgl. *BVerfGE 76, 107/121 f. = NVwZ 1988, 47; BVerfGE 95, 1/22 f. = NJW 1997, 383; BVerfG, NVwZ 2008, 775).“*

Entsprechend den oben dargestellten Grundsätzen sind die vorhandenen Gutachten des Vorhabenträgers oder der Behörden freilich soweit zu erschüttern, dass das Gericht nicht mehr von einer Beweisaufnahme absehen darf, sich also Zweifel an der Richtigkeit des Gutachtens aufdrängen. Das bedeutet also unter Zugrundelegung der oben zitierten Rechtsprechung, dass die betroffenen Kläger schon bei Prozessbeginn einer erheblichen Darlegungslast ausgesetzt sind.

Angesichts der diversen Bereiche der Fachplanung, den verschiedenen rechtlichen Ausgestaltungen der Schutzregime im Natur- oder Lärmschutz ist es nicht möglich, hier verallgemeinernde Aussagen zu den konkreten Anforderungen an die Methodik von Gutachten zu treffen. So können nämlich wegen der Unterschiedlichkeit beider Schutzregime die zum Habitatschutz entwickelten Grundsätze gerade nicht auf den allgemeinen Artenschutz übertragen werden.[27] Dies wirkt sich dann auch auf den Prüfungsmaßstab von gutachterlichen Prognosen aus, welche für die Abwägungsentscheidung erstellt wurden.

---

[25] BVerfG vom 08.07.2009 (1 BvR 2187/07, 1 BvR 629/08) = BVerfG, NVwZ 2009, 1283/1285 f.
[26] BVerfG vom 15.10.2009 (1 BvR 3474/08) = BVerfG, NVwZ 2009, 1489/1491 – zum Ergänzungsplanfeststellungsbeschluss für den Verkehrsflughafen Leipzig/Halle.
[27] BVerwG vom 18.03.2009 (9 A 31/07), Juris Rn. 27, 2.b); BVerwG vom 17.01.2007 (9 C 1/06), Rn. 27.

Zusammenfassend lässt sich jedoch sagen, dass ein behördlicherseits eingereichtes Gutachten nur dann substantiiert erschüttern werden kann, folgende Voraussetzungen nicht eingehalten worden sind: [28]

-   Zunächst ist – je nach Lage des Falls – der Maßstab zu bestimmen, anhand dessen die streitige Prognose überprüft wird, wobei sich dieser unter anderem auch aus den einschlägigen Schutznormen ergeben kann.
-   Dann ist die korrekte Ermittlung des der Prognose zugrunde gelegten Sachverhalts zu prüfen.
-   Voraussetzung dafür wie für alle weiteren Überprüfungsschritte ist eine umfassende Transparenz in Bezug auf die Inputdaten, die Parameter, den Prognosehorizont, die Messmethoden, usw.
-   Schließlich bedürfen die einzelnen Schritte in der Auswahl und der verwendeten Inputdaten, etc. einer plausiblen Begründung, um die Ergebnisse auch tatsächlich nachvollziehen zu können.

Zu beachten bleibt allerdings, dass sich methodische Mängel eines Gutachtens nicht mit einem Verweis auf Messergebnisse bzw. Lärmparameter begründen lassen, die einem andersartigen Ansatz folgen, als die der Entscheidung zugrunde gelegten gutachterlichen Stellungnahmen. Dafür bedarf es vielmehr der Darlegung, dass das Gutachten in sich, d.h. unter Zugrundelegung des dortigen methodischen Ansatzes widersprüchlich ist. Unerheblich ist hingegen, ob man gutachterlich auch zu einem anderen Ergebnis kommen kann.

Schließlich ist es auch grundsätzlich nicht Aufgabe der Gerichte, eine Prognose darauf zu überprüfen, ob sie durch die spätere tatsächliche Entwicklung mehr oder weniger bestätigt oder widerlegt ist.[29] Ein Überschreiten des planerischen Gestaltungsspielraums liegt auch nicht darin, dass die Behörde die Entwicklung eines prognostizierten Verkehrsaufkommens anders beurteilt als das Gericht.[30] Doch kann im Einzelfall das Auseinanderklaffen zwischen Prognose und nachträglicher Entwicklung zwar als Indiz für eine unsachgemäße Prognose in Betracht zu ziehen sein.

Festzuhalten bleibt also, dass die Rechtsprechung die Entscheidung nur dahingehend überprüft,

-   ob eine geeignete fachspezifische Methode gewählt wurde,
-   die Prognose nicht auf unrealistischen Annahmen beruht und
-   das Prognoseergebnis einleuchtend begründet worden ist.31

---

[28] OVG Rheinland-Pfalz vom 21.05.2008 (8 A 10910/07), Juris Rn. 137 ff.-142; BVerwG vom 12.08.2009 (9 A 64/07), Juris Rn. 98.

[29] BVerwG vom 20.04.2005 (4 C 18/03) = BVerwG, NVwZ 2005, 933/937 – zu Nachtflugregelungen für den Flughafen München; BVerwGE 56, 110/121 f. = BVerwG, NJW 1979, 64.

[30] BVerwG vom 20.04.2005 (4 C 18/03) = BVerwG, NVwZ 2005, 933/937; BVerwGE 75, 214/234 = BVerwG, NVwZ 1987, 578.

[31] BVerwG vom 11.07.2001 (11 C 14/00) = BVerwG, NVwZ 2002, 350/355 – zur Umwidmung des Militärflugplatzes Bitburg.

Gerichtliche Überprüfung der Ausgangsdaten

Gerade im Luftverkehrsrecht erweist sich das gerichtliche Vorgehen aber dann als äußerst problematisch, wenn die Gerichte der Frage ausweichen, ob die gewählte Methodik logischen Regeln genügt, vor allem aber, ob die Inputdaten realistisch sind.

Dabei kann es nicht darauf ankommen, die einzelnen Quelldaten, die für die Gutachten herangezogen wurden, nun wiederum einer gerichtlichen Überprüfung zu unterziehen. Doch müssen zumindest alle herangezogenen Quellen und Inputdaten plausibel offengelegt werden und es muss zudem begründet werden, warum gerade sie als Grundlage für die Berechnungen herangezogen werden.[32] Darüber hinaus spielen auch die verwendeten Matrizzen eine erhebliche Rolle für die Erstellung von Prognosen, so dass auch sie transparent gemacht werden müssen.[33]

Denn unterbliebe eine solche Offenlegung und gäbe sich das Gericht allein mit der Nennung des Prognoseergebnisses zufrieden, so würde dem rechtsschutzsuchenden Kläger nicht nur jegliche Möglichkeit einer eigenen Überprüfung der Daten – ggf. durch einen Kontrollgutachter – genommen, sondern auch – und dies ist für sein Klagebegehren viel wichtiger – das so ermittelten Planungsergebnis letzten Endes zu erschüttern.

Denn es wäre nicht mehr mit dem Gebot der Sachaufklärung zu vereinbaren, wenn die Gerichte auf die Offenlegung der meisten oder gar sämtlicher Eingabedaten für ein computersimuliertes Modell verzichten würden und diese noch nicht einmal mehr zum Gegenstand des Gerichtsverfahrens gemacht werden. Damit wäre die Entscheidungsgrundlage für die Abwägungsentscheidung der Planfeststellungsbehörde für niemanden mehr nachvollziehbar – und trotzdem bliebe das Gutachten weiterhin verwertbar, obwohl vollkommen unklar wäre, welche Eingangsdaten und Parameter für das Prognosemodell verwendet wurden und welchen Einfluss sie letzten Endes auf das Gesamtergebnis hatten. Dies wäre allerdings kaum mehr mit dem Gebot des effektiven Rechtsschutzes aus Art. 19 Abs. 4 GG zu vereinbaren.

In diesem Zusammenhang muss es den externen Sachverständigen dann auch verweigert sein, sich ggf. auf ihr Betriebs- und Geschäftsgeheimnis zu berufen, um die vollständige Offenlegung aller Inputdaten sowie der Quelle-Ziel-Matrizzen zu verhindern. Auch in diesen Fällen der Vergabe von Verwaltungsaufgaben an Private kann und darf die Verlagerung solcher Aufgaben an externe Dritte nicht dazu führen, dass der verfassungsrechtlich garantierte Rechtschutz unzulässig verkürzt wird und der Grundsatz des fairen Verfahrens aus Art. 6 EMRK vollends missachtet wird. Insofern ist es zu begrüßen, wenn das Bundesverwaltungsgericht in letzter Zeit wieder ein höheres Maß an Transparenz im Hinblick auf die Inputdaten und insgesamt höhere Begründungsanforderungen an die Gutachter sowie die Behörden gestellt hat.[34]

---

[32] BVerwG vom 12.03.2008 (9 A 3/06), Beck-Online Rn. 202; BVerwG vom 18.03.2009 (9 A 31/07), Juris Rn. 27: 1. 2. e) aa) – Planfeststellungsbeschluss für den Neubau der Bundesautobahn A 44 zwischen Ratingen und Velbert.

[33] BVerwG vom 18.03.2009 (9 A 31/07), Juris Rn. 27, 2.b); BVerwG vom 17.01.2007 (9 C 1/06), Rn. 27.

[34] Vgl. dazu die obige Rechtsprechung sowie Wegener, Ist die Planung noch rational? Europäisches Naturschutzrecht und nationale Infrastrukturentwicklung, ZUR 2010, 227/231.

Die Rolle des Kostenrisikos

Abschließend sei noch kurz auf ein weiteres Problem für die privaten Kläger im verwaltungsgerichtlichen Prozess gegen fachplanerische Infrastrukturvorhaben hingewiesen:

Aus dem oben genannten folgt, dass auf ihnen schon eine erhebliche Darlegungslast ruht, die dadurch noch eingeschränkt wird, als sich die möglichen Beweisthemen ob der fachplanerischen Einschätzungsprärogative als sehr begrenzt darstellen.

Hierzu kommt allerdings noch ein erhöhtes Kostenrisiko derjenigen, die gegen ein solches Infrastrukturvorhaben vorgehen. Oben wurde bereits erwähnt, dass die Kläger meist schon sehr frühzeitig teuere externe Gutachter heranziehen müssen, um den obigen Anforderungen an ihre Darlegungslast überhaupt erst gerecht zu werden. Nun wäre es selbstverständlich, wenn sie diese Kosten spätestens im verwaltungsgerichtlichen Prozess erstattet bekämen. Dem steht jedoch die verwaltungsgerichtliche Rechtsprechung zu dem hierfür maßgeblichen § 162 VwGO im Wege:

So hat der VGH Kassel[35] in Anlehnung an die Rechtsprechung des Bundesverwaltungsgerichts die Kosten für ein Privatgutachten in engem Rahmen als erstattungsfähig angesehen:

„Zu Recht hat das VG auf die Rechtsprechung des BVerwG hingewiesen, wonach Aufwendungen für private, d.h. nicht vom Gericht bestellte Sachverständige nach § 162 Abs. 1 VwGO nur dann erstattungsfähig sind, wenn diese Aufwendungen zur zweckentsprechenden Rechtsverfolgung notwendig waren. Ob dies der Fall ist, beurteilt sich nicht nach der subjektiven Auffassung der betreffenden Partei, sondern danach, wie eine verständige Partei, die bemüht ist, die Kosten so niedrig wie möglich zu halten, in gleicher Lage ihre Interessen wahrgenommen hätte (vgl. BVerwG, NJW 2000, 2832 f. = NVwZ 2000, 1169 L). Dabei ist weiter zu berücksichtigen, dass in dem gem. § 86 VwGO der Untersuchungsmaxime beherrschten verwaltungsgerichtlichen Verfahren von Amts wegen der Sachverhalt zu erforschen und der Umfang der Beweisaufnahme zu bestimmen ist. In diesem Verfahren sind daher zwangsläufig der Erstattungsfähigkeit der Kosten für private Sachverständige engere Grenzen gesetzt als in dem von der Verhandlungsmaxime beherrschten Zivilprozess, so dass die dort entwickelten Grundsätze nicht ohne weiteres zu übernehmen sind. Die Einholung eines Privatgutachtens durch eine Partei ist hiernach nur - ausnahmsweise - dann als notwendig anzuerkennen, wenn die Partei mangels genügender eigener Sachkunde ihr Begehren tragende Behauptungen nur mit Hilfe des eingeholten Gutachtens darlegen oder unter Beweis stellen kann. Außerdem ist der jeweilige Verfahrensstand zu berücksichtigen: Die Prozesssituation muss das Gutachten herausfordern, und dessen Inhalt muss auf die Verfahrensförderung zugeschnitten sein (BVerwG, NVwZ 2001, 919 m. Hinw. auf: VGH München, NVwZ-RR 1997, 499 f.; VGH Mannheim, NVwZ-RR 1998, 691 f.)"

Mit einer entsprechenden Argumentation konnten die Kläger im Prozess um den Planfestsetzungsbeschlusses für den Flughafen Berlin-Brandenburg-International im Hinblick auf ihre Kosten für die diversen Privatgutachten vor dem Bundesverwaltungsgericht[36] obsiegen:

---

[35] VGH Kassel vom 27.06.2006 (4 TJ 3104/05) = VGH Kassel, NJW-RR 2006, 837.
[36] BVerwG vom 24.07.2008 (4 KSt 1008/07), Beck-Online Rn. 8-11; BVerwG vom 11.04.2001 (KSt 2/01 [11 A 13/97]) = BVerwG, NVwZ 2001, 919.

„Nach § 162 Abs. 1 VwGO sind nur die zur zweckentsprechenden Rechtsverfolgung notwendig gewordenen Aufwendungen der Beteiligten erstattungsfähig. Das Vorliegen dieser Voraussetzungen bestimmt sich nicht nach der subjektiven Auffassung der Beteiligten, sondern danach, wie ein verständiger Beteiligter, der bemüht ist, die Kosten so niedrig wie möglich zu halten, in gleicher Weise seine Interessen wahrgenommen hätte. Abzustellen ist dabei auf den Zeitpunkt der die Aufwendungen verursachenden Handlung; ohne Belang ist, ob sich die Handlung im Prozessverlauf nachträglich als unnötig herausstellt. Nach diesen Maßgaben können auch Aufwendungen für private, also nicht vom Gericht bestellte Sachverständige ausnahmsweise erstattungsfähig sein (vgl. Beschluss vom 16. November 2006 - BVerwG 4 KSt 1003/06 - m. w. N., juris). Der Senat hat ferner bereits entschieden, dass einem Kläger in Fallkonstellationen, in denen das Nachvollziehen von Berechnungen oder technischen Zusammenhängen einen mit der Materie nicht vertrauten Laien überfordert, die prozessuale Mitwirkungspflicht obliegen kann, sich selbst sachkundig zu machen, notfalls sogar mithilfe eines selbst in Auftrag gegebenen Sachverständigengutachtens, dessen Kosten je nach Ausgang des Verfahrens erstattungsfähig sein können (Beschluss vom 13. März 1992 - BVerwG 4 B 39/92 - NVwZ 1993, 268).
Zu berücksichtigen ist ferner, dass der planfestgestellte Ausbau des Flughafens B-S zu einem internationalen Verkehrsflughafen, der hier Gegenstand der Klageverfahren war, durch die besondere Komplexität eines fachplanungsrechtlichen Großverfahrens gekennzeichnet war und dass die Planfeststellungsbehörde ebenso wie die beigeladene Flughafenbetreiberin sich ihrerseits zur Bewältigung der vielfältigen Probleme bei der Ermittlung und Bewertung der betroffenen öffentlichen und privaten Belange bereits der Hilfe zahlreicher Sachverständigen bedient haben, deren Ergebnisse in den angefochtenen Planfeststellungsbeschluss eingegangen sind. Lärmbetroffene Anwohner, die gegen den Planfeststellungsbeschluss gerichtlich vorgehen wollten, mussten im Rechtsstreit daher zumindest plausibel machen, dass die von der Planfeststellungsbehörde gefundenen Ergebnisse an durchgreifenden Rechts- oder Abwägungsfehlern leiden. Dies konnte nur gelingen, wenn die Kläger die Tatsachenbasis des Planfeststellungsbeschlusses und die zugrunde liegenden gutachterlichen Ergebnisse derart in Zweifel ziehen konnten, dass das Gericht Veranlassung für eine eigene Beweiserhebung sehen musste. Bei dieser Ausgangslage entsprach es einer vernünftigen Prozessführung, dass die Kläger sich ihrerseits Sachverständige herangezogen haben, die befähigt waren, die tragenden Gründe des Planfeststellungsbeschlusses kritisch zu hinterfragen (in diesem Sinne auch OVG Rheinland-Pfalz, Beschluss vom 31. Juli 2001 - OVG 7 C 11685/90 - zu einem atomrechtlichen Großverfahren).
In Anwendung dieser Grundsätze sind die hier umstrittenen Gutachterkosten dem Grunde nach erstattungsfähig. Die zunächst dem BVBB in Rechnung gestellten Gutachten betreffen sämtlich Sach- und Rechtsfragen, die aus der Sicht der Kläger entscheidungserheblich waren oder doch zumindest bei verständiger Würdigung sein konnten. [...]
Dem Grunde nach erstattungsfähig sind ferner die vom BVBB für die Kläger verauslagten Kosten, die durch die Teilnahme an Sitzungsterminen in den Musterverfahren und deren Vorbereitung entstanden sind. Die Anwesenheit zumindest eines der für die Kläger tätig gewordenen Gutachter in der mündlichen Verhandlung ist bei der Erörterung klärungsbedürftiger Punkte, zu denen die Sachbeistände bereits gutachterlich Stellung genommen haben, prozessökonomisch sinnvoll gewesen, weil sie dazu beitragen konnte, dem Gericht in den entscheidungserheblichen Rechtsfragen die erforderlichen Tatsachenkenntnisse zu verschaffen und einen zügigen Verfahrensablauf zu ermöglichen.“

Im Gegensatz dazu hat das Bundesverwaltungsgericht[37] allerdings in einem anderen Fall, das Erfordernis externer Sachbeistände verneint:

---

[37] BVerwG vom 17.03.2003 (4 A 28/01).

„Der Kl. hatte auch keinen triftigen Grund, auf die Ausführungen des Bekl. vom 13. 2. 2002 mit der Einholung von kostenintensiven Privatgutachten zu reagieren. Der Bekl. schloss die Eignung der Südumfahrung als Alternative mit der Begründung aus, auch für die mit geringeren Entlastungswirkungen und höheren Kosten verbundene Südtrasse müsse ein unter FFH-Gesichtspunkten gleich schutzwürdiger Raum in Anspruch genommen werden. Diese gutachtlich untermauerte Einschätzung forderte nicht bereits für sich genommen ohne weitere Abklärung zur Vorlage von Gegengutachten heraus. Es hätte genügt, wenn der Kl. zur Wahrung seiner Interessen der Darstellung des Bekl. unter Aufbietung der Sachkunde, über die er als anerkannter Naturschutzverband verfügt, substantiiert entgegengetreten wäre und ggf. Beweis dafür angeboten hätte, weshalb der Raum südlich von Hessisch Lichtenau trotz der vom Bekl. angeführten Gesichtspunkte für eine Alternativlösung in Betracht kommt."

In Bezug auf die Kostenerstattung von Privatgutachten im Verfahren des einstweiligen Rechtsschutzes hat das Bundesverwaltungsgericht demgegenüber eine eher restriktive Haltung eingenommen und entschieden, dass die Kosten für die Einholung eines Privatgutachtens, das im Verfahren des vorläufigen Rechtsschutzes und für die Klage im Hauptsacheverfahren betreffend einen luftverkehrsrechtlichen Planfeststellungsbeschluss Bedeutung erlangt hat, im Rahmen der Kostenfestsetzung grundsätzlich dem Hauptsacheverfahren zuzuordnen seien.[38]

Schließlich hat das OVG Lüneburg[39] entschieden, dass die Erstattungsfähigkeit von Aufwendungen für ein privat eingeholtes Gutachten die Einführung des Gutachtens in den Prozess – in der Regel durch Vorlage im gerichtlichen Verfahren – voraussetzt. Es genüge nicht, wenn der Inhalt der fachlichen Stellungnahme eines Dritten in den Beteiligtenvortrag eingearbeitet werde und für das Gericht und die übrigen Prozessbeteiligten nicht hinreichend deutlich erkennbar sei, dass bestimmte Ausführungen in den (anwaltlichen) Schriftsätzen eine vom fachlichen Beistand verantwortete Stellungnahme darstellten.

Für die Betroffenen hat dies zur Folge, dass zusätzlich zu den ohnehin im Planfeststellungsverfahren und im gerichtlichen Verfahren aufzuwendenden erheblichen Mitteln damit gerechnet werden muss, dass sie die Kosten nicht nur für ihre eigenen, sondern auch für die „Privatgutachten" von Planfeststellungsbehörde und Vorhabenträger im Unterliegensfalle aufbringen müssen.

Angesichts dieser Rechtsprechung ist fraglich, wie lange dies noch von den obersten Gerichten als mit dem Gebot des effektiven Rechtsschutzes, des fairen Verfahrens und der Waffengleichheit gedeckt angesehen werden kann.

---

[38] BVerwG vom 16.11.2006 (4 KSt 1003/06) = BVerwG, NJW 2007, 453/453 f.
[39] OVG Lüneburg vom 02.12.2009 (12 OA 129/08) = OVG Lüneburg, NJW 2010, 391/393.

Klaus Haldenwang

Die Rolle der Anhörung bei Genehmigungsverfahren: Der Zorn des unerörterten Bürgers

Zusammenfassung

Die Geschichte des Frankfurter Flughafens ist weit davon entfernt, auch nur minimale Rechtsstaatserfordernisse zu erfüllen. An der mehr als 40-jährigen Geschichte des Flughafenausbaus kann an ganz konkreten Begebenheiten gezeigt werden, wie verankerte rechtsstaatliche Grundsätze missachtet werden. Es kann an diesen Begebenheiten gezeigt werden, wie die Methoden aussehen, mit denen Interessen durchgesetzt werden.

Zum einen kann man feststellen, dass die Rechte des Bürgers beschnitten werden. Zum anderen stellt man fest, dass ihre Geltendmachung erschwert wird. Es kann gezeigt werden, wie durch eine Reihe von für sich genommen unbedeutender und harmloser Vorschriften und Praktiken Systeme entstehen, welche es dem Bürger praktisch unmöglich machen, seine Rechte auszuüben. Der Beitrag führt in diese Welt der Minderung der Bürgerrechte ein.

Einleitung

Die Frankfurter Allgemeine Zeitung schrieb am 07.01.2011 in ihrem Wirtschaftsteil, Großprojekte sollten schneller genehmigt werden. Die Regierung wolle öffentliche Anhörungen in das Ermessen der Planungsbehörden stellen. Planungsverfahren für Großprojekte sollten dadurch verkürzt, Beteiligungsrechte von Bürgern eingeschränkt werden. Aus Sicht des Bundesinnenministeriums erfülle eine öffentliche Erörterung ihre eigentliche Funktion nicht, wenn Vorhaben erkennbar aus sachfremden Erwägungen kategorisch abgelehnt würden.

Der Betrachter der Frankfurter Flughafenszene denkt sich dabei: die fehlende öffentliche Anhörung und die Nichtbeteiligung kennen wir doch schon seit Jahrzehnten am Frankfurter Flughafen. Die Anhörung ist dort die Ausnahme, eine Beteiligung Dritter mit dem Ziel eines Einwirkungs- oder Mitspracherechts ein Fremdwort. Seit Anfang der Sechziger Jahre wurden in Frankfurt am Main wesentliche bauliche Erweiterungsmaßnahmen des damals noch sehr überschaubaren Start- und Landebahnsystems ohne Genehmigung durchgeführt. Dazu wurde niemand angehört. Es gab kein Planfeststellungsverfahren beispielsweise für die Erweiterung der Nordbahn um 600 m und der Südbahn um 1.170 m. Weder Bau- noch Betriebsgenehmigung wurden erteilt. Die gesetzlich vorgegebenen Genehmigungstatbestände (Anhörungs- und Beteiligungspflichten gegenüber Dritten eingeschlossen) wurden einfach negiert.

Zu diesem Zeitpunkt hatte das Bundesverwaltungsgericht längst angemahnt, Gemeinden bei der Anlage oder Erweiterung von Flughäfen frühzeitig in Genehmigungsverfahren zu beteiligen, um ihnen dabei die Möglichkeit zu geben, ihre Bauleitplanungen rechtzeitig

auf den Bau oder die Erweiterung luftverkehrsrechtlicher Anlagen einzurichten bzw. bestehende Bebauungspläne mit Schutzansprüchen gegen eine Fachplanung zur Geltung zu
bringen. Aus Gesetz und Rechtsprechung ergab sich eine Anhörungspflicht und daraus
folgend ein Beteiligungsrecht der Gemeinden im Zusammenhang mit der Errichtung oder
Erweiterung von Flughafenanlagen. Betroffene Bürger waren spätestens im Planfeststellungsverfahren zu beteiligen.

Am Frankfurter Flughafen wurde von Anfang an (mit Ausnahme des 1971 durchgeführten Startbahn-West-Verfahrens) ein System praktiziert, das wohl jetzt dem Bundesgesetzgeber wieder vor Augen schwebt: niemand anhören, nichts erörtern, denn jede Anhörung bricht Streit vom Zaun.

Die Anzuhörenden wollen ihre Rechte verteidigen, insbesondere ihre Gesundheit und
ihren Lebensraum schützen, der durch den täglichen Flugverkehr, insbesondere durch Lärm
und Abgase beeinträchtigt wird. Sie wollen zu drängenden Umweltfragen Stellung beziehen, sich zu den spürbaren Auswirkungen des Klimawandels äußern. Sie möchten bei einer
Erörterung der Sinnhaftigkeit eines Großprojektes dessen vom Steuerzahler unmittelbar
oder mittelbar aufzubringende Milliardenkosten kritisieren dürfen.

Wer nicht angehört wird, kann nichts vortragen, nichts rügen und erörtern, er kann
keine Rechtsposition wahrnehmen, insbesondere nicht seine privaten Belange in Abwä-
gungsentscheidungen einbringen.

Aber der Übergangene empfindet Unverständnis und wird zornig.

Die nachträgliche Legalisierung des Illegalen

Als sich im Zuge der gerichtlichen Auseinandersetzungen ab 2001 um Bestehendes und
Künftiges am Frankfurter Flughafen herausstellte, dass wesentliche Teile des zentralen
Start- und Landebahnsystems vor 1971 und danach ganz einfach illegal und damit schwarz
ausgebaut worden waren, sannen Gesetzgeber und Richterschaft in Kassel darüber nach,
wie sich am einfachsten ein juristischer Deckmantel über derart illegalen Aktionismus legen lasse.

Dass es mit dem Übergehen von Rechtspositionen, insbesondere dann, wenn sie eine
verfassungsrechtliche Basis haben, nicht ganz so einfach ist, beweist die jüngste Rechtsprechung des Bundesverwaltungsgerichts. Das Gericht hat erst im vergangenen Jahr die
Planungshoheit der Gemeinden gestärkt, soweit bei der Errichtung von Bauvorhaben nach §
36 BauGB das Einvernehmen der Gemeinde für ein bestimmtes Vorhaben erforderlich ist.
Die ohne Einvernehmen erteilte Baugenehmigung ist rechtswidrig, sie verletzt die Gemeinde in ihren Rechten. Sie ist ohne weiteres aufzuheben.

Im Rahmen der Erteilung des Einvernehmens kann die Gemeinde alle Umstände rügen, die ihre Planungshoheit im weitesten Sinne berühren. Sie darf Gründe des Naturschutzes und des Artenschutzes ebenso anführen, wie die eigentlichen Belange der Bauleitplanung, die einen konkreten Bezug auf ein bestimmtes Bauvorhaben haben. Auch was die
Gemeinde zunächst im Verwaltungsverfahren gar nicht vorgetragen hat, kann als entgegenstehender Belang in einem Gerichtsverfahren dazu führen, dass eine Baugenehmigung
aufgehoben wird.

Die Heraushebung der Bedeutung und des Inhalts der Planungshoheit der Gemeinde
im Sinne von Art. 28 Abs. 2 Satz 1 GG durch das Bundesverwaltungsgericht steht in einem
unfasslichen Gegensatz zu der Art und Weise, wie die Gemeinden, deren Bauleitplanung

durch die Frankfurter Flughafenanlage betroffen wird, in den vergangenen Jahrzehnten durch bewusstes behördliches Fehlverhalten, gepaart mit Ignoranz und Überheblichkeit, abgespeist worden sind und bis heute eher als lästige Nörgler, denn als ernstzunehmende Träger von verfassungsrechtlich geschützten Rechten behandelt werden.

Das Bundesverwaltungsgericht geht in seiner Rechtsprechung gerade nicht davon aus, dass die Reichweite möglicher Einwendungen der Gemeinde, selbst wenn sie ein Vorhaben kategorisch ablehnt, sachfremd wäre.

- Welchen Schaden soll ein Planfeststellungsverfahren in seiner inhaltlichen Ausgestaltung denn auch nehmen, wenn ein betroffener Bürger, der im Regelfall ohnehin nur seine eigenen Grundrechte (Schutz des Lebens und der Gesundheit, Schutz des Eigentums) in die Erörterung einbringen kann, im Zusammenhang mit einer beabsichtigten Erweiterung einer Verkehrsanlage neben der befürchteten Gesundheitsgefährdung auch den zu hohen Schadstoffausstoß, die Naturvernichtung oder die Folgen des Klimawandels als Ablehnungsgründe anführt?
- Wie ernst werden Bürger genommen, denen von vornherein unterstellt wird, die kategorische Ablehnung eines Großprojektes sei sachfremd?
- Mit welcher Arroganz agiert staatliche Machtausübung, die selbst „kategorisch" bestehende Gesetze verletzt und darauf spekuliert, mangels einschlägiger Schutzvorschriften zugunsten der Bürger gegen rechtswidriges Tun oder Unterlassen einer Behörde werde der Richter die gerügte Illegalität ja doch im Ergebnis dahinstehen lassen, jedenfalls könne der betroffene Bürger das behauptete Fehlverhalten nicht rügen, da Rechtswidriges nicht zugleich in eine eigene Rechtsposition des Bürgers eingreife. Schließlich sei es nicht Aufgabe des Bürgers, die Einhaltung der Gesetze zu überwachen. Kein Bürger begreift derartige juristische Spitzfindigkeiten. Nur weil der Bürger Rechtswidriges nicht selbst mit Erfolg anfechten kann, darf das Illegale nicht dem Rechtmäßigen gleichgestellt werden. Die Verfahrenspraxis lebt aber von dieser für Großprojekte geradezu glückhaften Gleichsetzung.

Behörden reagieren gereizt, wenn ihnen vorgehalten wird, sie hätten vorsätzlich gegen geltende rechtliche Bestimmungen verstoßen und sich bewusst illegal verhalten. Gerichte wägen kühl ab, ob illegales Behördenverhalten eine geschützte Rechtsposition des Bürgers auch tatsächlich verletzt, ob sich das Gericht überhaupt mit der Frage der (peinlichen) Feststellung einer Illegalität als Vorfrage für seine Endentscheidung zu befassen hat.

Schwache Abwehrrechte des Bürgers gegen illegales Staatshandeln

Um die Abwehrrechte der Bürger zu minimieren, werden Gesetze so gestaltet, dass Abwehrpositionen zugunsten eines Bürgers durch einfachrechtliche Gesetze im Regelfall gar nicht erst begründet werden. Damit kommt es auf Legales oder Illegales im Ergebnis eben doch nicht an, weil das Unrechtmäßige nur selten vom Bürger im Ergebnis mit Erfolg gerügt werden kann. Es muss schon eine Verletzung eines Grundrechts oder einer ausdrücklich einfachrechtlich geschützten Position eines Betroffenen vorliegen. Um wiederum die Hürde für eine Grundrechtsverletzung, beispielsweise durch eine Lärmbelastung, heraufzusetzen, werden die hinzunehmenden Lärmwerte einfachgesetzlich, weil es fachwissenschaftlich angeblich nichts Gegenteiliges gibt, so hoch gesetzt, dass wieder „alles passt".

Wer ungenehmigt Luftverkehrsanlagen errichtet, ist gleichzeitig verantwortlich für Lärmverursachung, die keine rechtliche Grundlage hat. Wer bestehende Flughafenanlagen durch Ausbauten ändert, die in steigendem Maße zu unverträglichen Lärmsituationen für die Nachbarschaft einer Flughafenanlage führt, gerät in den Konflikt mit einer Bauleitplanung der angrenzenden Gemeinde, die nicht damit rechnen muss, dass sozusagen über ihren Kopf eine Lärmintensivierung stattfindet, die rechtmäßige Bauleitplanungen beeinträchtigt und ggf. in einem rechtsstaatlichen Flughafenverfahren durch Herabsetzung der hinzunehmenden Lärmschwelle hätte verhindert werden können, wenn die Gemeinde im Verfahren beteiligt worden wäre. Letztlich sind unmittelbar aber immer die Bürger betroffen, die in einem Gemeindegebiet im Vertrauen auf rechtmäßige Bauleitplanungen und gesetzestreue fachplanungsrechtliche Verhaltensweisen ihre Entscheidung getroffen haben, an einem bestimmten Wohnsitz ihren Lebensraum zu begründen. Die städtebauliche Ordnung, manifestiert in Bebauungsplänen, soll den Bürger schützen, wenn eine Wohnnutzung festgesetzt ist. Durch die beträchtliche Lärmentwicklung aufgrund der Zunahme des Luftverkehrs seit 1971 ist die Grenze für Übergriffe in Grundrechte, in die menschliche Gesundheit und in das Eigentum der Bürger in Frankfurt am Main längst erreicht. Illegales hat niemand zu dulden.

Schutz von Großprojekten statt Schutz vor Großprojekten

Wo Illegales aus der Vergangenheit zu einem Problem für die Zukunft von Großprojekten zu werden droht, gilt es für den Normgeber, wieder einmal gesetzgeberisch vorzubauen. Die Früchte der Wiedervereinigung schienen Flughafenbetreiber und Verwaltungsgerichtshof ein geeigneter Ausweg, um alle Illegalitäten (Genehmigungen und Planfeststellungen waren in Frankfurt am Main vor und nach 1971 nicht in dem erforderlichen Umfang aufzufinden) zumindest rechtstechnisch glattzustellen oder anders ausgedrückt: einfach verschwinden zu lassen.

In den neuen Bundesländern bestanden nach altem DDR-Recht keine dem Luftverkehrsrecht der Bundesrepublik Deutschland entsprechenden Genehmigungs- und Planfeststellungsvorschriften. Die dort vorhandenen und auch tatsächlich betriebenen Flughäfen bedurften aber einer Rechtfertigung, da teils ihre militärische Funktion umgestaltet, teils bereits bestehende Privatflughäfen ausgebaut werden sollten. Mit einem gesetzgeberischen Federstrich wurde 1999 für die neuen Bundesländer das faktisch Vorhandene fiktiv genehmigt oder planfestgestellt. Die Altanlagen in den neuen Bundesländern bekamen damit das Etikett legaler Flughäfen. Da auch in den alten Bundesländern rechtlicher Nachholbedarf bestand, längst nicht alle Flughäfen planfestgestellt waren oder über ausreichende Betriebsgenehmigungen verfügten, wurde für sie eine differenzierte Legalisierungs-Fiktionsregelung eingeführt. Soweit es um Flughäfen ging, die bis zum 31.12.1958 in den alten Ländern angelegt und am 01.03.1999 noch betrieben wurden, sollte ebenfalls die Genehmigungsfiktion Platz greifen. Diese gesetzgeberische Anordnung kam für den Frankfurter Flughafen wie gerufen.

Prompt wiesen die Richter des Hessischen Verwaltungsgerichtshofs alle Einwände der Bürger und Gemeinden, Lärm aus illegalen Anlagen seien nicht zu dulden, zurück. Dies gelte nach Meinung des Gerichts für alle nach 1971 ohne förmliche Genehmigung und Planfeststellung durchgeführten Flughafenerweiterungsanlagen in Frankfurt am Main, insbesondere zusätzliche Schnellabrollwege, Rollwege, Vorfeldpositionen, Lagerhallen, Terminalanlagen mit Empfangsgebäuden, Andockpositionen an den Terminals, Wartungshallen, die bis zum Stichtag 1999 errichtet worden waren. Sie alle seien nach § 71 Abs. 2 LuftVG 1999 durch die Fiktionsregelung von Gesetzes wegen legalisiert.

Die Einwände der Kläger wurden damit „vom Tisch gewischt". Im Übrigen komme es auf verpasste Anhörungen und unterlassene Genehmigungsverfahren nach Meinung der Richter nicht an:

- Das vor 1971 illegal Ausgeführte sei mittels Auslegung des Planfeststellungsbeschlusses 1971 und der Betriebsgenehmigung 1966,
- das nach 1971 ohne Genehmigung und Planfeststellung Verwirklichte letztendlich durch die Zielvorstellung des Planfeststellungsbeschlusses 1971 legalisiert – auch wenn nicht alles formell durch die festgestellten Pläne festgelegt worden sei, sozusagen vorab und für die Zukunft.

Damit wurde dem Planfeststellungsbeschluss 1971 gegen seinen Wortlaut und Regelungsgehalt gleichsam ein Heiligenschein verpasst, der alle gegen seine Festlegungen begangenen Gesetzesverstöße über die kommenden Jahrzehnte hin bemänteln sollte.

Genehmigungen sind nicht auffindbar

Das Gericht betonte weiter, alle tatsächlich nicht zu bestreitenden Erweiterungsmaßnahmen hätten sich auf die Kapazität der Flughafenanlage auch gar nicht ausgewirkt. Die Kapazität des Flughafens werde nur durch das vorhandene Start- und Landesystem bestimmt, nicht aber durch Schnellabrollwege, Rollwege, Vorfeldpositionen, Terminalanlagen etc. Deshalb sei das System der Unterbleibensentscheidungen für alle diese Ausbaumaßnahmen, das von jeder Anhörung und Genehmigung entbinde, für die Vergangenheit in Ordnung gewesen. Genehmigungen konnten weder durch die Behörde präsentiert noch durch den Verwaltungsgerichtshof aufgefunden werden, gleichgültig ob die Ausbaumaßnahmen Schnellabrollwege, riesige Erweiterungen der Terminalanlagen, der Vorfeldpositionen oder der Wartungshallen betrafen.

Das Bundesverwaltungsgericht hat den Kasseler Richtern 2006 bescheinigt, in Bezug auf den Frankfurter Flughafen § 71 Abs. 2 LuftVG mit seiner fiktiven Legalisierung falsch ausgelegt und in seiner Reichweite verkannt zu haben. Nichts sei legalisiert. Erstmals im jetzt laufenden Revisionsverfahren beim Bundesverwaltungsgericht kommt es auf die Frage an, ob illegale Altanlagen die Wirksamkeit des neuen Planfeststellungsbeschlusses beeinträchtigen, ob insbesondere die durch sie hervorgerufenen Lärmbeeinträchtigungen als hinzunehmende Vorbelastungen der Bürger und Gemeinden anzusehen sind. Die Frage hat entscheidende Bedeutung für die Bauleitplanung der Gemeinden, die sich auf illegale Luftverkehrsmaßnahmen nicht einzurichten hatten.

Kein Raum, verbriefte Bürgerrechte auszuüben

Weder Gemeinden noch Bürger konnten ihre Rechte in der Vergangenheit mangels Durchführung der im LuftVG vorgesehenen Beteiligungsverfahren geltend machen. Hätten die Gemeinden in den vergangenen Jahren aufgrund ihrer geschützten Bauleitplanung Einfluss auf bauliche Änderungen nehmen können, hätten schon in der Vergangenheit aktive und passive Schallschutzmaßnahmen ergriffen werden können und müssen, mit denen die Gemeinden im Planfeststellungsbeschluss 2007 jetzt ausgeschlossen bleiben sollen. Die Vergangenheit soll keine Rolle spielen, auch wenn Gemeinden und Bürger schlecht behandelt und ihre Rechte missachtet wurden. Sie werden jetzt wie die Verursacher des Lärmproblems behandelt. Sie gelten als vorbelastet, nicht der Flughafenbetreiber. Ursache und Wirkung werden damit auf den Kopf gestellt.

Für den privaten Bürger gilt: Wer ein illegal errichtetes Haus baulich erweitern möchte und dafür einen Bauantrag stellt, hat für das gesamte Gebäude eine völlig neue Baugenehmigung zu beantragen. Ob er sie bekommt, ist möglicherweise zweifelhaft; die Rechts- und Sachlage kann sich zu seinen Lasten geändert haben. Wer eine Flughafenanlage in den vergangenen Jahrzehnten zum großen Teil illegal errichtet und betrieben hat, muss sich bei einer Erweiterung mit dem Argument auseinandersetzen, Illegales und neu zur Planfeststellung Beantragtes lasse sich ohne Reparatur, ohne Sanierung des Illegalen, nicht zu einer rechtmäßigen Gesamtflughafenanlage verbinden, deren Auswirkungen dann durch Kommunen und Bürger gleichsam selbstverständlich hinzunehmen seien. Das Illegale infiziert das künftig legal Gewollte.

Anhörungen wurden gezielt unterlassen

Der Schutz der Wohnruhe und der Gesundheit hat einen anderen Stellenwert, einen höheren Schutz, wenn sein Gewicht, das aus der Vergangenheit kommt, zunächst einmal bei einer Abwägungsentscheidung, die in die Zukunft gerichtet ist, zu Gunsten des Betroffenen auf die Waagschale zu werfen ist. Dabei ist entscheidend, dass in einem Zeitraum zwischen dem Jahr 1964 und dem Jahr 2007 Genehmigungs- und Planfeststellungsverfahren (ausgenommen die Startbahn 18-West) ganz gezielt unterlassen worden sind. Öffentliche Anhörungen fanden nicht statt. Die Gemeinden hatten keine Gelegenheit, ihre Bauleitplanungen, damit ihre besonders geschützten allgemeinen und reinen Wohngebiete den fachplanerisch gewollten Ausbauentscheidungen als Teil des Abwägungsmaterials entgegenzustellen und damit beispielsweise eine geringere Belastung durch Dauerschallpegel oder durch Einzelflugereignisse zu erreichen. Jeder Schnellabrollweg, der ohne Genehmigung und Planfeststellung faktisch ausgebaut worden ist, hat die Kapazität der Frankfurter Flughafenanlage erhöht, auf der anderen Seite aber keinen Schutz der durch Lärm betroffenen Bürger ausgelöst. Ohne die grundlegende Umgestaltung der Terminalanlagen und der Andockpositionen an den Empfangsgebäuden, ohne weiter ausgebaute Rollwege und Vorfeldpositionen konnte eine Bewältigung des steigenden Passagieraufkommens bis zum heutigen Tage nicht geleistet werden.

Gerichte argumentieren fehlerhaft: die Frage der Kapazitäten

Die 1971 prognostizierten ca. 325.000 Flugbewegungen lagen im Jahre 2007 bei 492.000 Flugereignissen. Erst Wirtschaftskrise und dann die im Jahre 2010 hereingebrochenen Naturereignisse mit Vulkanasche, Schnee und Eis, haben im Jahre 2010 zu einer Verminderung der tatsächlichen Flugbewegungen auf ca. 464.432 Flugereignisse geführt. Weil einfache Rollwege nicht rechtzeitig vom Schnee geräumt wurden, konnten Maschinen das bereits freigeräumte Start- und Landebahnsystem nicht ausnutzen. Enteisungsprobleme führten zu weiteren Flugausfällen, obwohl die gesamte Kapazität der Start- und Landebahnen uneingeschränkt zur Verfügung stand. Die unzutreffende Behauptung des Hessischen Verwaltungsgerichtshofs, die Kapazität der Frankfurter Flughafenanlage werde ausschließlich durch die Start- und Landebahnen geprägt, wurde nachhaltig durch die Realität des Jahres 2010 widerlegt. Bereits die heftigen Schneefälle in den Dezemberwochen haben bewiesen, welche Bedeutung jeder auch noch so kleine Teil der Gesamtanlage für die Kapazität des Flughafens insgesamt hat. Allein die zugeschneiten und damit nicht nutzbaren Rollwege haben wesentliche Teile der Kapazität der Gesamtanlage lahmgelegt.

Behörden belehren die Gerichte

Der Planfeststellungsbeschluss 2007 belehrt den Verwaltungsgerichtshof darüber, dass jeder Schnellabrollweg, jeder einfache Rollweg und jede neu geschaffene Andockposition an den Terminalanlagen zu einer Kapazitätssteigerung führt, die eine Pflicht zur Planfeststellung begründen kann. Was vor 2007 ohne Anhörung und Genehmigung an vergleichbaren kapazitätssteigernden Maßnahmen tatsächlich ausgeführt worden ist, wird im Planfeststellungsbeschluss 2007 als planfeststellungspflichtig bezeichnet. Die Behörde belehrt damit auch die Richter des Verwaltungsgerichtshofs, die fälschlicherweise meinen, vergleichbare Anlagen hätten in der Vergangenheit keiner Planfeststellungspflicht unterlegen. Damit wird zugleich behördlich anerkannt, dass alle Erweiterungsmaßnahmen am Frankfurter Flughafen, die nach 1971 abweichend vom damaligen Planfeststellungsbeschluss ausgeführt worden sind, einer erneuten Planfeststellung bedurft hätten, weil sie dazu beigetragen haben, die Kapazität der Flughafenanlage insgesamt zu erhöhen. Der Planfeststellungsbeschluss 2007 drückt den ungenehmigten Altanlagen zugleich den Stempel der Illegalität auf, weil sie ursächlich für die Zunahme des Flugverkehrs und der damit einhergehenden Lärmbeeinträchtigung gewesen sind. Der Inhalt des Planfeststellungsbeschlusses bedeutet das Eingeständnis der Behörde, bei vergleichbaren Ausbaumaßnahmen in der Vergangenheit gegen die gesetzliche Genehmigungs- und Planfeststellungsvorschriften bewusst verstoßen zu haben.

Nur das Enteignungsargument stoppt noch die Behörden

Die in ihrer Rechtmäßigkeit zweifelhafte Kapazität aus „alt" und „neu" soll gegen den Antrag des Vorhabenträgers und trotz aller politischen Erklärungen der Landesregierung und des Landesparlaments nach dem Bau der Nordwestbahn auch in der Nachtzeit ausgenutzt werden. Der im Mediationsverfahren angedachte Ausgleich der Mehrbelastung am Tage durch eine flugbetriebsfreie Nachtzeit wurde durch einseitigen Ministerakt reine Makulatur. Die Beeinträchtigung der Bevölkerung durch die Lärmzunahme bei Errichtung der Nordwestbahn und die zusätzlich genehmigten Nachtflüge wurden im Anhörungsverfahren nicht erörtert. Die eigentliche Anhörung war längst schon beendet, als die Planfeststellungsbehörde das „Mediationsergebnis" einseitig brach. Tag- und Nachtlärm einer Flughafenanlage, die zum großen Teil illegale Altanlagen als vermeintlich zulässige Vorbelastungen und Neuanlagen ohne abgesicherte Aussagen über die tatsächlichen Auswirkungen auf die Gesundheit der Menschen miteinander verschmelzen will, nimmt auf Anhörungspflichten, sachgerechte Erörterung, Vorsorgegesichtspunkte für die Gesundheit der Menschen keinerlei Rücksicht. Sie erkennt eine Grenze allenfalls dann an, wenn sich die Beeinträchtigungen wie eine Enteignung zulasten der Betroffenen auswirken.

Was aber sind die Ziele der Befürworter? Es geht den Befürwortern der Maßnahmen um nichts anderes, als um die Durchsetzung wirtschaftlicher Machtpositionen, die die Gesundheit der Menschen und den Kernbereich der kommunalen Planungshoheit, nämlich die Bauleitplanung, rücksichtslos verdrängen sollen. Die Nachtflugzulassung ist nichts anderes als eine bewusste Zurückdrängung gesundheitlicher Belange der Bevölkerung hinter reine Wirtschaftsinteressen.

Techniken zur Ausräumung letzter Hürden

Dieser Befund belegt, dass es einer gesetzlichen Novellierung nicht bedarf. Die historische Entwicklung der Frankfurter Flughafenanlage beweist, wie durch ein Unterbleiben der Gesetzesanwendung, der Vermeidung öffentlicher Anhörungen, der Gleichstellung des Illegalen mit dem Genehmigten, einer in jeder Beziehung freundlichen Unterstützung des Flughafenbetriebes durch richterliche Auslegungskunst die heute durch den Bundesminister befürchteten sachfremden Einwände im Rahmen einer Erörterung erst gar nicht aufkommen können. Sie werden durch Nichtanhörung vorweg erledigt.

Es ist völlig unschädlich, wenn das Gesetz missachtet wird.

Lücken, die zugunsten der Gesundheit der Menschen noch bestehen und Abwehrpositionen bewirken könnten, bessert der Gesetzgeber zulasten der (Lärm-)Betroffenen nach. Er räumt auch sonstige Hürden aus:

▪ Einen Bannwald gibt es nicht mehr. Das Hessische Waldgesetz hat den Bannwald längst rechtlich vernichtet.
▪ Die Regionale Raumordnungsplanung wurde umgehend im Sinne des Flughafenausbaus korrigiert.
▪ Im früher geschützten Waldbereich wurden und werden nicht nur Anlagen für eine Luftverkehrsgesellschaft, sondern sogar noch Parkmöglichkeiten in einem riesigen Parkhaus geschaffen. Dafür wird weiterer Waldbestand vernichtet.
▪ Die Stadt Frankfurt am Main als interessierter Anteilseigner des Flughafenbetreibers lehnt jede Bauleitplanung ab, die sich mit Konflikten und Abwägungsnotwendigkeiten auseinandersetzen müsste.
▪ Der Außenbereich wird über Nacht in einen Innenbereich verwandelt, ohne dass es hierfür eine Rechtsgrundlage gibt. Dies alles geschieht im Bewusstsein „wo kein Kläger, da kein Richter".

Wenn all dies noch nicht genügt, wird das Illegale der richterlichen Auslegungskunst überantwortet. Da nachbarschützende Rechte von den Betroffenen ohnehin in nur sehr beschränktem Maße geltend gemacht werden können, wird dem Bürger der Unterschied zwischen der Rechtsposition, die er auf seinem eigenen Grundstück hat und den Möglichkeiten, die ein Großprojekt bietet, deutlich vor Augen geführt. Wer ohne bauaufsichtliche Genehmigung baut, wird zum Abbruch des Illegalen gezwungen.

Für Großprojekte gelten andere Regelungen. Was faktisch illegal geschaffen worden ist, bleibt. Wo es keine Klagemöglichkeiten gibt, wird Ungenehmigtes durch Rechtswidrigkeiten erweitert und abgerundet. Parken im Wald ist der beste Beleg. Es tritt die juristische Rabulistik gegen das gesetzte Recht an. Letzteres bleibt auf der Strecke, weil die eigene Rechtsposition des Bürgers nicht erlaubt, fachplanerisch Illegales mit Erfolg im Klagewege abzuwehren. Für das Illegale wird sogar noch Bestandsschutz durch den, der sich über das geltende Recht hinweggesetzt hat, reklamiert. Der rechtswidrig genehmigte Atommeiler, der nicht in Betrieb genommen werden durfte, stellt historisch die Ausnahme dar. Ansonsten beansprucht ein Großprojekt jenseits der Rechtslage schon um seiner selbst willen uneingeschränkte Rechtfertigung. Es geht schließlich immer um Arbeitsplätze. Auch wenn statt der ursprünglich heraufgeredeten 250.000 Arbeitsplätze nur 20.000 übrig bleiben.

Dies alles mag unerhört sein. Unerhört Unerörtertes ist aber die Regel. Was soll da gesetzlich neu geregelt werden? Anhörung ist längst in der Praxis zu einem Unwort geworden. Verkürzte Abwehrrechte der Bürger und der Kommunen bei Großprojekten und fragwürdige Praktiken, die die Gewaltenteilung des Grundgesetzes unterlaufen, tun ein Übriges.

Bundestagsabgeordnete durften jahrelang bei Fraport jährlich kostenlos im bekanntermaßen sehr teuren Flughafenparkhaus parken. Ob das ihre Stimmungslage bei der Verabschiedung des Fluglärmschutzgesetzes zum Nachteil der Fraport verändert hat, darf bezweifelt werden. Ein jahrelang kostenlos parkender Beamter hätte in vergleichbarer Vorteilsposition ohne Weiteres seinen Beamtenstatus eingebüßt. Fraport-Mitarbeiter reden im Bundesverkehrsministerium bei jeder Gesetzesänderung mit. Es kann unschwer vermutet werden, in welche Interessenrichtung derartige Einflussnahmen geführt haben.

Der Begriff der Gesundheit wird ohnehin durch den Gesetzgeber im unaufgeklärten Dunkel gehalten. Eine Aufklärung über Gesundheitsfolgen steht jedem Großprojekt entgegen. Dies ist bei Massentierhaltung anders. Die Überschreitung der zulässigen Dioxinwerte löst sofort Wellen der Empörung aus, führt zu Betriebsstilllegungen, während die Frage, in welchem Verhältnis Gesundheit und Verkehrslärm (Luftverkehr, Schiene, Straße) stehen, gar nicht oder so dargestellt wird, als gebe es derzeit noch keine ausreichenden Erkenntnisse über Ursache und Wirkung. Ernstzunehmende Studien, wie unlängst durch Prof. Dr. Greiser, werden als untauglich abgetan, weil sie sich noch nicht allgemein wissenschaftlich durchgesetzt hätten. Wie lässt sich eine derartige Durchsetzung auch nur für möglich halten, wenn gezielt durch den Flughafenbetreiber beauftrage Lärmmediziner seit Jahrzehnten ohne eigene zeitnahe Untersuchungen die Wirkung des Fluglärms auf die menschliche Gesundheit herunterreden? Es erinnert sich heute niemand mehr daran, dass Prof. Dr. Jansen, der durch seine völlig überhöhten Lärmgrenzwerte schon mancher Flughafenerweiterung Tür und Tor geöffnet hat, im Planfeststellungsverfahren zur Startbahn 18-West vor vierzig Jahren ausgeführt hat, nach Möglichkeit solle jedes Fluglärmereignis in der Nacht unterbleiben, weil es nachteilige Folgen für die Gesundheit haben könne.

Das Nachtflugverbot mutiert zum Gebot

Fraport hat im Zuge der Erweiterung der Frankfurter Flughafenanlage ein Nachtflugverbot im Zeitraum zwischen 23 und 5 Uhr beantragt. Das zuständige Ministerium hat ohne Antrag 17 Flüge durchschnittlich in der Nacht zugelassen. Der damalige Ministerpräsident beschwor, es werde keinen Ausbau mit einer weiteren Bahn ohne Nachtflugverbot geben. Das Landesparlament folgte mehrheitlich. Der Druck der Luftverkehrswirtschaft brachte den Umschwung. Wieder einmal, wie schon 1971 („kein weiterer Ausbau") wurden gegebene Zusagen gebrochen. Mit den Bürgern wurde wieder nichts erörtert. Die eigentliche Anhörung, bei der die Einhaltung des Nachtflugverbots unumstritten war, war längst beendet. In einer ganz zentralen Frage zur Ausbauentscheidung hätte die gebotene Anhörung ein ganzes Landesparlament der Lüge gestraft, das zunächst in seiner Mehrheit jede Flugbewegung in der Nacht zwischen 23 Uhr und 5 Uhr kategorisch als unsachgerecht abgelehnt hatte. Deutlicher kann nicht beschrieben werden, was die Planfeststellungsbehörde in einer zentralen Frage des Ausbauverfahrens von der Beteiligung der Öffentlichkeit, der Anhörung der Bürger und der Gemeinden hält: Nichts. Gemeinden und Bürger sind Gegenstand reiner Missachtung. Die Zornesröte ist inzwischen zum Dauerzustand geworden.

Die eigentliche Funktion von Anhörungen

Mein unvergessener Lehrer, Prof. Dr. Felix Weyreuther, in den Siebziger Jahren Mitglied des 4. Senats beim Bundesverwaltungsgericht und direkt eingebunden in die Startbahn 18-West-Rechtsprechung des Bundesverwaltungsgerichts, hat in der Festschrift für den brillianten Präsidenten des Bundesverwaltungsgerichts, Prof. Dr. Horst Sendler, in seinem Beitrag „Einflussnahme durch Anhörung" (Festschrift für Prof. Dr. Sendler 1991, S. 183 ff.) Sinn und Funktion der Anhörung in einem Beteiligungsverfahren mit nicht zu überbietender Klarheit beschrieben: Es sei wohl nicht zu verkennen, dass die verwaltungsverfahrensrechtlichen Anhörungspflichten und mehr noch der Anspruch auf rechtliches Gehör „ausgeschrieben" und „ausjustiert" seien. Die Dunkelziffer der Verletzung, Beschneidung oder doch Geringschätzung von Anhörungspflichten, kurzum die Dunkelziffer der Anhörungsdefizite sei gleichwohl als hoch anzusetzen. ‚Anhören müssen' sage sich offenbar leichter, als es durchzuführen sei. Wer anhöre, müsse, wenn es nicht ohnedies bekannt sei, offenlegen, um was es ihm gehe. Es bedürfe der Erörterung oder eines Hinweises dann, wenn anderenfalls die Gefahr bestünde, dass der Anzuhörende in Unkenntnis der ‚wahren' Anhörungsthematik an den Dingen vorbeirede. Sobald Anhörungsgebote funktional aus dem Schatten reiner Sachaufklärung heraustäten, seien sie dadurch gekennzeichnet, dass Einflussnahme eröffnet werden solle. Der Anzuhörende solle, wie das Bundesverfassungsgericht in seinem Beschluss vom 08.01.1959 (BVerfGE 9, S. 89, 95) ausgeführt habe, zu Wort kommen, um Einfluss auf das Verfahren und sein Ergebnis nehmen zu können. In Frankfurt am Main sollen Gemeinden und Bürger keinen Einfluss auf das Ergebnis der Planfeststellung nehmen dürfen. Anhörung nur um des Wortes willen ist aber sinnlos.

Wie das Recht missachtet wurde

Soweit bis zum Jahre 1964 Ausbaumaßnahmen am Frankfurter Flughafen (illegale Erweiterung der Nord- und Südbahn) durchgeführt wurden, sind alle rechtlichen Genehmigungstatbestände negiert worden. Die Betriebsgenehmigung vom 23.08.1966, die dem Planfeststellungsbeschluss vom 21.03.1971 vorangegangen ist, ist keine Genehmigung zur Errichtung und zum unbeschränkten Betrieb der Flughafenanlage, auch nicht für die im Planfeststellungsbeschluss 1971 mit jeweils 4.000 m Länge angedachten Erweiterungen der bestehenden Bahnen, denn eine Errichtungsgenehmigung für die Nord- und Südbahn in ihrer gesamten Ausdehnungslänge von 4.000 m gibt es bis heute nicht. Sie ist auch nie beantragt worden. Die Bahnlängen sind 1971 auch nicht absolut auf eine Länge von jeweils 4000 m planfestgestellt worden. Es hat keinen Antrag auf Planfeststellung für eine Bahnlänge für jeweils 4.000 m gegeben. Die Flughafenausbauten, die 1971 nicht planfestgestellt wurden, sind in den Folgejahren durch sogenannten „Unterbleibensentscheidungen" jedem rechtsstaatlichen Verfahren, einer Betriebsgenehmigung oder einem Planfeststellungsverfahren mit entsprechenden Anhörungspflichten und Beteiligungsrechten der betroffenen Bürger und Gemeinden entzogen worden. Dabei mag durchaus der Gedanke Pate gestanden haben, Auseinandersetzungen, die die Planung der Startbahn 18-West und ihre spätere Ausführung vor Ort begleitet haben, nicht ein zweites oder drittes Mal zu erleben. Derartige Befürchtungen geben aber keine Rechtsgrundlage, das Luftverkehrsgesetz mit seinen Anhörungsverpflichtungen und Mitwirkungsrechten einfach grundlegend bei weiteren Ausbaumaßnahmen zur Steigerung der Kapazität zu missachten.

Die Nichtanhörung der Bürger wird zur Regel

All das, was zu den verpassten, weil nicht gewollten, öffentlichen Anhörungen gesagt wurde, wäre, für sich genommen, allenfalls einer historischen Betrachtung wert, wenn die bis heute unerledigte Vergangenheitsbewältigung nicht ganz gezielt im Hinblick auf die planfestgestellte Nordwest-Variante dazu dienen würde, alle Verfahrens- und Gesetzesverstöße aus der Vergangenheit sogleich zur Regel, zum Vorbild und zur Vorgabe für die Zukunft, nämlich für eben jenes Planfeststellungsverfahren für das Großprojekt Nordwest-Bahn im Jahr 2007 zu machen. Die Nichtbeteiligung der Gemeinden und Bürger im Zusammenhang mit der Durchbrechung des Nachtflugverbotes ist dafür der jüngste und beste Beleg.

Bevor der Planfeststellungsbeschluss 1971 ergehen konnte, mussten Überlegungen über mögliche Alternativen angestellt werden. Die Festlegung auf die Startbahn 18-West erfolgte in erster Linie aus Gründen der befürchteten Lärmentwicklung. Die damalige Erkenntnis lautete, die prognostizierte Lärmbeeinträchtigung falle bei der Startbahn 18-West deutlich geringer aus. Der Lärm werde besser verteilt. Es werde für die Nachbargemeinden Lärm-Entlastungeffekte geben. Jede andere Alternative, insbesondere Parallelflugbahnen zu den beiden damals noch nicht in voller Ausbaulänge bestehenden Nord- und Südbahnen, wurden mit dem Argument verworfen, dann wäre die Lärmbeeinträchtigung der Bevölkerung um ein Vielfaches höher, es würden wesentlich mehr Menschen durch Fluglärm stark beeinträchtigt.

Diese schon vor 1971 erkannte Konfliktsituation hat sich bis 2007 schon im Ist-Zustand verschärft und müsste heute als Erst-Recht-Argument herangezogen werden, das jeden weiteren Ausbau mit einer Parallelbahn (Nordwest) ausschließt. Um die Befürchtungen der Bevölkerung zu beschwichtigen, es könne in der Zukunft doch noch die schlechtere Alternative, nämlich die jetzt 2007 genehmigte Parallelbahn geben, erklärte der zuständige Minister 1971 in dem von ihm unterzeichneten Planfeststellungsbeschluss, die Befürchtung, es werde einen weiteren Ausbau der Frankfurter Flughafenanlage geben, sei unbegründet. Einen weiteren Ausbau werde es nicht geben.

Nach 1971 wurden Waldflächen um den Frankfurter Flughafen konsequenterweise zum Bannwald erklärt. Die Regionale Raumordnungsplanung sah bis zum Jahre 2000 die Bedeutung der bestehenden Flughafenanlage in ihrer Funktion als erhaltungs- und stärkungswürdig an. Von einem weiteren Ausbau war keine Rede. Erst der Antrag der Lufthansa, der zur Einleitung des Mediationsverfahrens führte, es müsse eine weitere Start- und/oder Landebahn errichtet werden, ließ neue Erweiterungsphantasien aufkommen, die mit dem Planfeststellungsbeschluss 1971 nicht vereinbar waren. Nachtflugbewegungen auf dem bestehenden Start- und Landbahnsystem hatten zu diesem Zeitpunkt längst ein Ausmaß angenommen, das selbst das zuständige Ministerium im Jahre 2001 dazu bewog, die Anzahl der Flugbewegungen in der Nacht zum Schutze der Gesundheit der betroffenen

Menschen einzuschränken. Die Empfehlungen der Mediatoren, die fälschlicherweise als Ergebnis des Mediationsverfahrens bezeichnet worden sind, sahen einen Ausbau vor, ohne den Standort festzulegen, verknüpften einen Ausbau aber gleichzeitig mit Bedingungen bis hin zum Nachtflugverbot im Zeitraum zwischen 23 Uhr und 5 Uhr. Kaum war der Ausbau empfohlen, schwenkte die Raumordnungsplanung des Landes Hessen um. Der Landesentwicklungsplan beschrieb sozusagen in einer kompletten Kehrtwendung von heute auf morgen eine Ausbaupflicht, die vom Bundesverwaltungsgericht in der raumordnerisch festgelegten Rigidität mangels Kompetenz der befehlenden Landesbehörden beanstandet wurde.

Der Landesentwicklungsplan wurde in seiner zentralen Aussage, nämlich einer Ausbaupflicht, die Ziel der Landesplanung sein sollte, durch das Bundesverwaltungsgericht verworfen. Die Untersuchung der Raumverträglichkeit der drei in die Diskussion gestellten Varianten führte beim Regierungspräsidium in Darmstadt zu dem Sachergebnis, keine der drei Varianten sei raumverträglich. Da sich eine derartige Aussage politisch nicht hätte verkaufen lassen, wurde durch eine schriftliche Manipulation das Ergebnis der landesplanerischen Beurteilung geändert. Unter den Vorbehalten der Änderung und Neufestlegung raumordnerischer Ziele und der Erfüllung verschiedener Maßgaben sei es doch möglich, eine der drei Varianten (gemeint war die Nordwest-Bahn) raumverträglich zu gestalten. Dies bedeutet nicht mehr oder weniger, dass bislang Verbotenes durch einen Federstrich des Gesetzgebers in Erlaubtes verwandelt werden kann. Diese gelungene Manipulation ermutigte die Planfeststellungsbehörde dazu, die sogenannte CCT-Werft vorweg ohne Planfeststellungsverfahren mit einer Plangenehmigung zuzulassen. Während der Hessische Verwaltungsgerichtshof dieses Verfahren bedenkenlos billigte, zweifelten die Richter des Bundesverwaltungsgerichts die Wahl der „unterstufigen" Plangenehmigung ohne Anhörung und Beteiligung der Öffentlichkeit in ihrer Rechtmäßigkeit an. Der Gerichtshof in Kassel solle prüfen, ob die teilweise außerhalb des alten Flughafenzauns gelegene CCT-Wartungshalle nicht in einem ganz normalen Planfeststellungsverfahren zur Genehmigung hätte gestellt werden müssen.

Anschließend wurde durch die Planfeststellungsbehörde die A-380-Wartungshalle für das neue Flugzeug A-380 mit 4 Wartungsplätzen aus dem bereits ins Auge gefassten Planfeststellungsverfahren für die Nordwest-Landebahn herausgelöst und in einem eigenen Planfeststellungsverfahren vorgezogen. Umfangreiche Bannwaldflächen wurden abgeholzt, der Verlust der Waldflächen und der Natur wurde als unvermeidbar dargestellt. Die Maßnahme habe darüber hinaus eine zeitliche Dringlichkeit, die keinen Aufschub dulde.

Um die künftigen Fluggäste der A-380-Flugzeuge nicht auf den Vorfeldern abfertigen zu müssen, wurde eine Terminalanlage für diesen Flugzeugtyp aus der geplanten Gesamt-Ausbaumaßnahme ohne Planfeststellung ausgeklammert und baulich vorgezogen, ohne das Ergebnis der Planfeststellung für die Nordwestbahn abzuwarten. Nach Auffassung der Kasseler Richter hat diese Maßnahme, die allein für die Aufnahme von ca. 5 Millionen Passagieren im Jahr bestimmt ist, keine Auswirkungen auf die Kapazität. Das Terminal 3, seinerseits Teil der Planfeststellung 2007, das aus Kostengründen einstweilen nicht gebaut werden soll oder kann, steigert dagegen die Kapazität und ist deshalb planfeststellungspflichtig. Mit den gesetzgeberischen Vorgaben wird für in der Sache gleichartige Terminalanlagen, die die Kapazität der Flughafenanlage steigern, nach Gutdünken umgegangen. Eine Anhörung zur Terminalanlage für die A-380-Flugzeuge hat es nicht gegeben.

Alle Prognosen über die Entwicklung der Bewegungszahlen und die Steigerung des Flugverkehrs insgesamt erhielten richterlichen Segen, auch wenn sie sich bereits nach kurzer Zeit als völlig falsch erwiesen. Der Planfeststellungsbeschluss für die A-380-Werft sah eine fünfprozentige Steigerung pro Jahr für den gesamten Flugverkehr am Frankfurter Flughafen vor. Wäre sie eingetreten, müssten die Flugbewegungen heute schon bei weit über 600.000 Bewegungen angekommen sein. In Wirklichkeit waren sie 2010 niedriger als 2007. Die A-380-Halle selbst musste angeblich 2006 in Betrieb genommen werden. Statt der riesigen vier Wartungsplätze wurden lediglich zwei gebaut, weil kein Bedaruf für vier Plätze bestand. Der angebliche Bedarf für A-380-Wartungen und die Annahme, die Wartungshallen müssten 2006 betriebsfertig vorgehalten werden, erwiesen sich als Fehlprognose ersten Ranges. Der reguläre Wartungsbetrieb ist bis heute nicht aufgenommen worden. Eine Quantas-Maschine wurde 2010 dort gewartet, nachdem ein Triebwerksproblem fast zu einem Absturz eines A-380-Flugzeugs geführt hätte. Die gleichen – falschen – Prognosewerte wurden auch für den Planfeststellungsbeschluss für das Großprojekt im Jahre 2007 zugrunde gelegt.

Schutzrechte werden gesetzlich ausgehöhlt

Der Gesetzgeber tat ein Übriges.

- Das Fluglärmschutzgesetz, das den Flughafenbetreiber vor dem Bürger und nicht umgekehrt den Bürger vor Fluglärm schützt, wurde so novelliert, dass es auf Einzelschallereignisse während des Tages nicht ankommt.
- Über Dauerschallpegel, die die wirkliche Beeinträchtigung durch einzelne Lärmereignisse auch nicht annähernd zutreffend abbilden, wurden die Pegel so festgesetzt, dass für das Ausbauverfahren Großprojekt Frankfurt am Main überwiegend die viel zu hohen Dauerschallpegel eingehalten werden können.
- Entschädigungen zugunsten der betroffenen Bürger wurden auf ein Minimum beschränkt.
- Außenbereiche auf Wohngrundstücke werden gar nicht geschützt.
- Die wirkliche Beeinträchtigung der menschlichen Gesundheit ist nie umfassend geklärt worden.

Neueste Untersuchungen (z. B. Prof. Dr. Greiser), die für weite Bevölkerungskreise eine erhebliche Gesundheitsgefährdung befürchten, hätten sich in der lärmmedizinischen Wirkungsforschung noch nicht durchgesetzt. Die Novelle trat so rechtzeitig in Kraft, dass sie der Planfeststellungsbeschluss 2007 gerade noch für seine Ausbauzwecke nutzen konnte. Das Gesetz ist mit seinen Lärmgrenzwerten für den Ausbau des Frankfurter Flughafens maßgeschneidert. Ein zentraler Kritikpunkt am Planfeststellungsbeschluss stellt die Behandlung der Rechte der durch den Fluglärm betroffenen Bürger, konkretisiert durch das neue Gesetz, dar. Ihnen wurde keine Gelegenheit gegeben, im Anhörungsverfahren zum Flughafenausbau die später festgelegten Grenzwerte des sogenannten Fluglärmschutzgesetzes definitiv zu erörtern.

Das Instrument der Musterklagen wird missbraucht

Die Pflicht zur Gewährung rechtlichen Gehörs (Art. 103 Abs. 1 GG) ist Grundlage jeden rechtsstaatlichen Gerichtsverfahrens. Diese Grundsätze wurden bereits bei der Auswahl vermeintlich geeigneter Musterkläger durch den Hessischen Verwaltungsgerichtshof verletzt. Durch telefonische Kontakte mit Anwälten wurde durch den Vorsitzenden Richter aus Kassel zunächst sondiert, wer als Anwalt die Gewähr dafür bieten werde, in den Gerichtsverfahren gegen die Planfeststellung der Nordwest-Landebahn nicht „über die Strenge zu schlagen". Wohlverhalten werde durch das Gericht erwartet, anderenfalls werde der Mandant, gleichgültig ob Bürger oder Gemeinde, nicht als Musterkläger ausgesucht.

Der Antrag auf Aussetzung der Bauarbeiten wurde vom Verwaltungsgerichtshof abgelehnt. Den Gemeinden wurde anheim gestellt, ein durch Fluglärm gestörtes Wohngebiet in ein Gewerbegebiet umzuwandeln, wenn das Wohnen durch Überschreitung aller Grenzwerte dort nicht mehr zumutbar sei. Bebauungspläne könnten ja geändert werden. Betroffene, die bei einer Absiedlung ihren Lebensmittelpunkt verlieren, können eine derartige Aussage des Gerichtshofes nur als blanken Zynismus verstehen.

Wie Interessenten ihre Interessen durchsetzen – mit staatlicher Hilfe

Es ist nicht weiter verwunderlich, dass die „interessierten Kreise" allein aus finanziellen Gründen alles dazu tun, um Großprojekte nicht nur gegen Proteste, die eher im politischen Raum angesiedelt sind, sondern gegen Rechtspositionen, insbesondere auch gegen die Grundrechte von Betroffenen mit allen Mitteln, insbesondere politischen Einflussnahmen, durchzusetzen.

- Verfahren sind so zu gestalten, dass Grundrechtsausübung zeitlich nicht mehr sachgerecht möglich ist.
- Zunächst sind mit richterlicher Billigung vollendete Tatsachen zu schaffen. Damit wird jede wirkungsvolle Abwehr, die ein Grundrecht verbürgt, unterlaufen.
- Nach Schaffung von vollendeten Tatsachen können Entschädigungsansprüche in ungewisse Zukunft hinausgeschoben werden.
- Da es keinen gesicherten Befund gibt, wann eine Gesundheitsgefährdung greifbar nachzuweisen ist und im übrigen gar keine finanziellen Mittel der längst überschuldeten öffentlichen Hand vorhanden sind, um wenigstens zeitnah eine angemessene Entschädigung bereitzustellen, wird die Grundrechtsverletzung in Kauf genommen und die Beweislast, dass das Recht auf unversehrte Gesundheit verletzt ist, sowieso dem Bürger zugeschoben.
- Der Staat kann sich dies leisten, weil er weiß, dass der Bürger gar nicht dazu in der Lage ist, eine epidemiologische Untersuchung mit Millionenaufwand in Auftrag zu geben, um damit den Beweis der eigenen Gesundheitsgefährdung anzutreten.
- Der Staat selbst untersucht nichts. Damit wird ein rechtswirksamer, im Ergebnis durchgreifender Rechtsschutz von vornherein ausgeschlossen.

Konsequenzen und Forderungen

Wohin soll sich der Zorn des Bürgers entladen, der feststellen muss, dass er bei Entscheidungen, die seine persönliche Existenz betreffen, nicht ernst genommen wird? Stuttgart 21 kann kein Vorbild sein.

- Die Anhörungs- und Abwägungsdefizite sind abzustellen.

- Bürger und Gemeinden müssen durch die Gestaltung des Verwaltungsverfahrens und die richterliche Behandlung in den Prozessverfahren ernst genommen werden.
- Planung ohne Augenmaß und rücksichtslose Durchsetzung eigener Machtpositionen zerstören die Rechtsordnung.
- Sie lösen Konflikte aus, die bei Respektierung und Abarbeitung insbesondere der Grundrechtspositionen ein Gefühl der Ohnmacht gar nicht entstehen lassen, vielmehr Bürgern und Gemeinden den Eindruck vermitteln, dass Anhörung und Beteiligung auch zu einer sachgerechten Einflussnahme auf Planungsentscheidung führen können.
- Bürger und Gemeinden gehen davon aus, dass wenigstens das Bundesverwaltungsgericht in den anhängigen Revisionsverfahren die Rechtslage klarstellen und die Rechte der Betroffenen so behandeln wird, wie dies die Rechtslage abfordert.

Die Festschrift für Horst Sendler trägt die Überschrift:
„Bürger – Richter – Staat"
Alle drei stehen im Zusammenhang mit Recht und Gerechtigkeit. Denjenigen, die Rechte immer weiter abbauen wollen, ist zu empfehlen, den Gemeinden und Bürgern zu beweisen, dass sie in einem Rechtsstaat leben. Die Geschichte des Frankfurter Flughafens ist weit davon entfernt, auch nur minimale Rechtsstaatserfordernisse zu erfüllen.

Matthias Möller-Meinecke

Klagen gegen Fluglärm – Vorgaben und Erfahrungen

Zusammenfassung

Der Beitrag fasst die Defizite bei der planerischen Bewältigung des Schutzes von Menschen gegen Fluglärm zusammen und bilanziert die geringe Reichweite des gerichtlichen Rechtschutzes gegen Fluglärm.

Ausbauvorhaben werfen schwerwiegende Konflikte zum Nachteil gesunder Wohn- und Arbeitsverhältnisse auf, die häufig zu Gunsten der Luftverkehrswirtschaft und gegen die Schutzinteressen der Bürger entschieden werden. Gerichtlicher Rechtsschutz gegen eine Verlärmung ist zwar formal eröffnet, tatsächlich aber aus verschiedenen Gründen wirkungslos.

So hat sich die Rechtsprechung bei Flughafenausbauten faktisch vom gesetzlich geregelten Untersuchungsgrundsatz und von der dem Gericht auferlegten Aufklärungspflicht getrennt. Nach dieser gesetzlichen Pflicht erforscht das Gericht den Sachverhalt von Amts wegen, wobei die Beteiligten heranzuziehen sind. Dies findet faktisch in Großverfahren nicht mehr statt.

Der Bürger könnte auch die Erwartung haben, dass Verwaltungsgerichte die ihn belastenden Entscheidungen auf seine Klage hin umfassend auf deren Rechtsfehler hin untersuchen. Eine solche umfassende Kontrolldichte ist aber dem deutschen Rechtssystem fremd. Denn der Bundestag eröffnet den Lärmbetroffenen keine uneingeschränkte gerichtliche Rechtmäßigkeitsprüfung einer Planungsentscheidung. Wirksamen Rechtsschutz gibt es nur bei enteignungsähnlichen Fällen. Daraus lässt sich ableiten, dass dem Gesetzgeber der Schutz der Bürger gegen die Folgen von Lärm weniger wichtig ist als der Schutz des Grundeigentums gegen eine Enteignung.

Defizite beim Schutz gegen Fluglärm

Der Ausbau von Flughäfen bedarf der Planfeststellung[1] und Genehmigung[2], der eine Beteiligung der Öffentlichkeit vorauszugehen hat. Aber bei wichtigen und für den Fluglärm relevanten Entscheidungen bleiben die betroffenen Bürger außen vor; so liegen einer Ausbauplanung zwar angedachte zukünftige An- und Abflugrouten zu Grunde. Die Routen werden aber von der Bindung des Planfeststellungsbeschlusses nicht mit erfasst und können von der Deutschen Flugsicherung lange nach Rechtskraft der Planung nach einer Abwägung mit einem Federstrich geändert und damit Tausende erstmals mit dem Lärm von

---

[1] § 8 LuftVG Flughäfen sowie Landeplätze mit beschränktem Bauschutzbereich nach § 17 LuftVG dürfen nur angelegt, bestehende nur geändert werden, wenn der Plan nach § 10 LuftVG vorher festgestellt ist.
[2] § 6 LuftVG Flugplätze (Flughäfen, Landeplätze und Segelfluggelände) dürfen nur mit Genehmigung angelegt oder betrieben werden.

Überflugrouten belastet werden.[3] Der Zustand des lärmarmen Wohnens ist nicht geschützt. Als Folge hängt über den Wohngebieten und Bürostandorten in den großen deutschen Metropolen das Damoklesschwert gesundheitsschädigender Wohn- bzw. Arbeitsverhältnisse.

Die Bürger werden auch bei Baumaßnahmen wie neuen Rollwegen und Abfertigungsanlagen nicht beteiligt, obwohl deren Bau die Kapazität des Flughafen und damit den Flug- und Bodenlärm steigert. Schließlich offenbart eine gerichtliche Prüfung, wie etwa am Beispiel des Frankfurter Flughafens aufgedeckt, auch Schwarzbauten; die Behörden scheinen ihre Kontrollaufgaben also nicht sonderlich ernst zu nehmen. Schließlich wachsen an den Großflughäfen ohne die übliche Raumordnungsentscheidung neue Zentren, die in ihren vielfältigen Funktionen den benachbarten Innenstädten Konkurrenz machen und vor allem neuen Verkehr und Lärm induzieren.

Einer Ausbauplanung liegt regelmäßig eine Prognose des Luftverkehrs und dessen Lärm zu Grunde, aber diese Prognose reicht nur 10 bis 15 Jahre in die Zukunft[4] und spiegelt damit nicht die spätere Maximalkapazität des auszubauenden Flughafens wider. Die Differenz zwischen Prognose und Vollauslastung kann aber eine erhebliche Lärmsteigerung bewirken. Zusammenfassend werden die betroffenen Bürger nicht hinreichend über die zukünftige Belastung durch Fluglärm informiert.

Der Bundesgesetzgeber verweigert den Anwohnern von Flughäfen den erforderlichen und technisch möglichen aktiven Schallschutz. So ist es lediglich Zweck des Gesetzes zum Schutz gegen Fluglärm, in der Umgebung von Flugplätzen bauliche Nutzungsbeschränkungen und baulichen Schallschutz zum Schutz der Allgemeinheit und der Nachbarschaft vor Gefahren, erheblichen Nachteilen und erheblichen Belästigungen durch Fluglärm sicherzustellen.[5] Das Fluglärmschutzgesetz erhebt nach dem Gesetzestext in seinem § 1 und dessen Interpretation durch das Bundesverfassungsgericht[6] schon nicht den Anspruch, die Problematik des Schutzes der Bevölkerung vor Fluglärm umfassend und abschließend zu regeln. Der Gesetzgeber regelt nur Entschädigungen ab der Schwelle zu schier unerträglichem Fluglärm und Baubeschränkungen, damit der Flughafenbetreiber zukünftig Ausgaben für Schallschutz spart. Den Flughafenbetreibern legt der Gesetzgeber passive Schallschutzmaßnahmen erst ab einer Lärmbelastung auf, durch die Anwohner nach Erkenntnissen der Umweltmedizin in ihrer Gesundheit geschädigt werden.

Dieses Defizit beim Schutz menschenwürdiger Wohnverhältnisse und gesunder Wohn- und Arbeitsverhältnisse im Umfeld der deutschen Flughäfen ist Ergebnis einer finanzkräftigen Lobbyarbeit u.a. der Flughafenbetreiber, Fluggesellschaften, Speditionen, Mineralölkonzerne und kommunaler Spitzenverbände. Kommunalpolitiker sehen die Gewinnausschüttungen aus den beachtlichen Flughafenbeteiligungen der anliegenden Städte und Landkreise durch die Kosten eines auch freiwillig möglichen Schallschutzes der Bürger gefährdet und handeln mit dieser Bremserrolle gegen die Interessen ihrer eigenen Wähler.

---

[3] vgl. dazu insbesondere BVerwG, Urteil vom 28. Juni 2000 - BVerwG 11 C 13.99 -, BVerwGE 111, 276 <277 ff.> und Hess.VGH Urteil vom 11. Februar 2003 – 2 A 1062/01 NVwZ 2003, 875
[4] Maßgeblich ist, welche Lärmbeeinträchtigung realistischerweise in einem überschaubaren Zeitraum zu erwarten ist. Auf die Vollauslastung einer Anlage ist deswegen nur abzustellen, wenn - etwa im gewerblichen Bereich - die Annahme nahe liegt, dass vorhandene Nutzungsmöglichkeiten auch voll ausgenutzt werden, vgl. BVerwG, Urteil vom 21. März 1996 - BVerwG 4 A 10.95 - Buchholz 406.25 § 41 BImSchG Nr. 13 S. 37 m.w.N. und Beschluss vom 07. Februar 2001 – 11 B 61/00 ZLW 2001, 455
[5] vgl. § 1 FluLärmG
[6] BVerfG Nichtannahmebeschluss vom 04. Mai 2011 Juris Rz. 3

Ein Flugverbot während der gesetzlichen Nachtzeit von 22 Uhr bis 6 Uhr wird von der Umweltmedizin mit überzeugenden Argumenten, insbesondere der ansonsten zunehmenden schwerwiegenden Herz-Kreislauf-Erkrankungen der Flughafenanwohner gefordert.[7] Aber die Lobby der am Just-in-Time-Service verdienenden Transporteure und des mit kundenfeindlichen nächtlichen Starts in die Feriengebiete einen weiteren Umlauf des Fliegers ermöglichenden Touristikgewerbes vermag ihre wirtschaftlichen Interessen gegenüber den politischen Parteien und ihren Abgeordneten effektiv dahin einzusetzen, dass der Schutz von hunderttausenden von Bürgern gegen Fluglärm zurückgestellt wird. Diese Rahmenbedingungen entsprechen nicht den Anforderungen des Schutzes des Grundrechtes auf Gesundheit im demokratischen Rechtsstaat.

Untersuchungsthema

Angesichts dieser Defizite stellt sich die Frage an einen auf das Luftverkehrsrecht spezialisierten Fachanwalt, welche Erfahrungen und Lehren seine Mandanten bei der gerichtlichen Überprüfung einer Flughafenausbauplanung machen.

Die Entscheidung über den Ausbau großer Verkehrsflughäfen trifft in Deutschland die Landespolitik. Diese kann durch Wahlen und Volksbegehren beeinflusst werden. Scheitern diese Einflussnahmen, stellt sich für die Lärmbetroffenen die Frage, ob ein gerichtliches Klagen gegen Lärm und Natureingriffe für die Betroffenen von Nutzen sein kann. Als Antwort wird zunächst erläutert, welche Rechte die Betroffenen haben, wie die gerichtliche Kontrolle von Ausbauplanungen eingeschränkt wurde und welche Prozessziele realistisch sind. Abschließend wird eine Bilanz der Klagen gegen den Flughafenausbau am Beispiel des Flughafens Frankfurt/Main gezogen.

Staatsziel Umweltschutz

Der Staat schützt nach Art. 20a des Grundgesetzes *„auch in Verantwortung für die künftigen Generationen die natürlichen Lebensgrundlagen und die Tiere im Rahmen der verfassungsmäßigen Ordnung durch die Gesetzgebung und nach Maßgabe von Gesetz und Recht durch die vollziehende Gewalt und die Rechtsprechung"*. Die natürlichen Lebensgrundlagen des Menschen stehen auch nach zahlreichen Landesverfassungen „unter dem Schutz des Staates und der Gemeinden".[8] Beide Verfassungsnormen sind reine Staatszielbestimmungen und vermitteln weder subjektive Rechte[9] noch binden sie den Gesetzgeber zugunsten umweltfreundlicherer Gesetzesinhalte.[10] Solche Verfassungslyrik ist daher für den Fluglärmschutz unwirksam.

---

[7] vgl. http://www.aerztezeitung.de/medizin/fachbereiche/sonstige_fachbereiche/umweltmedizin/ article/359841/ aerzte-leipziger-norden-fordern-nachtflugverbot.html und http://www.aerzteblatt.de/v4/archiv/ artikel.asp?id=58646

[8] Art. 26a Hessische Verfassung

[9] vgl. BVerfG, Beschluss v. 10.5.2001, Az. 1 BvR 481/01, 1 BvR 518/01 = NVwZ 2001, 1148 ff.; VG Berlin, Urteil. v. 6.5.2004, Az. 14 A 17.04; Palme, Urteilsanmerkung, ZUR 2005, 487, 489

[10] vgl. BVerwG Urteil vom 18.04.1996 Az.:11 A 86/95 BVerwGE 101, 73

Schutz der körperlichen Unversehrtheit

Das Recht auf körperliche Unversehrtheit aus Art. 2 Abs. 2 Satz 1 GG schützt den Einzelnen nicht nur als subjektives Abwehrrecht gegen staatliche Eingriffe. Es umfasst auch die
Pflicht des Staates, sich schützend und fördernd vor die genannten Rechtsgüter Leben und
körperliche Unversehrtheit zu stellen und sie vor rechtswidrigen Eingriffen von Seiten
anderer zu bewahren. Die sich aus Art. 2 Abs. 2 Satz 1 GG ergebende Schutzpflicht erfordert auch Maßnahmen zum Schutz vor gesundheitsschädigenden und gesundheitsgefährdenden Auswirkungen von Fluglärm.[11] Dass auch eine auf Grundrechtsgefährdungen bezogene Risikovorsorge von der Schutzpflicht der staatlichen Organe umfasst werden kann, ist
in der Rechtsprechung des Bundesverfassungsgerichts bereits mehrfach zum Ausdruck
gekommen.[12] Die verfassungsrechtliche Schutzpflicht kann eine solche Ausgestaltung der
rechtlichen Regelungen gebieten, die auch die Gefahr von Grundrechtsverletzungen ein-
dämmt; ob, wann und mit welchem Inhalt eine solche Ausgestaltung laut Verfassung geboten ist, hängt von der Art, der Nähe und dem Ausmaß möglicher Gefahren, der Art und dem
Rang des verfassungsrechtlich geschützten Rechtsguts sowie von den schon vorhandenen
Regelungen ab.[13] Dabei ist zu beachten, dass Grundrechtsschutz nach Art. 2 Abs. 2 Satz 1
GG auch durch die Gestaltung von Verfahren zu bewirken ist; die Grundrechte beeinflussen
demgemäß nicht nur das gesamte materielle Recht, sondern auch das Verfahrensrecht, soweit dies für einen effektiven Grundrechtsschutz Bedeutung hat.[14] Das Bundesverfassungsgericht hat es bislang offen gelassen, ob sich die aus Art. 2 Abs. 2 Satz 1 GG folgende
Schutzpflicht ausschließlich auf einen Schutz der körperlichen Unversehrtheit in biolo-
gisch-physiologischer Hinsicht beschränkt oder ob sie sich auch auf den geistig-seelischen
Bereich, also das psychische Wohlbefinden erstreckt oder sogar das soziale Wohlbefinden
umfasst.[15] Das Bundesverfassungsgericht hat jedoch selbst für den Fall, dass der Begriff der
"körperlichen Unversehrtheit" im engen Sinne auszulegen wäre, festgestellt, dass sich die
staatliche Schutzpflicht mit Blick auf Fluglärm nicht schon mit der Begründung verneinen
lasse, dass der durch den Betrieb von Verkehrsflughäfen entstehende Fluglärm keinerlei
somatische Folgen haben könne, sondern sich in einer Beeinträchtigung des psychischen
und sozialen Wohlbefindens erschöpfe. Denn zumindest in Gestalt von Schlafstörungen
lassen sich Einwirkungen auf die körperliche Unversehrtheit nach Bewertung des Bundesverfassungsgerichts „schwerlich bestreiten".[16] Darüber hinaus steht nach dem vom Bundesverfassungsgericht und vom Bundesverwaltungsgericht einhellig bewerteten Forschungs-

---

[11] vgl. BVerfGE 56, 54 <73 ff.>; BVerfG, Beschluss der 3. Kammer des Ersten Senats vom 20. Februar 2008 - 1
BvR 2722/06 -, NVwZ 2008, S. 780 <784>; Beschluss der 3. Kammer des Ersten Senats vom 29. Juli 2009 - 1
BvR 1606/08 -, NVwZ 2009, S. 1494 <1495>; Beschluss der 3. Kammer des Ersten Senats vom 15. Oktober 2009
- 1 BvR 3474/08 -, NVwZ 2009, S. 1489 <1489>; Beschluss der 3. Kammer des Ersten Senats vom 15. Oktober
2009 - 1 BvR 3522/08 -, juris, Rn. 26
[12] vgl. BVerfGE 49, 89 <140 ff.>; 53, 30 <57>; 56, 54 <78>
[13] vgl. BVerfGE 49, 89 <140 ff.>; 56, 54 <78>
[14] vgl. BVerfGE 53, 30 <65 ff.>; 84, 34 <45 f.>; 113, 29 <57>; BVerfG, Beschluss der 3. Kammer des Ersten
Senats vom 15. Oktober 2009 - 1 BvR 3474/08 -, NVwZ 2009, S. 1489 <1489>; Beschluss der 3. Kammer des
Ersten Senats vom 15. Oktober 2009 - 1 BvR 3522/08 -, juris, Rn. 26
[15] vgl. BVerfGE 56, 54 <73 ff.>
[16] vgl. BVerfGE 56, 54 <76>

stand des Jahres 2008 fest, dass Fluglärm ab einer bestimmten Einwirkungsintensität gesundheitsgefährdende Auswirkungen hat.[17]

Trotz zahlreicher Verfassungsbeschwerden hat das Bundesverfassungsrecht noch nicht entschieden, wann die Schwelle einer Grundrechtsverletzung durch Fluglärm überschritten ist. Zur Bewertung der Grenze der Gesundheitsgefährdung durch den Gesetzgeber lassen sich dem Gesetz zum Schutz gegen Fluglärm - FLärmSchG[18] - Anhaltspunkte entnehmen. Denn das Gesetz gewährt einen sofort greifenden Anspruch auf Gewährung baulichen Schallschutzes bei bestehenden Flughäfen, also einen sogenannten Lärmsanierungsanspruch, erst dann, wenn der äquivalente Dauerschallpegel den Wert von 70 dB(A) am Tag oder den Wert von 60 dB(A) in der Nacht übersteigt (vgl. § 9 Abs. 1 Satz 2 und Abs. 2 Satz 2 FLärmSchG).

Das Hessische Wirtschaftsministerium hat daraus abgeleitet in dem Planfeststellungsbeschluss (PFB) zum Ausbau des Flughafens Frankfurt/Main vom 18. Dezember 2007 äquivalente Dauerschallpegel von 70 dB(A) am Tag und 60 dB(A) in der Nacht als Schwelle zur Gesundheitsgefährdung (und nicht auf die Schwelle der Zumutbarkeit bzw. Erheblichkeit) zugrunde gelegt. Das blieb im Urteil des Hessischen Verwaltungsgerichtshofes unbeanstandet.[19] Diese Werte sind auch schon vor Inkrafttreten des Fluglärmschutzgesetzes in der Rechtsprechung des Hessischen Verwaltungsgerichtshofs anerkannt worden.[20] Die Planfeststellungsbehörde hat den Eigentümern von Wohngrundstücken anstelle baulichen Schallschutzes einen Anspruch gegen den Flughafenbetreiber auf Übernahme der Immobilie zum Verkehrswert zugesprochen, wenn diese Gesundheitsgefährdungsgrenze am Tag überschritten wird, sei es durch den Fluglärm allein oder sei es durch den Fluglärm in Kombination mit dem Bodenlärm. Soweit der Dauerschallpegel von 60 dB(A) in der Nacht überschritten wird, besteht der Übernahmeanspruch für Wohngrundstücke nach der Frankfurter Ausbauentscheidung nur unter der Voraussetzung, dass passiver Schallschutz nicht möglich oder die Aufwendungen hierfür unverhältnismäßig sind.[21]

Lärmschutz für Arbeitnehmer auf Gewerbegrundstücken

Der Grundrechtsschutz von Arbeitnehmern an ihren Arbeitsplätzen gegenüber Fluglärm steht bislang nicht im Fokus der obergerichtlichen Rechtsprechung. Die Planfeststellungsbehörden orientieren sich hier an inhaltlich überholten Vorgaben, die vorrangig die Interessen nicht des Gesundheitsschutzes sondern der Wirtschaft verfolgen. So wird Arbeitnehmern am Arbeitsplatz eine Schallbelastung von Einzelschallpegel bis 80 dB(A) und von einer Dauerbeschallung von 55 dB(A) zugemutet. Der Planfeststellungsbeschluss für den Ausbau des Flughafens Frankfurt übernimmt diese Vorgaben unkritisch und auch der hessische Verwaltungsgerichtshof schließt sich diesen Vorgaben ohne Beweisaufnahme in seinem Urteil vom August 2009 an. Dementsprechend wird den Arbeitnehmern bei Arbeiten

---

[17] vgl. BVerfGE 56, 54 <73 ff.>; BVerfG, Beschluss der 3. Kammer des Ersten Senats vom 20. Februar 2008 - 1 BvR 2722/06 -, juris Rn. 78; Beschluss der 3. Kammer des Ersten Senats vom 29. Juli 2009 - 1 BvR 1606/08 -, juris Rn. 9 ff.; BVerwG, Urteil vom 16. März 2006 - BVerwG 4 A 1075.04 -, juris Rn. 377 = BVerwGE 125, 116)

[18] FLärmSchG in der Fassung des Art. 1 des Gesetzes zur Verbesserung des Schutzes vor Fluglärm in der Umgebung von Flugplätzen vom 1. Juni 2007 (BGBl. I S. 986)

[19] HessVGH Urteil vom 21. August 2009 -11 C 509/08.T LKRZ 2010, 66 und Juris Rz. 713

[20] vgl. Urteil vom 23. Dezember 2003 - 2 A 2815/01 u.a. -, S. 26 ff.; und Urteil vom 3. Juni 2004 - 2 A 1118/01 u.a. -, S. 27 ff., ZLW 2005, 142, mit weiteren Nachweisen

[21] vgl. PFB, A XI 5.1.2.2, S. 142)

außerhalb des Schallschutzes durch die Gebäudeteile auf den Freiflächen der Gewerbeimmobilien empfohlen, zum Schallschutzkopfhörer zu greifen, auch wenn sie dann die Warnsignale etwa beim Rangieren von Kraftfahrzeugen erfahrungsgemäß überhören.

Als Folge regelt der Planfeststellungsbeschluss des hessischen Verkehrsministers, dass für keinen einzigen Gewerbebetrieb im Umfeld des Frankfurter Flughafens ein Übernahmeanspruch der Gewerbeimmobilien eröffnet ist. Als zynisch muss es zudem anmuten, dass der Flugplatzbetreiber den Arbeitnehmern bei Arbeiten außerhalb des Gebäudes das Tragen von Gehörschutz empfiehlt. Nun wird das Bundesverwaltungsgericht in einem Musterklageverfahren im März 2012 über den gebotenen Schallschutz für die Arbeitnehmer und die Abwehransprüche von Eigentümern von Gewerbeimmobilien gegenüber Fluglärm zu entscheiden haben.

Spielraum des Gesetzgebers

Das Bundesverfassungsgericht gesteht dem Gesetzgeber bei der Erfüllung seiner Schutzpflicht einen weiten Einschätzungs-, Wertungs- und Gestaltungsspielraum zu, der auch Raum lässt, etwa konkurrierende öffentliche und private Interessen zu berücksichtigen.[22] Die Entscheidung, welche Maßnahmen geboten sind, könne vom Bundesverfassungsgericht deshalb nur begrenzt nachgeprüft werden. Das Gericht könne erst dann eingreifen, wenn der Gesetzgeber die Schutzpflicht evident verletzt habe. Nur unter besonderen Umständen könne sich diese Gestaltungsfreiheit in der Weise verengen, dass allein durch eine bestimmte Maßnahme der Schutzpflicht Genüge getan werden kann.[23]

Eine Schranke setzt das Verfassungsgericht dem Gesetzgeber nur aus dem zu beachtenden verfassungsrechtlichen Untermaßverbot. Die Vorkehrungen des Gesetzgebers müssen für einen - unter Berücksichtigung entgegenstehender Rechtsgüter - angemessenen und wirksamen Schutz ausreichend sein und zudem auf sorgfältigen Tatsachenermittlungen und vertretbaren Einschätzungen beruhen. Die Verfassung gibt den Schutz als Ziel vor, nicht jedoch seine Ausgestaltung im Einzelnen. Das Bundesverfassungsgericht prüft, ob der Gesetzgeber seinen Einschätzungsspielraum vertretbar gehandhabt hat.[24] Die verfassungsrechtliche Schutzpflicht gebietet nicht, alle nur denkbaren Schutzmaßnahmen zu treffen. Deren Verletzung kann vielmehr nur festgestellt werden, wenn die öffentliche Gewalt Schutzvorkehrungen überhaupt nicht getroffen hat oder die getroffenen Maßnahmen gänzlich ungeeignet oder völlig unzulänglich sind, das gebotene Schutzziel zu erreichen oder erheblich dahinter zurückbleiben. Es ist nach Auffassung des Bundesverfassungsgerichts in erster Linie Aufgabe des Normgebers, den Erkenntnisfortschritt der Wissenschaft mit geeigneten Mitteln nach allen Seiten zu beobachten und zu bewerten, um gegebenenfalls weitergehende Schutzmaßnahmen treffen zu können. Eine Verletzung seiner Nachbesserungspflicht könne gerichtlich erst festgestellt werden, wenn „evident" ist, dass eine ur-

---

[22] vgl. zum Fluglärm BVerfG Beschluss der 1. Kammer des Ersten Senats vom 04. Mai 2011 -1 BvR 1502/08 Juris; zum Nichtraucherschutz: BVerfGE 121, 317 <360>; zu Mobilfunksendeanlagen: BVerfGK 10, 208 <211>; ebenso Hess.VGH Urteil vom 21. August 2009 a.a.O. Juris Rz. 585

[23] vgl. BVerfGE 56, 54 <80 f.>; 77, 170 <214 f.>; 79, 174 <202>; BVerfG, Beschluss der 3. Kammer des Ersten Senats vom 20. Februar 2008 - 1 BvR 2722/06 -, NVwZ 2008, S. 780 <784>

[24] vgl. BVerfGE 88, 203 <254, 262 f.>; BVerfG, Beschluss der 3. Kammer des Ersten Senats vom 29. Juli 2009 - 1 BvR 1606/08 -, NVwZ 2009, S. 1494 <1495>; Beschluss der 3. Kammer des Ersten Senats vom 15. Oktober 2009 - 1 BvR 3522/08 -, juris, Rn. 27

sprünglich rechtmäßige Regelung zum Schutz der Gesundheit aufgrund neuer Erkenntnisse oder einer veränderten Situation untragbar geworden sei.[25]

Mit diesen weiten Schranken verabschiedet sich das Bundesverfassungsgericht faktisch vom Schutz des Bürgers gegenüber Fluglärm. Wo die angesprochene Schwelle zur Evidenz beginnt, hat das Gericht bislang nicht konkretisiert.

Risikovorsorge gegen Gefährdungen

Auch eine auf Grundrechtsgefährdungen bezogene Risikovorsorge wird nach der Rechtsprechung des Bundesverfassungsgerichts von der Schutzpflicht der staatlichen Organe umfasst.[26] Dabei kann die verfassungsrechtliche Schutzpflicht eine solche weite Ausgestaltung der rechtlichen Regelungen mit dem Ziel gebieten, schon die Gefahr von Grundrechtsverletzungen einzudämmen. Ob, wann und mit welchem Inhalt eine solche Ausgestaltung laut Verfassung geboten ist, hängt von der Art, der Nähe und dem Ausmaß möglicher Gefahren, der Art und dem Rang des verfassungsrechtlich geschützten Rechtsguts sowie von den schon vorhandenen Regelungen ab.[27] Mit diesen Allgemeinplätzen wird sprachlich umschrieben, dass der Gesetzgeber nicht nur bei der Gefahr einer Grundrechtsverletzung, sondern erst recht bei der Risikovorsorge von der Rechtsprechung einen sehr weiten Gestaltungsspielraum zugebilligt bekommt.

Passiver Schallschutz und Außenbereichsentschädigung

Der Gesetzgeber hat ein abgestuftes Schutzkonzept gegen Fluglärm entwickelt. Dies ist nach Bewertung der Rechtsprechung mit den Schutzanforderungen des Grundgesetzes in Art. 2 Abs. 2 S 1 GG vereinbar. Höchste Priorität hat in dem Konzept das Überschreiten der "verfassungsrechtlichen Zumutbarkeitsschwelle", denn dies eröffnet den Wohnanliegern eines Flughafens einen Übernahmeanspruch gegenüber dem Betreiber des Flughafens. Der Anspruch auf Übernahme eines Grundstückes durch den Flughafenbetreiber greift ein, wenn die Fluglärmbeeinträchtigungen eine solche Intensität erreichen, dass der Grad einer Gesundheitsgefährdung erreicht wird.[28] Der Gesetzgeber hat darüber hinaus auch auf einer der Gefahrenabwehr vorgelagerten Stufe Handlungsbedarf gesehen. Daher hat er in § 9 Abs. 2 LuftVG eine weitere, niedrigere Zumutbarkeitsschwelle geregelt, bei deren Überschreiten dem Vorhabenträger Schutzmaßnahmen aufzugeben sind, wie insbesondere Maßnahmen des passiven Schallschutzes. Diese einfachrechtliche Zumutbarkeitsgrenze dient dem Schutz gegen "Nachteile" im Sinne von § 9 Abs. 2 LuftVG. Sie ist im Rahmen der Abwägung nach § 8 Abs. 1 LuftVG nicht überwindbar.

Im Gesetz zum Schutz gegen Fluglärm ist geregelt, dass Grundstückseigentümern in Nachbarschaft zu einem Flughafen ein Anspruch auf Erstattung von Maßnahmen des Lärmschutzes gegenüber dem Flughafenunternehmer eröffnet ist, wenn ihr Wohngrundstück in einem Lärmschutzbereich gelegen ist. Die Bereiche, in denen eine (im Sinne des Fachplanungsrechts) erhebliche und unzumutbare Lärmbelastung zu erwarten ist, werden durch die

---

[25] vgl. BVerfGK 10, 208 <211 f.> m. w. N.; Beschluss vom 04. Mai 2011 a.a.O.

[26] vgl. BVerfGE 49, 89 <140 ff.>; 53, 30 <57>; 56, 54 <78>

[27] vgl. BVerfGE 49, 89 <140 ff.>; 56, 54 <78>; Nichtannahmebeschluss vom 15.10.2009, Az. 1 BvR 3522/08 (Leipzig/Halle) Juris Rz. 263

[28] Das wird in der Rechtsprechung ab einem äquivalenten Dauerschallpegel von 70 dB(A) am Tag und 60 dB(A) in der Nacht bejaht, vgl. Hess.VGH Urteil vom 21. August 2009.

Nacht-Schutzzone und die Tag-Schutzzone 1 gekennzeichnet. Die Tag-Schutzzone 1 umfasst das Gebiet, in dem der äquivalente Dauerschallpegel von 60 dB(A) überschritten wird, und die Nacht-Schutzzone weist den Bereich aus, in dem der Fluglärm entweder einen äquivalenten Dauerschallpegel von 50dB(A)[29] oder – was in der Praxis von größerer Relevanz ist - mehr als sechs Mal einen Pegel von 53 dB(A) (innen) übersteigt. In diesen Gebieten wird nach Maßgabe des Fluglärmschutzgesetzes für Wohn- bzw. Schlafräume passiver Schallschutz und in der Tag-Schutzzone 1 zusätzlich eine Entschädigung wegen Einschränkung der Nutzung der Außenwohnbereiche gewährt. In der Diskussion ist eine Entschädigung für eine Belastung tagsüber von oberhalb 60 dB (A) in Höhe von einmalig 4.000 € oder 2 % des Verkehrswertes. Die Höhe dieser Entschädigung gleicht auch nicht annähernd den Wertverlust aus, der beim Ausbau eines Flughafens den Eigentümer eines erstmals durch Fluglärm belasteten Wohngrundstückes trifft. Als Durchschnittswert mehrerer internationaler Studien kann von einer Wertminderung von einem Prozent für jede Lärmsteigerung von 1 bis 1,65 dB(A) ausgegangen werden.[30]

Ein Lärmschutzbereich eröffnet aber nicht nur Schallschutz für den Anwohner, sondern auch Bauverbote im Interesse des Flughafenunternehmers. Denn in einem Lärmschutzbereich dürfen Krankenhäuser, Altenheime, Erholungsheime und ähnliche in gleichem Maße schutzbedürftige Einrichtungen nicht errichtet werden. In den Tag-Schutzzonen des Lärmschutzbereichs gilt Gleiches für Schulen und Kindergärten. In der Tag-Schutzzone 1 und in der Nacht-Schutzzone dürfen keine neuen Wohnungen errichtet werden. Dieses Verbot gilt nicht für die Errichtung von Wohnungen im Geltungsbereich eines zeitlich vor der Festsetzung des Lärmschutzbereichs bekannt gemachten Bebauungsplanes oder innerhalb der im Zusammenhang bebauten Ortsteile nach § 34 des Baugesetzbuches.[31]

Soweit für einen wesentlich baulich erweiterten zivilen Flugplatz - wie etwa dem Frankfurter Flughafen - der durch Fluglärm hervorgerufene äquivalente Dauerschallpegel $L_{Aeq \, Tag}$ bei einem Grundstück den Wert von 65 dB(A) übersteigt, entsteht der Anspruch mit der Festsetzung des Lärmschutzbereichs; ansonsten entsteht der Anspruch erst mit Beginn des sechsten Jahres nach Festsetzung des Lärmschutzbereichs. Dieser Zeitverzug bewirkt faktisch ein zinsloses Darlehen zu Gunsten des Flughafenunternehmers für die Dauer von sechs Jahren, denn die Lärmbetroffenen werden kaum während dieses Zeitraums auf den Einbau von Schallschutzmaßnahmen verzichten können.

Dem Eigentümer eines in der Nacht-Schutzzone gelegenen Grundstücks, auf dem bei Festsetzung des Lärmschutzbereichs schutzwürdige Einrichtungen oder Wohnungen errichtet sind, werden für Räume, die in nicht nur unwesentlichem Umfang zum Schlafen genutzt werden, Aufwendungen für bauliche Schallschutzmaßnahmen einschließlich des Einbaus von Belüftungseinrichtungen erstattet. Der gesetzliche Begriff »nicht nur unwesentlich« bewirkt erfahrungsgemäß einen Streit mit dem Flughafenunternehmer, ob auch Gästezimmer oder Wohnzimmer mit einer Schlafcouch, die der Unterbringung von Gästen dienen,

---

[29] Ein Nachtwert von 53 dB(A) und 6 x 57 dB(A) galt vor dem 1. Januar 2011, vgl. § 2 Abs. 2 FluglSchG; die Hessische Landesregierung legt für den Flughafen Frankfurt/Main die Werte von 50 dB(A) und 6 x 53 dB(A) zu Grunde.

[30] vgl. Thießen, Friedrich/Schnorr, Stephan, Marktgerechte Bepreisung von Immobilien mit Fluglärm Immobilien & Finanzierung, Jg.: 57, Nr. 3, 2006, S. 88 f.; Thießen, Friedrich/Schnorr, Stephan, Immobilien und Fluglärm, 2005, Technische Universität Chemnitz; Dransfeld, Egbert et. al., Wertentwicklung von Wohn- und Gewerbeimmobilien im Bereich des Ausbaus des Flughafens Dortmund, 2008

[31] vgl. § 5 Abs. 2 FLärmSchG

diesen erweiterten Schallschutz erhalten. Bei häufigeren Übernachtungen durch Gäste ist dies für diese Räume zu bejahen.

Die Bundesregierung hat in der Flugplatz-Schallschutzmaßnahmenverordnung[32] - 2. FlugLSV - die Schallschutzanforderungen zum Schutz gegen Fluglärm für die Errichtung von schutzbedürftigen Einrichtungen und Wohnungen in dem Lärmschutzbereich eines Flugplatzes sowie für die Errichtung von Wohnungen in der Tag-Schutzzone 2 eines Flugplatzes festgelegt. Diese Verordnung gilt auch für die Erstattung von Aufwendungen für bauliche Schallschutzmaßnahmen an schutzbedürftigen Einrichtungen und Wohnungen, die bei der Festsetzung des Lärmschutzbereichs schon errichtet sind oder deren Errichtung zulässig[33] ist. In der Verordnung wird das resultierende bewertete Bauschalldämm-Maß[34] der Umfassungsbauteile von Aufenthaltsräumen abhängig von der Zugehörigkeit der baulichen Anlage zu einzelnen Isophonen-Bändern festgelegt. Belüftungseinrichtungen dürfen nicht zu einer Minderung des resultierenden bewerteten Bauschalldämm-Maßes führen. Der Höchstbetrag für die Erstattung von Aufwendungen für bauliche Schallschutzmaßnahmen wird auf 150 Euro je Quadratmeter Wohnfläche verordnet.

Das Bundesverwaltungsgericht hat entschieden, dass auch den unterhalb dieser einfachrechtlichen Zumutbarkeitsschwelle angesiedelten Lärmschutzinteressen der Anwohner im Rahmen der Abwägung nach § 8 Abs. 1 LuftVG Rechnung zu tragen ist. Hier kommen auf der Grundlage von § 8 Abs. 4 Satz 1 LuftVG auch Betriebsbeschränkungen zum Schutz gegen Lärm in Betracht, wie beispielsweise Nachtflugbeschränkungen.[35] Die Regelung des § 29b Abs. 1 Satz 2 LuftVG ist mit Blick auf den Nachtflug als Gewichtungsvorgabe zu betrachten, die für eine Zurückdrängung des Lärmschutzinteresses der Nachbarschaft eine gesteigerte Rechtfertigung abverlangt.

Fehlende wissenschaftliche Erkenntnisse

Bei der Anwendung von Lärmgrenzwerten müssen fehlende wissenschaftliche Erkenntnisse, etwa zur Schwelle des noch verträglichen Lärms, so das Bundesverfassungsgericht, im Rahmen von Erheblichkeitserwägungen nicht durch einen Bonus zugunsten der Lärmbetroffenen ausgeglichen werden.[36] Ist die Lärmbekämpfung nach wissenschaftlichen Erkenntnissen im Interesse der körperlichen Integrität der Bürger geboten und ist sie deshalb eine grundrechtliche Pflicht, dann kann deren Erfüllung nicht ausschließlich davon abhängen, welche Maßnahmen gegenwärtig technisch machbar sind. Maßgebliches Kriterium kann in einer am Menschen orientierten Rechtsordnung letztlich nur sein, was dem Menschen unter Abwägung widerstreitender Interessen an Schädigungen und Gefährdungen zugemutet werden darf.

Eine andere Beurteilung lässt sich auch nicht mit dem Grundsatz der Verhältnismäßigkeit vereinbaren.[37] Nach diesem bedarf die Anlage oder die Änderung von Flughäfen nach § 8 Abs. 1 Satz 1 LuftVG einer Planfeststellung, in deren Rahmen nach § 9 Abs. 2 LuftVG dem Unternehmer die Errichtung und Unterhaltung von Anlagen aufzugeben ist, die für das

---

[32] Flugplatz-Schallschutzmaßnahmenverordnung vom 8. September 2009 (BGBl. I S. 2992)

[33] Zulässig nach § 5 Absatz 4 des Gesetzes zum Schutz gegen Fluglärm

[34] R'$_{w,res}$ der DIN 4109, Ausgabe November 1989

[35] vgl. BVerwG, Urteil vom 16. März 2006 - BVerwG 4 A 1075.04 -, juris Rn. 251 ff., 267 ff. = BVerwGE 125, 116

[36] vgl. BVerfG, 20. Februar 2008, a.a.O <785>

[37] BVerfG 1. Senat 3. Kammer Beschluss vom 29.07.2009, Az.1 BvR 1606/08 Juris; BVerfGE 56, 54 <79 f.>

öffentliche Wohl oder zur Sicherung der Benutzung der benachbarten Grundstücke gegen Gefahren oder Nachteile notwendig ist. Diese Regelung wird im Verwaltungsverfahrensgesetz dadurch ergänzt, dass der Betroffene einen Anspruch auf angemessene Entschädigung in Geld hat, wenn Vorkehrungen oder Anlagen untunlich oder mit dem Vorhaben unvereinbar sind. Zudem sind nach § 8 Abs. 1 Satz 2 LuftVG bei der Planfeststellung die von dem Vorhaben berührten öffentlichen und privaten Belange einschließlich der Umweltverträglichkeit im Rahmen der Abwägung zu berücksichtigen.

Aktiver Schallschutz

Der Schutz der Bevölkerung vor Fluglärm wird nicht allein durch das Fluglärmschutzgesetz bewirkt. Denn dieses beschränkt sich - wie oben ausgeführt - lediglich auf den Aspekt des passiven Schallschutzes, während sich insbesondere der aktive Schallschutz nach dem Luftverkehrsgesetz richtet. So bestimmt § 29b Abs. 1 Satz 1 LuftVG, dass Flugplatzunternehmer, Luftfahrzeughalter und Luftfahrzeugführer verpflichtet sind, beim Betrieb von Luftfahrzeugen in der Luft und am Boden vermeidbare Geräusche zu verhindern und die Ausbreitung unvermeidbarer Geräusche auf ein Mindestmaß zu beschränken, wenn dies erforderlich ist, um die Bevölkerung vor Gefahren, erheblichen Nachteilen und erheblichen Belästigungen durch Lärm zu schützen. Nach § 29b Abs. 1 Satz 2 LuftVG ist auf die Nachtruhe der Bevölkerung in besonderem Maße Rücksicht zu nehmen. § 9 Abs. 2 LuftVG eröffnet im Rahmen von luftverkehrsrechtlichen Planfeststellungsverfahren die Möglichkeit, Schutzauflagen zu Gunsten der benachbarten Grundstücke zu verfügen. Nach § 6 Abs. 1 Satz 4 LuftVG können auch außerhalb von Planfeststellungsverfahren im Rahmen der luftverkehrsrechtlichen Genehmigung – beispielsweise für militärisch genutzte Flugplätze – Auflagen verfügt werden. Nach den allgemeinen verwaltungsverfahrensrechtlichen Vorschriften ist zudem die Verfügung nachträglicher Schutzauflagen oder auch der (Teil-) Widerruf erteilter Genehmigungen oder Planfeststellungsbeschlüsse grundsätzlich möglich.[38]

Flugrouten

Schließlich besteht generell die Möglichkeit, sich auch unmittelbar gegen die konkrete Festlegung von Flugrouten, die maßgeblich für die Lärmbelastung der Anwohner sein kann, gerichtlich zur Wehr zu setzen.[39] Gegen die Festlegung von An- und Abflugstrecken von und zu Flugplätzen[40] können betroffene Flughafenanwohner Rechtsschutz im Wege der Feststellungsklage erlangen. Die Festlegung von Abflugstrecken unterliegt dem rechtsstaatlichen Abwägungsgebot. Dabei räumt die Rechtsprechung dem Luftfahrt-Bundesamtes einen weiten Gestaltungsspielraum ein. Denn es handelt sich bei der Festlegung der Routen um die Verwirklichung einer staatlichen Planungsaufgabe, bei der die in der räumlichen Umgebung des Flughafens auftretenden Probleme und Interessenkonflikte bewältigt werden müssen. Dass das Luftfahrt-Bundesamt aus Kompetenzgründen bei der Bewältigung der Lärmprobleme darauf beschränkt ist, den vorhandenen Lärm zu verteilen, ohne die

---

[38] vgl. dazu BVerwG, Beschluss vom 26. Februar 2004 - BVerwG 4 B 95.03 -, NVwZ 2004, S. 869 <869>

[39] vgl. dazu insbesondere BVerwG, Urteil vom 28. Juni 2000 - BVerwG 11 C 13.99 -, BVerwGE 111, 276 <277 ff.>

[40] gemäß § 27 a Abs. 2 Satz 1 LuftVO durch Rechtsverordnung

eigentliche Störquelle beseitigen zu können, kennzeichnet lediglich den Umfang seiner planerischen Gestaltungsmöglichkeiten, ändert aber an der Geltung des Abwägungsgebots für den insoweit eröffneten Handlungsspielraum nichts. Auch aus der Vorschrift des § 29b LuftVG, wonach die Luftfahrtbehörden und mithin auch das Luftfahrt-Bundesamt auf den Schutz der Bevölkerung vor unzumutbarem Fluglärm "hinzuwirken" haben, leitet die Rechtsprechung keinen gegenüber dem Abwägungsgebot qualitativ andersartigen Entscheidungsmaßstab ab. Begründet wird dies damit, dass die Vorschrift des § 29 b LuftVG die Geltung des Abwägungsgebots gerade voraussetze und lediglich besondere, bei der Abwägung und der gerichtlichen Kontrolle zu beachtende Konkretisierungen und Maßgaben enthalte.

Bei der Prüfung von Entscheidungen zu Flugrouten ist zu beachten, dass der anzulegende Prüfungsmaßstab durch die besondere sachliche Eigenart der in Rede stehenden Entscheidung bestimmt und begrenzt wird. Sie ergibt sich zunächst aus der Vorschrift des § 29b LuftVG, wonach unzumutbare Lärmbeeinträchtigungen der Festlegung einer entsprechenden Abflugstrecke nicht von vornherein entgegenstehen. Weiterhin bestehen aufgrund der Genehmigung bzw. Planfeststellung des betreffenden Flughafens Vorgaben hinsichtlich des "Lärmpotentials", das insgesamt nicht verändert, sondern nur – wiederum im vorgegebenen Rahmen der Lage der Start- und Landebahnen – verteilt werden kann. Schließlich ist die Flugstreckenfestlegung dadurch gekennzeichnet, dass sie im Gegensatz zu Verkehrswegsplanungen am Boden keine "parzellenscharfe" Beurteilung der Beeinträchtigung Dritter ermöglicht, weil sie lediglich eine Ideallinie beschreibt, der ein "Flugerwartungsgebiet" zuzuordnen ist, innerhalb dessen die Flüge tatsächlich abgewickelt werden. Diese Umstände bedingen und rechtfertigen es, dass dem Luftfahrt-Bundesamt bei der Festlegung der Flugstrecke ein weiter, allerdings nicht unbegrenzter Gestaltungsspielraum einzuräumen ist. Die Festlegung von An- und Abflugstrecken ist deswegen nur daraufhin zu überprüfen, ob das Luftfahrt-Bundesamt erstens von einem zutreffenden Sachverhalt ausgegangen ist, zweitens den gesetzlichen, insbesondere durch § 29b LuftVG bestimmten Rahmen erkannt, drittens die Lärmschutzinteressen der Betroffenen in die gebotene Abwägung eingestellt und viertens nicht ohne sachlichen Grund zurückgesetzt hat. Eine Klage wird danach letztlich nur dann erfolgreich sein können, wenn die Behörde das Interesse der Kläger am Schutz vor unzumutbaren Lärmbeeinträchtigungen willkürlich unberücksichtigt gelassen hat.

Als willkürlich in diesem Sinne wird die Festlegung von Flugstrecken danach nicht schon deswegen zu bezeichnen sein, weil das Luftfahrt-Bundesamt die Abwägungsentscheidung im Wesentlichen der Deutschen Flugsicherung GmbH überlässt. Das gilt jedenfalls dann, wenn das Luftfahrt-Bundesamt, das für die Entscheidung verantwortlich bleibt, für die Einhaltung der dargelegten Maßstäbe Sorge trägt und die Nachprüfbarkeit ihrer Einhaltung sicherstellt. Grundsätzlich nicht zu beanstanden ist es auch, wenn sich die Sachverhaltsermittlungen auf – selbstverständlich aktuelles und hinsichtlich Art und Umfang der Besiedlung hinreichend aussagekräftiges – Kartenmaterial sowie Unterlagen über die Einwohnerzahlen der betroffenen Orte bzw. Ortsteile stützen; konkreter Ermittlungen vor Ort bedarf es in der Regel nicht. Die allein geforderte generalisierende Betrachtungsweise schließt es auf dieser Grundlage auch nicht aus, die Festlegungsentscheidung im Wesentlichen an "Gütewerten" zu orientieren, die für verschiedene Streckenalternativen mit Hilfe von computersimulierten Optimierungsverfahren ermittelt werden. Die Höhe der Lärmbelastung von Flughafenanwohnern allein vermag den Schluss, die Festlegung der

Abflugstrecke sei willkürlich, jedenfalls nicht zu begründen. Im Falle einer nicht als willkürlich zu beanstandenden, aber zu einer unzumutbaren Lärmbeeinträchtigung führenden Streckenführung ist Rechtsschutz nur gegenüber der Flughafengenehmigungsbehörde erfolgreich zu erlangen. Angestrebt werden könnte ein (Teil-) Widerruf der Flughafengenehmigung[41] oder nachträgliche Schutzansprüche.[42]

Begrenzung der gerichtlichen Kontrolldichte

Der Bürger könnte die Erwartung haben, dass Verwaltungsgerichte die ihn belastenden Entscheidungen auf seine Klage hin umfassend auf deren Rechtsfehler untersuchen. Eine solche Kontrolldichte ist aber dem deutschen Rechtssystem – jedenfalls bislang – fremd. Denn der Bundestag eröffnet den Lärmbetroffenen keine uneingeschränkte gerichtliche Rechtmäßigkeitsprüfung einer Planungsentscheidung für die nicht mit enteignungsrechtlicher Vorwirkung oder in ihrer Gesundheit Planbetroffenen

a. Subjektiv-öffentliche Rechte
Rügefähig sind nur Eingriffe in geschützte eigene subjektive Rechte (§ 42 Abs. 2 Verwaltungsgerichtsordnung). Die Klagebefugnis nach § 42 Abs. 2 VwGO setzt voraus, dass der Kläger geltend machen kann, durch den angegriffenen Verwaltungsakt in eigenen Rechten verletzt zu sein und dass nach seinem Vorbringen die Verletzung dieser Rechte möglich ist. Im Rahmen der bei Klagen gegen Fluglärm regelmäßig gegebenen Anfechtung einer Planfeststellung durch den Anwohner, der nicht Adressat der Genehmigung ist – die Rechtsprechung spricht ihn als „Dritten" an – kommt es darauf an, ob sich der Kläger auf eine öffentlich-rechtliche Norm stützen kann, die nach dem in ihr enthaltenen Entscheidungsprogramm auch ihn als Dritten schützt.[43]

b. Drittschutz
Eine Verwaltungsklage ist nur begründet, soweit der Verwaltungsakt rechtswidrig ist und der Kläger dadurch in seinen Rechten verletzt ist.[44] Erforderlich ist danach, dass der angefochtene Verwaltungsakt nicht nur objektiv rechtswidrig ist, sondern auch gerade den Kläger selbst in seinen Rechten einschließlich der so genannten rechtlich geschützten Interessen verletzt. Verletzt sein müssen Vorschriften oder allgemeine Rechtsgrundsätze, die zumindestens auch den Schutz der Interessen des Klägers zum Ziel haben.[45] Der durch Fluglärm Betroffene hat somit keinen umfassenden Abwehranspruch gegenüber dem Planfeststellungsbeschluss aus der Verletzung öffentlicher oder fremder privater Belange. Eine Betroffenheit in Lärmschutzbelangen durch einen Planfeststellungsbeschluss ermöglicht es daher nicht, europäisches Naturschutzrecht zur gerichtlichen Prüfung zu stellen, wenn dieses nicht den Schutz der menschlichen Gesundheit zum Ziel hat.[46] Lediglich mittelbar von einer Planung in ihren Grundrechten Betroffene können wegen der gesetzlichen Beschränkung des Rechtsschutzes auch Regelungen des nationalen Natur- und Landschaftsschutz-

---

[41] vgl. BVerwG Urteil vom 28. Juni 2000 - 11 C 13/99 BVerwGE 111, 276
[42] Schutzansprüche gemäß § 75 Abs. 2 Sätze 2 bis 4 VwVfG in Verbindung mit § 9 Abs. 2 LuftVG
[43] st. Rspr., vgl. nur BVerwG vom 10. Oktober 2002, BVerwGE 117, 93 m. w. N.
[44] § 113 VwGO: Soweit der Verwaltungsakt rechtswidrig und der Kläger dadurch in seinen Rechten verletzt ist, hebt das Gericht den Verwaltungsakt auf.
[45] vgl. BVerwG BVerwGE 22, 132
[46] vgl. Oberverwaltungsgericht Lüneburg Urteil vom 19.01.2011, Az.: 7 KS 161/08

rechts nicht zur gerichtlichen Prüfung stellen. Für die durch Verkehrslärm in der Rechtsprechung so bezeichneten „mittelbar Planbetroffenen" folgt aus dem rechtsstaatlichen Abwägungsgebot lediglich ein Anspruch auf Berücksichtigung ihrer planungsrechtlich relevanten privaten Rechte oder Belange. Das ist sehr wenig und begründet, warum bislang kein bekannter Flughafenausbau vor Gericht scheiterte.

Greift dagegen eine Planung mit enteignungsrechtlicher Vorwirkung auf privates Grundeigentum zu, ist dem Betroffenen eine umfassende Überprüfung der Verwaltungsentscheidung eröffnet. Als Folge scheiterten zahlreiche Straßenplanungen vor Gericht; Beispiele aus der forensischen Praxis des Autors sind etwa der Odenwaldzubringer[47], die Südumgehung Dreieich, die Westumfahrung Königstein und die osthessischen Eichhofkurven. Auch Planungen für neue Golfplätze wurden häufig beanstandet.[48] Daraus lässt sich ableiten, dass dem Gesetzgeber der Schutz der Bürger gegen die Folgen von Lärm weniger wichtig ist als der Schutz des Grundeigentums gegen eine Enteignung.

c. Präklusion

Einwendungen gegen den luftverkehrsrechtlichen Antrag oder – im Falle des § 73 Abs. 8 des Verwaltungsverfahrensgesetzes – dessen Änderung sind nach Ablauf der von der für die Anhörung des Bürgers zuständigen Behörde gesetzten Einwendungsfrist ausgeschlossen. Auf diese Rechtsfolgen ist in der Bekanntmachung der Auslegung oder der Einwendungsfrist hinzuweisen. Nur für die nach dem Erörterungstermin eingehenden Stellungnahmen von Behörden gilt, daß diese bei der Feststellung des Plans berücksichtigt werden müssen, wenn diese auch ohne ihr Vorbringen bekannt sind oder hätten bekannt sein müssen oder für die Rechtmäßigkeit der Entscheidung von Bedeutung sind.[49] Das wird nur selten der Fall sein. Im Ergebnis zwingt die Präklusion die Lärmbetroffenen dazu, innerhalb einer sehr knappen Frist eines Monats ihre kompletten Argumente der Behörde vorzutragen, die später auch vor dem Verwaltungsgericht den Erfolg einer Klage stützen sollen. Das stellt hohe Anforderungen an die Darlegung möglicher Betroffenheit durch den zukünftigen Betrieb des benachbarten Flughafens.

d. Sofortige Baugenehmigung

Die Anfechtungsklage gegen einen Planfeststellungsbeschluss oder eine Plangenehmigung für den Bau oder die Änderung von Flughäfen oder Landeplätzen mit beschränktem Bauschutzbereich hat als Folge einer entsprechenden gesetzlichen Regelung keine aufschiebende Wirkung. Der Antrag auf Anordnung der aufschiebenden Wirkung der Anfechtungsklage gegen einen Planfeststellungsbeschluss oder eine Plangenehmigung nach § 80 Abs. 5 Satz 1 der Verwaltungsgerichtsordnung kann nur innerhalb eines Monats nach Zustellung des Planfeststellungsbeschlusses oder der Plangenehmigung gestellt und begründet werden.[50] Die Erfolgsaussichten eines solchen Antrages durch einen Lärmbetroffenen sind selten gut. Daher droht, dass während der Dauer des Klageverfahrens durch einen Baufortschritt scheinbar vollendete Tatsachen geschaffen werden. Gleichwohl belegen konkrete

---

[47] Odenwaldzubringer: Verwaltungsgericht Darmstadt Urteil vom 15. Januar 1987 Az. II/1 E 1168/84; Hess.VGH, Az. 2 UR 1088/87; BVerwG; Westumfahrung Königstein im Taunus: Verwaltungsgericht Frankfurt Urteil vom 30. Juni 1987, Az. IV/2 E 2961/82; Eichhofkurven: Verwaltungsgericht Kassel Az. 4/3 719/97; Südumgehung Dreieich Verwaltungsgericht Darmstadt Beschluss vom 15. Februar 1990, Az. II/1 H 68/90
[48] Hess. VGH Urteil vom 02.12.2002 – 9 N 3208/98; in NUR 2003, 299-304.
[49] § 10 Abs. 4 LuftVG
[50] § 10 Abs. 6 Satz 1 LuftVG

Beispiele aus der forensischen Praxis des Autors, dass die Verwaltungsgerichtsbarkeit sich auch durch Millioneninvestitionen oder die fast vollständige Fertigstellung eines Vorhabens nicht davon abhalten lässt, eine Planung zu beanstanden und damit deren Ende zu besiegeln.[51]

e. Enge Fristen zur Begründung von Rechtsmitteln
Der Kläger hat innerhalb einer Frist von sechs Wochen die zur Begründung seiner Klage dienenden Tatsachen und Beweismittel anzugeben.[52] Der Antrag auf Anordnung der aufschiebenden Wirkung der Anfechtungsklage gegen einen Planfeststellungsbeschluss oder eine Plangenehmigung nach § 80 Abs. 5 Satz 1 der Verwaltungsgerichtsordnung kann nur innerhalb eines Monats nach Zustellung des Planfeststellungsbeschlusses oder der Plangenehmigung gestellt und begründet werden.[53] Diese Fristen sind eine immense wie auch unsinnige Hürde. Denn die Begründung einer Klage gegen ein Projekt mit den Ausbau eines Flughafens erfordert die Durcharbeit der wichtigsten Teile der Behördenakte, die erfahrungsgemäß erst im zweiten Teil der Sechswochenfrist dem Klägerbevollmächtigten durch das Gericht zur Verfügung gestellt wird. Zudem werden durch solche Großvorhaben in aller Regel umfangreiche und fachlich schwierige Fragen aufgeworfen, die nicht ohne gutachterliche Zuarbeit von Sachverständigen in einer Klagebegründung angegriffen werden können. Auch diese Zuarbeit durch den Sachverständigen ist rechtzeitig vor Ablauf der gesetzlich geregelten Frist abzuschließen und in einem Schriftsatz zur Klagebegründung umzusetzen. Werden hier nicht wesentliche Vorarbeiten vor Beginn der Frist geleistet, ist eine fachlich anspruchsvolle Klagebegründung innerhalb der Frist kaum leistbar. Die enge Frist für den Kläger steht in Widerspruch zu dem sehr viel längeren Zeitraum, der der Behörde oder dem Flughafenunternehmer zur Verfügung steht, um auf die Klagebegründung zu erwidern. Unsinnig ist die kurze Frist, weil sie zur Verfahrensbeschleunigung kaum beiträgt. Denn das angerufene Gericht nimmt sich nach Eingang der Schriftsätze der Prozessparteien die Zeit, die für eine Durcharbeitung des Prozessstoffes und die Beantwortung der relevanten Fragen notwendig ist. Das ist ein Zeitraum, der in aller Regel nicht in Monaten, sondern in Jahren bemessen wird. Der Gesetzgeber wäre daher zur Wahrung des Rechtsstaatsgebotes gehalten, die Frist zur Klagebegründung auf drei Monate nach Gewährung der Akteneinsicht in die Behördenakte zu verlängern.

f. Unerhebliche nicht offensichtliche Fehler
Mängel bei der Abwägung der von dem Vorhaben berührten öffentlichen und privaten Belange sind nach der Entscheidung des Gesetzgebers im Luftverkehrsgesetz nur erheblich, wenn sie offensichtlich und auf das Abwägungsergebnis von Einfluss gewesen sind.[54] Darüber hinaus ist bei einer über die luftverkehrsrechtliche Zulassung eines Vorhabens abschließend entscheidenden Genehmigung nach § 6 LuftVG ein Fehler im Abwägungsvorgang unerheblich, wenn keine Anhaltspunkte dafür vorliegen, dass die Genehmigungsbehörde bei Vermeidung jenes Fehlers zu einer anderen Entscheidung über den Genehmi-

---

[51] vgl. Hess.VGH Beschluss vom 28. August 1986 – 5 TH 3071/84 und VG Darmstadt Urteil vom 19. Dezember 1986 – III E 456/77 Sonderabfallbeseitigungsanlage Mainhausen; Hess.VGH zur Autobahn A 49 Nordhessen; Hess.VGH Urteil vom 23. November 1988 – 5 UE 1040/84 NVwZ 1989, 484, Grube Messel
[52] § 10 Abs. 7 Satz 1 LuftVG
[53] § 10 Abs. 6 Satz 2 LuftVG
[54] § 10 Abs. 8 Satz 1 LuftVG

gungsantrag gekommen wäre.[55] Begründet wird dies damit, dass es sich bei der abschließenden luftverkehrsrechtlichen Zulassung eines Vorhabens um eine Planungsentscheidung handelt, bei der der Genehmigungsbehörde notwendigerweise ein mehr oder weniger ausgedehnter Spielraum an Gestaltungsfreiheit zusteht.[56] Die wichtigste materiellrechtliche Bindung, in deren Rahmen sich jede planende Verwaltungsbehörde bei Ausübung jener Gestaltungsfreiheit und damit auch bei der abschließenden Zulassung eines luftverkehrsrechtlichen Vorhabens halten muss, ist das sich unabhängig von einer gesetzlichen Positivierung unmittelbar aus dem Rechtsstaatsprinzip ergebende Gebot, alle von der Planung berührten öffentlichen und privaten Belange gegeneinander und untereinander gerecht abzuwägen.[57] Nach der Rechtsprechung des Bundesverwaltungsgerichts muss die verwaltungsgerichtliche Prüfung, ob sich die planerische Entscheidung innerhalb der insoweit gesetzten rechtlichen Grenzen hält, davon ausgehen, dass Fehler im Abwägungsvorgang aus besonderen Gründen des Einzelfalles für den Rechtsschutz Betroffener unerheblich sein können.[58] Dazu gehörten insbesondere solche Fehler, bei deren Korrektur die Betroffenheit des jeweiligen Klägers unverändert bestehen bliebe.[59] Der Abwägungsvorgang ist nämlich nicht um seiner selbst willen rechtlich bedeutsam. Fehlerhafte Erwägungen bei einer Planungsentscheidung führen deshalb nur dann zu deren Rechtswidrigkeit, wenn die abwägungserhebliche Bedeutung der tatsächlich betroffenen öffentlichen oder privaten Belange verkannt worden sind und sich dies auf das Abwägungsergebnis auch ausgewirkt haben kann.[60] Ein Anspruch auf Planaufhebung bestehe zudem nur dann, wenn bei verständiger Würdigung der tatsächlichen Umstände eine konkrete Möglichkeit dafür erkennbar sei, dass sich die entscheidende Behörde von dem abwägungserheblichen, jedoch nicht berücksichtigten oder nicht angemessen gewichteten Belang bei ihrer planerischen Abwägung so hätte beeindrucken lassen, dass dadurch die Planung insgesamt infrage gestellt wird.[61] Auch ein Mangel in der Zusammenstellung des Abwägungsmaterials führt nur dann zur Aufhebung der planerischen Entscheidung, wenn er für diese ursächlich sein kann. Das Gericht hat deshalb zu prüfen, ob nach den Umständen des Falles die konkrete Möglichkeit besteht, dass die angegriffene Entscheidung ohne diesen Mangel anders ausgefallen wäre.[62] An diesem Kriterium scheitern erfahrungsgemäß zahlreiche Klagen.

g. Fehlerbehebung noch im Klageverfahren
Erhebliche Mängel bei der Abwägung oder eine Verletzung von Verfahrens- oder Formvorschriften führen nur dann zur Aufhebung des Planfeststellungsbeschlusses oder der Plangenehmigung, wenn sie nicht durch Planergänzung oder durch ein ergänzendes Verfahren behoben werden können.[63] Ergänzende Verfahren kommen regelmäßig dann in Frage, wenn bei einer objektiv-rechtlichen Überprüfung eines Planfeststellungsbeschlusses - etwa

---

[55] vgl. BVerwG Beschluss vom 20. Februar 2002 – 9 B 63/01 UPR 2002, 275
[56] vgl. BVerwG, Urteil vom 17. Februar 1971 - BVerwG 4 C 96.68 - Buchholz 442.40; § 6 LuftVG Nr. 3 S. 8; BVerwGE 56, 110 <135 f.>; 82, 246 <249>
[57] vgl. BVerwGE 48, 56 <63>; 56, 110 <116 f., 122 f.>; 82, 246 <249>
[58] vgl. BVerwGE 67, 74 <77>; 74, 109 <113>
[59] vgl. BVerwGE 67, 74 <77 f.>
[60] vgl. BVerwGE 75, 214 <245, 251 f.>
[61] vgl. BVerwGE 84, 31 <45 f., 48 f.>; BVerwG, Beschluss vom 3. April 1990 - BVerwG 4 B 50.89 - Buchholz 407.4 § 17 FStrG Nr. 86 S. 71 und Urteil vom 16. Dezember 1993 - BVerwG 4 C 11.93 - Buchholz 407.4; § 17 FStrG Nr. 96 S. 118 f.
[62] vgl. BVerwG, Beschluss vom 26. Juni 1992 - BVerwG 4 B 1- 11.92 - Buchholz 407.4; § 17 FStrG Nr. 89, S. 98
[63] § 10 Abs. 8 Satz 2 LuftVG

auf die Klage eines Eigentumsbetroffenen oder eines anerkannten Naturschutzvereins[64] -
sich Lücken zu Belangen öffnen, die bisher nicht erkannt worden sind und daher völlig
unbedacht blieben, insgesamt aber mit einem positiven Verfahrensabschluss zu rechnen
ist.[65] Eine Fehlerbehebung in einem neuen (zusätzlichen) Verfahren wird oft ausscheiden,
wenn die Ausgewogenheit der Gesamtplanung im Grundsatz nicht in Frage gestellt werden
kann und die Belange fluglärmbetroffener Anlieger ggf. nachträglich bewältigt werden
können.[66]

h. Neue Erkenntnisse der Wissenschaft

Die staatliche Pflicht zum Schutz von Leben und körperlicher Unversehrtheit, die sich aus
Art. 2 Abs. 2 Satz 1 GG ergibt, erfordert es, Maßnahmen zum Schutz vor gesundheitsschädigenden und gesundheitsgefährdenden Auswirkungen von Fluglärm zu ergreifen.[67] Grundsätzlich kommt dem Gesetzgeber bei der Erfüllung von Schutzpflichten – wie oben dargestellt - ein weiter Einschätzungs-, Wertungs- und Gestaltungsbereich zu, der auch Raum
lässt, etwa konkurrierende öffentliche und private Interessen zu berücksichtigen.[68] Die
Entscheidung, welche Maßnahmen geboten sind, kann deshalb nur begrenzt nachgeprüft
werden. Das Bundesverfassungsgericht hat aber gleichwohl eine aus der Schutzpflicht des
Art. 2 Abs. 2 Satz 1 GG folgende Nachbesserungspflicht des Gesetzgebers anerkannt. Hat
der Gesetzgeber eine Entscheidung getroffen, deren Grundlage durch neue, im Zeitpunkt
des Gesetzeserlasses noch nicht abzusehende Entwicklungen entscheidend in Frage gestellt
wird, dann kann er aus Gründen der Verfassung gehalten sein, zu überprüfen, ob die ursprüngliche Entscheidung auch unter den veränderten Umständen aufrechtzuerhalten ist.[69]
Angesprochen sind hier die neueren umweltmedizinischen Erkenntnisse über die langfristigen Wirkungen des Fluglärms etwa auf das Herz-Kreislauf-System des Menschen.

Ein Beispiel sind die umweltmedizinischen Erkenntnisse, dass eine signifikante, lärmbedingte Zunahme von Myokardinfarkten ab Tagesdauerschallpegeln von 60 dB(A) eintre-
ten und behandlungsbedürftige Blutdruckerhöhung signifikant mit einem nächtlichen Flug-
verkehrsdauerschallpegel ab 40 bis 44 dB(A) assoziiert und die Gesundheit spätestens bei
einem nächtlichen Fluglärm-Dauerschallpegel von 50 dB(A) beeinträchtigt wird.[70] Die
gleiche Übersichtsarbeit kommt weiter zu dem Ergebnis, dass die Beurteilung einer nächtlichen Gesundheitsgefährdung anhand von Aufwachreaktionen überholt sei und heute das
mit dem Nachtlärm verbundene vermehrte Auftreten von Herz-Kreislauf-Erkrankungen in
den Vordergrund gerückt werden müsse. Die Beurteilung der Gefährdung durch Fluglärm
ist danach anhand von Aufwachreaktionen nicht mehr allein zulässig, weil damit langfristig
Gesundheitsschäden nicht ausgeschlossen werden können. Die in dieser Übersichtsarbeit
zusammengetragenen neueren Erkenntnisse der Umweltmedizin stehen in Übereinstim-

---

[64] vgl. etwa BVerwG vom 11.4.2005 Nr. 9 VR 7/05
[65] vgl. BayVGH vom 4.4.1994 BayVBl 1994, 436
[66] vgl. BayVGH Beschluss vom 04. Oktober 2005 – 20 CS 05.1966 Juris
[67] BVerfG Beschluss vom 29.07.2009, 1 BvR 1606/08, Juris Rn. 9 ff
[68] BVerfG Nichtannahmebeschluss vom 15.10.2009, Az. 1 BvR 3522/08 (Leipzig/Halle), Juris Rz. 27; zum Nichtraucherschutz: BVerfGE 121, 317 <360>
[69] vgl. BVerfGE 49, 89 <143 f. in Verbindung mit 130 f.>; 56, 54 <78 f.>; BverfG, Beschluss der 3. Kammer des
Ersten Senats vom 28. Februar 2002 - 1 BvR 1676/01 -, juris Rn. 10 ff.; Beschluss der 2. Kammer des Ersten
Senats vom 24. Januar 2007 - 1 BvR 382/05 -, juris Rn. 18
[70] vgl. Kaltenbach, Martin; Maschke, Christian; Klinke, Rainer, Gesundheitliche Auswirkungen von Fluglärm, Ärzteblatt 2008

mung mit Befunden und Empfehlungen der deutschen und internationalen Lärmforschung, weichen aber von der im Auftrag der Frankfurter Flughafengesellschaft erstellten „Synopse" ab, auf die sich der Gesetzgeber des Fluglärmschutzgesetzes wesentlich gestützt hatte. Die von dieser Synopse ermittelten höheren Werte einer noch akzeptablen Lärmexposition erklären sich nach Kaltenbach et. al. größtenteils dadurch, dass dort weiterhin die weniger geeigneten, meist alten Laborstudien und das Auftreten nächtlicher Aufwachreaktionen als maßgeblich herangezogen wurden. Dagegen dürfen aufgrund der neuen epidemiologischen Studien zur weitgehenden Vermeidung von Gesundheitsschäden Tagesdauerschallpegel in Wohngebieten im Außenbereich von 60 dB(A) und Nachtpegel von 50 dB(A) nicht überschritten werden. Empfindliche Gruppen, besonders Kinder, Ältere und chronisch Kranke, können schon unterhalb des von Durchschnittsmenschen tolerierten Pegels betroffen sein. Ein prophylaktischer Wert von außen 55 dB(A) tags und 45 dB(A) nachts ist daher, so Kaltenbach et. al., aus ärztlicher Sicht anzustreben. Denn bei etwa 55 dB(A) am Tag ist davon auszugehen, dass sich 25 % hochgradig belästigt fühlen. Die Belästigung des wachen Menschen kann danach nur durch eine Verminderung des Fluglärms verhindert werden. Maßnahmen des passiven Lärmschutzes wie schalldichte Fenster reichen dazu nicht aus. Auch wird von den Autoren das Schlafen mit geschlossenen, schalldichten Fenstern als hygienisch bedenklich angesehen, weil die Luftwechselraten bei geschlossenen Fenstern gegen null streben und die in den Normen DIN 1946-2 und DIN 1946-6 festgelegten Obergrenze für die CO_2-Konzentration in Wohnräumen überschritten werden.

Gesundheitsgefährdungen durch Fluglärm sind wegen dieser veränderten Erkenntnisse durch den Gesetzgeber des Fluglärmschutzgesetzes durch eine Erhöhung des Schutzstandards auszuschließen.

i. Ausschluss von Obergutachten

Nach der ständigen Rechtsprechung des Bundesverwaltungsgerichts können die Tatsachengerichte einen Beweisantrag auf Einholung eines Sachverständigengutachtens nach tatrichterlichem Ermessen ablehnen[71], wenn zu einer Tatsache bereits ein verwertbares Gutachten vorliegt, das von ihnen für genügend erachtet wird. Dies gilt auch für ein im Laufe des Verwaltungsverfahrens eingeholtes Gutachten, selbst wenn es vom Vorhabensträger in Auftrag gegeben und finanziert ist, wenn es denn von der Behörde geprüft und akzeptiert wurde. Die Einholung eines weiteren Gutachtens ist regelmäßig dann erforderlich, wenn sich dem Gericht eine weitere Beweiserhebung deshalb aufdrängen musste, weil bereits eingeholte Gutachten nicht ihren Zweck zu erfüllen vermögen und um dem Gericht die zur Feststellung des entscheidungserheblichen Sachverhalts erforderliche besondere Sachkunde zu vermitteln und ihm dadurch die Bildung der für die gerichtliche Entscheidung notwendigen Überzeugung zu ermöglichen. In diesem Sinne ist ein Sachverständigengutachten für die Überzeugungsbildung des Gerichts regelmäßig ungeeignet oder doch jedenfalls unzureichend, wenn es offen erkennbare Mängel enthält, insbesondere Zweifel an der Sachkunde oder Unparteilichkeit des Sachverständigen aufkommen lässt, von unzutreffenden tatsächlichen Voraussetzungen ausgeht oder unlösbare Widersprüche enthält.[72] Bei Anwendung dieser Grundsätze ist die Ablehnung solcher zur Prüfung gestellten Beweisanträge mit

---

[71] Ablehnung gemäß § 98 VwGO in Verbindung mit § 412 ZPO

[72] vgl. BVerfG, Beschluss der 1. Kammer des Zweiten Senats vom 5. September 2002 - 2 BvR 995/02 -, JURIS; BVerwGE 31, 149; BVerwG, Beschluss vom 13. März 1992 - BVerwG 4 B 39.92 -, NVwZ 1993, S. 268; Breunig, in: Posser/Wolff (Hrsg.), BeckOK VwGO, § 86 Rn. 84 ff. <Bearbeitungsstand: Juli 2007>)

der Begründung, zu den angesprochenen Fragen stünde bereits genügend gutachterliches Material zur Verfügung, prozessrechtlich nach der Rechtsprechung des Bundesverfassungsgerichts vertretbar und daher im Lichte von Art. 103 Abs. 1 GG auch verfassungsgerichtlich nicht zu beanstanden.[73]

Mit dieser Weichenstellung verabschiedet sich die Rechtsprechung faktisch vom gesetzlich geregelten Untersuchungsgrundsatz und von der dem Gericht auferlegten Aufklärungspflicht. Danach erforscht das Gericht den Sachverhalt von Amts wegen, wobei die Beteiligten heranzuziehen sind.[74] Der Untersuchungsgrundsatz soll dem Gericht grundsätzlich die volle Überzeugung von der Gegebenheit oder Nicht-Gegebenheit der entscheidungserheblichen Tatsachen vermitteln. Das Gericht ist danach verpflichtet, jede mögliche Aufklärung des Sachverhalts „bis an die Grenze der Zumutbarkeit" zu versuchen, sofern dies für die Entscheidung des Rechtsstreits erforderlich ist.[75] Abweichend von diesen gesetzlichen Pflichten zieht sich die Rechtsprechung mit den freiwillig geschlossenen Augen darauf zurück, den interessegeleiteten Gutachten des Vorhabensträgers und deren Überprüfung durch eine häufig überforderte Behörde zu folgen. Zu welchen fatalen Ergebnissen dies führt, zeigt die Einflussnahme der oben angesprochenen „Synopse" der vier Gutachter der Fraport AG nicht nur auf den Frankfurter-Flughafen-Prozess, sondern auf die Gesetzgebung zum Schutz gegen Fluglärm bundesweit. Die Rechtsprechung war es erkennbar leid, sich mit den kritischen Fragen der Sachverständigen der Kläger in bundesweit zahlreichen Flughafenprozessen auseinanderzusetzen und ergriff freudig den Strohhalm, durch vier in zahlreichen Flughafenprozessen geschulte Sachverständige das Maß des notwendigen Schutzes gegen Fluglärm gewiesen zu bekommen. Diese Denkweise orientiert sich an Autoritäten, ohne die kritische Frage zu stellen, welchen Interessen die Erkenntnissammlung diente und wie überzeugend die verfügbaren Gegenargumente sind. Damit verabschiedet sich die Jurisprudenz aus der Wissenschaft. Solange diese in oben zitierter Rechtsprechung nicht revidiert wird, können sich die Kläger in der Abwehr unzumutbaren Fluglärms die Ausgaben für wissenschaftliche Gutachten sparen, denn diese werden von der Verwaltungsgerichtsbarkeit nicht mehr zu Kenntnis genommen.

Perspektive durch Verbandsklage

Angesichts dieser vielfältigen Einschränkungen der gerichtlichen Kontrolldichte von Entscheidungen zum Fluglärm kommt dem Institut der Verbandsklage im Umweltrecht eine besondere, gegenläufige Bedeutung zu. Grundsätzlich liegt dem deutschen Verwaltungsprozessrecht das System des Individualrechtsschutzes zugrunde. Nach § 42 Abs. 2 VwGO ist nur derjenige klagebefugt, der geltend macht, durch den Verwaltungsakt in eigenen Rechten (subjektiv-öffentliches Recht) verletzt zu sein. Ein Umweltschutzverband könnte daher nicht ohne weiteres gegen einen Flughafenausbau oder andere größere Projekte vorgehen, die in die Umwelt eingreifen. Wenn Umweltverbände etwa gegen einen Flughafenausbau vorgehen wollten, konnten sie bis 1979 nur klagen, wenn sie selbst Grundstücke im Bereich der Baumaßnahme hatten, die dadurch beeinträchtigt wurden. Dies führte dazu, dass einige Umweltverbände kurzfristig dort sogenannte Sperrgrundstücke erworben hatten,

---

[73] vgl. BVerfG 1. Senat 3. Kammer Flughafen Schönefeld Beschluss vom 20.02.2008; AZ 1 BvR 2389/06, Juris Rz. 30
[74] vgl. § 86 VwGO
[75] vgl. BVerwGE 71, 40 m.w.N.

um so eine Klagebefugnis zu erlangen. Dieses Verhalten wurde vereinzelt als rechtsmissbräuchlich angesehen. Der Landesnaturschutzgesetzgeber eröffnete den anerkannten Naturschutzverbänden angesichts eines damals festgestellten eklatanten Defizits beim Vollzug des Naturschutzrechts die Möglichkeit der altruistischen Verbandsklage. Auf dieser Grundlage wurden Teile des Frankfurter Flughafenausbaus durch die Startbahn 18 West gerichtlich angegriffen.

Mit dem Ende 2006 in Kraft getretenen Umwelt-Rechtsbehelfsgesetz wurde die Position der Umweltverbände entscheidend gestärkt. Sie haben nun auch die Möglichkeit, auch andere luftverkehrsrechtliche Verwaltungsentscheidungen als Planfeststellungsbeschlüsse anzugreifen und weitergehende Rügen als eine Verletzung des Naturschutzrechts zu erteilen.

Der Europäische Gerichtshof - EuGH - hat in einem Urteil vom 12. Mai 2011[76] (Rs. C-115/09) Umweltverbänden ein über die Naturschutzthemen hinausgehendes umfassendes Rügerecht gegen Rechtsverletzungen bei Vorhaben eingeräumt, die nach der Richtlinie über die Umweltverträglichkeitsprüfung (UVP) bei bestimmten öffentlichen und privaten Projekten genehmigt werden. Voraussetzung sei, dass eine Entscheidung „möglicherweise erhebliche Auswirkungen auf die Umwelt" habe. Rügefähig ist mit der Verbandsklage auch die Verletzung von Vorschriften, die nur die Interessen der Allgemeinheit und nicht die Rechtsgüter Einzelner schützen. Bisher konnten Umweltverbände in Deutschland rechtswidrige Beeinträchtigungen der Umwelt durch den Ausbau von Flughäfen nur in äußerst eingeschränktem Umfang gerichtlich prüfen lassen. Ausgerechnet Verstöße gegen Vorschriften zum Schutz der Natur, des Wassers oder der vorsorgenden Luftreinhaltung und des Lärmschutzes konnten von Umweltverbänden nicht vor Gericht geltend gemacht werden. Diese Beschränkung beseitigt das Urteil des Europäischen Gerichtshofes. Mit dem Urteil stärken die Luxemburger Richter die Stellung der Umweltverbände in Verfahren zum Ausbau von Flughäfen.

Erfahrungen zur Startbahn 18 West

Der Flughafen Frankfurt/Main wurde vom Gelände des früheren Zeppelin Landeplatzes am Rebstock im Jahr 1935 in ein damals noch bewaldetes Gebiet südwestlich des Frankfurter Kreuzes verlegt. Der Flughafen wurde dort in den Jahren 1945 und 1955 nach Süden und Westen um jeweils fast die doppelte Fläche erweitert. Rechtsschutzbegehren gegen diese Erweiterungen sind nicht bekannt. Am 28. Dezember 1965 stellte die Flughafen Aktiengesellschaft an den Hessischen Minister für Wirtschaft und Verkehr den Antrag auf Genehmigung eines weiteren Ausbaus; neben einer die Kapazität steigernden Verschiebung der beiden von Ost nach West verlaufenden Parallelbahnen wurde der Bau einer neuen Startbahn (West) beantragt. Das Verkehrsministerium erteilte am 23. August 1966 die luftverkehrsrechtliche Genehmigung vorbehaltlich der Planfeststellung. Dieser Planfeststellungsbeschluss erfolgte am 26. März 1968 und wurde mit 44 Verwaltungsklagen angefochten. Das Verwaltungsgericht Darmstadt und ihm folgend der Hessische Verwaltungsgerichtshof hob am 18. Dezember 1970 den Planfeststellungsbeschluss auf. Begründet wurde dies mit einem Formfehler, der Rechtswidrigkeit einer Zuständigkeitsanordnung der hessischen Landesregierung.

---

[76] http://curia.europa.eu/jurisp/cgi-bin/gettext.pl?lang=de&num=79898783C19090115&doc =T&ouvert=T& scance=CONCL

Ein erneuter Planfeststellungsbeschluss des Verkehrsministeriums für die gleichen Ausbaumaßnahmen erging am 23. März 1971 unter gleichzeitiger Anordnung der sofortigen Vollziehbarkeit der Verschiebung der Parallelbahn. Gegen diesen Planfeststellungsbeschluss wurden von den Städten und Gemeinden in der Nachbarschaft sowie von Privatpersonen insgesamt 104 Anfechtungsklagen erhoben.

Das Verwaltungsgericht Darmstadt hob die Planfeststellung zum Bau der Startbahn 18 West mit Urteil vom 22. Februar 1972[77] auf, während das Gericht die Verschiebung der Parallelbahn bestätigte. Der Verwaltungsgerichtshof in Kassel wies die dagegen eingelegte Berufung zurück und hob den Planfeststellungsbeschluss in seiner Gesamtheit auf. Das Bundesverwaltungsgericht beanstandete diese Entscheidung in seinem Urteil vom 23. März 1974[78] und verwies die Rechtsstreitigkeiten an den Hessischen Verwaltungsgerichtshof zur erneuten Verhandlung zurück.

Der Hessische Verwaltungsgerichtshof beanstandete in seinen Urteilen vom 31. März[79], 10. September und 10. Oktober 1976 erneut die Planungsentscheidung für die Startbahn 18 West und bestätigte die Parallelverschiebung. Das erneut angerufene Bundesverwaltungsgericht hob die ergangenen Entscheidungen des Verwaltungsgerichtshofes mit Urteil vom 7. Juli 1978[80] wieder auf und wies die anhängigen Verfahren zur anderweitigen Verhandlung und Entscheidung zum zweiten Mal an das Obergericht Kassel zurück. Dies wurde damit begründet, dass das Verkehrsbedürfnis für den Neubau einer Startbahn und die prognostizierte Verkehrssteigerung in der Tatsacheninstanz noch nicht darauf überprüft worden waren, ob dem eine methodisch einwandfreie Prognose zu Grunde lag.

Der Hessische Verwaltungsgerichtshof holte zu diesen Fragen ein verkehrswissenschaftliches Gutachten ein und bestätigte im Urteil vom 21. Oktober 1980[81], dass die Prognose des Verkehrsministers über die Steigerung des Luftverkehrsaufkommens auf Grundlage der fachlichen Erkenntnisse des Jahres 1969/1970 richtig erstellt worden und die verkehrswirtschaftliche Notwendigkeit für den Flughafenausbau zutreffend bejaht worden sei. Eine Verfassungsbeschwerde gegen diese Gerichtsentscheidung wurde vom Bundesverfassungsgericht abgewiesen.

Schon Ende der siebziger Jahre begannen zahlreiche Bürgerinitiativen, mit Argumenten und Aktionen gegen den Flughafenausbau zu wirken. Die Initiativen sammelten 220.000 Unterschriften für ein nach der hessischen Verfassung zulässiges Volksbegehren gegen den Ausbau des Flughafens über die Grenzen des Stadtgebietes der Stadt Frankfurt am Main hinaus.[82]

Der Bund für Umwelt und Naturschutz Deutschland, Landesverband Hessen leitete vor den Verwaltungsgerichten Darmstadt und Frankfurt zahlreiche Beweissicherungsverfahren, unter anderem zur Fließrichtung der durch die Startbahn West gekreuzten Gewässer und damit zu seiner These ein, dass ein wasserrechtliches Planfeststellungsverfahren rechtswidrig unterlassen worden sei.[83] Die erteilte wasserrechtliche Erlaubnis für den Bau der Startbahn focht der Naturschutzverband vor dem Verwaltungsgericht Darmstadt an und beantragte die aufschiebende Wirkung seiner Klage.

---

[77] VG Darmstadt Urteil vom 22.02.1972, - IV E 195.71
[78] BVerwG 23.03.1974
[79] Hess. VGH Urteil vom 31.03.1976 IV OE 50.74
[80] Hess. VGH Urteil vom 07.07.1978, IV C 79.76; BVerwGE 56, 110
[81] Hess. VGH Urteil II OE 205/78; VGRspr. 1981, 65 = HDL 50,382
[82] HessStGH Beschluss vom 14./15.01.82; BVerfG Beschluss vom 24.03.192 2 BvH 1/82, BVerfGE 60, 175
[83] vgl. VG Darmstadt Beschluss vom 21.01.1982 – III/2 H 2410/81; VG Frankfurt NuR 1983, 160 (162)

Der Naturschutzverband klagte auch gegen die Entscheidung zur Untertunnelung der Okriftelerstraße unter der Startbahn West und hatte mit seiner Verbandsklage vor dem Verwaltungsgericht Frankfurt Erfolg.[84] Das Projekt des Straßentunnels unter der Startbahn 18 West war rechtswidrig, weil das Projekt in wesentlichen Teilen abweichend von der Plangenehmigung verwirklicht werden sollte. Das Gericht ordnete daher einen Baustopp des Flughafenausbaues an. Beide erstinstanzlichen Entscheidungen des Verwaltungsgerichts Darmstadt zum Wasserrecht und des Verwaltungsgerichts Frankfurt zum Straßenrecht wurden vor dem Hessischen Verwaltungsgerichtshof zeitgleich angefochten. Die Zeitschrift Natur und Recht berichtete in einer bemerkenswerten Offenheit über den rechtspolitischen Disput zwischen den Richtern der für Wasserrecht und für Flughafenrecht jeweils zuständigen unterschiedlichen Senate dieses Obergerichts, wer nun zuerst seine Entscheidung verkünden dürfe. Bevor der Wasserrechtssenat die Rechtsfehler des Regierungspräsidiums rügen konnte, beschränkte der Flughafensenat die Rechtsschutzmöglichkeiten des Naturschutzverbandes in einer rechtsdogmatisch nicht überzeugend begründeten Entscheidung und entzog so die Ausbauentscheidungen einer gerichtlichen Kontrolle auch hinsichtlich des Wasserrechts. In seiner Eilentscheidung konnte sich der Flughafensenat über die präzise Fehleranalyse der Vorinstanz nicht hinwegsetzen, sondern sprach dem Naturschutzverband jegliche Klagebefugnis gegen Entscheidungen ab, bei denen rechtswidrig ein Verfahren zur Umgehung einer Verbandsklage gewählt wird. In dieser in der rechtswissenschaftlichen Literatur kontrovers diskutierten Entscheidung wird nach Bewertung des klagenden Naturschutzverbandes seine Rügebefugnis mit dem erkennbaren Ziel beschränkt, den Flughafenausbau nicht an erkannten Rechtsverstößen scheitern zu lassen. Mit dieser Entscheidung waren die Weichen gestellt, sämtliche von dem Naturschutzverband während der Bauphase der Startbahn 18 West gestellten Rechtsschutzanträge zurückzuweisen oder ins Leere laufen zu lassen.

Zusammenfassend waren die Erfahrungen der hessischen Natur- und Umweltschützer zur gerichtlichen Überprüfung der Planungen für den Ausbau des Frankfurter Flughafens um die Startbahn 18 West ernüchternd. Obwohl die Verwaltungsgerichtsbarkeit zahlreiche Rechtsverstöße der Flughafenplanung gegen geltendes Naturschutz- und Wasserrecht sowie Straßenrecht bilanzierte, wurden ihre Rechtsmittel schon auf der Ebene der Zulässigkeit abgewiesen. Die Art und Weise, wie dies vollzogen und begründet wurde, deutet ein politisches Interesse der Handelnden an der Realisierung des Vorhabens an. Eine ähnliche Erfahrung machten die Bürger bei der Bewertung ihres Volksbegehrens „Keine Startbahn 18 West" durch die hessische Landesregierung und den hessischen Staatsgerichtshof.

Erfahrungen zur A 380 Werft

Der gleiche Naturschutzverband wandte sich in zahlreichen Rechtsmittelverfahren 25 Jahre später gegen den erneuten Ausbau des Frankfurter Flughafens. Der Hessische Verwaltungsgerichtshof in Kassel hat am 28. Juni die Klage des BUND gegen den geplanten Bau der A 380 Werft, für den 23 ha Bannwald südlich des Frankfurter Flughafens fallen sollten, abgewiesen. Begründet wird dies mit einem erheblichen öffentlichen Interesse am Bau der Werft, weshalb Nachteile für die Natur hingenommen werden müssen. Zu den angesprochenen Nachteilen zählen erhebliche Beeinträchtigungen eines europäischen Naturschutzgebietes (Mark- und Gundwald) und geschützter Tierarten (Bechsteinfledermaus und

---

[84] VG Frankfurt, IV/E 926/82 Beschluss vom 14.07.1982

Hirschkäfer) sowie eines schutzwürdigen Waldtyp ("Alte Eichen auf Sandboden"). Den als geeignet nachgewiesenen Alternativstandort ("Air Base") verwarfen die Richter, weil dies zu unverhältnismäßigen Belastungen der Planungswünsche des Flughafenbetreibers führen würde. Zugleich wurde aber die geplante Kompensation für die Naturschäden durch den Bau der Werft in wesentlichen Punkten als rechtswidrig bewertet. Der VGH ließ es als Kompensation nicht ausreichen, dass dem Flughafenbetreiber im angrenzenden Natur-schutzgebiet Mönchbruch lediglich Maßnahmen aufgegeben wurden, die in der Schutzge-bietsverordnung sowieso bereits vorgesehen waren. Die Ausgleichsmaßnahmen mussten neu geplant werden.

Die Naturschützer machten in diesem Klageverfahren die Erfahrung, dass die Landes-regierung mit großem Begründungsaufwand und Druck den übereilten Baubeginn für die Werft anordnete und ihr die Verwaltungsgerichtsbarkeit in dieser Argumentation unkritisch folgte. Bis zum heutigen Tage ist aber nur die Hälfte des Bauwerkes errichtet worden, weil die Lufthansa keinen Bedarf für weitergehende Baumaßnahmen erkennt. Gleichwohl ist der Wald gerodet, und die Ökosysteme sind zerstört worden.

Musterklagen gegen Landebahn Nordwest

Durch Beschluss vom 18. Dezember 2007 hat das Hessische Ministerium für Wirtschaft, Verkehr und Landesentwicklung den Plan für den Ausbau des Flughafens Frankfurt/Main festgestellt. Der Planfeststellungsbeschluss sieht vor, eine neue Landebahn nordwestlich des Flughafens zu errichten. Außerdem soll ein drittes Terminal gebaut und das Fracht- und Wartungszentrum im Süden des Flughafens erweitert werden.

Gegen den Ausbauplan sind bei dem erstinstanzlich zuständigen Verwaltungsgerichts-hof mehr als 200 Klagen erhoben worden, von denen das Gericht insgesamt 13 Verfahren als Musterverfahren ausgewählt hat, die vorab durchgeführt werden. Die restlichen Verfah-ren sind bis zum rechtskräftigen Abschluss der Musterverfahren ausgesetzt worden. Zu Musterverfahren bestimmt worden sind die Klagen der Städte Offenbach am Main, Kels-terbach, Mörfelden-Walldorf, Neu-Isenburg, Flörsheim am Main, Raunheim und Rüssels-heim, ferner die Klagen der Tanklager Raunheim GmbH, des BUND, des Klinikums Offenbach, von Eigentümern aus Frankfurt-Sachsenhausen und Kelsterbach (Gewerbege-biet Taubengrund) sowie das Klageverfahren der Lufthansa AG und der Lufthansa Cargo AG.

Während die meisten kommunalen und privaten Musterkläger mit ihrer Klage eine Aufhebung des Planfeststellungsbeschlusses sowie hilfsweise Beschränkungen des Flugbe-triebs und weitergehende Schutzmaßnahmen begehren, ist die Klage der Lufthansa AG und der Lufthansa Cargo AG gegenläufig auf eine Erweiterung des Nachtflugbetriebs gerichtet.

Der Verwaltungsgerichtshof hat die Musterverfahren mit Ausnahme des vertagten Verfahrens der Stadt Flörsheim am Main und des erst ruhenden und dann zurückgenomme-nen Verfahrens der Stadt Kelsterbach an insgesamt 13 Verhandlungstagen im Juni 2009 mündlich verhandelt.

Drei der Musterklagen hat das Gericht insgesamt abgewiesen und insoweit auch nicht die Revision zugelassen. Es handelt sich hierbei um die Klage der Tanklager Raunheim GmbH, die Klage des BUND sowie die Klage der Lufthansa AG und der Lufthansa Cargo AG.

Verbandsklage gegen die Landebahn Nordwest

Wie schon in den achtziger Jahren des vergangenen Jahrhunderts konnte sich der klagende Bund für Umwelt und Naturschutz gegenüber dem Flughafenausbau nicht durchsetzen. Das Bundesverwaltungsgericht in Leipzig wies am 14. April 2011 die Beschwerde des BUND gegen das klageabweisende Urteil des Hessischen Verwaltungsgerichtshofs vom 21. August 2009[85] ab. Der Naturschutzverband hatte in der Verbandsklage gerügt, dass die Planfeststellungsbehörde die geplante Lage der Landebahn Nordwest in einem europaweit geschützten Gebiet (FFH-Gebiet Kelsterbacher Wald) fehlerhaft gewählt und dabei die Vorgaben des Europäischen Naturschutzrechtes nicht hinreichend berücksichtigt.

Der Planfeststellungsbeschluss verstößt nach Ansicht der Kasseler Richter nicht gegen naturschutzrechtliche Vorschriften. Die nach europäischem Recht (FFH- und Vogelschutzrichtlinie) geschützten Gebiete "Kelsterbacher Wald" und "Mark- und Gundwald zwischen Rüsselsheim und Walldorf" würden zwar durch Inanspruchnahme von Flächen erheblich beeinträchtigt. Infolge des Habitatverlustes seien auch dort geschützte Arten, insbesondere der Hirschkäfer, einer wesentlichen Beeinträchtigung ausgesetzt. Eine weitergehende Beeinträchtigung infolge des Eintrags von Schadstoffen oder der Störung der Vogelwelt durch Fluglärm habe die Planfeststellungsbehörde aber zu Recht ausgeschlossen. Trotz der erheblichen Beeinträchtigung der genannten FFH-Gebiete sei das Vorhaben zulässig, weil der Planfeststellungsbeschluss eine rechtmäßige Ausnahmeregelung getroffen habe. Das gelte auch für den Bereich des Artenschutzes, falls insoweit Verbotstatbestände erfüllt sein sollten. Durch den Ausbauplan werde kein "faktisches Vogelschutzgebiet" berührt, weil die ausgewiesenen Gebiete ordnungsgemäß abgegrenzt worden seien. Da kein Verstoß gegen naturschutzrechtliche Vorschriften festzustellen sei, hat das Gericht die Klage des BUND insgesamt abgewiesen.

Dieses Verbandsklageverfahren gegen den Flughafenausbau ist auf einem sehr hohen fachlichen Niveau unter Austausch Dutzender von Sachverständigengutachten geführt worden. Gerade weil dabei beweiserhebliche Fragen offen blieben, machten die klagenden Naturschützer die Erfahrung, dass zumindestens die hessische Verwaltungsgerichtsbarkeit in solchen Verfahren eine Beweisaufnahme scheut und stattdessen die Richter selbst in naturschutzfachlichen sowie sicherheitstechnischen Fragen Endentscheidung treffen.

Nachtflugverbot

In den restlichen acht Musterverfahren – der Städte Offenbach am Main, Mörfelden-Walldorf, Neu-Isenburg, Raunheim und Rüsselsheim, des Klinikums Offenbach, sowie der privaten Eigentümer aus Sachsenhausen und dem Kelsterbacher Gewerbegebiet *Taubengrund* – stehen Lärmschutzfragen im Vordergrund. Diese Klagen hatten in erster Instanz insoweit teilweise Erfolg, als sie sich gegen einzelne Nachtflugregelungen richten; im Übrigen, das heißt zum überwiegenden Teil, sind auch diese Klagen abgewiesen worden.

Zur Begründung der Entscheidungen führt der VGH Kassel aus, dem Plan für den Ausbau des Flughafens Frankfurt Main stünden keine grundsätzlichen Bedenken entgegen. Die für jede Planung erforderliche Planrechtfertigung sei gegeben. Mit dem Bau der neuen Landebahn werde einem aktuellen Kapazitätsengpass begegnet und zugleich Sorge dafür getragen, dass die fehlerfrei prognostizierte Luftverkehrsnachfrage (701.000 Flugbewegun-

---

[85] Hess VGH Urteil vom 21.08.2009 – 11 C 318/08.T Juris

gen bei über 80 Mio Passagieren und über 4 Mio Tonnen Fracht) gedeckt werden könne. Mit dem Ausbau werde der Luftverkehrsstandort Frankfurt als Drehkreuz des internationalen Flugverkehrs gesichert und gestärkt. Im öffentlichen Interesse lägen auch die wirtschaftlichen Effekte, die mit dem Projekt ausgelöst würden. Den mit dem Vorhaben verfolgten *öffentlichen Interessen* habe das Ministerium als Planfeststellungsbehörde ohne Abwägungsfehler den Vorrang vor den Belangen der insbesondere durch Fluglärm betroffenen Nachbarschaft eingeräumt. Die grundsätzliche Entscheidung zugunsten des Ausbaus des Flughafens und die damit zwangsläufig verbundene Zurücksetzung der entgegenstehenden Belange der Betroffenen seien dem Kernbereich der planerischen Gestaltungsfreiheit zuzurechnen. Dem Gericht sei es verwehrt, diese politisch-planerische Entscheidung des Landes durch eine eigene Ermessensbetätigung im Sinne einer eigenen Planungsentscheidung zu ersetzen. Die behördliche Abwägung beruhe auch nicht, wie alle Kläger eingewandt hatten, auf fehlerhaften Ermittlungen. Die Planfeststellungsbehörde habe vielmehr die von dem Flughafen insgesamt ausgehenden Immissionen sowie sonstigen Risiken und Nachteile in dem gebotenen Umfang ordnungsgemäß ermittelt und bewertet.

Rechtlich beanstandet hat der Hessische Verwaltungsgerichtshof allerdings Teile der Nachtflugregelung des Planfeststellungsbeschlusses, der durchschnittlich 150 planmäßige Flugbewegungen in einer Nacht erlaubt, von denen 17 auf die Zeit von 23.00 bis 5.00 Uhr, die sogenannte Mediationsnacht, entfallen dürfen. Die Zulassung der 17 Flüge in der Mediationsnacht sei nicht mit dem gesetzlich gebotenen Schutz der Bevölkerung vor nächtlichem Fluglärm zu vereinbaren, urteilten die Kasseler Richter. Auf die Nachtruhe sei in besonderem Maße Rücksicht zu nehmen. Diesem Gebot trage der Planfeststellungsbeschluss nicht hinreichend Rechnung. Die von der Planfeststellungsbehörde als Rechtfertigung für die Regelung vorgetragenen Gründe hielten einer rechtlichen Überprüfung nicht Stand; insbesondere verliere der Ausbauplan ohne die Zulassung von planmäßigen Flügen in der Mediationsnacht nicht seine innere Konsistenz. Das folgt nach Auffassung des Verwaltungsgerichtshofs schon daraus, dass die Fraport AG im Verwaltungsverfahren die Zulassung des Projekts für ein Betriebskonzept ohne planmäßige Flüge in der Mediationsnacht beantragt hatte. Der durch das Luftverkehrsgesetz gebotene Schutz der Nachtruhe werde durch den im Jahr 2007 geänderten Landesentwicklungsplan ergänzt und verstärkt. In der Begründung dieses Plans, der von der Landesregierung in der Gestalt einer Rechtsnorm erlassen worden sei, werde dem Verbot planmäßiger Flüge in der Zeit von 23.00 bis 5.00 Uhr ein so erhebliches Gewicht beigemessen, dass daraus eine Abwägungsdirektive folge, die der Planfeststellungsbehörde kaum einen Spielraum für die Zulassung planmäßiger Flüge in der Mediationsnacht lasse. Der VGH verkannte nicht, dass erhebliche wirtschaftliche Interessen für die Durchführung von Frachtflügen in der Kernzeit der Nacht sprächen. Dem stehe aber auch eine außerordentliche Lärmbelastung gegenüber, der eine Vielzahl von Menschen in der Umgebung des Flughafens ausgesetzt sei.

Beanstandet haben die Richter auch die Regelung für die sogenannten Nachtrandstunden (von 22.00 bis 23.00 und von 5.00 bis 6.00 Uhr) insoweit, als die Zahl der 150 zugelassenen Flugbewegungen auf den Jahresdurchschnitt bezogen ist. Dies ermögliche es, Flüge von der Winterflugplanperiode in die Hauptreisezeit zu verlegen, wodurch es zu einer besonders nachteiligen Bündelung von Flügen in einzelnen Nächten kommen könne.

Die von dem Gericht beanstandeten Nachtflugregelungen führten jedoch nicht zu einer Aufhebung des gesamten Ausbauplans, weil diese Mängel im Wege einer Planergänzung ausgeräumt werden könnten. Deshalb hat sich das Gericht insoweit darauf beschränkt, das beklagte Land Hessen zu verpflichten, über diese Regelungen – unter Beachtung der Rechtsauffassung des Gerichts – neu zu entscheiden.

Die zukünftigen Entscheidungen des Bundesverwaltungsgerichts

Der Verwaltungsgerichtshof wandte in diesen Verfahren erstmals das neue Fluglärmschutzgesetz des Bundes an. Er verneinte die von den Kelsterbacher Privatklägern gerügte Verfassungswidrigkeit und kam zu dem Ergebnis, auch die sonstigen Lärmschutzbelange der Betroffenen seien ordnungsgemäß ermittelt und nach Maßgabe des Fluglärmschutzgesetzes berücksichtigt worden. Darüber wird nun das Bundesverwaltungsgericht in den eingeleiteten Revisionsverfahren gegen das Urteil des VGH Kassel im März 2012 eine Entscheidung zu treffen haben.

Auch die zu erwartende Schadstoffbelastung steht nach Meinung der Kassler Richter dem Ausbauplan nicht entgegen. Sie mussten allerdings einräumen, dass es zu Grenzwertüberschreitungen kommt. Dem hält das Gericht entgegen, diese seien schon gegenwärtig festzustellen und ihnen müsse dem mit Maßnahmen der allgemeinen Luftreinhalteplanung begegnet werden. Damit bemühen die Richter ein Instrument, was sich gegen den wachsenden Luft- und Straßenverkehr als untauglich erwiesen hat.

Auch das Risiko eines Flugzeugabsturzes oder gar eines Störfalles soll sich nach Meinung des VGH im Rahmen allgemeiner gesellschaftlicher Akzeptanz bewegen. Dies gelte insbesondere für das Tanklager Raunheim. Damit wird der Rahmen der Akzeptanz bei Fehlen gesetzlicher Grenzwerte arg strapaziert.

Abgewiesen wurde auch die Klage der Lufthansa AG und der Lufthansa Cargo AG. Das Begehren, die Nachtflugregelung zu erweitern und insbesondere mehr als 17 planmäßige Flüge in der Mediationsnacht zuzulassen, könne keinen Erfolg haben, weil schon die zugelassenen Flüge nicht mit den Anforderungen des Abwägungsgebots unter Berücksichtigung des gesetzlichen Nachtlärmschutzes und der Vorgaben der Landesplanung zu vereinbaren seien.

In vier Verfahren, in denen der Hessische Verwaltungsgerichtshof die Revision nicht zugelassen hat (Klagen der Tanklager Raunheim GmbH, des BUND sowie der Lufthansa AG und der Lufthansa Cargo AG), haben die Kläger Beschwerde gegen die Nichtzulassung der Revision eingelegt. Im Falle des BUND wurde darüber durch das Bundesverwaltungsgericht bereits abschlägig entschieden.

In den anderen Verfahren haben die Beteiligten die vom Verwaltungsgerichtshof wegen grundsätzlich zu klärender, über den Einzelfall hinausgehender Rechtsfragen zugelassene Revision beim Bundesverwaltungsgericht eingelegt.

In diesem Musterverfahren machten die Kläger die Erfahrung, dass das Gericht zwar annähernd zwei Wochen mündlich über die Klagen verhandelte, aber weder den Klägern noch dem Wirtschaftsministerium oder gar dem Flughafenbetreiber auch nur eine einzige kritische Frage stellte und sich auf eine passive Rolle beschränkte. Mit dieser Strategie sollte erkennbar nicht nur möglichen Befangenheitsanträgen ausgewichen werden, sondern den Parteien auch deutlich gemacht werden, dass das Gericht gedanklich seine Entscheidung längst getroffen hatte. Auch in diesen Verfahren ist zu bilanzieren, dass mit großem Sachverstand kontroverse Fragen unter Beteiligung zahlreicher Sachverständiger dem Gericht präsentiert wurden, ohne dass nur zu einem einzigen Themenbereich in eine Beweisaufnahme eingetreten wurde. Bis auf die Fragen zum Nachtflugverbot folgte der Verwaltungsgerichtshof der Entscheidung der Planfeststellungsbehörde. Eine Sternstunde der Verwaltungsgerichtsbarkeit war diese mehrwöchige Hauptverhandlung nicht.

Schlussbemerkungen

Zusammenfassend wirft ein Ausbau eines Flughafens eine Fülle von schwierigen Fragen auf, die häufig zu Gunsten der Luftverkehrswirtschaft und gegen die Schutzinteressen der Bürger entschieden werden. Gerichtlicher Rechtsschutz ist dagegen zwar eröffnet, er erfordert aber Sachverstand von hoher Kompetenz und zu dessen Finanzierung eine prall gefüllte Streitkasse. Mit der Verabschiedung des Fluglärmschutzgesetzes sind die Chancen der Bürger, einen wirksamen Schutz gegen Fluglärm zu erhalten, durch den Bundesgesetzgeber deutlich minimiert worden. Daran will die Justiz ganz offensichtlich nichts ändern.

Großprojekte und medizinische Aspekte

Martin Kaltenbach

Exekutive contra Legislative: Das Beispiel des Gesundheitsmonitorings 2011

Zusammenfassung

Die Gewaltenteilung gehört zu den Grundprinzipien der Demokratien. Es kann aber der Fall auftreten, dass die Exekutive Beschlüsse der Legislative unvollkommen oder sogar sinnwidrig umsetzt. Der vorliegende Beitrag behandelt einen solchen Fall. Die Abgeordneten des hessischen Landtages hatten beschlossen, die einmalige Chance einer Lärmveränderung durch die Eröffnung der Nord-West-Landebahn des Flughafens Frankfurt zu nutzen, um die Wirkungen von Fluglärm auf die menschliche Gesundheit medizinisch untersuchen zu lassen. Das von ihnen beschlossene Gesundheitsmonitoring musste von der Exekutive in Auftrag gegeben werden. Es kann an diesem Beispiel gezeigt werden, wie die Exekutive Beschlüsse der Legislative unter Umständen so verändert, dass nur der Wille einzelner politischer Gruppen und die Interessen einiger Unternehmen durchgesetzt werden.

Einleitung

Ende 2010 haben fast alle Fraktionen im hessischen Landtag aus Anlass der Flughafenerweiterung einem Beschluss zugestimmt, ein Gesundheitsmonitoring im Rhein-Main-Gebiet durchzuführen.

Grundlage war, dass durch das Bekanntwerden großer neuer Studien aus dem Raum Köln/Bonn und aus der Schweiz Erkenntnisse vorlagen, wonach in Regionen mit starkem Fluglärm die Häufigkeit von Krankheiten, insbesondere von Herzinfarkt, Schlaganfall, Herzschwäche und bei Frauen von Depressionen zunimmt. Diese Studien lösten vor der Eröffnung der dritten Landebahn am Flughafen Frankfurt Unruhe in der Bevölkerung aus, weshalb sich die Fraktionen entschlossen, ein Hearing im Landtag durchzuführen.

Ausführlich wurde bei diesem Hearing die Studie von Professor Greiser vorgestellt. Die Kritikpunkte daran wurden vorgebracht. Das Hauptargument lautete, dass man sich, wenn man Krankheitsbilder in verschieden stark fluglärmbelasteten Regionen vergleiche, nicht sicher sein könne, dass es sich um vergleichbare Menschengruppen handelt. Es sei vorstellbar, dass aufgrund der Unattraktivität von Fluglärm in stark verlärmten Regionen Menschen konzentriert sind, die mehr Tabak rauchen als der Durchschnitt der Bevölkerung. Rauchen aber ist genau einer der Risikofaktoren, der den Ausbruch der oben erwähnten Krankheiten fördert. Die Rauchgewohnheiten konnte Prof. Greiser in seiner Studie nicht abfragen, da seine Daten – mehr als 1 Million – von Krankenkassen stammten, die keine Angaben über Risikofaktoren besitzen.

In derselben Anhörung des Landtages wurde eine weitere, ganz neue Studie vorgetragen, die von mehreren schweizerischen Universitäten stammte. Diese Studie verfolgte einen anderen Ansatz, kam aber zu ähnlichen Ergebnissen. Der Ansatz sah folgendermaßen aus: Es wurden die Sterberegister der gesamten Schweizerischen Bevölkerung über fünf Jahre verfolgt und mit den individuellen Lärmpegeln am Wohnort verglichen. Es fand sich mit zunehmendem Lärm eine Zunahme der Häufigkeit von tödlichen Herzinfarkten. Mit Verkehrslärm war diese Zunahme nur locker korreliert, während der Fluglärm sehr deutlich als Faktor hervorging. Wohnten Menschen 15 Jahre oder länger in stark fluglärmbelasteten Regionen, ergab sich eine Zunahme der Häufigkeit von tödlichen Herzinfarkten um 50%. Auch die über drei Monate durchgeführte Studie von Aydin und Kaltenbach zur Auswirkung nächtlichen Fluglärms auf Schlafqualität und Blutdruck wurde diskutiert.

Fazit aus allem war, dass kein vernünftiger Zweifel daran besteht, dass Lärm und insbesondere nächtlicher Fluglärm die Häufigkeit von arterieller Hypertonie erhöht oder diese Erkrankung auslösen kann. In der Diskussion wurde dieses Ergebnis nicht mehr bestritten, sondern als Faktum angenommen. Unwidersprochen hingenommen wurde auch das Faktum einer Zunahme von Herz-Kreislauferkrankungen als Lärmfolge. Diskutiert wurde nur, in welchem Ausmaß diese Erkrankungen zunehmen, und welche Lärmarten besonders beteiligt sind.

Die Abgeordneten beschlossen daher, das oben erwähnte Gesundheitsmonitoring durchzuführen. Der Ausbau des Flughafens mit einer weiteren Landebahn bietet wissenschaftlich gute Voraussetzungen, um die Auswirkungen von Fluglärm zu untersuchen. Zu diesem Zweck muss der Gesundheitszustand der Bevölkerung vor Beginn der zusätzlichen Lärmbelastung erfasst und über die Zeit im Vergleich mit einer Bevölkerungsgruppe ohne Lärmzunahme beobachtet werde.

Die Maßnahmen

Wie reagierte die Exekutive auf diesen Wunsch der Abgeordneten?

Im Rhein-Main-Gebiet hat die Landesregierung das sogenannte Umwelt- und Nachbarschaftshaus errichtet, das im Kern ein Institut darstellt, welches Fragen der regionalen Belastung durch die Aktivitäten des Flughafens behandeln und die Belastungen in Übereinstimmung mit den Bedürfnissen der Bevölkerung in der Region bringen soll. Ende 2010 wurde dem Umwelt- und Nachbarschaftshaus (UNH) die Realisierung des vom Landtag beschlossenen Gesundheitsmonitorings übertragen.

Es wurden in Deutschland bekannte Experten gebeten, Vorschläge für die Durchführung des Monitorings zu entwickeln. Schließlich erfolgte eine formale Ausschreibung. Darauf gingen drei Bewerbungen ein.

Die Bewerbung aus Zürich ging wenige Stunden zu spät ein und wurde deshalb aus formalen Gründen ausgeschlossen. Die beiden anderen Bewerbungen wurden in einer Sitzung am 4. Februar 2011 besprochen unter Teilnahme von einigen der Qualitätssicherer. Von diesen waren anwesend Frau Prof. Griefahn, Frau Prof. Giering, Herr PD Maschke und Herr Prof. Kaltenbach. Außerdem war Frau Dr. Heudorf vom Gesundheitsamt Frankfurt anwesend.

Die Qualitätssicherer übten an den Angeboten erhebliche Kritik und formulierten Nachbesserungsanforderungen. Insbesondere wurde vorgeschlagen, für bestimmte Teile mit direktem Bezug zur Gesundheit Untersucher einzuschalten, die über entsprechende Erfahrungen verfügten und einschlägige Publikationen veröffentlicht hatten. Auch wurde mehrfach eine Konzentration auf praktisch relevante Fragestellungen angemahnt.

Zu der darauf folgenden Sitzung wurden die Qualitätssicherer teilweise gar nicht eingeladen, sondern es wurde festgelegt, dass eine einzelne Gruppe als „Konsortium" die gesamte Untersuchung durchzuführen habe. Geringe Nachbesserungen wurden vorgenommen, über deren Qualität aber nicht beraten wurde. Auch wurden die Qualitätssicherer zu den weiteren Sitzungen nicht mehr vollzählig eingeladen. Nachfragen nach dem Inhalt der Besprechungen und nach Sitzungsprotokollen wurden nicht beantwortet bzw. keine Protokolle zur Einsicht gegeben.

Es muss davon ausgegangen werden, dass zum Schluss die Mehrheit der Qualitätssicherer nicht mehr eingeschaltet war, und dass die Nachbesserungen nicht von den Qualitätssicherern begutachtet wurden. Letztlich wurde ein nicht qualitätsgesichertes Angebot von den Verantwortlichen des UNH akzeptiert und die Vergabe, ohne die Zustimmung der Qualitätssicherer beschlossen.

Vertragsgestaltung

Problematisch sind auch die Verträge, welche den Qualitätssicherern für die Beratung und Begleitung des Monitorings vorgelegt wurden. Der Vertrag sieht in seinem § 5 Verbote ergänzt durch harte Haftungsauflagen im Fall der Nichteinhaltung vor. Die Verbote beziehen sich unter anderem darauf, dass von Vorgängen und Informationen, die im Rahmen der Tätigkeit für das UNH Kenntnis erlangt werden, nichts nach außen getragen werden darf. Der Vertrag verbietet außerdem jegliche eigenständige Publikation.

Ich empfand den Vertrag als Verstoß gegen die Freiheit der Wissenschaft. Ohne Vor-Erfahrung hätte ich diese Verbote möglicherweise akzeptiert und vielleicht sogar für legitim gehalten. Durch die zehnjährige Mitarbeit im regionalen Dialogforum (RDF) habe ich aber erlebt, dass wichtige Ergebnisse über die schädlichen Auswirkungen von Fluglärm zum Teil gar nicht publiziert wurden.

Ich sah mich deswegen und wegen der oben beschriebenen unkorrekten Verfahrensweise gezwungen die Mitarbeit als Qualitätssicherer zu beenden.

Weitere Verfahrenstricks

Im Verlauf meiner Tätigkeit für das RDF sind mir vielfältige Verfahrensweisen aufgefallen, mit denen die Exekutive dafür sorgt, dass Ergebnisse im „gewünschten" Rahmen zustande kommen. Diese Verfahrensweisen werden an anderer Stelle in diesem Buch ausführlich behandelt.

Auffällig war mir insbesondere die Technik, das Behandelte in den Protokollen „weichzukochen". Die Mehrheitsverhältnisse bei den Sitzungen waren durchaus heterogen. Es war nicht so, dass immer flughafenfreundliche Argumente das Übergewicht hatten. Dennoch erschienen in den Protokollen in aller Regel Formulierungen, die den Anschein einer Eindeutigkeit von Diskussionsergebnissen beinhalteten.

Wie aber wurde das Weglassen abweichender Stimmen gerechtfertigt? Ein viel gebrauchtes Argument, das mir gut erinnerlich ist, lautete, dass die geäußerten Aspekte nicht in den Kreis von Fragen gehörten, die der jeweilige Arbeitskreis zu behandeln habe. Deshalb könnten sie nicht in das Protokoll aufgenommen werden. Auch wurde deutlich, dass die politische Vorgabe der Ausbau des Flughafens war.

Schlussfolgerungen

Angesichts des Auftrages des Landtages an die Exekutive, ein Gesundheitsmonitoring zum Schutz der Bevölkerung vorzunehmen, hätte man erwarten können, dass dies mit der größtmöglichen Sachkenntnis und Sorgfalt durchgeführt worden wäre. Die Bevölkerung hat ein Recht darauf, möglichst genau zu erfahren, welche Belästigungen und Gesundheitsgefahren durch den wachsenden Luftverkehr auf sie zukommen.

Die notwendige Sorgfalt und Sachkenntnis ist nach meinem Dafürhalten nicht angewandt worden. Vielmehr werden jetzt Studien durchgeführt, von denen ich befürchte,

- dass die Ergebnisse sehr lange auf sich warten lassen werden,
- dass viel Geld für Studienteile ausgegeben wird, von denen von vornherein klar ist, dass sie keine praktisch relevanten Ergebnisse erbringen, und
- dass entscheidende Studienteile (wie die vorgeschlagene Krankenhausstudie) gar nicht durchgeführt werden.

Mein Vorschlag das Umweltbundesamt (BGU) in das Studiendesign und die Entscheidungsfindung als neutralen Berater mit einzubeziehen, wurde abgelehnt, obwohl das BGU über ausgedehnte Erfahrungen auf dem Gebiet der Lärmwirkungsforschung einschließlich der neusten Studien verfügt.

Auch besteht keine Garantie, dass die Ergebnisse lückenlos publiziert werden. Die Beteiligten sind in den Verträgen derart mit Haftungsrisiken belastet, dass sie es nicht riskieren können, Studienteile, welche das UNH nicht der Öffentlichkeit präsentieren will, selbst bekannt zu machen.

Die politische Vorgabe war offensichtlich der Ausbau des Flughafens ohne Berücksichtigung von Nachteilen. Das Verbot des Nachtflugs aus dem Mediationsverfahren soll möglichst aufgehoben werden. Dem Druck der Bevölkerung nach mehr Gewissheit hinsichtlich möglicher Schäden durch den Luftverkehr wird nur scheinbar nachgegeben.

Gerda Noppeney

Erkenntnisfortschritt und fehlende Umsetzung: Zum Konservatismus in der Politik

Zehn Jahre ärztliches Engagement in der Fluglärmproblematik

Zusammenfassung

Der vorliegende Beitrag zeigt am Beispiel der Fluglärmproblematik, wie schwer sich die Politik tut, eingefahrene Gleise zu verlassen. Dies ermöglicht es Branchen wie der Luftfahrtindustrie, Umstellungen und Anpassungen ihrer Prozesse an neue Erkenntnisse aufzuschieben.

Konkret stellt der Beitrag das Zusammenspiel von wissenschaftlichem Erkenntnisgewinn und Reaktion der Politik darauf dar. Es lässt sich nicht sagen, dass dieses Zusammenspiel in jedem Politikfeld so sein wird wie in dem hier behandelten Fall. Aber für Bereiche, in denen Großprojekte oder bedeutende Wirtschaftsbranchen tangiert sind, könnten die hier beschriebenen Vorkommnisse allgemeingültigen Charakter haben.

Im Einzelnen hervorzuheben sind folgende Aspekte: Der Konservatismus der Politik führt dazu, dass neue Erkenntnisse nicht aktiv gesucht werden. Initiativen zur Gewinnung und Umsetzung neuer Erkenntnisse stammen von einzelnen engagierten Bürgern. Durch ihr gemeinsames Agieren gelingt es, die Politik zu erreichen. Aber die Politik versucht, durch konsequentes Nichtreagieren einen Politikwechsel zu verhindern. Wichtige Entscheidungsträger werden in diese Blockadehaltung einbezogen. Abweichler werden sanktioniert. Das konsequente Nichtreagieren führt bei den Initiatoren zu Ermüdung und Zermürbung.

Die Hintergründe der gegenwärtigen Entwicklung

Ende der 90er Jahre kam es zu einem sprunghaften Anstieg der Flugaktivitäten am Flughafen Köln/Bonn. Hauptursache bildeten die zunehmenden Frachtflüge.

Die Menschen im Umfeld klagten zeitgleich über erhebliche Belästigung, Schlafstörungen und etliche weitere gesundheitliche Beeinträchtigungen. Die sie behandelnden Ärzte unterschiedlicher Fachgebiete wurden täglich mit diesen gesundheitlichen Problemen konfrontiert.

Vor diesem Hintergrund trafen sich 60 Ärzte und Ärztinnen im Mai 2001 und gründeten die „Ärzteinitiative für ungestörten Schlaf Rhein-Sieg" (nachfolgend: Ärzteinitiative). Sie verfassten als Erstes eine Resolution an den Präsidenten der Bundes- und Landesärztekammer NR, Prof. Dr. med. Jörg Dieter Hoppe. In ihr verwiesen sie auf die Beschwerden betreffend Kreislauf, gestörten Schlaf, Leistungsknick, Tagesmüdigkeit, Depression und weitere medizinisch relevante Symptome ihrer Patienten im Einzugsgebiet des Flughafens Köln/Bonn.

Die Zahl der Fluggäste auf den drei internationalen Verkehrsflughäfen Düsseldorf, Köln/Bonn und Münster/Osnabrück war im Zeitraum 1990 bis 2000 angestiegen von 14,9

Mio. auf 23,5 Mio., also um rund 58%. Diese Entwicklung macht das skizzierte Vorbringen der Patienten evident, zumal deren Vorbringen im Köln-Bonner Raum im Wesentlichen auf die Beeinträchtigung durch nächtlichen Fluglärm zurückgeführt wurde.

Bestätigt fand die Ärzteinitiative die Angaben ihrer Patienten durch Umweltgutachten von 2002 und 2004 des Rats von Sachverständigen für Umweltfragen (SRU), der feststellte: *„Das Grundbedürfnis des Menschen auf Nachtruhe ist nicht erst in Gefahr, sondern schon jetzt nachhaltig gestört und dies mit Folgen für die Gesundheit."*

Die Ärztinnen und Ärzte fühlten sich zum Handeln verpflichtet - ganz im Sinne ihres Vorbilds Rudolf Virchow (1821-1902), der gesagt hatte: *„Soll die Medizin Ihre große Aufgabe wirklich erfüllen, so muss sie in das politische und soziale Leben eingreifen, sie muss Hemmnisse erkennen, welche der Erfüllung der Lebensvorgänge im Wege stehen und ihre Beseitigung erwirken."*

Es beginnen konkrete Aktivitäten

Von Juni 2001 bis Februar 2002 führte die Ärzteinitiative eine Patientenbefragung durch, an der sich mehr als 1100 Patienten beteiligten.

- 81% der Befragten stellten bei sich einen Zusammenhang fest zwischen Bluthochdruck und Herzkreislaufstörungen.
- 81% sahen einen Zusammenhang des Fluglärms mit ihren Krankheiten im verschlechternden oder gar verursachenden Sinne – auch bei ihren Kindern.
- Mehr als 65 % vertraten mit Blick auf Letztgenannte die Ansicht, der Nachtfluglärm sei Ursache für Lernstörungen, Nervosität und Konzentrationsschwäche.

Auf Grund dieser Ergebnisse machte es sich die Ärzteinitiative zur Aufgabe, den von den Patienten angesprochenen Symptomen und deren Ursachen mit medizinisch-wissenschaftlichen Methoden näher nachzugehen. Dass Lärm ein bedeutender Schadfaktor ist, hatte schon Robert Koch (1843-1919) vermutet: *„Eines Tages wird der Mensch den Lärm ebenso unerbittlich bekämpfen müssen wie die Cholera und die Pest."*

Unter Beteiligung namhafter Vertreter diverser Wissenschaftszweige hat die Ärzteinitiative in der folgenden Zeit eine Reihe von Symposien initiiert und realisiert (s. Anhang 1).

Daneben ist die Ärzteinitiative Einladungen zu verschiedenen Kongressen nachgekommen, wo insbesondere Vorträge gehalten wurden (s. Anhang 2).

Schließlich wurden Kontakte zu einer Vielzahl von Organisationen und Entscheidungsträgern gesucht, um die medizinische Problematik des Lärms mit diesen zu diskutieren und Politikmaßnahmen zu initiieren (s. Anhang 3). Diese können nach Kontakten auf Landes-, Bundes- und EU-Ebene sowie nach Kontakten mit Städten und Gemeinden im Umkreis des Flughafens Köln/Bonn gegliedert werden.

Es gab beachtliche positive Resonanz in Städten und Gemeinden der Region, die sich z.B. in zahlreichen Presseberichten – auch mit überregionaler Ausrichtung, Fernseh-Reports sowie in der Verleihung des Agenda Preises 2004 der Kreisstadt Siegburg zeigte. Weitere Einzelheiten können unter www.aefusch.de eingesehen werden.

Manche Kontakte verliefen zäh

Die genannten Kontakte verliefen anfangs freundlich und aufgeschlossen, im weiteren Verlauf zunehmend zäh und bewirkten schließlich (noch) keinen Politikumschwung.

Beispielhaft sollen die Kontakte zum Präsidenten der Bundes- und Landesärztekammer NR, Prof. Hoppe, geschildert werden:

Mit der Übermittlung der Resolution der Teilnehmer der Gründungsversammlung der Ärzteinitiative vom Mai 2001 hatte eine fruchtbare Gesprächsphase begonnen. Diese schlug sich auch in den Veröffentlichungen über ihre Aktivitäten im Rheinischen Ärzteblatt nieder.

Professor Hoppe hatte das erste Symposium im Februar 2002 begleitet. In seinem Abschlussstatement verwies er auf § 1 der Berufsordnung für Ärzte, wonach es ärztliche Aufgabe sei, *„der Gesundheit des einzelnen Menschen und der Bevölkerung zu dienen... das Leben zu erhalten, die Gesundheit zu schützen... und an der Erhaltung der natürlichen Lebensgrundlagen im Hinblick auf ihre Bedeutung für die Gesundheit der Menschen mitzuwirken."*

Die in den folgenden Jahren geführten Gespräche mit Hoppe waren von Vertrauen getragen. Er und die von ihm repräsentierten Kammern begleiteten die Arbeit der Ärzteinitiative mit großem Interesse.

Dies änderte sich 2005: In einem Brief vom Januar bedauerte Hoppe, der Ärzteinitiative keine finanzielle Unterstützung für eine epidemiologische Studie seitens der Kammern gewähren zu können. Er sei aber bereit, ideelle Unterstützung zu leisten. Dem Anliegen, eine Erklärung der Kammern zu den Gefahren des Fluglärms, insbesondere des Nachtfluglärms, für die Gesundheit der Bevölkerung abzugeben, kam er nicht nach. Auch bei einem Gespräch konnte die Ärzteinitiative nichts in dieser Richtung bewirken. Vergeblich hatte sie gehofft, dass eine vergleichbare Erklärung, wie sie von Seiten der Landesärztekammern Rheinland-Pfalz und Hessen (2000) abgegeben worden war, auch für NR oder gar für den Bund abgegeben werden könnte.

Anders verhielt sich die Ärztekammer Nordrhein/ Rhein-Sieg-Kreis, die mit ihrem Schreiben an ihre Mitglieder im Jahre 2003 erklärte:

Der Vorstand der örtlichen Ärztekammer hat sich übereinstimmend für die Unterstützung der Ärzteinitiative für ungestörten Schlaf eingesetzt. Auch unser Präsident hat an dem Symposium teilgenommen.

Kritische Auseinandersetzung mit Vorhandenem und Propagiertem

Die geschilderte Reaktion von Präsident Hoppe zeigt, wie sehr in Deutschland Initiativen gegen die Verlärmung der Umwelt „gefördert" werden.

Auf diesem Hintergrund ist umso mehr angezeigt, den Verlauf der Erkenntnisgewinnung über die gesundheitlichen Schäden von Fluglärm im ersten Jahrzehnt des 21. Jahrhunderts zu beschreiben. Denn in ihm wurde ein eindrucksvoller Erkenntnisfortschritt erzielt, der bedauerlicherweise bis heute keine erkennbaren Auswirkungen auf der politischen Ebene hervorgebracht hat.

Es beginnt mit einer zusammenfassenden Darstellung des Umweltbundesamtes Berlin zu Fluglärmwirkungen (2000). Beschrieben wurde die Beeinträchtigung der menschlichen

Gesundheit durch Gehörschädigungen, Herz- und Kreislaufstörungen, Schlafstörungen sowie psychisch relevante Störungen bei Kindern. Der gestörte Schlaf als extraaurikuläre Schädigung infolge nächtlichen Fluglärms wurde auch anderorts diskutiert.

Die DLR erstellte eine Studie zu Nachtfluglärm-Wirkungen. Diese Studie war eher kontraproduktiv. Die Lärmauswirkungen schienen bagatellisiert zu werden. Die Ärzteinitiative musste Kritik an deren fehlender Repräsentativität für die Gesamtbevölkerung äußern. Hatte doch ihre großflächig ausgerichtete Patientenbefragung, für die allerdings nie der Anspruch einer Studie formuliert war, auf dem ersten Symposium im Februar 2002 beeindruckt und Nachdenklichkeit ausgelöst.

Überrascht hatte auch die hohe Beteiligungsfrequenz, was den Leiter der DLR-Studie immerhin veranlasst haben dürfte, die Ärzteinitiative für eine Kooperation zu gewinnen.

Der DLR-Studie fehlte die epidemiologische Aussagefähigkeit. Es gab ein hohes Maß an Selektion in der Generierung des Probanden-Klientels. Ein abgelehnter Proband, der das System der Selektion durchschaute, sagte sinngemäß: *„Muss ich mir jetzt Gedanken wegen meiner Gesundheit machen, weil Sie mich als Studienteilnehmer ausgeschlossen haben?"*

Im Jahr 2001 erschien die sog. Synopsis. Dies war eine zusammenfassende und interpretierende Sichtung der Literatur zu Lärmschäden einer Gruppe von anerkannten Lärmforschern, die Grundlage für die Novellierung des Fluglärmgesetzes wurde. Im Sinne der DLR-Studie wurden die Lärmgrenzwerte von den Autoren der Synopsis vergleichsweise hoch gesetzt. Sie ermöglichen der Luftfahrtindustrie bis heute eine im Lichte der neuen Erkenntnisse kaum hinnehmbare Verlärmung der Umgebung.

In mehreren Stellungnahmen und Presseäußerungen zu den Ergebnissen der DLR-Studie stellte die Ärzteinitiative fest, dass sie epidemiologischen Anforderungen nicht genüge, und darüber hinaus zu den Langzeitauswirkungen auf die Gesundheit keine verlässlichen Aussagen zu treffen seien. Gänzlich unvertretbar war für sie, dass aufgrund der DLR-Studie unzumutbar belästigende oder gar die Gesundheit gefährdende Effekte ausgeschlossen werden könnten.

Immerhin machte der Widerspruch des Ergebnisses der DLR-Studie und des der Patientenbefragung der Ärzteinitiative deutlich, dass nun eine umfängliche epidemiologische Studie zur Absicherung der Gesundheitsgefahren erforderlich sei.

Die Epidemiologie vertritt den Wissenschaftspart, der die Häufigkeit und Verteilung von Krankheiten in der Bevölkerung erforscht und ihre Risikofaktoren identifiziert, um Maßnahmen zur Vorbeugung und Bekämpfung von Krankheiten zu ergreifen. Das Lexikon der Gefahren (Alexander Marguier, Köln 2010, S. 174 ff.) verweist auf die krank machenden Effekte des Lärms. Dort heißt es z.B. *„...die amerikanischen Streitkräfte haben laute Musik später im Irak und in Afghanistan konsequent als Folter eingesetzt, um gefangene Terrorverdächtige zu kooperativem Verhalten zu bewegen."*

Ein Meilenstein war die von der Ärzteinitiative angeregte und mit ermöglichte „Greiser-Studie", die im November 2006 vorgestellt wurde. Anhand der Daten von mehr als 809.000 Versicherten wird belegt, dass ab nächtlichen Lärmwerten von 40 bis 45 dB(A) eine Erhöhung des Medikamentenverbrauchs für Blutdrucksenker von 4 % für Männer und 27 % für Frauen erforderlich war.

Die niedergelassenen Ärzte aus den Praxen im Umfeld des Flughafens Köln/Bonn sahen sich in ihrer Beobachtung und ihren Thesen bestätigt, wonach um so mehr Arzneimittel für die Behandlung von Bluthochdruck, Herzerkrankungen, Schlaflosigkeit und nen verordnet wurden, je lauter der nächtliche Fluglärm war – also ein Fall von Dosis-Wirkungs-beziehung.

Der Einwand, dass Bluthochdruckentstehung durch nächtlichen Fluglärm nicht bewiesen werden könne, ist hiermit u. a. widerlegt. Die nachgewiesene Dosis-Wirkungs-beziehung ist darüber hinaus einzubetten in den allgemeinen Kenntnisstand, wonach von einem kausalen Zusammenhang zwischen Verkehrslärm und Bluthochdruck ausgegangen wird. Diese bereits seit längerem vorliegenden Erkenntnisse werden durch die Greiser-Studie erhärtet. Studien vor 2006, unter anderem der „Spandauer Gesundheitssurvey", hatten bereits eine signifikante Beziehung der Hypertonie in Abhängigkeit vom Lärmpegel nachgewiesen.

Auch neuere Studien wie die „Hyena- und Erikson-Studie" von 2007 belegen eine signifikante Dosis-Wirkungsbeziehung für Bluthochdruck ab Lärmpegeln von 40 bis 44dB(A). Es gibt noch weitere nach 2000 veröffentlichte Studien, die eine Dosis- Wirkungsbeziehung von Lärmpegeln und Hypertonie-Zunahme aufzeigen.

Bei praktisch allen Forschungsunternehmungen heißt es, mit dem Flugverkehr habe der Fluglärm trotz immer leiser werdender Flugzeuge in den letzten Jahrzehnten zugenommen.Zeiten der Ruhe und Erholung haben sich für die Bevölkerung in der Nähe von Flughäfen verringert und tendieren gegen Null.

Schutz vor Lärm als ein Grundrecht

Als Robert Koch 1910 den Lärm mit der Cholera und der Pest verglich, ahnte er nichts von der Zunahme der Weltbevölkerung auf 7 Milliarden am Ende des 20. Jahrhunderts und dem Trend zur globalen Mobilität. „Nachtruhe" galt vor noch nicht einmal hundert Jahren zuden Rechtsgütern, bei deren Verletzung man es zumindest mit „Nachtwächtern" zu tun bekam. Das „Rechtsgut der körperlichen Unversehrtheit" hat zwar Aufnahme im Grundgesetz der Bundesrepublik Deutschland gefunden (s. Art. 2, Abs. (2), Satz 1), droht aber aus den skizzierten Gründen einem „Etikettenschwindel" nahe zu kommen.

Wie alt die Erkenntnisse über die schädlichen Wirkungen von Lärm sind, kann auch einer Veröffentlichung in der Therapiewoche vom 24. Juni 1984 entnommen werden, in der Lärmwirkungen auf die Gesundheit vorgestellt wurden. Hier heißt es – unter pathologischen Einflussmöglichkeiten betr. Bluthochdruckentstehung – zum Lärm: „...*wie auch durch andere Stressoren hervorgerufene Blutdruck – / Blutmengensteigerung birgt er bei lang dauernder Einwirkung – je nach Anlage und psychischer Einstellung – eindeutig die Gefahr einer Hypertonie-Erkrankung in sich ... Epidemiologische Untersuchungsbeispiele für Hypertonie fördernde Auswirkungen von Lärm-Belastungen sind nun in der Tat gefunden worden... .*"

Knippschild schrieb bereits 1976 über kardiovaskuläre Beeinträchtigungen durch Fluglärm:

> „...bei Flughafenanwohnern in Zonen mit doppelt so hohem Fluglärmbewertungsmaßstab sind etwa 50% und mehr Personen kardiovaskulär beeinträchtigt. Auch die Längsschnitt-Studie lässt in diesem Zusammenhang erkennen, dass sich im Zeitraum von 6 Jahren in der stärker belärmten Zone die Häufigkeit der Bluthochdruckkrankheit verdoppelt hat. Entsprechend ist die Zahl der Arztbesuche, die relativ leicht feststellbar ist, in diesen Zonen 2–3 mal höher. Ähnliche Ergebnisse liegen aus der Schweiz vor, wobei als weiteres Indiz für die mit Stresswirkung des Lärms der Arzneimittelkauf bzw. der Tablettenkonsum dient..."

Auch bei Verkehrslärm wurden diesbezügliche Untersuchungen durchführt wie die von Alfs und Neuss von 1980. Bei ihnen zeigte sich, dass bei Hypertonie-Behandlungen der Prozentsatz im lauten Wohngebiet mit 22,8% signifikant die Zahl der betroffenen im leisen Wohngebiet (<50 dB(A)) mit 14,6% übertraf. Darüber hinaus wurde eine signifikante Beziehung zwischen Wohndauer und Hypertonie-Behandlung im lauten Gebiet ermittelt (vgl. M. Spreng in Therapiewoche 34, 1984).

Mit anderen Worten: Die bei den Patienten heute festgestellten Symptome belegen ein seit Jahren bekanntes medizinisches Phänomen.

Der aktuelle Erkenntnisstand wird am Besten in der Übersichtsarbeit von Martin Kaltenbach und Christian Maschke wiedergegeben (Kaltenbach, Maschke, Gesundheitliche Auswirkungen von Fluglärm, Deutsches Ärzteblatt, August 2008). In dem Beitrag wurden die epidemiologischen Studien für die Jahre 2000-2007 im Rahmen einer Metaanalyse gesichtet. Aus 81 Publikationen identifizierten sie 10 Primär-Studien und fassten das Ergebnis wie folgt zusammen: „Fluglärmbedingte Dauerschallpegel im Wohnumfeld außerhalb von Gebäuden von 60 dB(A) tagsüber und 45 dB(A) in der Nacht sind mit einer Zunahme von arterieller Hypertonie assoziiert, die bei zunehmendem Fluglärmpegel weiter ansteigt. Die Verordnung blutdrucksenkender Medikamente ist mit einem nächtlichen Fluglärmpegel von etwa 45 dB(A) assoziiert, die ebenfalls Dosis abhängig ist. Bei einem Pegel von 55 dB(A) tagsüber fühlen sich heute 25% der Bevölkerung hochgradig belästigt; Lärmpegel ab 50 dB(A) tagsüber außen sind mit relevanten Lernstörungen bei Schulkindern assoziiert.“

Es kann heute als unumstritten angesehen werden, dass umweltbedingter Lärm einen erheblichen Stressor im Hinblick auf die menschliche Gesundheit darstellt. Eine Korrektur der sog. Synopsis 2001 ist dringend geboten, wenn denn die grundgesetzlich verankerte Zusicherung des Staates „Jeder hat das Recht auf Leben und körperliche Unversehrtheit“ nicht zu einer Farce verkommen soll. Die Gegenüberstellung der alten Werte der Synopsis 2001 mit den – durch aktuelle epidemiologische Befunde belegten – neuen Werten erbringt den Nachweis, dass in Ausfüllung der zitierten grundgesetzlichen Vorgaben künftig für alle Lebensbereiche niedrigere Grenzwerte zu definieren sind.

Über das Konglomerat von Zuständigkeiten und die Gefahr, darin zerrieben zu werden

Wie reagiert die Politik auf die sich mehr und mehr festigenden Erkenntnisse der Lärmwirkungsforschung? Und wie sehen die Erfolge der Ärzteinitiative aus?

Von Beginn an arbeitete die Ärzteinitiative mit einer Fülle von Kontakten. Mittels Informationsbriefen und Anfragen wandte sie sich an Parlamentarier auf Landes-, Bundes- und EU-Ebene. Daneben unterhielt sie rege Kontakte zu Vertretern der Kommunen, des Landes NRW und diversen zuständigen und für zuständig gehaltenen Ministerien – auch auf Bundesebene.

Die Schreiben gelangten in zunehmendem Maße auf die Verschiebebahn. Nach vielem Hin und Her zeichnete sich oftmals ab, dass die „eigentlichen Entscheider“ in den Wirtschafts- und Verkehrsministerien zu suchen sind. D.h. die Beurteilungs- und Entscheidungslegitimation in der Lärmproblematik obliegt nicht Gesundheitsbehörden oder den Ministerien für Gesundheit im Bund bzw. in den Ländern, sondern den für Wirtschaft und Verkehr zuständigen Institutionen.

Mit Erstaunen hat die Ärzteinitiative zur Kenntnis zu nehmen gehabt, ja lernen müssen, dass Parlamentsmitglieder, die sich im Sinne der hier skizzierten Anliegen in ihren parlamentarischen Gremien zu äußern und stimmlich entsprechend einzubringen anschickten, „Intensiv-Gespräche" zu gewärtigen hatten – etwa mit dem Thema „Über die Bedeutung des Fraktionszwangs" bzw. „Konsequenzen bei parlamentarisch demonstrierter Eigenständigkeit".

Die Schreiben der Ärzteinitiative wurden von ihren Adressaten zwar durchweg freundlich und höflich beantwortet. In der Sache allerdings „konsequent".

Am Ende konnte man darauf wetten, eine Antwort zu bekommen mit dem Hinweis der fehlenden Zuständigkeit, der fehlenden Möglichkeit zur Intervention oder mit dem Hinweis auf begrenzte Einflussmöglichkeiten.

Als positiven Bescheid musste man es schon werten, wenn ein Adressat schrieb, er wolle sich einmal umhören, wer in der Sache vielleicht etwas beitragen könne.

Das der „Flug–Lobby" nachgesagte „Entree in entscheidungsrelevante Kreise" ist der Ärzteinitiative zu keiner Zeit gewährt worden, noch viel weniger ist sie um die Vermittlung ihrer Erkenntnisse zu „Nachtfluglärm bedingte Gesundheitsschäden" gebeten worden.

Die Vorstellung erster Zwischenergebnisse der Greiser-Studie, die bereits deutliche Hinweise auf Gesundheitsschäden infolge nächtlichen Fluglärms erkennen ließen, führten nicht zu einem Umdenken auf Landesebene. Das sog. 22-Punkte-Papier wurde in NRW nicht umgesetzt. Im Gegenteil: Es drängte sich der Eindruck auf, dass man die vermittelten Abweichungen vom Mainstream als ungewünschte Einengung empfand.

Erkenntnisse, die den bestehenden Vorstellungen zuwider laufen, werden negiert.

Diese Zurückhaltung bzw. Ablehnung jeglicher ernsthafter Aktivität ist nicht nur bei Parlamentariern zu verspüren. Auch Bundes- und Landesärztekammern haben – aus gegenwärtiger Sicht – Neutralität wahrende Zurückhaltung gezeigt.

So vermag die Ärzteinitiative „selbst nach zehn Jahren des Rackerns" nicht den Nachweis zu erbringen, der Bevölkerung nachhaltig gedient zu haben – beispielsweise über durchgreifende Beiträge zur Erhaltung der natürlichen Lebensgrundlagen, vgl. oben zitierter § 1 der Bundesordnung für Ärzte.

Der viele Ordner füllende Schriftwechsel der Ärzteinitiative belegt leider nur wenige Erfolge, hingegen „Frustration in umfänglichem Maß", wenn man die außerparlamentarisch erzielten Übereinstimmungen mit zahllosen Wissenschaftlern außer Acht ließe.

Man könnte sich sinngemäß der Meinung eines engagierten Bürgers anschließen, der ernüchtert schlussfolgerte: *Meine Erfahrungen in der Fluglärmkommission haben mich gelehrt, dass ich keinem Parlamentarier, welcher Partei er auch immer angehören möge oder angehört, im Zusammenhang mit dem Fluglärm und der angestrebten Reduktion desselben, Glauben und Vertrauen schenken kann. Alle Parteien in den letzten 20 Jahren haben, sofern sie in der Opposition waren, ein offenes Ohr für die Problematik gezeigt; in dem Augenblick, als sie an die Macht kamen, haben sie sich an das, was sie zugesagt haben, nicht mehr erinnert.*

So sei denn die Frage erlaubt: Kann chronische Frustration zu Ohnmachtsgefühlen führen, die bis zur geistigen Starre ausarten – mit möglichen Auswirkungen auf den Erhalt der Demokratie?!

Ausblick und Schlussfolgerung

Der Beitrag hat gezeigt, welche Aktivitäten auf dem Gebiet der Lärmwirkungsforschung in den letzten Jahren durchgeführt wurden und wie die Entscheidungsträger in der Politik darauf reagierten.

Das vorliegende Fluglärmschutzgesetz sieht entgegen medizinischer Forderungen keinen aktiven Lärmschutz vor. Die politischen Entscheidungsträger haben sich bis heute geweigert, die gesetzlichen Grundlagen dafür zu legen. Sie negieren erdrückende wissenschaftliche Erkenntnisse. Sie verhindern, dass festgelegte Schutzziele für Kranke, Alte und Kinder eingehalten und diese Normen auf die Gesamtheit der Bevölkerung ausgedehnt werden.

Hoffnung verbreitet derzeit insoweit das Urteil des Bundesverwaltungsgerichts vom 16. März 2006. Mit Blick auf den Ausbau des Flughafens Berlin-Schönefeld verpflichtet es die Planfeststellungsbehörde, ein weitgehendes Nachtflugverbot in der Kernruhezeit von 0:00 Uhr bis 5:00 Uhr anzuordnen. So ist der Jurisdiktion zu danken, dass sie die Vorgaben des § 29 b des Flugverkehrsgesetzes ernst nimmt, wo es u. a. heißt: *...auf die Nachtruhe der Bevölkerung ist in besonderem Maße Rücksicht zu nehmen.*

Inzwischen liegen so viele belastbare Studien vor, die die Gesundheitsschädlichkeit von Lärm und Fluglärm, insbesondere nächtlichen Fluglärms, belegen, dass der Zeitpunkt gekommen ist, diese erarbeiteten Ergebnisse in die Gesetzgebung einfließen zu lassen – wenn nicht mit Hilfe der hierzu gewählten Volksvertreter, dann vielleicht unter dem Druck einer höchstrichterlichen Entscheidung. Dazu könnten

- in Anlehnung an Methoden der Arbeitsmedizin wissenschaftlich ermittelte Grenzwerte mit Blick auf Nachtfluglärm markiert werden; beispielsweise „Maximale Lebensraum Konzentration" (MLK),

oder

- in Anlehnung an Methoden der Klimawissenschaften, die den CO_2-Ausstoß von Industrieunternehmen kontingentieren, „Lärmkontingente" bestimmt werden.

Anhang

Anlage 1: Abgehaltene Symposien:

- Februar 2002: Auswirkungen von Nachtfluglärm auf die Gesundheit.
- April 2003: Lärmbedingte Schlafstörungen - ein Zukunftsthema von Lärmwirkungs- und Schlafmedizinforschung.
- November 2006: Gesundheitsgefährdung durch vor allem nächtlichen Fluglärm – Ergebnisse epidemiologischer Untersuchungen.

Anlage 2: Vorträge auf Kongressen und sonstigen Foren

- September 2002: Christlich-Sozialethischer Kongress Köln (CSKK): „Nachtruhe ist Menschenrecht". Insbesondere wurden Forschungsergebnisse der Gesellschaft für Schlafmedizin diskutiert. Ihre Untersuchungsergebnisse erbrachten den Hinweis, dass Nachtfluglärm Schlafstörungen auslöst und zur Erkrankung durch „nicht erholsamen Schlaf" führt. Messbar waren die Störungen des physiologischen Schlafs in seiner Schlaftiefe, seiner Schlafkontinuität, seiner Dauer und im Phasen Ablauf, so dass von nachhaltigen Schlafstrukturstörungen auszugehen ist. 1996 konstatierte auf dem Internisten Kongress Professor v. Wichert *„Erholsamer Schlaf stellt für die Erhaltung körperlicher Leistungsfähigkeit eine conditio sine qua non dar."* Nicht erholsamer Schlaf ist vergesellschaftet mit den großen Volkskrankheiten wie Herz- und Kreislaufkrankheiten, Depressionen, Adipositas.
- September 2003: Jahrestagung der deutschen Gesellschaft für Schlafforschung und Schlafmedizin in Cottbus. Extrinsische Schlafstörungen im Umfeld von Flughäfen an Hand von Fallbeispielen aus dem Umfeld des Flughafens Köln/Bonn.
- Juli 2004: Tagung des Bundesministeriums für Umwelt-, Naturschutz- und Reaktorsicherheit in Bonn „Wie schädlich ist Fluglärm?"
- November 2008: Fachtagung des Landschaftsverbands Rheinland in Bensberg „Landschaft und Gesundheit"; spezielles Thema „Verlärmung der Landschaft als Gesundheitsrisiko".
- August 2008: Bonn - Inner WHEEL- „Fluglärm und Gesundheit, Einführung in die Komplexität der Fluglärmproblematik".
- März 2009: Kartographie für Gemeinden des Rhein-Sieg-Kreises: „Beeinträchtigung der Gesundheit durch nächtlichen Fluglärm".
- August 2009: Tagung der Stadtverwaltung Siegburg – Vorstellung weiterer Studien Professor Greisers zur vermehrten Häufigkeit von Schlaganfall und weiterer Folgen durch Bluthochdruck. Außerdem Auftreten von Tumorleiden unter Nachtfluglärm-Einwirkungen.
- April 2010: Fachtagung Nachtfluglärm des Umweltbundesamtes in Berlin „Fluglärm aus der Sicht niedergelassener Ärzte im Umfeld des Flughafens Köln/Bonn".

Anlage 3: Kontakte

- 10/2001: „Ärzte im Rhein-Sieg-Kreis kämpfen gegen Fluglärm" (Rund 60 Mediziner engagieren sich bereits in einer Initiative - Patienten klagen über Schlafstörungen durch Nachtflüge).
- 04/2002: „Hoppe bietet Moderation im Streit um Nachtfluglärm an"; (Kammerpräsident zu Gast bei medizinisch wissenschaftlichem Symposium der „Ärzteinitiative für ungestörten Schlaf Rhein-Sieg" - Patientenbefragung belegt mögliche Gesundheitsstörungen durch nächtliche Flüge im Raum Köln/Bonn.
- 08/2003: „Lärmbedingte Schlafstörungen"; 2. Symposium der Ärzteinitiative für ungestörten Schlaf Rhein-Sieg zur Lärmwirkungs- und Schlafmedizinforschung in Siegburg
- 09/2005: „Wie Krank macht nächtlicher Fluglärm?" Ärzteinitiative gegen Fluglärm gibt sich eine Satzung und hofft auf den baldigen Start einer epidemiologischen Studie.
- 01/2007: „Mehr Fluglärm - mehr Arzneimittel"; weltweit größte epidemiologische Studie zur Gesundheitsgefährdung durch Fluglärm in Siegburg vorgestellt.
- 08/2009: „Drei Klagen gegen Fluglärm"; örtliche Ärzteinitiative kämpft weiter gegen den nächtlichen Fluglärm in der Umgebung des Flughafens Köln/Bonn und die Auseinandersetzungen über ein Nachtflugverbot gehen in eine neue juristische Runde.
- Die Ärzteinitiative hat Kommunen im Einzugsgebiet des Flughafens Köln/Bonn sowie den Landrat des Rhein-Sieg-Kreises von Anfang an über ihre Arbeit und Ergebnisse unterrichtet.
- Die Ärzteinitiative folgte mehreren Einladungen zur Vorstellung Ihrer Erkenntnisse in den Umweltausschüssen der Städte Köln, Bonn, Siegburg, Bergisch Gladbach und Hennef.
- Die Ärzteinitiative hat den Anstoß zur Durchführung einer großen epidemiologischen Studie (Auswertung von Daten Krankenversicherter im Umkreis des Flughafens Köln/Bonn) gegeben. Federführend war das Umweltbundesamt, von dem die Gesamtfinanzierung getragen wurde.
- Die Ärzteinitiative hat in zahlreichen Gesprächen mit Vertretern der größeren Fraktionen und in Vorträgen vor weiteren Gremien der Region Unterstützung für die große epidemiologische „Greiser Studie" gesucht und erhalten (Anfangsfinanzierung) – neben breiter Mobilisierung im Zusammenhang mit den Symposien und Presseveranstaltungen.
- Auf Anforderung der Bundesärztekammer Berlin konnte die Ärzteinitiative eine Stellungnahme zur Novellierung des Fluglärmgesetzes im Juni 2004 abgeben. Die aus medizinischer Sicht erforderlichen Maßnahmen für aktiven Schallschutz fanden allerdings keinen Niederschlag in der nachfolgenden Gesetzgebung.
- Die Ärzteinitiative hat Bundestags- und Landtagsabgeordnete sowohl schriftlich als auch mündlich, also umfänglich informiert. Beispielhaft sei erwähnt ein Gespräch mit den Berichterstattern der Bundestagsfraktionen von CDU und SPD für die Novellierung des Fluglärmgesetzes – unter Mitwirkung der Wissenschaftler Greiser und Maschke.
- Die Ärzteinitiative hat vor Vertretern des NRW-Umweltministeriums sowie solchen des Umweltausschusses der Landesregierung in Düsseldorf vorgetragen.

- Auch die für die Region zuständige Abgeordnete des Europaparlaments wurde über neue Erkenntnisse des Lärmschutzes umfänglich informiert.

Großprojekte aus der Sicht der Bürger

Dirk Treber

Das Ergebnis steht fest: Bemerkungen zu den Verfahren der Bürgerbeteiligungen bei Flughafenprojekten in Deutschland

Zusammenfassung

Vordergründig betrachtet hat es im Rhein-Main-Gebiet eine ständige Beteiligung von Bürgern an Fragen der Flughafenentwicklung gegeben:

- Im *Flörsheimer Wald* wurde zu Zeiten der geplanten Starbahn West zwischen Politikern und Bürgern diskutiert.
- In das *Mediationsverfahren* vor dem Bau einer vierten Rollbahn wurden viele gesellschaftliche Gruppen einbezogen.
- Im eigentlichen Ausbauverfahren hat der *Regierungspräsident* verschiedenste Ansichten zur Kenntnis genommen und eine Abwägung vorgenommen.
- Nach dem Ende des Mediationsverfahrens hat das *Regionale Dialogforum* (RDF) den Flughafenausbau weiter kritisch begleitet.
- Und jetzt soll das *Umwelt- und Nachbarschaftshaus* (UNH) unter Beteiligung vieler Gruppen dessen Arbeit fortsetzen.

Scheinbar gibt es also einen unendlichen Strom an Partizipationsmöglichkeiten, der den Anschein erweckt, als bestimmten die verschiedensten Interessengruppen über die Entwicklung des Flughafens mit. Tatsächlich aber ist dies nicht der Fall.

Die Erfahrungen, die ich aus der Beobachtung der Prozesse im Verlauf von mehr als 30 Jahren ziehen kann, zeigen ein anderes Bild: Das was sich Politik und Wirtschaft im Vorfeld ausdenken, wird praktisch unverändert umgesetzt. Im Zeitverlauf wechseln nur die Formen der öffentlichen Diskussion, welche die vorher gefassten Beschlüsse in der Umsetzungsphase begleitet.

Zu Zeiten der Startbahn West wurden diese Formen stark von Bürgergruppen geprägt und konnten sich etwas von der Politik lösen. Seit dem Mediationsverfahren werden die Formen wieder weitestgehend von der Politik bestimmt. Die Politik hat aus den Startbahn West Erfahrungen gelernt: Sie lässt sich die Bestimmung der Formen der öffentlichen Meinungsäußerung nicht mehr aus der Hand nehmen. Am Ergebnis ändert das nichts: die ex ante gefassten Beschlüsse werden umgesetzt.

Dies möchte ich im Folgenden beleuchten. Was die Methodik anbetrifft, werde ich Erlebtes und Erfahrenes schildern und meine Aussage damit begründen.

Frühe Proteste gegen den Fluglärm

Wie fing meine Beteiligung an Fragen der Flughafenentwicklung an? Mitte der 60er Jahre kam Umweltpfarrer Oeser von Offenbach nach Mörfelden. Das Pfarrhaus lag dem Haus meiner Eltern schräg gegenüber. Pfarrer Oeser war einer der ersten, der das Unrecht des Fluglärms anklagte und aktiv wurde. Ich war Konfirmand und kam auf diese Weise mit seinen Aktivitäten in Berührung.

Danach wurde es erst einmal ruhig. Im Herbst 1978 begann dann die Flughafenerweiterung zunächst mit der Verlängerung des bestehenden Start- und Landebahnsystem. Dass der Fluglärm damit neue Flächen des Rhein-Main-Gebietes erreichen würde, war allen klar. Es kam zur Bildung von Protestbewegungen. Ich war einer der Mitgründer der Bürgerinitiative. Wir waren die Urzelle, und Mörfelden-Walldorf wurde „Zentrum des Widerstandes" genannt. Es waren Kirchenleute, Gewerkschaftsleute, Arbeiter, Angestellte unter den Aktivisten. Alles fing klein an und wurde dann immer größer. Beim ersten Waldspaziergang, den wir organisierten, wanderten 200 Leute mit auf den Platz der zukünftigen Bahn im Wald. Später kamen Tausende. Gleich beim ersten Mal war viel Polizei dabei. Die Nummernschilder der Autos der Beteiligten wurden aufgeschrieben. Dabei war die Wanderung völlig legal.

Die Formen des Protestes werden diskutiert

Es entwickelte sich die Meinung, man müsste mit einer Aktion des zivilen Ungehorsams auf das Anliegen aufmerksam zu machen. Als solche wurde der Bau einer Hütte im Wald – was illegal war – ausgesucht. Wir hatten ein halbes Jahr vorher in aller Öffentlichkeit darüber diskutiert. Auf diese Weise wurde die Bevölkerung frühzeitig informiert.

Dann kam die Aktion. Lokale Handwerker machten mit. Bauteile wurden vorgefertigt und dann in einer Nachtaktion und im Lauf des folgenden Vormittages im Wald zusammengebaut. Die Presse wurde erst informiert, als die Hütte schon fertig war. Die Polizei kam am späten Vormittag und meinte aber, sie sei nicht zuständig, weil es um Baurechtsfragen ginge. Stattdessen kamen Politiker. Die Hütte blieb stehen. Jeden Sonntag gab es Kaffee und Kuchen. Unter den Bürgerinitiativen wurde ein Dienstplan aufgestellt, wer wann die Betreuung zu übernehmen hatte. In der Folgezeit kamen immer mehr Leute raus in den Wald.

Die nahende Rodung entfacht Aktivitäten

Im Oktober 1980 spitzte sich die Situation zu, denn die Rodung rückte näher. Das löste mehr und mehr Aktivitäten aus. Mittlerweile hatten Kirchengemeindemitglieder eine Kirche gebaut. Andere Gruppen bauten weitere Hütten, so dass ein richtiges Hüttendorf entstand.

Die erste Abholzung musste verschoben werden, weil etwa 1.000 Demonstranten den Platz besetzt hatten. Diese aber konnten nicht ewig im Wald verbleiben. Als sie verschwanden, wurden die ersten Flächen (ca. 7 ha) zum Einrichten der Baustelle abgeholzt. Das war im Herbst/Winter 1980. Die Aktivisten reagierten mit einem dauernden Dorfleben, um das weitere Abholzen zu verhindern. Es gab einen Küchendienst und alles das, was zum Leben einer größeren Gruppe nötig ist.

Was etwas störend wirkte, waren vorwiegend jüngere Leute, die teilweise von weither kamen, um Abenteuer zu suchen. Die unterschiedlichen Motivationen der Anwesenden gaben Anlass zu heftigen Diskussionen.

Wichtiger war aber etwas anderes. Von Seiten der Wirtschaft und der Politik wurde die Stimmung zunehmend aggressiver. Ministerpräsident Börner sagte, *„früher am Bau hätte man das mit der Dachlatte erledigt"*. Innenminister Gries erklärte, bei den Demonstranten handele es sich um Chaoten, Asoziale und Vorzeigebürger, die pro Tag 10,00 DM aus der DDR erhalten würden. Die Bewegung wurde von der Politik zunehmend kriminalisiert.

Einige aus der Bewegung suchten den Kontakt zu anderen Protestgruppen. Fünf Leute flogen nach Japan, um die Proteste gegen den Flughafen Narita zu beobachten. Dort verliefen die Aktivitäten teilweise radikal. Die hessische Politik ließ sogleich verlauten, wir wollten uns die radikalen Kampfformen abgucken.

Eine Volksabstimmung wird vorbereitet

Ab April 1981 gab es parallel zu den Aktivitäten im Wald eine Diskussion, ob man nicht mittels eines Bürgerbegehrens bzw. einer Volksabstimmung, was in Hessen möglich ist, das Vorhaben kippen könnte. Mit Hilfe von Naturschutzverbänden wurde dies auch vorbereitet und durchgeführt. Es wurden hessenweit Unterschriften gesammelt. Es kamen mehr Unterschriften zusammen als notwendig waren. Am 14. November 1981 wurden diese abgegeben. Die hessische Landesregierung akzeptierte das Bürgerbegehren nicht und beauftragte den Staatsgerichtshof mit einer Prüfung. Dieser ließ dann auch das Volksbegehren im Januar 1982 nicht zum Entscheid zu, weil das Luftfahrtsrecht als Bundesrecht über dem hessischen Landesrecht stünde.

Am 10. Oktober 1981 kam es zu einer großen Demonstration in Bonn gegen die Nachrüstung mit mehr als 100.000 Menschen. Am nächsten Tag kam es im Wald bei Kelsterbach zum sog. ‚Blutsonntag'. Ein Gottesdienst fand statt. Die Polizei rückte mit Wasserwerfern und Hubschraubern an und schoss mit Wasser in die Menge. Es gab viele Verletzte. Die Staatsmacht wollte zeigen, dass sie das Treiben nicht länger toleriere.

Im November löste die Polizei das Hüttendorf auf. Mit Gewalt wurde das Dorf bis auf die Kirche abgeräumt. Im weiteren Verlauf kam es zu einer sonntäglichen Veranstaltung, die als ‚nackter Sonntag' bekannt wurde. Geplant war, dass möglichst viele Menschen im Wald spazierten und dann auf die schon abgeholzte Fläche gehen und sich dort aufhalten sollten. Diese Fläche war mit Stacheldraht umzäunt worden, um genau das zu verhindern. Fünf Leute, darunter meine Frau, stiegen über den Stacheldrahtverhau und standen nackt auf der freien Fläche. Etwas weiter hinten stand die Polizei. Insgesamt waren etwa 30.000 Menschen anwesend. Darunter auch autonome Gruppen, die militanter vorgehen wollten. Besonders viel passierte aber nicht. Der hessische Innenminister kam und verhandelte mit den Demonstranten, konnte jedoch das zugesagte Moratorium nicht bei der Landesregierung durchsetzen.

Vielen Aktivisten erschien diese Demonstration zu harmlos und brav. Es gab dann weitere Aktionen, die mehr indirekte Gewalt beinhalteten, wie Autobahnblockaden etc.

Genau in dieser Zeit wurden die Unterschriften für das Volksbegehren übergeben. Dieses friedliche Ereignis, an dem über 150.000 Menschen beteiligt gewesen waren, wurde durch die Aktivitäten im Wald und am Flughafen deutlich in den Schatten gestellt. Die

Presse thematisierte die Gewalt, während das friedliche Volksbegehren wenig beachtet wurde. Es kam in den folgenden Wochen zu weiteren Aktionen, bei denen die Polizei deutlich aggressiv agierte.

Letztlich hat sich dieses aggressive Vorgehen der Polizei ausgezahlt. Die Bereitschaft von Menschen teilzunehmen, nahm zum Frühjahr 1982 hin ab. Die Ereignisse im Flörsheimer Wald begannen der Vergangenheit anzugehören.

Die Lehren aus den Startbahn West Aktivitäten

Welche Lehren sind zu ziehen?

- Die Bürgerinitiativen haben es geschafft, viele Bürger zu aktivieren und anzuziehen. Die Bürger bemerkten, dass es um demokratische Rechte ging. Und sie bemerkten auch, dass es um ökonomische Vorteile ging, die sich Einige auf Kosten der Lärmopfer aneignen wollten. Das war undemokratisch und ungerecht.
- Interessant war die Vielfalt der Protestformen: Leserbriefe, Unterschriftensammlungen, Petitionen, BI-Gründungen, ein Volksbegehren und nicht zuletzt direkte Aktionen: Umweltstafette, Bemalungen etc. Ganz verschiedene Gruppen – kirchliche Gruppen, politische Gruppen, Gewerbetreibende – wurden einbezogen und machten mit.
- In der engeren Region um den Flughafen war die Beteiligung am stärksten. Hier kam es auch zur Solidarisierung heterogener Gruppen. Mit anderen Regionen kam es zu einem Austausch mit Protestgruppen, wie z.B. mit dem Landkreis Offenbach (Giftmülldeponie Mainhausen), Südhessen (AKW-Biblis-Gegner), verschiedene Taunusstädte (B8-Ausbau), dann Freie Republik Wendland bei Gorleben, neuer Münchner Flughafen im Erdinger Moos, später WAA Wackersdorf etc.

Alles in allem gesehen war der Protest, so vielfältig er ausgeübt wurde, wirkungslos. Und das hat er gemein mit allen folgenden Ereignissen rund um den Frankfurter Flughafen.

Das Mediationsverfahren

Die Startbahn West war nicht das letzte Expansionsprojekt des Flughafens gewesen. Der Flughafen breitet sich immer mehr im Rhein-Main-Gebiet aus. Das ist ein anhaltender Prozess, der getrieben wird von den Interessen der Luftverkehrswirtschaft.

In diesem anhaltenden Prozess hatte auch das Mediationsverfahren nicht die Aufgabe, einen wirklichen Kompromiss zwischen den Expansionsbestrebungen Einzelner und der Region zu suchen.

Vielmehr sollten die Bürger für das geplante Projekt gewonnen werden. Die SPD hatte Angst, die kommende Landtagswahl zu verlieren, und bemühte sich, etwas zu organisieren.

Als sich mehr und mehr herausstellte, dass das Mediationsverfahren nicht auf einen Kompromiss ausgerichtet war, sondern auf die weitgehende Absegnung der vorher verabredeten Flughafenexpansion, da kam es nicht zu Protesten wie zu Zeiten der Startbahn West. Die Formen des Protestes sind heute andere geworden. Alle Beteiligten haben gelernt. Die Städte und Gemeinden spielen heute eine größere Rolle als früher. Die Bevölkerung ist weniger aktiv. Die Städte haben sich mit Rechtsbeiständen versorgt, was 1980 noch nicht in diesem Umfang der Fall war.

Aber auch diese neuen Formen des Protestes sind wirkungslos. Es ist noch nie gelungen, ein Großprojekt auf rechtlichem Weg zu stoppen. Auf geheimnisvolle Weise bestätigen die Gerichte regelmäßig das, was die Wirtschaft fordert und die Politik unterstützt.

Ich bin nicht gegen den juristischen Weg. Aber letztlich ist er wirkungslos. Aber ohne die Bürgerproteste lässt sich nichts erreichen.

Immer eine Rolle gespielt hat beim jüngsten Flughafenausbau die Frage von wirtschaftlichem Wachstum und Arbeitsplätzen. Das war früher nicht so stark der Fall. Diese Fragestellung auch bewegte die Kommunalpolitiker, denen die vom Flughafenausbau erhofften materiellen Vorteile wichtiger sind als der Lärmschutz für die Bürger. Diese Vereinnahmung der Kommunen durch das Vorgaukeln wirtschaftlicher Vorteile ist vermutlich auch der Grund, warum diese Aspekte so betont werden.

Die Gründe für das Mediationsverfahren

Es wird heute behauptet, die Gewaltverhinderung sei das Entscheidende am Mediationsverfahren gewesen sein. Aber das kann nicht sein. Man hat versucht, mit dem Mediationsverfahren eine *Akzeptanz* für den Ausbau zu schaffen, nicht eine Gewaltverhinderung vorzunehmen. Die Akzeptanzschaffung war das primäre Ziel. Die SPD hatte Angst, Wählerstimmen zu verlieren – nicht wegen eventueller Gewalt, sondern wegen des gebrochenen Börner-Versprechens. Dem Bürger sollte das Gefühl gegeben werden, der Bürger sei einbezogen und könnte seine Sorgen und Nöte loswerden. Tatsächlich war der Ausbau aber beschlossene Sache. Es sollten nur die Bedingungen noch ein wenig diskutiert und evtl. leicht geändert werden, unter denen dieser Ausbau stattfand. Eine Mediation im eigentlichen Sinne gab es nie.

Sieben Jahre später zeigte das Verhalten von Ministerpräsident Roland Koch, dass nicht einmal die Bedingungen des Ausbaus diskutabel waren. Koch hatte sieben Jahre lang in der Öffentlichkeit erklärt, den Ausbau gebe es nur, wenn, wie im Mediationsverfahren vereinbart, ein Nachtflugverbot käme. Dann hieß es plötzlich, dies gelte nicht mehr.

Auch Roland Koch hat also ein Spiel gespielt. Das ganze Mediationsverfahren war eine Farce.

Das Regionale Dialogforum

Wenn man von einer Farce spricht, dann gilt das ganz besonders für das Regionale Dialogforum. Ich kann dies sagen, denn ich war Mitglied des RDF. Ich war dort für die Bundesvereinigung gegen Fluglärm tätig.

Den Bürgerinitiativen hatte ich geraten, nicht teilzunehmen, weil das Forum meiner anfänglichen Einschätzung nach nur der Akzeptanzschaffung diente, und nicht das Ziel hatte, wirkungsreiche Beschlüsse zu fassen. Dies war ja dann auch der Fall. Insofern war für mich die Anwesenheit im RDF ein Spagat.

Gelernt habe ich im RDF sehr viel. Es wurden viele Themen angerissen. Wir hörten viele Fachleute. Man konnte Argumente einbringen, und es ergaben sich interessante Diskussionen. Man lernte und konnte für seine eigene Position werben. Es herrschte ein angenehmes Klima. Aber letztlich hatte nichts irgendeine Wirkung. Genau das war die Absicht gewesen.

Interessant war ein Einblick in Machtstrukturen bei den Verbänden: Im RDF waren Vertreter der Industrie, der Kommunen, Handelskammern, Kirchen und Gewerkschaften anwesend, d.h. Vertreter von Gruppen mit durchaus heterogenen Meinungen. Meist war die Basis gegen den Ausbau und für das Nachtflugverbot, während merkwürdigerweise die Spitzen auf Landesebene den Ausbau befürworteten. Ich denke, viele der genannten Gruppen und Institutionen sind auf finanzielle Zuwendungen des Landes Hessen angewiesen.

Auf der letzten Sitzung des RDF fand nun eine Abstimmung über den Antilärmpakt statt. Angesichts der aufgezeigten Meinungsvielfalt in den Gruppen hätte ich erwartet, dass die Vertreter der Verbände eine differenzierte Meinung abgeben würden. Das war aber nicht der Fall. Nur der Vertreter der Industrie- und Handelskammer (IHK) sagte wahrheitsgemäß, dass die Handelskammer an sich für den Ausbau sei, dass es aber unter den Mitgliedern der Handelskammer auch andere Meinungen gebe. Diese Vielfalt nach außen bekannt zu geben, hätte den anderen Gruppen, den Kirchen und Gewerkschaften, gut angestanden.

Mediation an anderen Orten

Man hört jetzt zunehmend, dass Mediationsverfahren auch an anderen Orten eingesetzt werden. Dabei zeigen sich deutliche Unterschiede im Ansatz.

In Wien z.B. war die Stimmung von vornherein insgesamt weniger ausbaugegnerfeindlich. Die Situation war wesentlich mehr auf einen wirklichen Kompromiss hin ausgerichtet. Beschlossene Maßnahmen wurden zügig umgesetzt. In Frankfurt dagegen sollte gerade kein Kompromiss erreicht werden. Vielmehr sollten, so weit wie es geht, mögliche Maßnahmen verhindert, zurückgehalten und gerade nicht umgesetzt werden.

Interessen und Interessenkonflikte

Viele unerfreuliche Entwicklungen resultieren daraus, dass Menschen erst dann aktiv werden, wenn sie persönlich betroffen sind. Das führt dazu, dass zu den Zeitpunkten, zu denen die notwendigen Entscheidungen zu treffen sind, d.h. im Planungsstadium, relativ wenig Widerstand gegen Flughafenerweiterungspläne vorhanden ist.

Wir hatten in Mörfelden am Waldrand keinen Fluglärm. Entsprechend wenig Bürger dieser Gegend beteiligten sich an den Demonstrationen. Als 1984 die ersten Flugzeuge flogen, kamen die Bürger auf einmal zu uns und sagten, wenn sie diese Folgen gekannt hätten, hätten sie bei uns mitgemacht. Ähnlich ist das Verhalten einiger Kommunen heute: Heusenstamm und Obersthausen hatten sich immer für den Flughafenausbau ausgesprochen. Sie waren nicht solidarisch mit Offenbach oder Mühlheim, die intensiv von Fluglärm betroffen sind. Erst jetzt sind diese Städte geringfügig von Fluglärm belastet durch die neuen veränderten An- und Abflugrouten, denn einige wenige Flüge sollen über diese Ortschaften geleitet werden. Jetzt auf einmal engagieren sich diese Kommunen gegen die Verlärmung.

Es muss immer wieder betont werden, dass Kommunen und Bürger, die protestieren, nicht grundsätzlich gegen den Flughafen sind. Sie wollen nur nicht negativ tangiert werden. Angesichts der Tatsache, dass man als Betroffener keinen Ersatz, d.h. keine Gegenleistung für den Fluglärm bekommt, den man ertragen muss, ist das mehr als verständlich. Die Vorteile stecken Einige ein, während man selbst nur das Nachsehen hat.

Diese Haltung führt auch dazu, dass manche Kommunen recht wankelmütig sind. Die zuständigen Kommunalpolitiker sind in keiner Weise die getreuen Interessenwahrer ihrer Bürger. Wenn sich eine Kommune wirtschaftliche Vorteile erhofft, dann fällt sie schnell um und stellt diese Aspekte vor die Lärmbelastung ihrer Bürger. Ich habe nicht beobachtet, dass Kommunen diese wirtschaftlichen Vorteile gegen den Verlust an Lebensqualität ihrer Bürger ausreichend abgewogen hätten.

Die Rolle des Fachwissens

Informationen fachlicher Art spielen eine sehr große und zugleich auch nur sehr kleine Rolle. Mittlerweile haben sich viele Menschen Fachwissen über Fluglärmfragen angeeignet. Wissenschaftliche Studien waren dabei notwendig und hilfreich. Es geht letztlich darum, dass ganz normale Menschen spezifisches Wissen bekommen, das sonst nur Fachleute besitzen.

Die Gründung des Rhein-Main-Institutes war deshalb eine gute Idee. Das Institut sollte und wollte wissenschaftlich fundiertes Wissen beschaffen, das von der Seite des Flughafens nie bereitgestellt worden wäre. Aber auch das Rhein-Main-Institut hatte nicht die Durchschlagskraft, die wir uns alle erhofft hatten.

Das Problem der Informationen ist Folgendes: Es reicht nicht, Informationen zu haben. Man muss auch die Macht besitzen, diese umzusetzen. Dass es nicht zu einer Umsetzung kommt, liegt an der Politik, die nichts umsetzen will. Insofern sind Informationen allein nicht ausreichend, etwas durchzusetzen. Wenn die Politik nicht will, dann blockiert sie alles. Auch noch so fundierte Informationen helfen nicht.

Welche Lehren lassen sich ziehen?

In beiden Verfahren, dem Mediationsverfahren und dem Regionalen Dialogforum, ist dasselbe passiert: das was sich Politik und Wirtschaft ausgedacht hatten, ist praktisch unverändert umgesetzt worden. Es gibt keine Möglichkeit, dies zu stoppen. Weder mit der alten Methode noch mit den jetzt vorhandenen und benutzen Verfahren.

Die Politik verwendet viel Intelligenz dazu, Maßnahmen zu ergreifen, die vertuschen, dass man letztlich nur eines versucht: die einmal gefassten Ziele ohne Abstriche durchzusetzen.

Diesem Ziel dient auch die Umsetzungsblockade bei vielen Vorschlägen für einen aktiven Schallschutz. Solche Vorschläge sind seit Jahren bekannt. Sie werden aufgehalten teils weil sie der Luftfahrtindustrie Geld kosten, teils aber auch, weil man sie nach dem Ausbau in Kraft treten lassen will, um die Ausbaufolgen geringer erscheinen zu lassen als sie sind.

Eine besondere Lehre ist Waffenungleichheit im Aufwand: Für Bürgerinitiativen und Verbände ist es schwer, die notwendige Arbeit zu ermöglichen. Die Bürger machen es in ihrer Freizeit. Die Verbände haben wenig Geld. Währenddessen setzt die Industrie gut bezahlte Leute ein, für welche genau diese Tätigkeiten ihre Hauptarbeit sind. Die Arbeit dieser Leute reicht deshalb viel weiter. Dazu betreiben sie weitreichende Lobbyarbeit in Brüssel, Berlin und an anderen Stellen. Wer immer gefügig gemacht werden soll, wird bearbeitet. Durch Inserate in Zeitungen und Spenden an Vereine wird die Öffentlichkeit beeinflusst und gefügig gemacht. Das können wir BI'ler nicht. Wir sind darauf angewiesen, dass die Bürger von sich aus mitmachen, was, wie oben gezeigt, nicht immer der Fall ist. Allerdings ohne das Engagement auch von einzelnen Umweltaktivisten hätten es die Fraport AG, die Lufthansa und die hessische Landesregierung noch leichter, ihre Expansionspläne durchzuziehen.

Harm Heldmeier

Ausbauverfahren als politisierte Verfahren

Zusammenfassung

In diesem Beitrag wird die Rolle der politischen Unterstützung der Luftverkehrswirtschaft thematisiert. Wichtige Instanzen wie das Parlament, informelle Diskussionsforen (die Mediationsgruppe, das Regionale Dialogforum) und auch der Verwaltungsgerichtshof in Kassel sind politisch so ausgerichtet, dass die Luftverkehrswirtschaft unterstützt wird. Jede Kritik an der Luftverkehrswirtschaft wird als Kritik an der Politik angesehen und sanktioniert.

In dem Freiraum, der auf diese Weise für die Industrie entsteht, agiert sie mit Arroganz und Hochmut und trifft sachliche Fehlentscheidungen. Indem der Staat alle möglichen Gremien so besetzt, dass luftverkehrskritische Stimmen unterdrückt werden und zudem ein Klima schafft, bei dem sachliche Erwägungen vor politischen in den Hintergrund gedrückt werden, nimmt er sich selbst die Möglichkeit, notwendige Entwicklungen und vermeidbare Entwicklungen unterscheiden zu können. Das von der Politik derzeit betriebene System der bedingungslosen Unterstützung einer Branche führt langfristig in eine Sackgasse.

Einleitung

Als langjähriger Pilot konnte ich an vielen Flughäfen, insbesondere an vielen Großflughäfen reichhaltige Erfahrung sammeln, wie man den Luftverkehr umweltfreundlicher und mit weniger Lärm betreiben kann. Ich hatte immer gehofft, dass die flugbetrieblichen Verfahren, wie sie anderswo angewendet wurden, eines Tages auch an meinem Heimatflughafen, dem Flughafen Frankfurt, eingeführt werden würden. An eine Nordwestbahn habe ich dabei nicht gedacht.

Der Ausbau des Flughafens Frankfurt mit einer Nordwestbahn beginnt

Als die Diskussion um eine Erweiterung der Kapazitäten des Flughafens Frankfurt begann, habe ich in der Frankfurter Allgemeinen Zeitung öffentlich erklärt, dass eine Erweiterung der Kapazitäten im bestehenden Bahnsystem möglich und ein Ausbau nicht nötig sei.

Zu diesem Zeitpunkt war die sogenannte Mediation zum Flughafenausbau in ihrer Endphase. Man hatte mich gebeten, meine Vorschläge zu präzisieren, was ich einem IFOK-Mitarbeiter gegenüber auch getan habe. Das IFOK war die Organisation, die das Mediationsverfahren federführend organisierte. Als man die Inhalte meiner Ausführungen kannte, wurde mir bedeutet, dass der Ausbau politisch gewollt sei und dass deshalb meine Vorschläge nicht von der Mediationsgruppe im Ergebnis berücksichtigt werden würden.

Gleichzeitig war das sogenannte „FAA-Gutachten" zur Kapazitätsberechnung von mehr als 10 Varianten veröffentlicht worden. Das Ergebnis dieses Gutachtens war punktgenau auf eine Nordwestvariante mit 120 Flugbewegungen pro Stunde hingerechnet worden. Dieses Gutachten hat sämtliche flugbetrieblichen Grundregeln missachtet, nur um das gewünschte Ergebnis zu erzielen und nicht gewollte Lösungen auszuschließen.

Jegliche Kritik, auch vor dem hessischen Landtag, wurde von der Politik mit dem Hinweis zurückgewiesen, dass sämtliche namhaften Einrichtungen wie DFS, DLR oder Fraport nicht irren könnten.

Das Regionale Dialogforum wird eingerichtet

In der Folge zur Mediation hat man das sogenannte Regionale Dialogforum (RDF) eingerichtet. Die Besetzung des RDF war politisch handverlesen. Dies gilt insbesondere für den Vorsitzenden des RDF, Prof. Wörner, von dem als Marionette die „richtige" Steuerung des Verfahrens erwartet wurde. Die Gremien waren so zusammengesetzt worden, dass jeder kritische Beitrag im RDF keine Chance hatte, von einer Mehrheit angenommen zu werden. Die massive Lobbyarbeit der Luftverkehrsseite wirkte gezielt hinein in das RDF. Von einer paritätischen oder neutralen Instanz war beim RDF nichts auszumachen.

Die Strukturen der Mediation und später des RDF waren sehr gut durchdacht, um jede sachliche Kritik abzuwehren. Derartige Strukturen sind durchgängig durch das langjährige Planverfahren des Ausbauvorhabens festzustellen.

Die Gegenbewegung

Die kommunale Seite der Einwender schloss sich zusammen, um der Luftverkehrslobby ein entsprechendes Gegengewicht zu bieten. Beispielhaft sei die Einrichtung Zukunft Rhein Main (ZRM) genannt. In dieser Einrichtung wurde das Wissen der Anwälte mit dem technischen Sachverstand von Flughafenplanern, Piloten, Simulationsspezialisten, Lärmexperten und anderen Sachverständigen für Wirtschaft, Umwelt und Medizin zusammengeführt. Der Sachverstand auf der Einwenderseite übertraf die Kompetenz derjenigen, die auf der Luftverkehrsseite agierten, erheblich.

In sämtlichen Erörterungen sowohl zur Raumordnung als auch zur Planfeststellung hat sich gezeigt, dass die Kommunen zusammen mit ihren Sachbeiständen auf allen Sachgebieten die besseren Argumente hatten. Die Einwendungen wurden mit hoher Kompetenz vorgetragen und konnten von der Luftverkehrsseite nicht entkräftet werden. Allerdings gab es nirgendwo eine Mehrheit, und die staatlichen Behörden und Gerichte erkannten die Argumente schlicht nicht an. Obwohl alle Einwender bei diesen Veranstaltungen die Arroganz der Macht zu spüren bekamen, sind sie zu keinem Zeitpunkt vom sachlichen Weg abgewichen. Diese Disziplin der kommunalen Vertreter war selbst vor dem VGH in Kassel mit seinen merkwürdigen Entscheidungen durchgängig.

Der politische Wille zählt – sonst nichts

Es hat leider nichts geholfen, in der Sache gut vorbereitet gewesen zu sein. Bei sämtlichen Erörterungen wurde allen klar, dass nur der politische Wille der hessischen Landesregierung zählte, dies gilt insbesondere auch für die Vorträge vor Gericht.

Meine persönliche Erfahrung war entsprechend. Es war ein Gefühl der Ohnmacht und der Enttäuschung über die fachliche Inkompetenz der vorgenannten Einrichtungen der Luftverkehrsseite. Man konnte praktisch kein tiefgehendes Fachgespräch führen. Was das Ergebnis anbetraf, war dafür Sorge getragen, dass nichts passieren konnte. Alles war vorbestimmt. Das führte dazu, dass die Gegenseite die einzelnen Sachgebiete nicht einmal besonders sorgfältig abzuklären brauchte, da ohnehin keine Gefahr eines negativen Ergebnisses bestand. An Fachgesprächen bestand kein Interesse.

Leider geschah dies nicht nur in der Planungsphase für einen Ausbau, sondern es kennzeichnet auch jetzt den flugbetrieblichen Alltag am Flughafen Frankfurt zum wirtschaftlichen Schaden der Fluggesellschaften. Wäre man wenigstens den Einwendern in ihrer Kritik zu den Anflugverfahren gefolgt, hätte man dreistellige Millionenbeträge in der Zukunft sparen können.

Dies ist ein Zeichen dafür, dass man es nicht nur mit der Arroganz der Macht zu tun hat, sondern auch mit der Überheblichkeit derjenigen, die wissen, dass die Politik ihnen in jeder Beziehung hilft. Solche Menschen glauben dann auch alles besser zu wissen als andere Flughafenbetreiber weltweit.

Schlussfolgerung

Politisch gewollte Projekte können weder durch Sachverstand noch durch intensiven Rechtsbeistand oder fachliche Gutachten verhindert werden. Und da auch die Gerichte politisch entscheiden, wie sich gezeigt hat, setzt selbst die dritte Ebene der Demokratie dem politischen Machtwillen keine wirksame Grenze.

Claudia Weiand

Zum Verhalten von Ämtern, Bürgerinitiativen, Verbänden und Einzelpersonen beim Ausbau eines Großflughafens

Zusammenfassung

Im folgenden Beitrag zeige ich, wie sich der Ausbau des Flughafens Frankfurt aus Sicht betroffener Bürger darstellte. Die Bürger werden nicht systematisch, sondern erst durch Ereignisse auf Großprojekte aufmerksam, die sie betreffen. Sie empfinden Unmut, die Rührigsten entfalten Initiativen. Diese Initiativen versanden aus mehreren Gründen. In diesem Beitrag schildere ich drei davon. Zum einen ist es das Gewirr an Vorschriften und Regeln, durch das praktisch kein Durchkommen ist. Zum zweiten sind es Eitelkeiten innerhalb der Gruppe der Aktiven, welche Chance zunichte machen. Zum dritten ist eine bis an die Grenze der Korruption oder diese sogar überschreitende Lobbyarbeit der Industrie zu beobachten.

Einleitung

Im Jahr 2000 waren die Planungen für den Ausbau des Frankfurter Flughafens schon in vollem Gange. Davon hatten die meisten Menschen im nördlichen Speckgürtel Frankfurts wenig mitbekommen. Als nun Ende 2000 ganz neue Flugrouten auch über den Taunus eingeführt wurden, um die Kapazitäten am Himmel schon im Vorfeld des Ausbaus zu erhöhen, wurden bislang ruhige Gebiete verlärmt. Daraufhin wurden Bürger aktiv.

Der Fluglärm brach ohne Vorankündigung über viele Ortschaften des Hochtaunus- und Maintaunuskreises, in der Nähe des Frankfurter Flughafens, herein. Über Nacht verwandelte sich die Stille am Himmel über Kurstädtchen wie Königstein i.Ts. in ein nicht enden wollendes Dauergrollen. In den ersten Tagen meinten die Bewohner, dies wären Ausnahmeerscheinungen. Es war gar von „abstürzenden Maschinen, die gegen den Feldberg oder den Altkönig fliegen" die Rede. Die Menschen waren es bislang gewohnt, Flugzeuge als ferne Kondensstreifen zu sehen, sie aber nicht zu hören. Das Privileg, den Frankfurter Flughafen bequem innerhalb kurzer Zeiten erreichen zu können und gleichzeitig nichts vom Lärm und Gestank eines Flughafen-Molochs mitzubekommen, war gefallen.

Je länger die sog. Flugrouten-Testphase Ende 2000 andauerte, desto dünnhäutiger und hellhöriger wurden die Bürgerinnen und Bürger. Das Unbehagen wuchs von Flieger zu Flieger. Was passiert hier? Was ändert sich hier? Warum hat uns niemand informiert? Soll das immer so weiter gehen? waren die Fragen, die die Bürger stellten.

Am 19. April 2001 wurden die neuen Flugrouten endgültig eingeführt, der Flughafenausbau in der Luft hatte begonnen. Der virtuelle Ausflugpunkt TABUM führte zur sog. Lärmharfe über dem Taunus. Manche bislang vollkommen ruhigen Ortschaften zählten mehr als 150 Überflüge täglich.

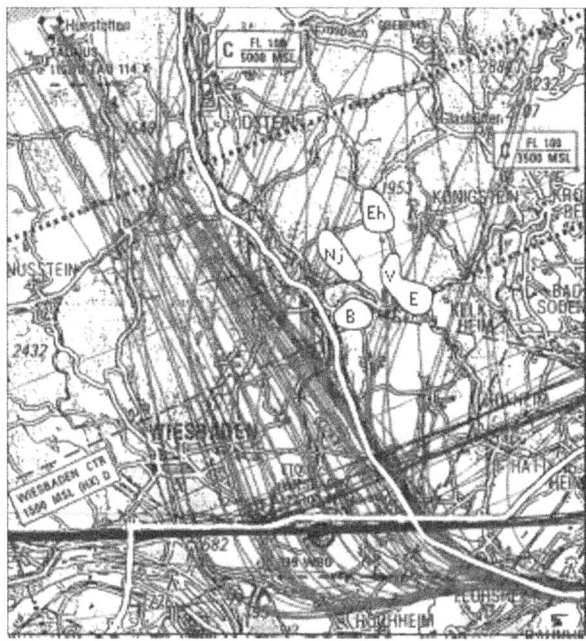

Abbildung 1: Flugspuren vor Inbetriebnahme der neuen Flugrouten[1]

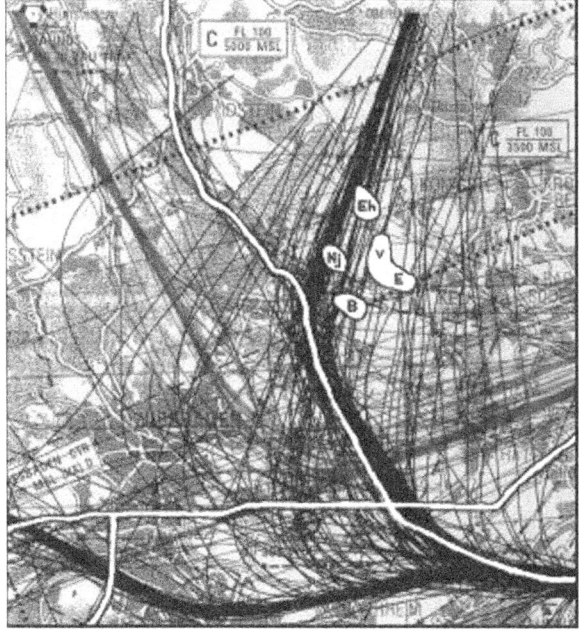

Abbildung 2: Flugspuren nach Inbetriebnahme der neuen Flugrouten 2001[2]

---

[1] Quelle: www.fluglaerm-eppstein.de, dfs

Das Vorgehen der Deutschen Flugsicherung DFS

In den Anfangsmonaten des Jahres 2001 führte die Deutsche Flugsicherung (DFS) sog. Bürgerinformationsveranstaltungen durch. Das Unternehmen wollte sich auf diesen Vorträgen bürgernah und offen für die Anfragen und Sorgen der Bürger zeigen. Stutzig wurde man nur, wenn die DFS überteuerte Karten von Radarspurbildern verkaufte, mit deren Hilfe wir nachvollziehen sollten wie hoch und wie häufig große Passagier- und Frachtmaschinen über die Taunusortschaften flogen.

In jedem Ort wurde versichert: „Nein, Sie haben hier nichts zu befürchten. Wir stellen zwar die Flugrouten um, aber so schlimm wie in der westlicheren Gemeinde wird es nicht werden." So reisten die PR-Spezialisten von West nach Ost durch den Taunus. Viele Menschen glaubten der DFS – andere nicht.

Mündige Bürger organisieren sich

Gewohnt, den Dingen auf den Grund zu gehen, fing eine Gruppe von Königsteinern und anderen Taunus-Bürgern an zu recherchieren, Fragen zu stellen, Dokumente zu suchen. Diese Menschen fanden sich am Beschwerdetelefon des Flughafenbetreibers Fraport wieder und hilflos gegenüber einer Maschinerie, die jede Beschwerde zwar akkurat, aber äußerst emotionslos und bürokratisch archivierte. Die Nummer des Beschwerdetelefons „08002345679" wurde zum ständigen Begleiter für genervte und übernächtigte Bürger, die innerhalb weniger Wochen von Null auf Hundert der nächtlichen Fluglärmbeschallung ausgesetzt wurden.

Die Bürger lernten die Gesetzmäßigkeiten kennen. Z.B. fand man heraus, dass es in Königstein bei Ostwind keinen Fluglärm gibt usw. Es wurden Gespräche geführt mit Politikern, Piloten, Fluglotsen, von denen einige sogar in der Nachbarschaft lebten und denen die durch ihren Beruf hervorgerufenen Nachbarschaftsstörungen auch nicht sonderlich behagten.

Aus Verärgerung wurde mit der Zeit Wut und Unverständnis. Werden wir hier etwa gerade überfahren? Wer kontrolliert hier was? Welche Möglichkeiten hat eine einfache Bürgerin sich zu wehren?

Das Internet wurde nun zum ständigen Helfer. Es machte sich die Gewissheit breit, dass hier ein rechtsfreier Raum von einer Gruppe von Unternehmen ausgenutzt wurde, um Luftstraßen ohne große Genehmigung und Vorinformation der Bürger festzusetzen. Dagegen wollten sie sich wehren.

Die IG Taunus wird gegründet, Erfahrungen im Bündnis der Bürgerinitiativen

Bürgerinnen und Bürger aus den Orten Königstein, Glashütten, Eppstein, Bad Homburg, Kelkheim und Schmitten gründeten im Februar 2001 die neue Bürgerinitiative „Interessengemeinschaft gegen den Fluglärm im Taunus". Sie wurde in kurzer Zeit sehr schlagkräftig und suchte den Dialog mit allen Akteuren.

Zu den Erfahrungen, die mich am meisten erstaunten und die damals schon den Keim des gemeinschaftlichen Scheiterns in sich trugen, gehört sicherlich das Verhalten der alt-

---

[2] Quelle: www.fluglaerm-eppstein.de, dfs

eingesessenen Bürgerinitiativen, die seit vielen Jahren schon gegen Fluglärm und Flughafenausbau kämpften: Als wir aus dem Taunus unseren Antrittsbesuch beim Bündnis der Bürgerinitiativen (BBI) in Flörsheim machten, wurden wir nicht sehr freudig begrüßt. Eine Teilnehmerin schleuderte uns die Worte entgegen: „Also, wenn ihr das wirklich ernst meint mit eurem Widerstand im Taunus… gegen die Fraport gehe ich sogar mit dem Teufel ins Bett."

Wir „Teufel" haben uns lieber wieder in unseren Berg zurück gezogen, haben ab und zu beim Bündnis der Bürgerinitiativen mitgemacht (Demos unterstützt, den e-mail-Verteiler bereichert) und haben ansonsten unserer damals entfesselten Kreativität freien Lauf gelassen.

Eine der ersten und äußerst medienwirksamen Aktionen war die „Begrüßung" der neuen Flugrouten auf dem schneebedeckten Feldberg im Taunus durch etwa 200 Demonstranten mitten in den Osterferien am 19. April 2001. Viele Jahre folgten Hutzelfeuerentzündungen zum Jahrestag an den Hängen des Taunus, als weithin sichtbare Mahnung für die verlorene Ruhe.

Nicht bequeme Allianzen über alle Parteigrenzen hinweg ebneten den Weg für spätere kommunale und private Klagen gegen die Flugroutenfestsetzung.

Im September 2001 beteiligten wir uns mit der Sammlung von Einwendungen für das Raumordnungsverfahren zum Flughafenausbau an den Aktionen des BBI, später auch am Planfeststellungsverfahren und an den begleitenden Demos. Im Planfeststellungsverfahren zur A380-Wartungshalle kamen 31.000 Einwendungen zusammen, hinzu im März 2005 100.000 Einwendungen im großen Planfeststellungsverfahren, davon einige Tausend aus dem Taunus.

Einmal reiste ich zum Kranich-Informationszentrum südlich von Rügen, um zu erfragen, ob die neuen Flugrouten über die Bergzüge des Taunus nicht eine größere Vogelschlaggefahr für die abfliegenden Flugzeuge mit sich brächten. Der Taunus wird alljährlich besonders im Herbst von großen Kranichformationen überflogen. Sie bewegen sich in Höhen zwischen 100 und über 1000 m über Grund. In der Tat: Die neuen Abflugrouten haben diese Gefahr damals ausgeblendet.

Ein Arbeitskreis

Der Unternehmensberater W., ein unabhängiger, kreativer und kommunikationsstarker Mitstreiter hat den Widerstand im Taunus lange Monate beflügelt und bereichert. Er gründete den „Arbeitskreis zukunftsfähiger Luftverkehr", dem undercover Fluglotsen, Piloten und viele andere informell angehörten. Er verstand sich als überparteilicher, unideologischer und hochqualifizierter Gesprächspartner.

Der Kampf gegen die über dem Taunus neu festgelegten Flugrouten steuerte zur Hoch-Zeit des Arbeitskreises seinem Höhepunkt zu: Sowohl Kommunen als auch Privatpersonen klagten vor dem VGH in Kassel gegen die Neufestsetzung der Flugrouten am Frankfurter Flughafen. Die IG gegen Fluglärm im Taunus legte sogar einen Rechtshilfefonds auf, um die privaten Musterkläger im Rechtsstreit finanziell abzusichern. Für uns stand fest, dass unsere frühere Ruhe, die Lebensgrundlage von Kurorten und Klinikstandorten war, nicht kampflos aufgegeben werden durfte.

Am Tag der Verhandlung hatte W. seinen glänzenden Auftritt vor Gericht, als er der Kammer vor dem VGH – gegen alle Regeln – unser in den Nächten zuvor gemeinschaftlich gebasteltes Modell der Flugrouten (Drähte, die auf Bergzüge hinliefen und die Flugrouten-kreuzungen über den Bergen verdeutlichten) aufzwang. Wir gewannen Anfang 2003 die Klage gegen die neuen Flugrouten in erster Instanz. Es wurde festgestellt, dass die DFS die Routen nicht sorgfältig geplant hätte, sie hatte schlicht vergessen, die Höhe der Taunus-Berge zu berücksichtigen.

Die Lobbyisten der Luftfahrt gingen selbstverständlich in Revision, und unser Arm reichte leider nicht mehr nach Leipzig. Wir verloren in zweiter Instanz. In der Folgezeit organisierten wir große Aufklärungskampagnen, die in den zwei sog. „Königsteiner Flug-hafengesprächen" gipfelten.

Nach dem letzten Prozess war W. wenig interessiert, hat noch geholfen, Einwendun-gen im Planfeststellungsverfahren zum Flughafenausbau zu sammeln und ward nie wieder gesehen. Als Spezialist für Risikoanalysen thematisierte er lange Jahre noch den Umgang mit dem Risiko in Frankfurt in seinen Seminaren – als Negativbeispiel.

Spannend bleibt bis heute die von ihm aufgeworfene Frage der Ungleichbehandlung zwischen den Bewohnern des Rhein Main Gebietes und den Bewohnern des Südschwarz-waldes: Die unter den Anflügen auf die Flughäfen Zürich und Basel leidende Bevölkerung des Südschwarzwaldes, dessen Belastung mit Fluglärm nicht annähernd das Niveau der Belastung im Rhein-Main-Gebiet erreicht, hat prominente bundespolitische Unterstützung durch Gesetzgebung und Kanzlerin Merkel erfahren.

Im September 2009 wies der Europäische Gerichtshof in erster Instanz die Klage der Schweizer Regierung ab, die in den deutschen Regelungen zum Schutz der Deutschen vor Fluglärm einen Wettbewerbsnachteil für den Flughafen Zürich sieht. Deutschland hatte im Jahr 2003 einseitig Auflagen für die schweizerischen-Flüge über dem deutschen Südwesten erlassen. Es gilt seitdem ein Überflugverbot in den Tagesrandzeiten und am Wochenende, mit wenigen Härtefall-Ausnahmen.

Von solchen Maßnahmen kann die Bevölkerung im Rhein-Main-Gebiet nur träumen. In Frankfurt gelten andere, von Fraport geschriebene Gesetze.

Der Deutsche Fluglärmdienst DFLD

Die Bürgerinitiative „Eppsteiner gegen Fluglärm" mit Horst Weise an ihrer Spitze hat sehr früh ein sehr genaues System entwickelt, um zu beweisen, dass der Taunus neu verlärmt wurde. Sie hat mit einfachsten Mitteln den Lärm gemessen (www.dfld.de). Die Daten von zwei räumlich benachbarten Lärmmessstationen wurden überlagert, um Nebengeräusche weg zu filtern und nur die Überflüge in einer Mess-Kurve im Internet anzuzeigen.

Dieses einfache System fand bald sehr viele Anhänger. Hausbesitzer und Kommunen interessierten sich plötzlich für das System. Ich wurde eingeladen, einen Verein mit zu gründen und bei der Brainstorming-Runde lieferte ich den Namen für den neuen Verein: „Deutscher Fluglärmdienst". Viele Jahre war ich im Vorstand und begleite weiterhin die von Horst Weise gepflegte und nun äußerst professionelle Datensammlung des DFLD. Mittlerweile arbeitet der DFLD mit hoch professioneller Technik, bleibt aber weiterhin eine gemeinnützige Organisation. Eines der besten Archive zum Thema Fluglärm und Flugha-fenausbau ist dauerhaft unter www.fluglaerm-eppstein.de gespeichert. Dies war der Aus-gangspunkt des DFLD. Dort findet sich die gesamte Chronologie der Ereignisse im Taunus, Karten uvm. Das Beschwerdesystem bündelte bspw. bis zu 1,2 Mio. Beschwerden im Jahr 2002.

Die Daten, die der DFLD heute erhebt, hätten wir damals im Jahr 2001 für unsere erste Klage gebraucht. Kein Politiker hätte sich getraut, eine Fluglärmbelastung weg zu diskutieren. Wir haben Lärm erstmals sichtbar gemacht. Damit ist aus der reinen Bürgerinitiative eine Organisation entstanden, die zur Objektivierbarkeit der Belastung beiträgt.

Neben Lärm, Radarspuren, Steigprofilen und 3D-Darstellungen wird heute auch die Schadstoffbelastung jedes Flugs errechnet. Diese Daten stehen 24 Stunden am Tag jedem Interessenten im Internet zur Verfügung. Die Daten von fast 400 Messstationen in Deutschland und zahlreichen europäischen Stationen können kostenlos von jedem Bürger abgerufen werden. Die europäische Tochterplattform des DFLD hat den Namen „European Aircraft Noise Services" (EANS – www.eans.net) und sammelt Messdaten aus Frankreich, England, Griechenland, Österreich und der Schweiz.

Die vom Riesen-Airbus A380 hervorgerufenen Wirbelschleppen wurden erstmals in Frankfurt an Messstationen des DFLD öffentlich nachgewiesen. Danach konnten Airbus und Flughafenbetreiber die Probleme, die mit diesen Luftwirbeln, die Tornados gleichen, einhergehen (bspw. Kapazitätseinbußen durch zwingende Wartezeiten nachfolgender kleinerer Flugzeuge) nicht mehr abstreiten.

Eine schöne Aktion war die Durchführung einer unabhängigen Befragung per Telefon und standardisiertem Fragebogen über die Wahrnehmung des Fluglärms im Taunus und der Einstellung der Bürger zum Flughafenausbau. Selbst die Fraport hat die Ergebnisse dieser DFLD-Studie nie anzweifeln können. Zitat aus der Pressemitteilung des Auftraggebers, des Vereins W.U.T.:

> „Besonders beunruhigend sei, dass die überwältigende Mehrheit der Bewohner nicht wieder in die betreffende Region ziehen und dort keinesfalls investieren würde. Gerade im letzten Ergebnis liegt nach Einschätzung des Vereins W.U.T. eine besondere Brisanz für die Taunusgemeinden."

Enttäuschende Demos

Die Demonstrationen gegen den Flughafenausbau waren für mich fast ausnahmslos enttäuschend. Einige Auftaktveranstaltungen, wie der Beginn des Planfeststellungsverfahrens oder die Errichtung des Camps im Kelsterbacher Wald waren sicherlich Ausnahmen. Aber die Bewegung hat sich nie vom schlechten Ruf der Endphase der Anti-Startbahn-West-Bewegung erholt. Zudem kämpfte die Bewegung mit Zersplitterung, Arroganz einiger Akteure und der Zerrissenheit der politischen Parteien und der Kommunen beim Thema Flughafenausbau.

Besonders traurig fand ich die Beteiligung an der Demo vor der Frankfurter Börse am Tag, an dem Fraport an die Börse ging. Meine damals selbst gebastelte Karte („Lärmaktien-nein danke") hebe ich für meine Enkelkinder auf. Damals lernte ich auch die „Interessengemeinschaft Ökoflughafen" kennen, die sich zum Ziel gesetzt hatte, über die wirtschaftlichen Hintergründe des Ausbaus aufzuklären. Die Aktie hat nie richtig zum Höhenflug angesetzt, zu breit wurden die Informationen über die Ausbau-immanenten Risiken von der IG Ökoflughafen weltweit gestreut.

Aus heutiger Sicht ist es schwierig zu verstehen, warum Stuttgart 21 eine so große Resonanz auslöste und im Gegensatz dazu die Rodung von 500 ha Wald mit etwa 800.000

Bäumen und die Neuverlärmung von Millionen von Menschen im Ballungsraum Rhein Main nicht zu einer Welle der Empörung und der Dauerdemonstrationen geführt haben.

Die Institutionen

An dieser Stelle muss man sich mit den Institutionen befassen, die damals gegen die Beschneidung von Bürgerrechten eintraten. „Alles beginnt in Begeisterung und endet in Organisation" ist ein bekanntes Wort Reinhard Sprengers.

Zur damaligen Zeit erscheint mir der Bund für Umwelt und Naturschutz kompetent, ich beschließe, meine passive Mitgliedschaft zu aktivieren, lerne die maßgeblichen Leute kennen, gründe einen Ortsverband und tauche tief in den Apparat des BUND ein. Später werde ich in den hessischen Landesvorstand gewählt.

Allzu schnell holt mich jedoch die Realität ein: In diesem Landesverband ist man tief verstrickt in Eitelkeiten, verheddert sich immer mehr im Juristischen und verliert die große Strategie und vor allem die Mitglieder und die Aktivierbarkeit der Masse aus den Augen. Auch dies ist in meinen Augen eines der wichtigsten Gründe für das Scheitern in Frankfurt. Es werden motivierte Mitstreiter vergrault und man hilft der Zersplitterung der Widerstandsbewegung nach – will mit den „grassroot"-Bewegungen (basisnahen Bürgerinitiativen) nichts zu tun haben, aber das große politische Rad drehen, ohne jedoch Leute mit politischem oder strategischem Gespür in den eigenen Reihen zu haben. Zudem werden potentielle Bündnispartner abgewiesen, wie z. B. die Schutzgemeinschaft Deutscher Wald oder der deutsche Fluglärmdienst DFLD.

Der Flughafenausbau – die Bürgerbeteiligungen

Ein ganz anderes Verhalten zeigten die Basisgruppen. Sowohl Raumordnungsverfahren als auch Planfeststellungsverfahren wurden von unseren Bürgerinitiativen und BUND-Ortsgruppen aktiv angenommen. Es war immer sehr beeindruckend das Engagement der Aktiven in den verschiedenen Basis-Gruppen zu sehen. Auf dieser Ebene lief die Abstimmung reibungslos, wir zogen alle gemeinsam an einem Strang.

Wir haben Aktenordner gewälzt, die Bürger in selbst verfassten Zusammenfassungen informiert, es entstanden informelle Arbeitskreise, die Argumente sammelten, sogar Briefe an die Bundeskanzlerin schrieben. Es wurden Anwälte mandatiert und unzählige ehrenamtliche Arbeitsstunden in diesen Kampf investiert. Manche fungierten auch als graue Eminenzen beim BUND.

Allerdings erlebte ich in meiner aktiven Landesvorstandstätigkeit für den BUND Dinge, die mich entsetzten, und in denen ich auch den Grund des Scheiterns des gesamten Widerstands sehe.

Der Fall Ticona

Zu der damaligen Zeit schien der Standort der Ticona – ein Chemiebetrieb, der am Ende des Geländes für die neue Landebahn stand- das größte Hindernis für den Flughafenausbau. Als die Störfallkommission des Bundes und der Technische Ausschuss für Anlagensicherheit dies auch laut und deutlich artikulierten, wurde es schwierig.
Die Störfallkommission ließ verlautbaren:

"Die SFK ist der Auffassung, dass ein Flugzeugabsturz als Auslöser eines Störfalls auf dem Betriebsgelände der Ticona nicht vernünftigerweise ausgeschlossen werden kann und dass die erwartete Störfallhäufigkeit sowie der damit verbundene Schadensumfang zu einem nicht akzeptablen Risiko führen würden. Bei einem Flugzeugabsturz muss der Totalverlust der Anlagen auf dem Betriebsgelände unterstellt werden, was allein durch den damit ausgelösten Brand deutlich über 100 Tote unter den dort Beschäftigen zur Folge hätte. Ergänzend empfiehlt die SFK, bei der Planung von An- und Abflugrouten an Flughäfen eine mögliche Erhöhung des Risikos für Betriebsbereiche nach der Störfall-Verordnung zwingend in den Abwägungsprozess einzubeziehen und diese Abwägung im Fall der Ticona nachzuholen."

Sowohl der DFLD als auch der BUND nahmen Kontakt zu maßgeblichen Leuten bei der Ticona auf. Mitten in diesen Runden saß immer ein Herr B. Sein Unternehmen empfiehlt sich im Internet:

▪ *„Business Intelligence: - Situationsanalyse; - Ermittlung der relevanten Stakeholder und ihrer Positionen; - Aufklärung von Sachverhalten und Absichten; - Bestimmung von Dynamiken und Bewertung ihrer Auswirkungen.*

Im Klartext: Herr B hat beobachtet, analysiert, Schwächen erkannt und zugeschlagen. Es ging hier schließlich um Milliarden.

Wir beim DFLD hatten ein klar formuliertes Ziel: Wir wollten anhand einer filmischen Simulation, die etwa 10.000 Euro kosten würde, über die Gefahr der Anflüge auf die neue Landebahn aufklären. Beim Landeanflug von Westen würde man bei missglückter Landung die Ticona zerstören, bei der Landung von Osten auf das Airrailcenter fallen. Der DFLD hoffte nun, dass die Ticona Geld für so eine Simulation in die Hand nehmen würde, um ihren eigenen Widerstand gegen den Flughafenausbau zu stärken. Das Airrailcenter ist das überdimensionierte Bauwerk, das auf dem Dach des neuen ICE-Bahnhofs am Flughafen gebaut wurde (heute „The Squaire" genannt). Es liegt in der Anflug-Grundlinie der neuen Landebahn und soll mit Hotels und Büros belegt werden. Dort werden sich in nur 110 m Entfernung von landenden Großraumflugzeugen täglich tausende Menschen aufhalten.

(Seite 1450 PFV http://www.fluglaerm-eppstein.de /PFV_Landebahn/Stellungnahme%20RP/ 061212-7.pdf „Nach Darstellung der Fraport AG stellt das Airrail Center kein Hindernis gemäß BMVBW-Hindernisrichtlinie 2001 dar. Es werde aber seitens der Fraport AG eingeräumt, dass das Gebäude (die geplante Überbauung) den Bauschutzbereich durchdringe und dass daher die Luftfahrtbehörde die Bauhöhe von … über NN genehmigen müsse."

Die Ticona zeigte sich vordergründig wenig interessiert, ließ aber Herrn B. die Gespräche weiterführen. Eines Tages erhielt ich einen anonymen Hinweis, in dem es sehr glaubwürdig hieß, die Ticona und das Land Hessen hätten sich schon auf eine Lösung geeinigt. Ticona würde verlegt, dem Bau der neuen Landebahn stünde nichts mehr im Wege. Das Ostrisiko würde ausgeblendet. Der Steuerzahler würde letztendlich die Kosten tragen.

Herr B. und die Ticona erfuhren über BUND-Kanäle von meinen Äußerungen und dementierten wütend über die Presse. In diese Zeit fällt das Angebot dieses Herrn B. an mich, doch mal zusammen Kaffee trinken zu gehen. ich wollte keine Zeit haben, während der BUND eine andere Politik verfolgte. Ich habe stets abgelehnt.

Die Simulation wurde von Fraport letztendlich doch in Auftrag gegeben, aber unter eigener Kontrolle veröffentlicht. Sie nutzte dazu, vom Problem abzulenken und wurde der staunenden Presseöffentlichkeit als Vogelperspektive einer „schönen Planung" präsentiert. Das Ostrisiko wurde bewusst ausgeblendet. Lange Zeit war die Simulation auf der Webseite der Fraport-AG zu bewundern. Heute ist sie unauffindbar.

Abbildung 3:   Anflugroute und Airrail-Center am Flughafen Frankfurt[3]

Parallel arbeitete der BUND damals noch an der Argumentation der erhöhten Vogelschlaggefahr nach Bau der Nordwestlandebahn. Ein dem BUND nahestehender Spezialist hatte einen gewichtigen Trumpf in der Hand: Er hatte errechnet, dass durch die Nähe der Landebahn zum Main und zum Mönchwaldsee die landenden Flugzeuge mit großen Schwärmen von Vögeln kollidieren könnten. Schließlich überqueren die Flugzeuge den Main in einer kritischen Höhe von 120 m über NN. Eines Tages bekam ich eine Email, in der angekündigt wurde, dass besagter Spezialist vom Flughafenbetreiber abgeworben worden wäre. Zu meinem Erstaunen und Entsetzen stand Herr B. auf dem BUND-Vorstands-internen Verteiler. Er stand offensichtlich „per du" mit maßgeblichen BUND-Leuten und hatte Einblick in Bewegungen des BUND. Er hat nach eigenen Angaben den Weg des Vogelspezialisten zur Fraport geebnet!

Dieser Vogelschlag-Spezialist hat nun im Nachhinein vorgeschlagen, einen zehn Meter hohen Vorhang aufzustellen sowie eine Rundum-Überwachung der Vogelbewegungen in den kritischen Bereichen einzurichten. Mit dieser Minimal-Maßnahme scheint sein neuer Arbeitgeber, die Fraport AG, zufrieden zu sein.

Die Frankfurter Rundschau schrieb am 11.4.2007 unter der Überschrift „Schutzvorhang gegen Vogelschlag": *„Ausbauplaner am Flughafen Frankfurt müssen sich laut Gutachten mit Risiko durch Schwärme auseinandersetzen. Mit bodennahem Radar, Videokameras und Infrarotsystemen sowie einem 300 Meter langen und zehn Meter hohen ‚Vor-*

---

[3] Erläuterung: Kaum vorstellbar: Der minimale Horizontal-Abstand zwischen Airrailcenter und der Achse der geplanten Nordwest-Landebahn beträgt nur rund 110 Meter. Dieser Abstand verringert sich noch einmal um die Hälfte der Spannweite eines Flugzeugs (Flügelspitze). Quelle: dfld; Einen Eindruck gewinnt man im Werbevideo des Airrailcenter-Vermarkters (The Squaire): http://www.youtube.com/watch?v=258ajLw4lj0&NR=1. Interessant ist auch ein privates Werbevideo für die Nordwest-Landebahn, das die Anfluggrundlinien mit Lichtern sichtbar macht: http://www.youtube.com/watch?v=LaIfVlhyfiM.

hang' soll an der künftigen Nordwestlandebahn des Frankfurter Flughafens das Risiko
einer Kollision zwischen Vogelschwärmen und landenden Jets minimiert werden."

Herr B. hatte die Dreistigkeit wenige Monate später, als ich meinem Unmut freien
Lauf gelassen hatte, eine interne Analyse der Entscheidungsabläufe beim BUND anzubie-
ten.

Das Ende ist bekannt. Die Börse Frankfurt berichtete in einer Publikation 2006 darüber: „Fraport AG und Celanese AG / Ticona GmbH haben heute, am 29.11.2006, eine
Absichtserklärung (Letter of Intent) unterzeichnet mit dem Ziel, auf Basis noch zu verhan-
delnder endgültiger Verträge, den Produktionsbetrieb der Ticona am Standort Kelsterbach
bis zum 30.06.2011 zu beenden und die Grundstücke am Standort Kelsterbach nach Beseitigung aller Werkseinrichtungen an Fraport zu übertragen, die für die Landebahn benötigten Grundstücke bereits umgehend nach Abschluss der endgültigen Verträge. Etwaige erforderliche Sanierungen wird Ticona / Celanese durchführen. Mit Abschluss der endgültigen Vereinbarungen wird Celanese / Ticona ihre Einwendungen und Klagen gegen den
Bestand und den Ausbau des Frankfurter Flughafens zurücknehmen. Damit würde ein wesentliches Risiko für die zeitgerechte Inbetriebnahme der Landebahn Nordwest beseitigt
werden."

Das Vogelschlagrisiko wurde ausgeblendet, die Ticona wurde verlegt und der Kollege
aus dem obskuren Büro des Herrn B. wurde vom Land Hessen mit einem Posten im Aufsichtsrat einer öffentlich rechtlichen Anstalt belobigt.

Fraport und das Ministerium

In diese Zeit fiel noch ein anonymer Hinweis, dem wir beim DFLD sofort nachgingen. Es
hieß: „Googelt bitte Herrn A. und Fraport und Verkehrsministerium…" Und tatsächlich:
Ein Herr A. hatte sich als Fraport-Mitarbeiter in einer Teilnehmerliste einer internen Veran-
staltung des Bundesverkehrsministeriums verewigt. Dort schien er damit betraut zu sein,
Luftverkehrsrecht im Sinne seines Arbeitgebers beim Gesetzgeber zu beeinflussen. Prompt
folgte unsere Anfrage an die damals jüngste Abgeordnete des Bundestages Anna Lührmann
(Die Grünen). Der damalige Minister Stolpe (SPD) beantwortete diese Anfrage mit dürren
Sätzen, es sei nichts Anstößiges und sogar üblich, dass Industrieunternehmen Mitarbeiter in
Ministerien versenden würden.

Wir fanden dies skandalös. Es drängte sich der Verdacht auf, dass Fraport ganz direkt
am Fluglärmschutzgesetz mitschrieb. Ich gab die aus meiner Sicht brisante Antwort auf
direktem Wege an den BUND in Hessen weiter…; dort verschwand sie für ein Jahr in einer
Schublade. Erst ein Jahr später suchten Journalisten der Sendung „Monitor" nach Beweisen
für Lobbyistentätigkeiten in Ministerien und fragten bei maßgeblichen Leuten im BUND
Hessen nach. Die konnten sich zunächst nicht erinnern, bis ich davon hörte und das Doku-
ment persönlich lieferte.

Das ganze Ausmaß der Infiltrierung von Gremien, die eigentlich die Interessen der
Bürger sichern sollen, durch Fraport und andere Luftverkehrsunternehmen ist noch nicht
ansatzweise erforscht. Sascha Adamek und Kim Otto formulierten in ihrem Buch „Der
gekaufte Staat" den folgenden Text: „Der Frankfurter Flughafen erteilt sich quasi selbst
umstrittene Nachtfluggenehmigungen über in die hessische Flugaufsicht entsandte Mitarbeiter. Auch der Lärmschutzbeauftragte Hessens, der sich um den Schutz der Bürger kümmern soll, steht ganz offiziell auf der Gehaltsliste der Fraport AG. Ebenso ein Leihbeamter,

der fünf Jahre in der Abteilung ‚Luft und Raumfahrt' des Bundesverkehrsministeriums sitzt und für das Ministerium sogar gutachterlich vor Gericht tätig wird."

Die Monitor-Redakteurin Sonia Mikich zitierte den Verwaltungsrechtler Herbert von Arnim, der von den "U-Booten der Industrie", einer neuen Form der direkten Einflussnahme, spricht.

Was danach beim BUND-Hessen geschah, folgt der Logik des strategischen Unvermögens dieser Gruppe: Der BUND klagte zu Recht und erfolgreich gegen die Erweiterung und Neuerrichtung der Flugzeug-Wartungshalle für die Condor Cargo Technik (CCT-) Werft, da diese ohne Umweltverträglichkeitsprüfung und ohne Beteiligung der Verbände errichtet worden war. Dann nahm man – meines Erachtens übereilt und gegen meine vereinzelte Verbandsstimme – den vom Gericht forcierten Vergleich mit dem Land Hessen und der Fraport AG an. 400.000 Euro hat dies dem BUND eingebracht – Gelder, die nun in einer Stiftung vergraben sind.

Ende

Heute, Anfang 2011 ist der Wald gerodet, die Klage des BUND Hessen wurde abgewiesen. Im Taunus sind aus der IG gegen Fluglärm im Taunus eine Webseite und ein Verein namens „Wohnen und Umwelt im Taunus" kurz „WUT" übrig geblieben. In den vergangenen Jahren pflegte man noch das Ritual Hutzelfeuer auf den Hängen des Taunus jeweils zum Jahrestag der Neuverlärmung zu entzünden, als weithin sichtbares Protestsignal – auch die Hutzelfeuer lodern heute nicht mehr.

In der Presse wird aktuell verkündet, dass am Flughafen neue Anflugverfahren getestet werden und sehr viele Menschen vom Fluglärm entlastet werden sollen. Die Gesetze der Logik werden also außer Kraft gesetzt: Eine Zunahme der Flugbewegungen um mehr als 300.000 pro Jahr soll zu weniger Fluglärm führen?

Wären die Flugrouten Teil des Planfeststellungsbeschlusses gewesen, hätten Bürger Klarheit und eine gewisse Rechtssicherheit, wo sie mit Fluglärm rechnen müssen und wo dieser eher unwahrscheinlich ist. So warten wir mit Inbetriebnahme der neuen Landebahn Ende 2011 auf die nächsten Überraschungen.

Zwar schmücken sich Landesregierung und Luftfahrtunternehmen mit sog. Nachhaltigkeitsstrategien. Die Achtung ökologischer Grundsätze und die Achtung der menschlichen Gesundheit als Teil einer wichtigen Sozialkomponente werden dennoch mit Füßen getreten.

Was bleibt: Meine feste Überzeugung, dass man mit der Bündelung kluger, kreativer Köpfe und unter Hintanstellung von Eitelkeiten und Herrschaftswissen, in der Bürgerinitiativ- und Umweltverbändebewegung viel mehr hätte erreichen können. Insbesondere bessere Pressearbeit, viel mehr fantasievolle Aktionen und die Weiterbildung breiter Massen fehlten allenthalben. Allgegenwärtig waren die Grenzen des menschlichen Vorstellungsvermögens und die Unfähigkeit der Massen, langfristig zu denken. Maßgebliche Akteure bissen sich an Einzelaspekten fest und verloren das Ganze aus dem Blickfeld. Leider.

Ein persönlich befriedigender Lichtblick bleibt die Zusammenarbeit mit den motivierten, unermüdlichen und ideenreichen Aktiven vor Ort.

Großprojekte aus Sicht von Politik und Wirtschaft

Frank Kaufmann

Faires Angebot oder übles Foul?
Zur Geschichte des Nachtflugverbotes am Flughafen Frankfurt[1]

Zusammenfassung

Aus der Betrachtung der Debatte um das Nachtflugverbot am Flughafen Frankfurt im Verlauf der letzten zehn Jahre soll die Möglichkeit gegeben werden, die gemachten Erfahrungen aufzunehmen und Lehren im Hinblick auf mögliche künftige Auseinandersetzungen zu ziehen. Die ethische Bewertung der Handlungsweisen der diversen Akteure soll der Leserin bzw. dem Leser überlassen werden. Die umfangreiche Sammlung der Anmerkungen soll zugleich Appetit machen, sich mit der Thematik noch vertieft zu befassen.

Einführung

Ein Flughafen als Quellpunkt von Lärm und Schadstoffemissionen kann ein unbelastetes Verhältnis zu seiner jeweiligen Umgebung im dichtbesiedelten Deutschland in der Regel kaum entwickeln. Da zum Zeitpunkt[1)] des einstigen Baus der Landeplätze der Flugverkehr noch etwas ganz anderes war, als er es bis heute geworden ist, sind häufig Flugplatzstandorte zwischenzeitlich mit hohem Konfliktpotenzial verbunden. Galt es zu den Anfangszeiten des Flugverkehrs noch als faszinierendes Erlebnis, wenn ein Luftfahrzeug am Himmel wahrzunehmen war, so ist zwar auch heute die Verheißung der grenzenlosen Freiheit über den Wolken für etliche immer noch begeisternd, von sehr viel mehr Menschen am Boden wird der Flugverkehr aber längst regelmäßig mindestens als erhebliche Beeinträchtigung der Lebensqualität empfunden.

Vor dem Hintergrund der erfolgreichen Erfüllung des Menschheitstraums vom Fliegen konnte die Luftverkehrswirtschaft sich über Jahrzehnte dem ungezügelten Wachstum verschreiben und stets als Fordernde auftreten, wenn sich aus ihrer Sicht Engpässe der Infrastruktur abzeichneten. Ihre gern selbstbeschworene ökonomische Systemrelevanz, ihre unbestreitbare Funktion Menschen über Länder und Kontinente hinweg zu verbinden, ihre wirtschaftlichen Zuwachsraten insbesondere auch bei den Arbeitsplätzen und schließlich die allerdings falsche Behauptung, ohne staatliche Subventionen erfolgreich zu sein, waren dabei die immer wieder genannten Hauptargumente. Bislang war die Luftverkehrswirtschaft mit dieser Strategie sehr erfolgreich und die Politik sah und sieht sich bis heute erkennbar nicht in der Lage steuernd einzugreifen, um einen fairen und wirksamen Interessenausgleich zu organisieren. Ganz im Gegenteil wurde und wird die Luftfahrtindustrie tatsächlich aus Steuermitteln weiterhin subventioniert, ungeachtet der massiven Schäden

---

[1] Alle Anmerkungen in diesem Beitrag sind zur besseren Lesbarkeit am Ende der Ausführungen zu finden.

am Weltklima, die von ihr ebenso hervorgerufen werden wie erhebliche gesundheitliche Beeinträchtigungen der Menschen, die rund um Flughäfen leben.

Die gesellschaftliche Auseinandersetzung um Flughäfen hat ihren Hintergrund in der skizzierten Entwicklung; sie kulminiert immer wieder dann, wenn mal wieder über einen neuerlichen Ausbau der Infrastruktur entschieden wird. Dann gewinnt die Auseinandersetzung großes öffentliches Interesse und damit stärkere politische Relevanz, so dass Fragen der Kommunikation deutlich in den Vordergrund rücken. Im Zusammenhang mit dem aktuellen Ausbauvorhaben für den Flughafen Frankfurt wurde das „Nachtflugverbot" in die Debatte eingeführt und ist seitdem im Fokus der Kontroverse. Dabei stellt sich die Frage, ob und wieweit das „Nachtflugverbot" ein ehrliches gemeintes Angebot der Belastungsreduzierung für die Anwohner war oder lediglich ein politisches Kampfmittel, um den Ausbau durchzusetzen.

Genau diese Frage soll hier einer näheren Betrachtung unterzogen werden. Mit der Darstellung einiger Phasen des Ablaufs der Auseinandersetzung wird versucht, dem Leser weiter führende Erkenntnisse zu ermöglichen über die Entwicklung des Begriffs des Nachtflugverbots und seinen Missbrauch durch die Vertreter der Regierungs- und der Wirtschaftsmacht. Dabei kann und soll es nicht der Anspruch dieses Textes sein, die Aktivitäten und Argumente im Zusammenhang mit der Ausbaudebatte um den Flughafen Frankfurt umfassend zu schildern; es wird vielmehr versucht, sich auf wichtige Aspekte des Schicksals des Nachflugverbots, sowohl begrifflich als auch inhaltlich zu beschränken.

Einige Blicke zurück

„Die Befürchtungen, dass später eine weitere Start- oder Landebahn – etwa parallel zur Bahn 18-West – errichtet werden könnte, entbehren jeder Grundlage. Die Genehmigung einer solchen Maßnahme wird auf keinen Fall erteilt." So steht es im Planfeststellungsbeschluss[2)] des Hessischen Ministers für Wirtschaft und Technik vom 23. März 1971, mit dem für den Flughafen Frankfurt die Startbahn 18-West sowie die Verschiebung des Parallelbahnsystems nach Westen genehmigt wurden. Dieser Text war somit das zentrale Versprechen an die Region, dass es nach dieser Erweiterung, dessen Gesamtkapazität übrigens nicht höher als auf 350.000 Flugbewegungen[3)] im Jahr beziffert wurde, in der Zukunft keinen weiteren Ausbau des Bahnsystems mehr geben werde.

Als ein Jahrzehnt später, nachdem der Rechtsweg gegen den Planfeststellungsbeschluss ausgeschöpft war, und die Proteste der Bürgerinnen und Bürger sich gegen die anlaufenden Baumaßnahmen richteten, wurde dieses Versprechen von der Landesregierung wiederholt, indem u. a. vom Ministerpräsidenten öffentlich versichert wurde, dass nach diesem Ausbauschritt zugunsten des Flughafenausbaus in der Zukunft kein weiterer Baum mehr fallen werde. Als Maßnahmen zur Absicherung dieses Versprechens erfolgte zeitnah nach der Inbetriebnahme der Startbahn 18-West die Ausweisung der Waldflächen rund um den Flughafen als Bannwald, der höchsten Schutzkategorie, die das Forstgesetz kennt. Damit verstärkte sich die Aussage des Planfeststellungsbeschlusses nochmals, sodass zu diesem Zeitpunkt und auch noch Jahre danach das allgemeine Bewusstsein bestand, dass eine neuerliche Flughafenerweiterung sowohl durch Vergrößerung des Areals als auch durch Veränderung des Bahnensystems in Frankfurt nicht infrage komme. Demgemäß war es dann auch wenig spektakulär, in den Koalitionsvereinbarungen zwischen SPD und GRÜNEN sowohl 1991 als auch 1995 eine entsprechende Formulierung zu fixieren[4) 5)].

Als dann im Herbst 1997 die Forderung nach einer neuerlichen Erweiterung des Flughafens Frankfurt öffentlich[6] erhoben und auch seitens der hessischen SPD vernehmlich unterstützt[7] wurde, war dies nicht nur ein klarer Verstoß gegen das in der Koalition politisch Vereinbarte, sondern auch ein Bruch des historischen Versprechens, den Frankfurter Flughafen nicht mehr weiter auszubauen. Vor dem Hintergrund des bei den Auseinandersetzungen beim Ausbau der Startbahn 18 West erlebten Geschehens bestand ungeachtet dieser Kontroverse zwischen den Koalitionspartnern stets Einigkeit, dass einer neuerlichen Konfrontation unter allen Umständen entgegen gewirkt werden müsse. Inhaltlich erwies sich das Thema Flughafenausbau obendrein als eine Existenzfrage für die rot-GRÜNE Koalition, so dass man sich schließlich auf ein Verfahren zum Umgang mit dem Thema verständigte. Vom damaligen Ministerpräsidenten Hans Eichel (SPD) wurde ein Gesprächskreis Flughafen gebildet, der am 13. Mai 1998 ein Mediationsverfahren vorschlug, das ergebnisoffen klären sollte, wie die weitere Entwicklung des Flughafens und der Region aussehen[8] könnte.

Aus dem Ablauf der Ereignisse ist bereits zu diesem Zeitpunkt die Erkenntnis zu gewinnen, dass selbst eine in einem Planfeststellungsbeschluss fixierte schriftliche Zusage sich als keineswegs dauerhaft tragfähig und verlässlich erweisen kann, wenn insbesondere wirtschaftlich starke Interessen dagegen kämpfen und falls man ihnen nicht folgt, mit dem Szenario des dramatischen Abstiegs drohen. Insoweit könnte man auch festhalten, dass trotz aller Beteuerungen der Offenheit des Verfahrens im Grunde eine Entscheidung zugunsten eines neuerlichen Ausbaus eigentlich bereits feststand. Einschätzungen dieser Art waren dann auch ausschlaggebend für die Bürgerinitiativen und Umweltverbände[9], sich der Teilnahme am Mediationsverfahren zu verweigern.

Das Nachtflugverbot erblickt das Licht der Welt

Mit dem Abschluss des Mediationsverfahrens Ende Januar 2000 wurden am 1. Februar 2000 von den Mediatoren[10] die Empfehlungen der Mediationsgruppe präsentiert, die hier im Einzelnen nicht umfassend referiert und bewertet werden können. Insgesamt wurde ein Mediationspaket definiert und mit der Aussage charakterisiert: *„Die Mediationsgruppe ist sich einig, dass die folgenden Komponenten des Pakets untrennbar miteinander verbunden sind:*

- Optimierung des vorhanden Systems
- Kapazitätserweiterung und Ausbau
- Nachtflugverbot
- Anti-Lärm-Pakt
- Regionales Dialogforum“[11]

Damit wird ab diesem frühen Zeitpunkt ein Flughafenausbau *„untrennbar"* mit einem Nachtflugverbot gekoppelt, d. h. nach der dargestellten einmütigen Auffassung der Mediationsgruppe kam ein Ausbau im Widerspruch zu den früheren Versprechen zwar generell, aber nur dann infrage, wenn zugleich ein Nachtflugverbot wirksam wird.

Das Nachtflugverbot[12] wurde in den Empfehlungen der Mediation für unabdingbar gehalten, allerdings auf die Zeit zwischen 23.00 Uhr und 5.00 Uhr begrenzt, weshalb für diesen Zeitraum alsbald die Bezeichnung „Mediationsnacht" gebräuchlich wurde. Es sei angemerkt, dass die gesetzliche und auch international übliche Definition der Nacht den Zeitraum von 22.00 Uhr bis 6.00 Uhr umfasst, die Mediationsnacht also zwei Stunden kürzer ist. Eingedenk dieser Tatsache befürwortete die Mediationsgruppe deshalb, *„für weitere besonders sensible Zeitbereiche Maßnahmen zur Lärmreduzierung zu ergreifen*[13]*"*.

Ganz offensichtlich war diese Kopplung von Nachtflugverbot mit Ausbau der Versuch der Mediation, einen Weg aus dem Dilemma zu finden. Das alte Versprechen wurde zwar gebrochen und ein weiterer Ausbau des Flughafens wurde befürwortet, aber dafür wurde ein neues Versprechen gegeben, das den Anschein hatte, dass es für die Menschen rund um den Flughafen einen echten Vorteil – nämlich eine tatsächliche Lärmreduzierung – bringen würde. Zum ersten Mal in der Geschichte des Flughafens stand damit eine tatsächliche Verminderung der Belastung zur Debatte. Die Verheißung von sechs Stunden von Fluglärm ungestörten Schlafes in der Nacht war für viele äußerst verlockend, zumal zum damaligen Zeitpunkt niemand öffentlich das Nachtflugverbot etwa als hinterhältigen Trick allein zum Zweck der Durchsetzung des Ausbaus denunzieren wollte.

Die Politik greift sich das Nachtflugverbot

Die konkrete Hoffnung vieler auf Nachtruhe machte das Nachtflugverbot sofort nach der Präsentation der Mediationsergebnisse neben dem Bau einer neuen Landesbahn zum meist kommunizierten Element des Mediationspakets und somit auch zum Gegenstand der landespolitischen Debatte. Auf Antrag von Bündnis 90 / DIE GRÜNEN beschloss der Landtag bereits am 18. Mai 2000 einstimmig, das er die Einführung eines Nachtflugverbots für unbedingt erforderlich hält[14]. Bemerkenswert an diesem Beschluss ist zweierlei: er verzichtet zum einen auf die explizit formulierte Koppelung des Nachtflugverbots mit dem Flughafenausbau und er fordert, die bereits bestehende Lärmbelastung zu reduzieren. Zugleich wies der Antrag den seitens der Luftverkehrswirtschaft bereits formulierten Widerspruch gegen das Nachtflugverbot zurück[15], was in leicht modifizierter Form[16] von allen Fraktionen unterstützt wurde. Bereits im Sommer 2000 gab es also in Sachen Nachtflugverbot eine erkennbare Konfrontation zwischen der Luftverkehrswirtschaft und einer sich noch einmütig zum Nachtflugverbot bekennenden Landespolitik.

In der Folgezeit, in welcher auf der landespolitischen Bühne immer wieder Debatten um den Flughafenausbau in Frankfurt geführt wurden, war das Nachtflugverbot stets das immer wieder bekräftigte Versprechen insbesondere auch der Ausbaubefürworter. Während die GRÜNEN – auch begründet durch den Landtagsbeschluss – öffentlich u. a. im Kommunalwahlkampf 2001 die politische Forderung *„Nachtflugverbot jetzt"* formulierten, gaben die Ausbaubefürworter die Parole aus: *„Ohne Ausbau kein Nachtflugverbot – ohne Nachtflugverbot kein Ausbau"*[17].

Auch Ministerpräsident Koch, der zu dieser Zeit zugleich Aufsichtsratsvorsitzender des Flughafenbetreibers Fraport AG war, machte sich immer wieder für das Nachtflugverbot stark, sowohl in einer Regierungserklärung[18] vor dem Landtag als auch in seiner Korrespondenz mit Bürgern[19]. Auch der Koalitionspartner von Koch, die hessische FDP, versprach vor allem durch ihren Fraktionsvorsitzenden Hahn das Nachtflugverbot als die zweite Seite der Medaille Flughafenausbau[20]. Insgesamt war das Nachtflugverbot auch im Wahlkampf zur Landtagswahl 2003 im Forderungskatalog aller Parteien enthalten und so war es auch keine Überraschung, dass der mit absoluter Mehrheit für die CDU wiedergewählte Ministerpräsident in seiner Regierungserklärung zu Beginn der Legislaturperiode das Nachtflugverbot erneut bekräftigte[21]. Es war der Beginn der Regierungsperiode, in der die wesentlichen Entscheidungen für den Flughafenausbau und gegen das Nachtflugverbot fallen würden.

Das Nachtflugverbot und das Verwaltungsrecht

Zeitlich parallel mit der politischen Debatte und partiell inhaltlich mit ihr verzahnt geriet das Nachtflugverbot natürlich auch in die Mühlen der Bürokratie. Obwohl aus dem Blickwinkel der nachgeordneten Verwaltung eine Regierungsvorgabe eigentlich bindend und ein Verbot obendrein eine ganz klare Sache sein müssten, wurde hier bereits frühzeitig die Aussage zum Verbot nächtlicher Flugbewegungen relativiert. Im Raumordnungsverfahren, durchgeführt vom zuständigen Regierungspräsidium in Darmstadt, spielte das Nachtflugverbot zwar insoweit eine Rolle, als den Lärmbelastungsberechnungen[22] kein Flugverkehr zwischen 23.00 und 5.00 Uhr zugrunde gelegt wurde; bei den Maßgaben, die für eine Raumverträglichkeit des Vorhabens entscheidend sind, wurde allerdings nur eine Allerweltsformulierung[23] gewählt, die inhaltlich nicht mehr aussagte als das geltende Gesetz [24].

Die kritische Debatte im Landtag, warum das Nachtflugverbot im Raumordnungsverfahren keine relevante Rolle gespielt habe, wurde vom zuständigen Verkehrsminister Posch (FDP) mit den immer wieder vorgetragenen Ausflüchten quittiert, dass es sich dabei rechtlich um ein anderes Verfahren[25] handele, ein Argument, dass auch später immer wieder eine Rolle spielte, wenn es darum ging, die politisch geforderte Einlösung des Versprechens des Nachtflugverbotes abzuwehren. Aus der Sphäre der Verwaltungsjuristen, so lässt sich konstatieren, gab es demgemäß keinerlei Unterstützung für das Nachtflugverbot; im Gegenteil wurden immer wieder Vorbehalte angemeldet.

Bemerkenswert ist auch die Widersprüchlichkeit der früh einsetzende Debatte über die rechtlichen Möglichkeiten, das Nachtflugverbot Wirklichkeit werden zu lassen. Auf Nachfragen des Autors beim Bundesministerium für Verkehr wurde hierfür neben Verfahren im Zusammenhang mit der Betriebsgenehmigung ausdrücklich die Möglichkeit genannt, im Rahmen von Planfeststellungsbeschlüssen Nachtflugregelungen vorzunehmen[26]. Darauf dass der Bund inhaltliche Einwände gegen das Nachtflugverbot erheben könnte, ist zum damaligen Zeitpunkt jedenfalls keinerlei Hinweis zu finden.

Allerdings widersprach eine vom Hessischen Verkehrsminister in Auftrag gegebene rechtliche Stellungnahme[27] diesen Aussagen weitgehend. Der Gutachter Dr. Gronefeld[28] kam zu dem Ergebnis, dass der Planfeststellungsbeschluss für das Ausbauvorhaben aus Rechtsgründen nicht in der Lage sei, ein Nachtflugverbot für den bestehenden Verkehrsflughafen Frankfurt zu verfügen. Er sah die Notwendigkeit, ein Änderungsgenehmigungsverfahren für die Betriebsgenehmigung durchzuführen und wies ausdrücklich darauf hin, dass ein solches Verfahren die Interessen des Bundes berühre. Weiterhin zog er im Hinblick auf den (angeblichen) Widmungszweck eines internationalen Verkehrsflughafens die Vorgabe einer zeitweisen völligen Betriebsruhe faktisch in Zweifel.

Man muss sich an dieser Stelle die Chronologie klar machen und daraus erkennen, dass die rechtlichen Einschränkungen am Nachtflugverbot auch dem Ministerpräsidenten längst bekannt waren, als er sein Versprechen, das Nachtflugverbot Wirklichkeit werden zu lassen, mündlich und schriftlich mehrfach wiederholte[29].

Fraport formuliert sein Nachtflugverbot

Erstmals am 8. September 2003, danach in überarbeiteter und aktualisierter Form am 2. November 2004 und schließlich erneut umfänglich überarbeitet und ergänzt am 12. Februar 2007 sowie letztmals geändert mit Schreiben vom 4. Dezember 2007[30)] beantragte die Fraport AG die Planfeststellung für den Ausbau des Flughafens Frankfurt mit einer neuen Landebahn, einem weiteren Terminal im Süden und umfangreichen Änderungen auf dem bisherigen Gelände; im Rahmen dieser Anträge wurde auch die Änderung der betrieblichen Regelungen, d. h. konkret eine Einschränkung der fünfzig Jahre alten Betriebsgenehmigung[31)] mit beantragt. Dieser Teil II des Gesamtantrags[32)] blieb im Wesentlichen über die diversen Überarbeitungen unverändert und definiert das Nachtflugverbot im Sinn der Fraport AG.

Danach wird zwar tatsächlich von Fraport ein Verbot von Starts und Landungen für Luftfahrzeuge auf dem gesamten Start- und Landebahnsystem ab dem Zeitpunkt der Inbetriebnahme der neuen Landebahn Nordwest beantragt, aber es folgt schon innerhalb des Antrags sogleich ein lange Liste von Ausnahmen. Auffällig und eine nicht unwesentliche Vereinfachung des bisherigen Einzelgenehmigungsverfahrens ist danach der Umgang mit Verfrühungen und Verspätungen, die nunmehr regelmäßig vom Verbot ausgenommen sein sollen. Angesichts der Tatsache, dass bislang rund 99 % der entsprechenden Ausnahmeanträge genehmigt wurden, ist dies materiell zwar keine gravierende Veränderung, aber natürlich auch kein richtiges Verbot im Sinne des Wortes mehr und somit faktisch mindestens eine Teilrücknahme des Versprechens. Es reduziert nämlich die rechtlichen Möglichkeiten der Regulierung und nützt so einseitig den Fluggesellschaften.

Schon mit den vorgesehenen Ausnahmen kann das beantragte Nachtflugverbot natürlich nicht mehr die Verheißung der ungestörten Nachtruhe erfüllen, weil nun mal die Stärke des Fluglärms nicht davon abhängt, ob es sich um eine planmäßige oder eine verspätete Flugbewegung handelt. Bei realistischer Betrachtung der bisherigen Verspätungsdaten reduziert sich damit Zeit der Nachtruhe bei Verwirklichung des Fraport-Antrags in jeder Nacht um ca. zwei Stunden, gleichermaßen an den beiden Rändern[33)]; so dass noch ca. vier Stunden fluglärmfreie Nachtruhe verbleiben.

Die Debatte um das Nachtflugverbot wurde von Fraport nicht nur mit dem immer wieder vorgetragenen Hinweis gestaltet, schließlich habe man diese Betriebsbeschränkung ja sogar selbst beantragt, es wurden darüber hinaus flankierend aufwändige PR-Maßnahmen veranstaltet. Mit einer Wiederholungsbefragung[34)] der Menschen im Rhein-Main Gebiet sollte nicht nur der Erfolg der eigenen Propaganda kontrolliert, sondern vor allem die Suggestion einer wachsende Zahl von Befürwortern des Ausbaus verbreitet werden. Stolz wurde herausgestellt, dass über neunzig Prozent der Befragten dem Ausbau verbunden mit dem Nachtflugverbot zustimmen, während die Tatsache weitgehend unterschlagen wurde, dass nach derselben Studie die Zahl der Befragten, die sich durch Nachtflüge gar nicht belästigt fühlen, zwischen 1999 und 2006 von 64 % auf nur noch 24 % gesunken ist.

Die Regierung will dem Nachtflugverbot ausweichen

Um den beabsichtigten Flughafenausbau, insbesondere die geplante neue Landebahn, möglichst störungsfrei durchzusetzen und im Planungsverfahren mehrfache gerichtliche Auseinandersetzungen möglichst zu vermeiden, wurde zunächst das Landesplanungsgesetz[35)] geändert[36], um dem Landesentwicklungsplan (LEP) durch die Zustimmungspflicht des Landtags ein höheres Gewicht zu geben. Sodann wurde eine Änderung[37] dieses Landesentwicklungsplans von der Landesregierung auf den Weg gebracht, um für alle untergeordneten Planungsebenen den Standort für die Erweiterung des Flughafens – Landebahn Nordwest – rechtsverbindlich als sogenanntes Ziel der Raumordnung festzuschreiben. Für das angeblich damit untrennbar verbundene Nachtflugverbot wurde kein entsprechendes Ziel sondern lediglich eine Vertröstung als Grundsatz formuliert[38]. Entsprechend heftig verlief auch daraufhin die Debatte im Plenum des Landtags[39], in der von Rednern aus den Reihen der Ausbaubefürworter auffällig oft der Begriff ‚Nachtflugverbot' vermieden und stattdessen der Begriff ‚Nachtflugbeschränkung' verwendet wurde.

In einer dreitägigen Anhörung von Experten und nochmals einer Tagesanhörung der kommunalen Vertreter in den Ausschüssen[40] wurden danach die Aspekte dieser planungsrechtlichen Vorgaben diskutiert. Im Zentrum der Debatte stand dabei der Streit um die These, dass die Untrennbarkeit von Ausbau und Nachtflugverbot dann und nur dann gewahrt werde, wenn bei einer LEP-Änderung beide Vorgaben mit derselben rechtlichen Verbindlichkeit Berücksichtigung fänden. Drei Professoren, führende Vertreter des Planungs- und Verwaltungsrechts, vertraten dabei jeweils dezidiert sich widersprechende Auffassungen:

Prof. Dr. Georg Hermes (Universität Frankfurt) hielt eine Aufnahme des Nachtflugverbots als verbindliches Ziel in den LEP für zwingend, da es nach allen Aussagen die konstitutive Bedingung für den Ausbau und damit auch für die verbindliche Festlegung des Standorts der neuen Landebahn sei;

Prof. Dr. Reinhard Hendler (Universität Trier) hielt eine solche Aufnahme für rechtlich möglich, aber nicht für unbedingt geboten, erst recht nicht für zwingend, während

Prof. Dr. Bernhard Stuer (Münster) eine solche Aufnahme für rechtlich unzulässig erachtete, da die Abwägung der Interessen u. a. auch der Luftverkehrswirtschaft in diesem Verfahren kaum fehlerfrei gelingen könnte.

Vor diesem Hintergrund war es in der abschließenden Diskussion und Entscheidung dann für die ausbauwillige Mehrheit von CDU und FDP ein Leichtes, mit Hilfe eines keinerlei Verbindliches enthaltenden gemeinsamen Antrags[41] auch noch die SPD auf ihre Seite zu ziehen, so dass am Ende der Debatte[42] die Änderung des LEP nur noch von den GRÜNEN abgelehnt wurde. Hieran konnten auch durchaus scharfe Vorhaltungen[43] nichts ändern; in Sachen Nachtflugverbot war der Weg in den Wortbruch geebnet und dies unter tatkräftiger Mithilfe der SPD.

So konnte es auch niemanden mehr verwundern, dass am Tag nach dem Beschluss des Landtags zum Landesentwicklungsplan der Vorsitzende des Regionalen Dialogforums, Prof. Dr. Johann-Dietrich Wörner[44], über definierte und restriktive Ausnahmen öffentlich sprach, um damit für das Nachtflugverbot angeblich an Rechtssicherheit zu gewinnen. Damit war auch eine neue Definition des Nachtflugverbots verbunden; es sollte also nicht nur außerplanmäßig Ausnahmen wie schon im Fraport-Antrag gefordert, sondern jetzt auch geplante Flugbewegungen in jeder Nacht geben können. Über das regionale Dialogforum führte dann Wörner auch den von ihm erfunden Lärmindex[45] ein, der bei entsprechender Anwendung in der Lage sein sollte, Fluglärmbelastungen arithmetisch zu beschreiben und vergleichbar zu machen oder, wie Kritiker äußerten, um sie klein zu rechnen.

Diesen weiteren Schritt des Bruchs des Versprechens redete Ministerpräsident Koch[46] alsbald öffentlich schön; es könnte sogar zusätzliche Flugbewegungen in der Nacht geben, ohne dass es für die Menschen lauter werde. Parlamentarisch zur Rede gestellt, berief er sich dann im Landtag auf den Lärmindex von Professor Wörner, konnte konkret die Fragen jedoch nicht beantworten[47]. Was ihn wiederum keineswegs daran hinderte, genau diese Linie der Umdefinition des Nachtflugverbots weiter zu verfolgen, schließlich sollte das Planfeststellungsverfahren ja absehbar abgeschlossen werden. Da Koch zu diesem Zeitpunkt ganz sicher bereits wusste, wie der Bescheid aussehen sollte, aber auch die nächste Landtagswahl bevorstand, nutze er einen Konflikt mit dem Bundesverkehrsminister zu einem Täuschungsmanöver.

Nachdem die BILD-Zeitung am 20. September den Ausriss eines Briefes[48] veröffentlichte, der als die Forderung der Bundesregierung nach Aufrechterhaltung eines nächtlichen Flugbetrieb verstanden werden konnte, wurde dies zum Tag des endgültigen Paradigmenwechsels. Das Dementi[49] des Bundesverkehrsministers ist dabei ebenso zweideutig wie die Forderung[50] von Koch; hieraus bestätigt sich, dass er zu diesem Zeitpunkt präzise über den Inhalt des zu erlassenden Planfeststellungsbeschlusses informiert war.

Showdown für das Nachtflugverbot

Die Legislaturperiode ging zu Ende, der Wahlkampf lief bereits auf Touren und die Landesregierung hatte sich entschlossen, noch vor der Wahl den Planfeststellungsbeschluss für den Flughafenausbau zu erlassen. In der letzten Plenarwoche der Legislaturperiode wollte dann natürlich die CDU, trotz absoluter Mehrheit aber dennoch gemeinsam mit der FDP, vorbeugend den bevorstehenden Wortbruch durch Formulierungskunst verschleiern. So wurde ein gemeinsamer Antrag[51] mit dem Titel „Ausbau des Frankfurter Flughafens – den Anti-Lärm-Pakt verwirklichen!" vorgelegt, der das Nachtflugverbot beerdigt[52]. Darin fand die von Koch zuvor verwendete Begrifflichkeit von der Substanz des Nachtflugverbots, die es zu erhalten gelte, wiederum Eingang. Der Gegenantrag der GRÜNEN[53] betreffend „Versprechen eines Nachtflugverbots am Flughafen Frankfurt" wurde von allen übrigen Fraktionen ebenso abgelehnt wie auch derjenige der SPD[54], der forderte, „Ausbau des Frankfurter Flughafens – Mediationsergebnis verwirklichen!".

Die Tatsache, dass die SPD die Einmütigkeit mit den übrigen Ausbaubefürwortern zu diesem Zeitpunkt wieder aufgab, hat sicherlich sehr viel mit dem bevorstehenden Wahltermin zu tun, zumal sie beim LEP ein halbes Jahr zuvor noch das Aufweichen des Nachtflugverbots mitgetragen hatte. Das Verhalten spiegelt aber auch den permanenten internen Machtkampf zwischen der Partei- und Fraktionsvorsitzenden und ihrem Vorgänger an der Spitze der Fraktion wider. Die zu diesen Anträgen geführte Debatte[55] wurde nach dem Redebeitrag von Ministerpräsident Koch (CDU) anschließend von allen vier Fraktionsvorsitzenden nochmals aufgegriffen, wobei sowohl Andrea Ypsilanti[56] (SPD) als auch Tarek Al-Wazir[57] (GRÜNE) bezogen auf das Nachtflugverbot Koch mit deutlichen Worten erneut Wortbruch vorwarfen.

Am selben Tag dieser Plenardebatte wurde begleitet von großem Medienrummel eine „Gemeinsame Erklärung"[58] von Fraport AG, Deutsche Lufthansa AG, Deutsche Flugsicherung GmbH, BARIG (Board of Airline Representatives in Germany), Prof. Wörner und Roland Koch präsentiert und unterschrieben, die im Wesentlichen unverbindliche Absichtserklärungen im Hinblick auf Schallschutz und Interessenausgleich enthielt, aber kein Wort mehr vom Nachtflugverbot. Hierin bestätigt sich nicht nur der endgültige Abschied von der versprochenen Nachtruhe, sondern dieses Papier sollte vor allem ein medial wirksames

Instrument sein, vom Wortbruch abzulenken, stattdessen aber mal wieder die besten Absichten zu bekunden.

Sechs Tage nach der Landtagsdebatte, als die Abgeordneten sich bereits auf Weihnachten freuten und auf den Kampf um die Mandate bei der kommenden Landtagswahl am 27. Januar 2008 vorbereiteten, wurde am 18. Dezember 2007 der Planfeststellungsbeschluss[59] zum Ausbau des Flughafens von Verkehrsminister Dr. Rhiel unterzeichnet und der Öffentlichkeit präsentiert. Aus dem einst versprochenen Nachtflugverbot waren durchschnittlich 17 Flugbewegungen in jeder Mediationsnacht geworden, also mehr als 6.200 Flugbewegungen im Jahr, die eigentlich verboten sein sollten. Bei der Präsentation seiner Entscheidung vor großer Kulisse musste der Minister auf Nachfragen dann auch einräumen, dass sein Planfeststellungsbeschluss nicht der Vorgabe der Mediation und den jahrelang wiederholten Versprechen entspricht. Allerdings versuchte er sofort anderen, namentlich dem Bundesverwaltungsgericht hierfür die Schuld zu geben[60]. Eine spätere Überprüfung dieser Aussage[61] klärte den Sachverhalt dergestalt, dass die die Rhiel'sche Begründung tragenden Entscheidungen[62] des Bundesverwaltungsgerichts alle vor dem Zeitpunkt, zu dem Fraport letztmals[63] das Nachtflugverbot beantragt hatte, ergangen waren. Somit hatte Fraport in Kenntnis dieser Entscheidungen sein Nachtflugverbot beantragt, so dass man nicht annehmen sollte, dass der Flughafenbetreiber dabei ein unzulässiges Vorhaben durchsetzen wollte.

Dennoch geistert seit dieser Präsentation des Verkehrsministers die Behauptung durch alle folgenden Debatten um das Nachtflugverbot, dass dieses aus Rechtsgründen, die erst im Laufe des Verfahrens durch höchstrichterliche Entscheidungen entstanden seien, nun leider nicht mehr umsetzbar sei. Auch Ministerpräsident Koch machte sich diese Behauptung zu eigen, in dem er in einer Regierungserklärung vor dem Landtag zugleich auch die SPD hierfür vereinnahmen konnte[64]. Offensichtlich handelt es sich hierbei um eine gemeinsame Sprachregelung der Ausbaubefürworter nach dem Motto; das Nachtflugverbot hätten wir ja gern, aber leider ist es rechtlich nicht durchzusetzen[65]. Unter dem Blickwinkel der Chronologie von Urteilen und Anträgen handelt es sich hierbei allerdings eher um eine Legende. Um mit dieser Argumentation in der Öffentlichkeit noch besser durchzudringen, wurde von Koch noch die Drohung hinzugefügt, dass jede andere Entscheidung als die im PFB getroffene zu mehr Nachtflügen und nicht zu weniger Nachtflügen auf dem Frankfurter Flughafen geführt hätte[66].

Der Ausbau kommt ohne Nachtflugverbot

Selbstverständlich waren die Ausbaugegner über den Inhalt des Planfeststellungsbeschlusses (PFB) nicht mehr überrascht, aber doch zutiefst empört über die Dreistigkeit des Wortbruchs der gesamten Regierung Koch, der Fraktionen von CDU und FDP und aber auch über das wiederholte Schwanken der SPD in dieser Frage. Sofort stellte sich natürlich die Frage, welche Möglichkeiten denn jetzt noch gegeben wären, um gegen diesen Bescheid vorzugehen. Schließlich bestanden ja nicht völlig unberechtigte Hoffnungen, dass die nahe Landtagswahl eine Änderung der politischen Verhältnisse bewirken und damit diese Frage handlungsorientiert auf die Tagesordnung bringen könnte. Eines war auch innerhalb der GRÜNEN sehr schnell klar – den Planfeststellungsbeschluss einfach wieder aufzuheben, wenn man denn Regierungsverantwortung erlangt hätte, das ging schon aus rechtlichen Gründen nicht. Obendrein war ja die Position des möglichen Koalitionspartners SPD eine, die den Ausbau durchsetzen wollte, so dass sich die anschließende Debatte verschärft auf die Frage des Nachtflugverbots zuspitzte.

Die Landtagsfraktion der SPD hat zu Beginn des Jahres 2008 ein Rechtsgutachten[67] in Auftrag gegeben, um die Änderungsmöglichkeiten der Flugbeschränkungen im PFB zu klären, welches dann im Juni vorlag. Das Gutachten[68], welches die GRÜNEN beauftragt hatten, lag früher vor und wurde im Mai auch öffentlich präsentiert. Beide Gutachten kamen zum grundsätzlich selben Ergebnis: entweder durch Teilaufhebung oder mit einem ergänzenden Verfahren wären die Regelungen zum Nachtflug veränderbar; allerdings müsste dazu nochmals ein Verfahren mit Beteiligung der Betroffenen durchgeführt werden, in dem insbesondere auch die Argumente für die angebliche Unabweisbarkeit nächtlicher Flugbewegungen intensiv geprüft werden müssten.

Die Trennung der einst schicksalhaften Verbindung von Nachtflugverbot und Flughafenausbau durch den PFB war natürlich auch Thema in der heißen Phase des Landtagswahlkampfes im Januar 2008. Aus GRÜNER Sicht musste allerdings ernüchtert festgestellt werden, dass trotz intensiver Wahlkampfaktivitäten dieses Thema auf die Wahlentscheidung der Bürgerinnen und Bürger keinen signifikanten Einfluss hatte; die Wahlergebnisse in den „Fluglärmgebieten" waren vergleichbar oder gar schlechter als in von Flugbetrieb nicht verlärmten Regionen[69]. Angesichts der zu diesem Zeitpunkt schon etliche Jahre anhaltenden Debatte um das Nachtflugverbot mag man dieses Ergebnis auf Resignation und geschwundene Hoffnungen zurückführen, aber es war dennoch die Realität: das Nachtflugverbot war kein wahlentscheidendes Thema.

Insgesamt schuf das Wahlergebnis des 27. Januar 2008 die vielfach zitierten „hessischen Verhältnisse", das heißt ein Parlament, in dem es keine klare Regierungsmehrheit mehr gab. Was von vielen Seiten – weil es auch ungewohnt war – beklagt wurde, erwies sich in Fragen des Flughafenausbaus und des Nachtflugverbots zunächst als Phase geringerer öffentlicher Aktivität, schließlich gab es eine große Zahl von Klagen und Eilverfahren gegen den PFB.

Die Beinahe-Rettung des Nachtflugverbots

Nachdem die Turbulenzen des Frühjahrs und auch einige weitere Abschnitte spannender parlamentarischer Auseinandersetzungen[70] vorüber waren, näherten sich SPD und GRÜNE im Herbst 2008 schrittweise Verhandlungen zur Bildung einer Koalitionsregierung, die allerdings über keine eigene Mehrheit im Parlament verfügte, sondern auf die Tolerierung durch die LINKE angewiesen war. Schon diese Randbedingung machte die Gespräche, die ja so etwas wie eine politische Dreiecksbeziehung begründen sollten, nicht einfacher. Bei dem hier behandelten Thema Nachtflugverbot spielte diese Konstellation allerdings keine Rolle, da die LINKE in Fragen des Flughafens sich regelmäßig die GRÜNE Position zu eigen machte, gelegentlich allerdings verbunden mit dem Versuch alles noch ein bisschen verbal radikaler auszudrücken.

Die Koalitionsverhandlung zum Flughafen Frankfurt musste natürlich von den rechtlichen Realitäten ausgehen, so dass die Durchsetzung des Nachtflugverbots ins Zentrum rückte. Details des Verhandlungsgangs mögen hier verschwiegen bleiben, das Ergebnis[71] nahm rund zwei Seiten des Gesamtvertrags in Anspruch. Es wurde im Wesentlichen vereinbart, dass die Landesregierung alle ihre rechtlichen und politischen Einflussmöglichkeiten nutzt, um sowohl die Vorgabe des Nachtflugverbots gemäß dem Ergebnisbericht der

Mediation umzusetzen als auch sicherzustellen, dass eine Realisierung des Ausbaus nicht vor gerichtlicher Überprüfung und Entscheidung durch den Hessischen Verwaltungsgerichtshof in den Hauptsacheverfahren vorgenommen wird. Als Maßnahme der Umsetzung des Nachtflugverbots sollte ein ergänzendes Verfahren zu den flugbetrieblichen und flughafenbetrieblichen Regelungen im PFB eingeleitet werden, um die Umsetzung des Mediationsergebnisses bezüglich der Nachtflüge zu erreichen.

Kaum war Ende Oktober der Koalitionsvertrag öffentlich vorgestellt worden, die Parteitage der Beteiligten hatten noch gar nicht getagt, bracht ein gewaltiges Getöse der Luftverkehrswirtschaft – an der Spitze Fraport – los. Der Vorstandschef[72] brach eine Südamerikareise ab und eilte zurück, der Aufsichtsrat kam zu einer Sondersitzung[73] zusammen und formulierte seine Empörung, nur weil sich offensichtlich erstmals in der Geschichte des Frankfurter Flughafens die Politik gewagt hatte, dem Flughafenbetreiber klare Vorgaben zu machen und konsequent ihre Ziele zu verfolgen. Zur Sondersitzung des Aufsichtsrats wurde eine rasch erstellte juristische Bewertung[74] des Koalitionsvertrages vorgelegt, welche alle von der Koalition vorgesehenen Schritte als rechtswidrig bzw. rechtsmissbräuchlich einstufte.

Natürlich sollte die laute Öffentlichkeitsarbeit von Fraport vor allem in Richtung SPD wirken – nicht zuletzt hatte die SPD in der Landespolitik wie auch im Fraport Aufsichtsrat stets für den Flughafenausbau votiert – und die Parteitagsentscheidung über den Koalitionsvertrag, die für den 1. November vorgesehen war, beeinflussen. Im Abstimmungsergebnis des Parteitags, als die Delegierten von wenigen Gegenstimmen abgesehen mit sehr großer Mehrheit den Vertrag guthießen, war ein Erfolg dieser Bemühungen noch nicht erkennbar, das dauerte noch zwei weitere Tage. Immerhin kritisierte bereits an dieser Stelle der frühere Fraktionsvorsitzende Jürgen Walter in seiner Rede u. a. genau die Flughafenvereinbarung, an deren Aushandlung er in den Wochen zuvor allerdings selbst verantwortlich beteiligt war.

Auf der Landesmitgliederversammlung der hessischen GRÜNEN tags drauf, am 2. November 2008, fand die Flughafenvereinbarung keine Kritik in Redebeiträgen der Mitglieder; da allen klar war, dass das Maximum dessen, was rechtlich und politisch überhaupt noch möglich erschien, in die Vereinbarung Eingang gefunden hatte. Selbst aus dem Blickwinkel der Ausbaugegner, die mit einem eigenen Redebeitrag auftraten, wurde letztlich eingeräumt, dass man den PFB nicht ungeschehen machen konnte, nachdem er nun mal in der Welt war[75]. Schließlich wurde dem Koalitionsvertrag mit rund 98 % der abgegebenen Stimmen zugestimmt (459 JA von insges. 469 abgeg. Stimmen). Am Abend dieses Tages sah es also so aus, dass das Nachtflugverbot mit der Bildung der neuen Regierung wieder eine realistische Chance bekommen und alsbald umgesetzt würde.

Wenige Stunden später platzte dieser Traum, da eine Gruppe von insgesamt vier Abgeordneten[76] der SPD, unter ihnen auch der frühere Fraktionsvorsitzende Jürgen Walter, öffentlich erklärte, sie würden ihre Partei- und Fraktionsvorsitzende nicht zur Ministerpräsidentin wählen, womit die Regierungsbildung insgesamt gescheitert war. An diesem Tag, dem 3. November 2008, ging mit den rot-GRÜNEN Regierungsträumen zugleich die Hoffnung vieler Menschen im Rhein-Main Gebiet auf von Fluglärm ungestörten Nachtschlaf wieder unter; die Rettung des Nachtflugverbots war somit vorerst gescheitert.

Das Nachtflugverbot bekommt Recht

Nach dem Scheitern der Regierungsbildung, verursacht durch die vier Verweigerer in den Reihen der SPD, löste sich der Landtag am 19. November 2008 auf, so dass am 18. Januar 2009 erneut eine Landtagwahl stattfinden musste. Mitten in die Endphase dieses Wahlkampfes fiel am 15. Januar die Entscheidung[77] des Hessischen Verwaltungsgerichtshofs (VGH) in diversen Eilverfahren gegen den PFB vom 18. Dezember 2007. Die öffentliche Resonanz hierauf war nicht zuletzt deshalb ziemlich heftig, da sie von sich stark widersprechenden Aussagen[78] geprägt wurde.

Der Grund hierfür lag darin, dass zwar die Anträge auf Wiederherstellung der aufschiebenden Wirkung der gegen den PFB eingereichten Klagen sämtlich abgelehnt worden waren und insoweit die Bau- und Rodungsarbeiten beginnen konnten, das Gericht aber gleichzeitig feststellte, *„in der Zulassung von 17 planmäßigen Flügen in der Kernzeit der Nacht dürfte nach allem ein Abwägungsfehler liegen, der sich voraussichtlich auch als erheblich erweisen wird"*[79]. Damit wurde das Nachtflugverbot vom höchsten hessischen Verwaltungsgericht wiederbelebt und obendrein ein wesentliches Argument des PFB für Flugbewegungen während der Mediationsnacht mit einfacher Logik falsifiziert. Es war die Feststellung, dass mit dem Nachtflugverbot die Ausgewogenheit und damit die Sinnhaftigkeit der Planung nicht berührt werde, *„was sich schon daraus ergibt, dass die Beigeladene (Fraport) die Planfeststellung auf der Grundlage eines Betriebskonzeptes beantragt hat, das keine planmäßigen Flüge von 23 bis 5 Uhr vorsieht"*[80]. Endlich verlangte mal jemand, dass das Versprechen des Nachtflugverbots ernst genommen werden muss!

Bemerkenswert an der Entscheidung des VGH war darüber hinaus, dass das Gericht für die Berücksichtigung des Nachtflugverbots im PFB exakt dasselbe Verfahren gewählt wissen wollte, welches der Koalitionsvertrag von SPD und GRÜNEN im Oktober 2008 bereits beschrieben hatte. Der von Fraport seinerzeit dagegen bemühte juristische Sachverstand[81] lag also offensichtlich daneben, da kaum anzunehmen ist, dass der VGH ein rechtswidriges Verfahren vorschlagen würde.

Konsequenterweise wurde rasch nach Beginn der neuen Legislaturperiode von der Fraktion Bündnis 90 / DIE GRÜNEN im Landtag beantragt[82], dieses vom VGH geforderte ergänzende Planfeststellungverfahren durchzuführen. Mit ihrer wiedergewonnenen Mehrheit lehnten CDU und FDP diesen Antrag ab, obwohl in der Debatte[83] dazu das Nachtflugverbot zunächst wieder beschworen wurde, um anschließend dann aber doch alle Aktivitäten mit Hinweis auf das laufende Gerichtsverfahren zu verweigern. Die Auseinandersetzung um den Flughafenausbau verlief in dieser Zeit natürlich auch an anderen Schauplätzen eher heftig, wie zum Beispiel im Kelsterbacher Wald, dem Baugelände für die neue Landebahn. Da hierbei das Nachtflugverbot nicht im Vordergrund der Auseinandersetzung stand, möge dieser Hinweis genügen.

Ein wesentlicher nächster Meilenstein auf dem mühsamen Weg zur Durchsetzung des Nachtflugverbots waren dann die Urteile des VGH zu den Klagen gegen den PFB, die als Musterverfahren ausgewählt worden waren. Am 21. August 2009 wurden die Urteile verkündet und mit einer Pressemitteilung[84] des Gerichts erläutert. Was bereits bei den Eilentscheidungen im Januar angedeutet worden war, wurde jetzt deutlich gemacht: das Nachtflugverbot, das als Verwaltungsdirektive u. a. im LEP verankert worden war, erwies sich aus Sicht des Gerichts für das Planfeststellungsverfahren auch als Abwägungsdirektive, so dass kaum ein Spielraum für die Zulassung planmäßiger Flüge in der Mediationsnacht bliebe. Damit war zu diesem Zeitpunkt das Nachtflugverbot in der allgemeinen Wahrnehmung erfolgreich reanimiert, auch wenn die schriftliche Urteilsbegründung noch auf sich warten ließ.

Das Urteil wurde natürlich von der Opposition in der darauffolgenden Plenarwoche[85] im Landtag aufgegriffen. Formulierte die SPD in ihrem Antrag[86] im Wesentlichen die Rückkehr zum Mediationsergebnis, so verlangte der Antrag der GRÜNEN[87] von der Landesregierung, das Nachtflugverbot umzusetzen, indem sie auf Revision verzichtet und unverzüglich das ergänzende Verfahren einleitet. Der zu der Debatte eingereichte „Gegenantrag"[88] der Regierungskoalition spielte dagegen ausschließlich auf Zeitgewinn ebenso wie Verkehrsminister Posch (FDP) in seinem Debattenbeitrag[89]. Erstmals deutete er an dieser Stelle auch an, dass die Landesregierung in Revision gegen das Kasseler Urteil zum Bundesverwaltungsgericht ginge, eine Absicht, die er gegenüber der Presse[90] noch dahingehend präzisierte, dass hierüber die Bundesregierung ein entscheidendes Wort mitzureden hätte. Diese Verantwortungsverlagerung nach Berlin bestimmte von da an immer wieder die Diskussion; man darf dabei übrigens nicht vergessen, dass die Debatte ganz kurz vor der Bundestagswahl stattfand, womit die politische Auseinandersetzung auch von Wahlkampfaspekten mitbestimmt war.

Die Regierung prozessiert gegen das Nachtflugverbot

Als Anfang Dezember 2009 die schriftliche Urteilsbegründung[91] des Verwaltungsgerichtshofs vorlag, wurde sie unverzüglich sowohl unter juristischen Aspekten als auch von der Politik engagiert aufgegriffen. Jede interessierte Seite hob dabei vor allem die Passagen hervor, die ihrer jeweiligen Auffassung entsprachen. Für eine eingehende juristische Analyse ist hier sicherlich nicht der richtige Ort, so dass sich nur generell feststellen lässt, dass vom Urteil insbesondere diejenigen Ausbaugegner enttäuscht waren, die gehofft hatten, dass das Gericht die Auffassungen und das Ermessen der Planfeststellungsbehörde durch eigene Feststellungen ersetzen könnte. Dies war allerdings nicht zu erwarten, da es vor Gericht um eine Prüfung der rechtlichen Zulässigkeit der von der Behörde getroffenen Entscheidungen und nicht um die Frage geht, ob inhaltliche Alternativen ggf. besser sein könnten.

Bezogen auf das Schicksal des Nachtflugverbots bleibt aus rechtlicher Betrachtung heraus festzuhalten, dass der VGH schon aus der gesetzlichen Vorgabe des Luftverkehrsgesetzes heraus[92] die Anzahl von 17 planmäßigen Flugbewegungen innerhalb der Mediationsnacht, wie sie der PFB zulässt, für abwägungsfehlerhaft zu hoch ansah. Die oft zitierte Vorgabe des Landesentwicklungsplans hat in dieser Begründung nur zusätzlich verstärkenden Einfluss, aber keineswegs konstitutiven Charakter.

Der Landtag[93] diskutierte die Aussagen der Urteilsbegründung auf Anträge der SPD-Fraktion und der GRÜNEN-Fraktion hin in Form einer aktuellen Stunde mit ergänzenden inhaltlichen Anträgen[94] am 10. Dezember. Es ging dabei im Zentrum erneut um nichts anderes als um das Nachtflugverbot und die zu diesem Zeitpunkt schon klar erkennbare Absicht der Landesregierung, Revision gegen das Urteil einzulegen, um ihr einstmals gegebenes Verspechen am Ende doch nicht einhalten zu müssen. Für die Mehrheit galt nämlich offensichtlich das Ziel, das vom VGH wiederbelebte Nachtflugverbot nun endlich tot zu machen, hierfür aber möglichst anderen die Schuld zu geben. Denn zwischenzeitlich war auf Bundesebene eine Regierung im Amt, die dieselbe politische Couleur wie die hessische hat, so dass man prächtig kooperieren konnte. Im Übrigen verfolgte die Mehrheit in dieser Debatte weiterhin die Hinhaltetaktik, da die Entscheidung für die Revision angeblich noch nicht getroffen worden sei.

Nachdem wenig überraschend die Entscheidung zugunsten der Revision dann doch noch getroffen worden war, blieb der Landtag nicht in seinen bereits begonnenen Weihnachtsferien, sondern kam am 22. Dezember 2009 zu einer Sondersitzung[95] des Plenums nur zu diesem Thema zusammen. In der dort zu Beginn vorgetragenen Regierungserklärung des Verkehrsministers wurden fünf Gründe[96] für die Revision genannt, die auf die inhaltliche Fragestellung des Nachtflugverbots überwiegend gar nicht eingehen. Von dem Argument angefangen, dass die Revision aufgrund der Anträge Dritter sowieso käme, über die Forderung, es gelte Rechtssicherheit durch höchstrichterliche Entscheidung zu schaffen, und das äußerst bemerkenswerte Argument, es sei nicht die Landesregierung sondern die Planfeststellungsbehörde, die Rechtsmittel einlege, bis zum Eingeständnis, dass es die – bestellte – Aufforderung der Bundesregierung zur Revision gäbe und schließlich der juristisch so wichtigen Frage des Verhältnisses von Fachplanungsrecht zu Landesplanungsrecht, zählte Minister Posch lediglich Ausflüchte dafür auf, den eigentlichen Auftrag des Urteils, für ein wirksames Nachtflugverbot zu sorgen, nicht ausführen zu wollen.

Wie nicht anders zu erwarten war, blieb auch in dieser Debatte nicht nur die Opposition sondern vor allem auch das Nachtflugverbot erneut als Verlierer auf der Strecke; Ein gemeinsamer Antrag von SPD und GRÜNEN, der den Verzicht auf die Revision und die Durchführung des ergänzenden Verfahrens zur Änderung des PFB forderte, wurde in namentlicher Abstimmung von allen anwesenden Abgeordneten von CDU und FDP abgelehnt. Kein Abgeordneter aus diesen Fraktionen bekannte sich also noch zu dem Versprechen von einst, selbst diejenigen nicht, die es persönlich immer wieder beschworen hatten.

So bleibt nur noch der Blick in den Schriftsatz[97], mit dem die Landesregierung die Revision beantragt und begründet. Es geht ihr darin natürlich um nichts anderes als die restlose Beseitigung des Nachtflugverbots. Auf dem Weg der Abänderung der Urteile des VGH soll die Verpflichtung zur Durchführung des ergänzenden Verfahrens aufgehoben und der Planfeststellungsbeschluss zu hundert Prozent wiederhergestellt werden. Neuerlich bemerkenswert sind dabei aus der Begründung nur zwei Argumente: zum einen wird die Begründung des VGH zugunsten des Nachtflugverbots als Verstoß gegen das Grundgesetz gewertet, weil für eine solche Regelung nach Luftverkehrsrecht angeblich nur der Bund zuständig wäre. Zum anderen kommt die Konkurrenz von Fachplanungsrecht zum Landesplanungsrecht zur Sprache, die von Minister Posch bereits bemüht wurde.

Das Verfahren ist zum gegenwärtigen Zeitpunkt (Redaktionsschluss war Ende 2010) noch im Gange; man erwartet die Entscheidung des Bundesverwaltungsgerichts erst im Laufe des Jahres 2012. Ob damit wirklich die eingeforderte rechtliche Klarheit geschaffen werden kann, muss man allerdings sehr in Zweifel ziehen. Die Verfahren wären nämlich nur dann beendet, wenn die Auffassung der Landesregierung sich vollständig durchsetzen würde; in allen anderen Fällen käme es zu weiteren Verfahrensschritten und damit sicherlich auch zu weiteren Prozessen.

Der politische Kampf gegen das Nachtflugverbot

Die Arbeitsgemeinschaft Deutscher Verkehrsflughäfen (ADV), an deren führender Stelle Vertreter der Fraport AG stark engagiert sind, betrachtete zeitlich parallel mit den Debatten um den Ausbau und das Nachtflugverbot in Frankfurt die gesamte Entwicklung mit Sorge, da sich Tendenzen zugunsten der Nachtruhe und gegen den ungestörten Flugbetrieb in der Rechtsprechung verstärkten, insbesondere auch beim Bundesverwaltungsgericht.

Deshalb wurde nur einen Tag nach der Verkündung der Entscheidungen des Hessischen Verwaltungsgerichtshofs (VGH) zu den Eilverfahren von der ADV ein Positionspapier[98] veröffentlicht, das als eine schallende Ohrfeige gegen alle Bemühungen um Nachtruhe für die Bevölkerung verstanden werden muss. Man fordert dort nämlich nicht nur einen „nachfragegerechten" Flugbetrieb in der Nacht und verweist das Lärmschutzbedürfnis der Bevölkerung allein auf den passiven Lärmschutz sondern postuliert obendrein das Verlangen: *„Mit einer klarstellenden Formulierung im Luftverkehrsgesetz soll die Rechtsprechung des Bundesverwaltungsgerichts zu § 29 b Abs. 1 Satz LuftVG wieder auf die Grundlagen des Gesetzes zurückgeführt werden".* Dieser Satz enthält die bemerkenswerte Einschätzung, dass nicht das höchste deutsche Verwaltungsgericht sondern vielmehr einzig der Interessenverband ADV die „Grundlagen des Gesetzes" richtig bewerten kann.

Diese durchaus unverschämte Selbstüberschätzung entstammt offensichtlich dem Ärger der Flughafenmanager darüber, dass es Anwohnern und Umweltverbänden in den vergangenen Jahren vermehrt gelang, vor Gericht auch ihrer Interessenlage zumindest Gehör zu verschaffen; für die Luftverkehrswirtschaft eine unerfreuliche Neuerung. Konkret werden hierfür Entscheidungen[99] des Bundesverwaltungsgerichts angeführt, nach denen tatsächlich ein unbeschränkter Nachtflugbetrieb nicht länger akzeptiert wird. Wobei gemessen an dem Bedürfnis der Flughafenanwohner auf möglichst ungestörten Schlaf sich die Formulierung des Gerichts wahrlich nicht nach paradiesischen Zuständen anhört: *„In der Kernzeit der Nacht (00.00 Uhr bis 05.00 Uhr) dürfen Flugbewegungen nur zugelassen werden, wenn für sie ein standortspezifischer Nachtflugbedarf besteht, der im Unterschied zur Mehrzahl der anderen deutschen Flughäfen geeignet ist, den Nachtflugbetrieb zu rechtfertigen."*

Es wird unmittelbar klar, dass es keineswegs – im Gegensatz zur Auffassung der ADV – um eine Klarstellung des Gesetzes geht, da das BVerwG von keinen Unklarheiten geplagt wird; es geht vielmehr um eine Veränderung der Rechtslage zulasten der Flughafenanwohner. Damit hätte es eigentlich sein Bewenden haben können, wäre nicht die lobbyistische Kraft der Luftverkehrswirtschaft traditionell sehr groß. Der aufziehende Bundestagswahlkampf wurde zu eifriger Lobbyarbeit benutzt, immer mit dem Tenor, doch bitte die Unklarheiten zu beseitigen. Deshalb gab es auch einen konkreten Formulierungsvorschlag der ADV, der bei oberflächlicher Betrachtung durchaus harmlos aussieht: Die einschlägigen Vorschrift des § 29 b Abs. 1 Satz 2 LuftVG[100] soll ergänzt werden um die Worte: „bei der Durchführung von Betrieb von Luftfahrzeugen in der Luft und am Boden". Der Trick dieser Formulierung liegt darin dass damit per Gesetz nächtlicher Flugbetrieb gestattet und somit durch Verwaltungshandeln nicht mehr verboten werden kann. Eine solche Gesetzesänderung wäre nichts anderes als ein gesetzliches Verbot des Nachtflugverbots – und damit ein Triumpf der Luftfahrtindustrie.

Nach der Bundestagswahl am 27. September 2009 wurde zwischen den Unionsparteien und der FDP über eine neue Koalition auf Bundesebene verhandelt; das Ergebnis war der Koalitionsvertrag[101], in dem die Wünsche der ADV weitgehend berücksichtigt wurden: *„Neben einer Kapazitätsentwicklung der Flughäfen werden wir insbesondere international wettbewerbsfähige Betriebszeiten sicherstellen. Die dazu erforderliche Präzisierung im Luftverkehrsgesetz soll eine gleichberechtigte und konsequente Nachhaltigkeitsabwägung* *von wirtschaftlichen, betrieblichen und dem Lärmschutz geschuldeten Erfordernissen auch bei Nachtflügen sicherstellen. Die Wahrung des öffentlichen Erschließungsinteresses der Bundesrepublik Deutschland ist dabei zu gewährleisten."* Seit November 2009, das bedeutet diese Formulierung ins Alltagsdeutsche übersetzt, ist es demgemäß Gegenstand der regierungsamtlichen Politik des Bundes, Flugbetrieb an den deutschen Flughäfen rund um die Uhr zu gewährleisten und den Spuk Nachtflugverbot damit ein für alle Mal zu beseitigen.

Es gehört zur Chronistenpflicht, festzuhalten, dass der hessische Verkehrsminister Dieter Posch (FDP) auf Seiten seiner Partei in der Verhandlungskommission für den Verkehrsteil des Koalitionsvertrages mitgearbeitet, also die gesetzliche Beseitigung des Nachtflugverbotes aktiv mit betrieben hat. So bestätigt Posch auf Nachfrage [102] wohl zu seiner Rechtfertigung denn auch, dass die Rechtsprechung *„zu einem hohen Maß an Rechts- und Planungsunsicherheit"* führte. Schon aus dieser Antwort muss allerding geschlossen werden, dass Hessen im Bundesrat einer Beseitigung des Nachtflugverbots zustimmen dürfte.

Noch ist ein Entwurf für die Änderung des Luftverkehrsgesetzes nicht allgemein bekannt, es kursieren zwar einige interne Papiere, deren Authentizität aber bislang nicht bestätigt ist. Auf jeden Fall sind auch Kampagnen gegen eine Gesetzesänderung angestoßen worden, so dass sich Ministerpräsident Koch am 22. Dezember 2009 vor dem Plenum des Landtags[102] genötigt sah, zu versichern, dass er ein Interesse habe, dass das Bundesverwaltungsgericht die Revision bezüglich Frankfurt auf der Grundlage des bestehenden Gesetzes entscheidet. Damit versuchte er den Eindruck zu erwecken, dass eine mögliche Gesetzesänderung keinen Einfluss auf die Nachtflugsituation in Frankfurt habe, was natürlich falsch ist. Falls die ADV sich durchsetzt wird es mit Sicherheit neuerliche Verfahren geben, um zusätzliche Nachtflüge durchzusetzen, die dann auf der Grundlage eines geänderten LuftVG zu beurteilen wären.

Das Nachtflugverbot war ein faires Angebot

Nach dem gegenwärtigen Zwischenstand der Betrachtung der nunmehr gut zehnjährigen Debatte um das Nachtflugverbot für den Flughafen Frankfurt ist es angezeigt, eine vorläufige Bewertung zu versuchen.

Zunächst soll die Sichtweise der unbedingten Befürworter des Flughafenausbaus betrachtet werden: Bei ihnen werden nahezu ausschließlich positive wirtschaftliche Effekte des Ausbaus für die Region und darüber hinaus in den Vordergrund gestellt. Dass ein Flughafen infolge eines geplanten Zuwachses von 30 Millionen Passagieren jährlich auch einen Zuwachs an Arbeitsplätzen haben wird, kann man nicht ernsthaft bestreiten, allerdings machen die in der Ausbaudebatte genannten Zahlen schon skeptisch, zumal die Angaben je nach Hitze der Debatte stark schwankten. Das Arbeitsplatzargument ist im Prinzip nicht von der Hand zu weisen, es wird aber vor allem in der Auseinandersetzung um das Nachtflugverbot speziell für den Cargo-Bereich[103] dann allerdings verkürzt angewendet, wenn die am Flughafen verladende Wirtschaft ihre Existenz durch ein Nachtflugverbot gefährdet sieht, ohne alternative logistische Konzepte zu prüfen. Mit einem unabweisbaren Bedarf an Frachtflügen waren im PFB letztendlich auch die genehmigten siebzehn planmäßigen Flüge in der Mediationsnacht begründet worden.

Damit wird aus diesem Betrachtungswinkel heraus im Ergebnis ein Nachtflugverbot, also eine tatsächliche nächtliche Betriebsruhe am Flughafen Frankfurt von mehreren Stunden Dauer für unmöglich gehalten. Ein Nachtflugverbot scheitert trotz allen guten Willens also an der faktischen Unmöglichkeit seiner Realisierung.

Dennoch wollen die Ausbaubefürworter dies nicht als Bruch des Versprechend verstanden wissen, schließlich, so wird argumentiert, gäbe es und würde es auch in Zukunft in erheblichem Umfang Nachtflugbeschränkungen geben, womit auf die Bevölkerung im Umkreis des Flughafens Rücksicht genommen werde. Diesen Beschränkungen will man weiterhin den Namen Nachtflugverbot geben, das sei im Übrigen auch kein Etikettenschwindel, denn schließlich seien es ja gemessen an der Gesamtzahl nur wenige Ausnahmen, ähnlich wie beim Sonntagsfahrverbot für Lastkraftwagen.

Eine Beurteilung, ob ein solches Ergebnis von vielen Akteuren von Anfang an intendiert oder zumindest billigend in Kauf genommen wurde, kann sich nicht auf Dokumente oder sonstige Belege stützen, wenn man von Propagandamaterial der Luftverkehrswirtschaft einmal absieht. Sie verbleibt im Bereich der Spekulation, auch wenn es hierfür viele Indizien aus persönlichen Begegnungen heraus geben mag. Die vielfach wiederholte Garantie der unlöslichen Verbindung zwischen Nachtflugverbot und Flughafenausbau hat ganz ohne Zweifel zur Akzeptanz des Ausbauvorhabens in der Bevölkerung beigetragen[105] und wurde von den meisten Menschen auch ernst genommen, wobei sie sich wahrscheinlich mehr Ruhe darunter vorgestellt haben als die Planfeststellungsbehörde ihnen schließlich zubilligen wollte.

Den Vätern der Mediationsempfehlungen[104] kann man durchaus unterstellen, dass sie das Nachtflugverbot ernsthaft wollten, es war *„die Schnur, die das ganze Paket* (der Mediation – also auch den Neubau einer weiteren Bahn) *zusammenhält"*, wie Mediator Hänsch es bezeichnet. Er ist allerdings zugleich mit dem Ergebnis des Verfahrens nicht zufrieden und sieht den PFB nicht mehr im Rahmen dessen, was mit der Mediation erreicht worden war.

Wenn man das Nachtflugverbot aus der Mediation als ein faires Angebot erachtet, muss man für zukünftige Auseinandersetzungen zumindest sicherstellen, dass eine Zusage zugunsten vom Vorhaben negativ Betroffener am Anfang des Verfahrens rechtsverbindlich fixiert wird und erst danach die weiteren Verfahrensschritte erfolgen. Also müsste eine betriebliche Regelung für ein definiertes Datum der Zukunft verordnet und mögliche Rechtsmittel dagegen durchgefochten sein, bevor die Genehmigung für eine Betriebsausweitung erfolgt. Als Alternative dazu gäbe es noch eine umfassende vertragliche Regelung, die die Zugeständnisse der Luftverkehrswirtschaft absichert und nicht ohne Zustimmung Betroffener kündbar wäre. Wenn in Zukunft keines von beiden von der an einem Ausbau interessierten Seite akzeptiert werden sollte, ist nach den Frankfurter Erfahrungen zumindest damit sofort klar, dass die Fluglärmbetroffenen mal wieder betrogen werden und alle gegebenen Versprechen gebrochen werden sollen.

Das Nachtflugverbot war ein übles Foul

Bewohnern des Rhein-Main-Gebiets, egal ob sie in Flörsheim, in der Offenbacher City, in Neu-Isenburg oder in Raunheim wohnen und schlafen wollen, erscheint die Debatte um das Nachtflugverbot als neuerliches übles Foul, begangen von Fraport in Kumpanei mit der hessischen Landesregierung unter Roland Koch (CDU). Für sie ist es blanker Zynismus, zum wiederholten Mal erleben zum müssen, dass Versprechen auf Reduzierung der durch den Flugverkehr in den letzten Jahren stets gewachsenen Belastungen gebrochen werden. Das liegt vor allem daran, dass ja nicht nur die großen Ereignisse, wie der Bau der Startbahn 18-West oder die aktuelle Erweiterung ein mehr an Fluglärm erwarten lassen, sondern dass es Jahr für Jahr immer mehr geworden ist.

Die Betrachtung des Ablaufs der Debatte um das Nachtflugverbot passt sich aus diesem Blickwinkel bruchlos in die bisherigen Erfahrungen ein; von anfangs Hoffnung weckenden Versprechen hin zu empörenden neuerlichen Steigerungen der Fluglärmbelastung spannt sich der Bogen der alltäglichen Erfahrungen. Nachdem im Jahr 2009 die weltweite Wirtschaftskrise den Anwohnern des Flughafens durch eine wahrnehmbare Reduzierung der Zahl der Flugbewegungen zeitweise Erleichterung verschaffte, wurde der Vulkanausbruch in Island[106] im April 2010 als wahres Gottesgeschenk wahrgenommen: Tage- und vor allem nächtelang gab es überhaupt keinen Fluglärm im Rhein-Main-Gebiet. Ein wahrer Traum wurde kurzzeitig Wirklichkeit, der zugleich dokumentierte, was ein Nachtflugverbot hätte sein können.

So sehr diesen Zustand vagabundierender Vulkanaschewolken niemand dauerhaft sich wünschen oder erwarten kann, so sehr wird aber von dieser Erfahrung abgeleitet, dass nicht länger allein die Interessen der Luftfahrtindustrie das Behördenhandeln bestimmen sollten. Die Ausbaugegner empört dabei in besonderem Maß, dass die im Planfeststellungsverfahren zugrunde gelegten Planwerte[107] erkennbar falsch sind, aber dennoch selbst vor Gericht keine Korrektur erfahren haben. Man kennt darin erneut die Salamitaktik als die durchsetzungsorientierte Vorgehensweise der Luftverkehrswirtschaft wie schon seit langem und empfindet sich als hilflos ausgeliefert.

Wie bei der Alternative, dass das Nachtflugverbot ein faires Angebot gewesen sein könnte, gibt es auch für seine Einschätzung als übles Foul keine Dokumente als Beweis. Allerdings ist der Indizienbeweis aus dem konkludenten Handeln etlicher Akteure insbesondere in der Politik schon ziemlich erdrückend. Und auch das beredte Schweigen der Fraport AG[108] fügt sich in das Bild, dass von Anfang an eine tatsächlich wirksame nächtliche Betriebsruhe am Flughafen Frankfurt niemand der Wortführer der Ausbaubefürworter wirklich wollte.

Bleibt die Frage der Betrogenen, welche Chancen es denn gegeben hätte, die Aushöhlung und letztliche Beseitigung des Nachtflugverbots zu verhindern. Angesichts der höchst unterschiedlichen ökonomischen Kräfteverhältnisse zwischen Luftverkehrswirtschaft und Bürgerinitiativen könnte man leicht zum Ergebnis kommen, dass man von Anfang an keine Chancen hatte. Eine Einschätzung, der der Autor als aktiver Politiker allerdings mit Nachdruck gerne widerspricht.

Das Nachtflugverbot bleibt eine ständige Aufgabe

Das Nachtflugverbot könnte trotz allem doch noch ein gutes Stück wieder aufleben, wenn, ja wenn, das Bundeverwaltungsgericht die Revision zurückweisen sollte. Dann müsste der PFB einem ergänzenden Verfahren unterzogen werden und es gäbe die Chance, deutlich weniger als die derzeit genehmigten 17 Flüge in jeder Mediationsnacht festzuschreiben und tatsächlich für stundenweise Nachtruhe zu sorgen. Allerdings wäre es eine Illusion der Flughafenanwohner zu vermuten, dass das Ziel mit einem solchen Urteil erreicht wäre. Es kann kein Zweifel daran bestehen, dass jede für die Mediationsnacht festgesetzte Bewegungszahl einschließlich der Null von den Airlines erneut vor Gericht angegriffen würde, so dass die Auseinandersetzungen sich fortsetzen.

Angesichts der aktuell aufgekommenen Diskussion über die gesundheitlichen Wirkungen der Fluglärmbelastungen[109] insbesondere in der Nacht, wird das Thema Nachtflugverbot völlig unabhängig vom Ausgang der gerichtlichen Auseinandersetzung um den Frankfurter PFB immer wieder auf die Tagesordnung kommen. Auch bei kritischer Würdigung der bisher bekannten wissenschaftlichen Erkenntnisse zu diesem Thema, drängt sich die Einschätzung auf, dass bislang die negativen Wirkungen des Fluglärms eher unterschätzt wurden, so dass sich absehbar ein nicht mehr zu vernachlässigender Handlungsbedarf zur Verringerung insbesondere der nächtlichen Belastungen ergeben dürfte.

Wenn die derzeitig im Raum stehende Vermutung, dass Todesopfer im Flugverkehr nicht nur durch Abstürze verursacht werden, sich bestätigt, muss es Auftrag vor allem auch der Politik sein, hier Abhilfe zu schaffen. Sosehr mit Verkehr immer auch Opfer und gesundheitliche Beeinträchtigungen verbunden sein mögen, so sehr ist es dauerhaftes Gebot, sich permanent um die Verringerung der Opferzahlen zu bemühen. Auf diesem Sektor bleibt noch sehr viel zu tun und die Erwartung wäre mehr als ein Wunsch, dass sich die Verantwortlichen der Luftverkehrswirtschaft nicht weiterhin so wie bisher gegen alle Erkenntnisse und erst recht gegen daraus zu ziehende Konsequenzen sperren.

Ein Blick voraus

Heute ist es noch ein Traum aber morgen vielleicht doch schon ein Stück näher an der Wirklichkeit: Der Luftverkehr genießt nicht länger seine derzeitigen Privilegien, er zahlt seine Steuern wie andere Verkehrsträger auch, er unterliegt dem Immissionsschutzrecht, das soweit notwendig auch Verkehrsverbote bereit hält, und er kommt obendrein für seine gesamten Kosten selbst ohne Subventionen durch die öffentlichen Hände auf. Dazu gehören natürlich auch die volkswirtschaftlichen und die global ökologischen Kosten im Hinblick auf die Schädigung des Klimas. Dann hätten wir eine faire Einordnung und eine nachhaltige Perspektive auch für den Luftverkehr, so wie wir sie uns wünschen.

Das beschriebene Ziel liegt noch in weiter Ferne, allerdings nicht so weit weg, dass man deshalb resignieren dürfte. Die gesellschaftliche Auseinandersetzung um Flughäfen zeigt zunehmende Qualität der Argumente auf Seiten der Kritiker des ungebremsten und unkontrollierten – eben nicht nachhaltigen – Wachstums der Luftverkehrswirtschaft. Die Luftfahrtindustrie ist aufgefordert sich der Kritik zu stellen und nicht länger inhaltliche Argumente durch offensive Lobbyarbeit zu ersetzen.

Anmerkungen

1) Der tatsächliche Baubeginn für den Flughafen Frankfurt am heutigen Standort war der 2. Januar 1934; die offizielle Eröffnung erfolgte am 8. Juli 1938.

2) Planfeststellungsbeschluss des Hessischen Ministers für Wirtschaft und Technik vom 23. März 1971, Abschnitt II A 2; Amtlicher Umdruck Seite 10.

3) Simulationsrechnung der Federal Aviation Administration (FAA); dokumentiert in der Anlage zur stenographischen Niederschrift der Anhörung des Haushaltsausschusses, des Ausschusses für Wirtschaft und Technik und des Ausschusses für Umweltfragen zum Ausbau des Flughafens Frankfurt am Main vom 2. bis 5. Februar 1981 (Hessischer Landtag, 9. Wahlperiode).

4) Vereinbarung zur Zusammenarbeit einer Regierungskoalition für die 13. Wahlperiode des Hessischen Landtags 1991 – 1995 zwischen DIE GRÜNEN, Landesverband Hessen und SOZI-

ALDEMOKRATISCHE PARTEI DEUTSCHLANDS, Landesverband Hessen; Abschnitt Verkehr Ziff. 3 Flugverkehr: *„Das Areal des Rhein-Main Flughafens wird auf die derzeitige Fläche begrenzt. Eine zusätzliche Start- und Landebahn sowie eine Verschiebung des Parallelbahnsystems sowie die Nutzung der Startbahn 18 West als Landebahn ist ausgeschlossen."*

5)   Koalitionsvereinbarung für die 14. Wahlperiode des Hessischen Landtags zwischen Bündnis 90 / DIE GRÜNEN und SPD (1995 – 1999) vom 27. März 1995 enthält unter Verkehrspolitik Ziff. 11 dieselbe Formulierung wie (3).

6)   Beim Starkbieranstich der Binding Brauerei Frankfurt am Main im Oktober 1997, anlässlich dessen traditionell eine Rede an der Schnittfläche zwischen Wirtschaft und Politik gehalten wird, wurde die Forderung der Erweiterung des Flughafens vom Festredner Jürgen Weber, Vorstandsvorsitzender der Deutschen Lufthansa AG, erhoben.

7)   Allen damaligen Akteuren noch deutlich erinnerlich ist die vom Fraktionsvorsitzenden der SPD, Armin Clauss, wiederholt gewählte Formulierung, man müsse „über den Zaun hinaus denken".

8)   Gemäß Artikel II der Vereinbarung über das weitere Verfahren im Zusammenhang mit der Diskussion um den Flughafen Frankfurt des Gesprächskreise Flughafen wurde der Auftrag für das Mediationsverfahren wie folgt beschrieben: es sollte klären, *„unter welchen Voraussetzungen der Flughafen Frankfurt dazu beitragen kann, die Leistungsfähigkeit der Wirtschaftsregion Rhein-Main im Hinblick auf Arbeitsplätze und Strukturelemente dauerhaft zu sichern und zu verbessern, ohne die ökologischen Belastungen für die Siedlungsregion außer acht zu lassen."* zitiert nach Bericht Mediation Flughafen vom 30. 01. 2000 Seite 1 f.

9)   Bericht Mediation Flughafen, Abschnitt 1. „zum Mediationsverfahren", Seite 2 ff.

10)   Bericht Mediation Flughafen, Seite 146; es waren dies Prof. Dr. Klaus Hänsch MdEP, Dr. Frank Niethammer und Prof. Dr. Kurt Oeser.

11)   Bericht Mediation Flughafen, Seite 142.

12)   Die Beschreibung des Nachtflugverbots findet sich im Bericht Mediation Flughafen auf Seite 143. Dort sind auch sehr klar die Konsequenzen benannt:*Das Nachtflugverbot erfordert die Verlagerung der in diesen Nachtstunden stattfindenden Post-, Fracht- und Charterflüge. Dies kann durch Veränderungen der Flugpläne oder durch Verlagerung auf andere Flughäfen, zum Beispiel nach Hahn, erfolgen.*

13)   Hierunter sind natürlich in erster Linie die Randstunden der Mediationsnacht zu verstehen; damit schließt die Mediation eine zeitliche Verschiebung von Flugbewegungen aus der Mediationsnacht in die angrenzenden Stunden grundsätzlich aus, da für diesen Zeitraum auch eine Verringerung des Fluglärms gefordert wird.

14)   Der auf Grundlage der Drucksache 15/1279 letztlich einstimmig gefasste Beschluss lautet u. a.:*Nach den Erkenntnissen aus dem Frankfurter Mediationsverfahren und aus der Expertenanhörung des Hessischen Landtags zum Flughafen Frankfurt müssen insbesondere die bereits jetzt bestehenden Lärmbelastungen der Bevölkerung reduziert werden. Der Hessische Landtag hält deshalb die Einführung eines Nachtflugverbots für unbedingt erforderlich.*

15)   Der Antrag der GRÜNEN enthielt folgenden zweiten Absatz:*Der Hessische Landtag erwartet von der Flughafen Frankfurt AG sowie von den am Flughafen Frankfurt tätigen Unternehmen der Luftverkehrswirtschaft, dass sie ihren Widerstand gegen die Einführung eines Nachtflugverbots mindestens von 23.00 Uhr bis 5.00 Uhr aufgeben.*

16)   Dieser (Anm. 15) wurde geändert durch einen gemeinsamen Änderungsantrag von CDU, SPD und FDP (Drs.: 15/1283), der dann auch beschlossen wurde:*Der Hessische Landtag erwartet von der Flughafen Frankfurt AG sowie von den am Flughafen Frankfurt tätigen Unternehmen der Luftverkehrswirtschaft, dass sie aktiv daran mitarbeiten, die Einführung eines Nachtflugverbotes mindestens von 23.00 Uhr bis 5.00 Uhr zu erreichen und dauerhaft sicherzustellen*

17)   So der wirtschaftspolitische Sprecher der CDU-Fraktion, Clemens Reif, am 29. März 2001 vor dem Plenum des Landtags: *„Die Formel heißt: Ohne Ausbau kein Nachtflugverbot - ohne Nachtflugverbot kein Ausbau".*Hessischer Landtag, 15. Wahlperiode, 70. Sitzung, Protokoll Seite 4828 ff; (4832).

18) Regierungserklärung des Ministerpräsidenten vor dem Plenum des Landtags am 28. März 2001:*„Es bleibt dabei, dass wir ihn nur erhalten, wenn wir ihn ausbauen. Es bleibt aber auch dabei, dass Bürger einen Anspruch darauf haben, dass sie dafür Ruhe in der Nacht bekommen.*"Hessischer Landtag, 15. Wahlperiode, 69. Sitzung, Protokoll Seite 4707 ff. (4711)

19) Schreiben des Ministerpräsidenten an einen Rüsselsheimer Bürger vom Juni 2002: *Die von mir geführte Hessische Landesregierung hat wiederholt zum Ausdruck gebracht, dass das Ergebnis des Mediationsverfahrens die Grundlage all ihrer Überlegungen und Entscheidungen zum geplanten Ausbau des Frankfurter Flughafens darstellt und dieser nur bei gleichzeitiger Einführung eines Nachtflugverbotes erweitert werden darf. Die Anwohnerinnen und Anwohner des Flughafens erwarten zu Recht einen wirksamen Ausgleich für zunehmende Flugbewegungen am Tage, und deshalb bin ich in dieser Frage auch zu keinerlei Kompromissen bereit. Ein Nachtflugverbot wird zwar in der Tat nicht von allen Beteiligten begrüßt, weshalb dessen Umsetzung auch auf Widerstände stoßen wird. In Anbetracht der geltenden Rechtslage sehe ich jedoch keine grundsätzlichen Hindernisse, die der Einführung eines Nachtflugverbots im Wege stehen könnten.*

20) FDP-Fraktionsvorsitzender Hahn vor dem Plenum des Landtags am 12. Dezember 2002: *„Für uns liegen zwei dieser fünf Punkte so eng beisammen, dass sie zu einer Medaille geworden sind. Auf der einen Seite ist der Ausbau, während sich auf der anderen Seite das Nachtflugverbot befindet.*"Hessischer Landtag, 15. Wahlperiode, 128. Sitzung, Protokoll Seite 8917 ff; (8925).

21) Regierungserklärung des Ministerpräsidenten vor dem Plenum des Landtags am 23. April 2003:*„Allen Bürgern sei allerdings klar gesagt: Alle zugesagten Elemente des Mediationsergebnisses bleiben die verbindliche Richtschnur der Landespolitik. Wir wollen einen Ausbau des Frankfurter Flughafens. Wir wollen ein Nachtflugverbot.*"Hessischer Landtag, 16. Wahlperiode, 2. Sitzung, Protokoll Seite 15 ff; (25).

22) Regierungspräsidium Darmstadt: Raumordnungsverfahren Flughafen Frankfurt am Main, Landesplanerische Beurteilung vom 10. Juni 2002, Seite 101.

23) Regierungspräsidium Darmstadt: Raumordnungsverfahren Flughafen Frankfurt am Main, Landesplanerische Beurteilung vom 10. Juni 2002, Seite 2: II. Maßgaben Ziff. 5: … *„Dem Schutz der Nachtruhe ist besonderes Gewicht beizumessen".*

24) Luftverkehrsgesetz in der Fassung der Bekanntmachung vom 10. Mai 2007 (BGBl. I S.698), zuletzt geändert durch Artikel 1 des Gesetzes vom 24. August 2009 (BGBl. I S. 2942). § 29 b Abs. 1 Satz 2:*Auf die Nachtruhe der Bevölkerung ist in besonderem Maße Rücksicht zu nehmen.*

25) Regierungserklärung von Verkehrsminister Posch vor dem Plenum des Landtags am 13. Juni 2002 unter dem Titel: „Ausbau Flughafen Frankfurt am Main – auf gutem Weg": *„das Nachtflugverbot ist Gegenstand des luftverkehrsrechtlichen Verfahrens".*Hessischer Landtag, 15. Wahlperiode, 111. Sitzung, Protokoll Seite 7722 ff; (7740).

26) Antwort des Parlamentarischen Staatssekretärs beim Bundesminister für Verkehr, Bau- und Wohnungswesen, Stephan Hilsberg, vom 21. Dezember 2000:*Zuständig für die Genehmigung von Anlage und Betrieb von Flugplätzen sind nach § 31 Abs. 2 Nr. 4 des Luftverkehrsgesetzes (LuftVG) die Länder. Änderungen der Nachtflugregelungen (etwa im Sinne einer teilweisen Einschränkung oder einer völligen Untersagung des Nachtflugbetriebs) fallen daher in die Zuständigkeit der Länder.Ein Nachtflugverbot durch die zuständige Landesbehörde kann auf Grundlage des heute geltenden Rechts etwa in der Weise erreicht werden, dass der Flugplatzunternehmer bei der Landesbehörde einen entsprechenden Antrag stellt, den die Behörde positiv bescheidet. Eine weitere Möglichkeit besteht darin, dass die Landesbehörde als Genehmigungsbehörde nach entsprechender Prüfung die bestehende Genehmigung teilweise widerruft bzw. zurück nimmt. Auch ist eine Änderung der Genehmigung aufgrund des § 6Abs. 4 LuftVG denkbar. Die Länder haben darüber hinaus die Möglichkeit, im Rahmen von Planfeststellungsverfahren Nachtflugregelungen vorzunehmen.*

27) Rechtliche Stellungnahme über die Voraussetzungen und die Zulässigkeit der Anordnung eines Nachtflugverbotes nach Maßgabe der Empfehlungen der Mediationsgruppe für die Zukunft des Verkehrsflughafens Frankfurt am Main von Rechtsanwalt Dr. Volker Gronefeld, Februar 2001.hier insbes. die zusammengefassten Ergebnisse des Gutachtens auf den 83 ff.

28) Der damalige Gutachter ist der heutige Prozessvertreter des Landes in der Auseinandersetzung um den Planfeststellungsbeschluss – ein sehr deutliches Indiz dafür, dass die Landesregierung das Nachtflugverbot nicht wirklich durchsetzen sondern lieber verhindern will.

29) vgl. z. B. Anmerkung (19); auch mehr als ein Jahr nach Vorlage des Gutachtens werden die Bürger nicht korrekt informiert (vulgo: belogen).

30) damit lagen zwischen der letzten Änderung des Planfeststellungsantrags durch die Vorhabensträgerin Fraport AG und der Entscheidung der Planfeststellungsbehörde genau 14 Tage – eine durchaus bemerkenswerte Geschwindigkeit.

31) sie stammt vom 20. Dezember 1957, wurde erweitert durch die Genehmigung des Ausbaus der Flughafenanlagen vom 23. August1966 und wurde seitdem einige Male bzgl. nächtlicher Flugbetriebsbeschränkungen verändert.

32) Ausbau Flughafen Frankfurt Main, Unterlagen zum Planfeststellungsverfahren, Betriebliche Regelung, Blatt 39 / 40 des Bandes A 1 Anträge, Stand 12. 02. 2007.

33) Immerhin lagen im Jahr 2006 von den insgesamt 50401 Flugbewegungen in der gesetzlichen Nacht 63 % in den beiden Randstunden und 37 % innerhalb der Mediationsnacht (Kleine Anfrage Drs. 16/7605). Damit ist das Potenzial der Verfrühungen und Verspätungen umrissen.

34) tns-infratest, München: „Die Zukunft des Frankfurter Flughafens", eine Wiederholungsbefragung im Auftrag der Fraport AG, Mai 2006.

35) Hessisches Landesplanungsgesetz (HLPG) vom 6. September 2002, GVBl. I Seite 548.

36) Gesetz vom 24. Oktober 2005, GVBl. I Seite 954.

37) Hessischer Landtag, Drucksache 16/6057.

38) Unter III. Festlegungen ist unter dem Titel „Erweiterungsflächen für den Flughafen Frankfurt Main" folgendes formuliert:Ziel: *Zur Sicherung der langfristigen räumlichen Entwicklungsmöglichkeiten des Flughafens Frankfurt Main werden die in der Plankarte dargestellten Flächen für die Erweiterung der Flughafenanlagen einschließlich einer neuen Landebahn als Vorranggebiete ausgewiesen, die von konkurrierenden Planungen und Nutzungen freizuhalten sind.* Grundsatz: *In den Verfahren nach dem Luftverkehrsgesetz ist aus Rücksichtnahme auf die besonders schutzbedürftige Nachtruhe der Bevölkerung ein umfassender Lärmschutz in den Kernstunden der Nacht von herausragender Bedeutung.*

39) Hessischer Landtag, 16. Wahlperiode, 114. Sitzung, Protokoll Seite 7923 ff.

40) Hessischer Landtag, 16. Wahlperiode, Stenografische Berichte der 47., 48., 49. und 51. Sitzung des Ausschusses für Wirtschaft und Verkehr.

41) Hessischer Landtag; Drucksache 16/7340.

42) Hessischer Landtag, 16. Wahlperiode, 135. Sitzung, Protokoll Seite 9416 ff.

43) siehe insbes. Hessischer Landtag, 16. Wahlperiode, 135. Sitzung, Protokoll Seite 9429; Ausführungen des Abg. Frank Kaufmann (Bündnis 90 / DIE GRÜNEN): „*Herr Kollege Bökel, meinen Vorwurf des Wortbruchs aber wiederhole ich mit Nachdruck. Wenn Ausbau und Nachtflugverbot untrennbar sind, dann erklären Sie bitte, warum Sie den Ausbau in den LEP hineinstecken, das damit untrennbar verbundene Nachtflugverbot aber draußen lassen. Das passt nicht zusammen. Das ist offensichtlich die Trennung beider, und damit ist es auch der Wortbruch*".

44) Prof. Dr. Johann-Dietrich Wörner wurde als damaliger Präsident der Technischen Universität Darmstadt ab der Gründung des Regionalen Dialogforums zu dessen Vorsitzenden bestellt. Mit Beendigung dieser Arbeit stieg er in die Position des Präsidenten der deutschen Versuchsanstalt für Luft- und Raumfahrt (DLR) in Köln auf und blieb auf diese Weise der Luftverkehrswirtschaft verbunden. Die Bestellung in diese Funktion erfolgte durch die Bundesregierung nicht zuletzt aufgrund einer Empfehlung des hessischen Ministerpräsidenten.

45) Hessischer Landtag, 16. Wahlperiode, 139. Sitzung, Protokoll Seite 9729; Frage 798: *Wie kann nach Auffassung der Landesregierung durch die unter der Bezeichnung Lärmindex A – Schall-*

pegel im Regionalen Dialogforum präsentierte Formel

$$L_{DN_{reg}} = 50 + 10 \log \frac{\sum N_i 10^{\left(L_{DN_i} - 50\right)/10}}{\sum N_i}$$

sichergestellt werden, dass sich die nächtliche Fluglärmbelastung der Menschen im Rhein-Main-Gebiet tatsächlich verringert?

46) Interview mit der Frankfurter Neuen Presse am 13. August 2007: *Nach den neuesten Lärmberechnungen, die ausdrücklich nicht von der Landesregierung stammen, kann jedoch sogar eine zunehmende Zahl von Starts und Landungen in der Nachtkernzeit stattfinden, ohne dass es für die Menschen in der Nachbarschaft des Flughafens lauter wird.*

47) Hessischer Landtag, 16. Wahlperiode, 145. Sitzung, Protokoll Seite 10199, Frage 835; die Diskussion endet im Prinzip in einer Eloge auf Prof. Wörner.

48) Bild Ausgabe FRANKFURT zeigt ein Brieffragment: *Für den Fall, dass der Planfeststellungsbeschluss ein absolutes Nachtflugverbot in der Zeit zwischen 23 und 5 Uhr vorsehen sollte, weise ich daher vorsorglich darauf hin, dass es nicht ausgeschlossen werden kann, dass der Bund bei der Prüfung des Beschlusses sein Bundesinteresse an einem nächtlichen Flugbetrieb (...) erklärt.*

49) Bundesminister Tiefensee (SPD) sagt im hr-Fernsehen: *„Die Bundesregierung stellt das Nachtflugverbot nicht in Frage, (...) wir werden dann tätig, wenn Fraport beziehungsweise das Land Hessen von dem Nachtflugverbot Ausnahmen erbitten würden. Ansonsten werden wir nicht tätig."*

50) Ministerpräsident Koch ebenfalls im hr-Fernsehen: *„Dieses Nachtflugverbot darf in der Substanz nicht angetastet werden."* Sein Pressesprecher Dirk Metz erläutert ergänzend, das Koch sich nur einige wenige Ausnahmen bei Frachtflügen vorstellen könne.

51) Hessischer Landtag; Drucksache 16/8364

52) Die Beerdigung des Nachtflugverbots ist als Punkt (6) des Antrags wie folgt formuliert: *Der Hessische Landtag steht zum Nachtflugverbot als eine der fünf untrennbaren Komponenten des Mediationspaketes. Sollten aus rechtlichen Gründen dennoch Ausnahmegenehmigungen erforderlich werden, muss die Ausgewogenheit des Mediationspaketes erhalten bleiben. Unabweisbare Ausnahmen müssen daher streng begrenzt werden, um im Sinne der Stellungnahme des RDF das Nachtflugverbot "in seiner Substanz" auf jeden Fall zu erhalten.*

53) Hessischer Landtag; Drucksache 16/8365.

54) Hessischer Landtag; Drucksache 16/8363.

55) Hessischer Landtag, 16. Wahlperiode, 149. Sitzung, Protokoll Seite 10593 ff.

56) Hessischer Landtag, 16. Wahlperiode, 149. Sitzung, Protokoll Seite 10608: *„Das Ergebnis der heutigen Diskussion ist: Herr Ministerpräsident, sie betreiben Wortbruch. Diese CDU betreibt Wortbruch. Sie sorgen dafür, dass das Mediationsergebnis zu einer Farce wird."*

57) Hessischer Landtag, 16. Wahlperiode, 149. Sitzung, Protokoll Seite 10611: *„Roland Koch ist eben kein Mann, auf dessen Wort man sich verlassen kann."*

58) Gemeinsame Erklärung von Fraport, Lufthansa, DFS, BARIG, RDF und Landesregierung vom 12. Dezember 2007. Im Hinblick auf Schallschutz findet sich darin u. a. der bemerkenswerte Satz: *Wir streben an, den Fluglärm bzw. gegenüber dem für 2020 prognostizierten Wert deutlich zu reduzieren.*

59) Hessisches Ministerium für Wirtschaft, Verkehr und Landesentwicklung: Planfeststellungsbeschluss zum Ausbau des Verkehrsflughafens Frankfurt Main – PF-66 p –V- vom 18 Dezember 2007; zugänglich im Internet über die Homepage des Ministeriums www.wirtschaft.hessen.de .

60) In seiner Präsentation formulierte Rhiel wörtlich: *„Kritiker werden entgegnen: ,Formulierte die Mediation nicht ein ausnahmsloses Nachtflugverbot?' Meine Antwort lautet: Das stimmt. Aber in den sieben Jahren nach Abschluss des Mediationsverfahrens hat es mehrere Entscheidungen des Bundesverwaltungsgerichts gegeben, die eine absolute Null für planmäßige Flüge in der*

Mediationsnacht für einen Weltflughafen wie Frankfurt Main als rechtswidrig erscheinen lassen."

61) Hessischer Landtag Drucksache 18/996: Dringlicher Berichtsantrag betreffend rechtliche Aspekte des Nachtflugverbots am Flughafen Frankfurt; erörtert in: Hessischer Landtag 18. Wahlperiode; Kurzbericht der 11. Sitzung des Ausschusses für Wirtschaft und Verkehr am 03. September 2009 TOP 12; Seite 14 ff.

62) Hessischer Landtag; Kurzbericht 18. Sitzung des Ausschusses für Wirtschaft und Verkehr vom 8. Dezember 2009; Punkt 12

63) vgl. Anmerkung (32)

64) Hessischer Landtag, 17. Wahlperiode, 13. Sitzung, Protokoll Seite 753 ff. (757); Regierungserklärung des Ministerpräsidenten mit dem Titel „Ein starkes Hessen braucht starke Flughäfen": *„Der Vertreter der SPD-Fraktion hat in der Sitzung am 4. Juni 2008 gesagt – ich zitiere Herrn Kollegen Walter –: Ich glaube, dass dieser Planfeststellungsbeschluss so, wie er erlassen worden ist, eine hohe Wahrscheinlichkeit der Rechtmäßigkeit in sich trägt. Ich glaube, dass in der Situation, in der wir vor Erlass des Planfeststellungsbeschlusses waren, in der Tat ein Planfeststellungsbeschluss ohne Nachtflüge rechtswidrig gewesen wäre. Ich erhoffe mir, dass dieser Konsens, jedenfalls unter den großen politischen Kräften dieses Hauses und den Kollegen der FDP, auch in Zukunft erhalten bleibt.*"

65) hier entdeckt man schon einen klaren Widerspruch zu früheren Äußerungen Koch; vgl. Anmerkung (19).

66) a.a.O. siehe Anmerkung (64).

67) „Rechtswissenschaftliches Forschungsgutachten zu den Möglichkeiten für die Planfeststellungsbehörde die im Planfeststellungsverfahren zum Ausbau des Verkehrsflughafens Frankfurt/Main des Hessischen Ministeriums für Wirtschaft, Verkehr und Landesentwicklung vom 18. 12. 2007 festgelegten Flugbetriebsbeschränkungen für die Zeit von 22.00 Uhr bis 6.00 Uhr zu ändern" erstattet für die Sozialdemokratische Fraktion im Hessischen Landtag durch Univ.-Prof. Jan Ziekow, Freisbach, 8. Juni 2008.

68) „Rechtsgutachten zur Veränderbarkeit der Nachtflugregelungen im Planfeststellungsbeschluss für den Ausbau des Flughafens Frankfurt (am Main) vom 18. 12. 2007" erstattet im Auftrag der Fraktion Bündnis 90 / Die Grünen im Hessischen Landtag, bearbeitet von Rechtsanwalt Dr. Klaus-Martin Groth und Rechtsanwalt Dr. Peter von Feldmann, Anwaltsbüro Gaßner, Groth und Coll. Berlin.

69) Hessisches Statistisches Landesamt; Statistische Berichte B VII 2 – 4 – 5j / 08; Die Wahl zum Hessischen Landtag am 27. Januar 2008, Endgültige Ergebnisse; so ist die Zahl der für Bündnis 90 / DIE GRÜNEN am 27. Januar 2008 abgegebenen Landesstimmen in Hessen insgesamt um 2,6 % zurückgegangen, in den „Flughafenkommunen" aber wie z. B. in Flörsheim um 4,1 %; in Neu-Isenburg um 4 % und in Raunheim um 3,9% also jeweils überdurchschnittlich.

70) Die politische Chronik der 17. Legislaturperiode des Hessischen Landtags ist noch nicht geschrieben – sie wäre eine äußerst spannende Lektüre, auf die an dieser Stelle leider verzichtet werden muss.

71) Koalitionsvertrag zwischen der SOZIALDEMOKRATISCHEN PARTEI DEUTSCHLANDS und der Partei BÜNDNIS 90 / DIE GRÜNEN in Hessen für die 17. Legislaturperiode 2008 – 2013; Seite 77 ff. Als wesentliche Maßnahmen wurde vorgesehen: *Die Landesregierung wird auch darauf hinwirken, dass die Fraport AG verbindlich schriftlich zusichert, dass sie vor einer abschließenden Entscheidung des Hessischen Verwaltungsgerichtshofs über die Klagen gegen den PFB von diesem im Bereich außerhalb des bestehenden Areals des Flughafens und mit Ausnahme der im Besitzeinweisungsbeschluss genannten Maßnahmen keinen Gebrauch machen wird. Das Wirtschafts- und Verkehrsministerium als Planfeststellungsbehörde wird den Verwaltungsgerichtshof unverzüglich entsprechend informieren. Es wird ihm darüber hinaus mitteilen, dass es im Fall der fehlenden Zusicherung der Fraport AG seinerseits eine Aussetzung der Vollziehung des Planfeststellungsbeschlusses (gemäß § 80 Abs. 4 VwGO) vorzunehmen beabsichtigt. Das Ministerium wird weiterhin mitteilen, dass es in der Zwischenzeit, wäh-*

rend und soweit sich das Gericht mit den Klagen gegen das Vorhaben im Übrigen befasst, in einem ergänzenden Verfahren die Umsetzung des Nachtflugverbots gemäß Mediationsergebnis beabsichtigt.Sollte die Fraport AG die o. g. Zusicherung nicht bis zum 15. November 2008 abgeben, wird die Planfeststellungsbehörde den Sofortvollzug des PFB gemäß § 80 Abs. 4 VwGO bis zum Abschluss der Hauptsacheverfahren vor dem VGH aussetzen. Da davon auszugehen ist, dass diese Verfahren noch im Laufe des Jahres 2009 entschieden werden, wird die Aussetzung bis zum Jahresende 2009 befristet.

72) Pressemitteilung der Fraport AG „Bender warnt vor Verzögerungen des Flughafenausbaus" vom 24. Oktober 2008.

73) Pressemitteilung der Fraport AG „Aufsichtsrat unterstützt Fraport-Vorstand: Ausbau-Verzögerung gefährdet tausende Arbeitsplätze" vom 31. Oktober 2008.

74) FRESHFIELDS BRUCKHAUS DERINGER: „Bewertung der Forderungen und Ziele des Koalitionsvertrages von SPD und Grünen vom 24.10.2008 zum Ausbau des Frankfurter Flughafens" von Dr. Gerhard Limberger, Dr. Marcus Emmer vom 27. Oktober 2008.

75) Protokoll der Landesmitgliederversammlung vom 02. November 2008, Seite 5 ff. zugänglich über www.gruene-hessen.de .

76) Alles was man dazu wissen sollte, findet sich bei: ZASTROW, VOLKER: Die Vier. Eine Intrige. Rowohlt Verlag, Reinbek bei Hamburg 2009. 416 S.

77) Hessischer Verwaltungsgerichtshof; 11. Senat Beschluss vom 11. Januar 2009; Az. 11 B 353/08.T u. a.

78) Als Beispiel hierfür mögen zwei Artikel aus der Offenbach Post vom 16. Januar 2009 dienen, die folgende Überschriften tragen: *Bäume fallen für den Ausbau – Eilanträge gegen Flughafenerweiterung abgelehnt / Nachtflugregelungen offen / Klage in Karlsruhe* und *Gerichtshof zerpflückt geplante Nachtflugregeln – juristische Bruchlandung für Koch kurz vor der Wahl / Richter wollen Ergänzungsverfahren.*

79) Beschluss a.a.O. Ziff. 7.5.1 Seite 81

80) Beschluss a.a.O. Ziff. 7.5.1 Seite 82

81) vgl. Anmerkung (74)

82) Hessischer Landtag; Drucksache 18/42, unter Ziff. 3: *Die Landesregierung wird demgemäß aufgefordert, entsprechend dem Hinweis des Hessischen Verwaltungsgerichtshofs unverzüglich ein ergänzendes Planfeststellungsverfahren mit dem Ziel durchzuführen, das Nachtflugverbot am Flughafen Frankfurt wirksam einzuführen.*

83) Hessischer Landtag, 18. Wahlperiode, 4. Sitzung, Protokoll Seite 167 ff.

84) Pressemitteilung des Verwaltungsgerichtshof vom 21. August 2009; zugänglich über www.vgh-kassel.justiz.hessen.de
Die zum Nachtflugverbot darin enthaltene Passage lautet: *Rechtlich beanstandet hat der Gerichtshof allerdings Teile der Nachtflugregelung des Planfeststellungsbeschlusses, der durchschnittlich 150 planmäßige Flugbewegungen in einer Nacht erlaube, von denen 17 auf die Zeit von 23.00 bis 5.00 Uhr, die sogenannte Mediationsnacht, entfallen dürfen. Die Zulassung der 17 Flüge in der Mediationsnacht sei nicht mit dem gesetzlich gebotenen Schutz der Bevölkerung vor nächtlichem Fluglärm zu vereinbaren, urteilten die Richter. Auf die Nachtruhe sei in besonderem Maße Rücksicht zu nehmen. Diesem Gebot trage der Planfeststellungsbeschluss nicht hinreichend Rechnung. Die von der Planfeststellungsbehörde als Rechtfertigung für die Regelung vorgetragenen Gründe hielten einer rechtlichen Überprüfung nicht stand; insbesondere verliere der Ausbauplan ohne die Zulassung von planmäßigen Flügen in der Mediationsnacht nicht seine innere Konsistenz. Das folgt nach Auffassung des Verwaltungsgerichtshofs schon daraus, dass die Fraport AG im Verwaltungsverfahren die Zulassung des Projekts für ein Betriebskonzept ohne planmäßige Flüge in der Mediationsnacht beantragt hatte. Der durch das Luftverkehrsgesetz gebotene Schutz der Nachtruhe werde durch den im Jahr 2007 geänderten Landesentwicklungsplan ergänzt und verstärkt. In der Begründung dieses Plans, der von der Landesregierung in der Gestalt einer Rechtsnorm erlassen worden sei, werde dem Verbot planmäßiger Flüge in der Zeit von 23.00 bis 5.00 Uhr ein so erhebliches Gewicht beigemessen,*

dass daraus eine Abwägungsdirektive folge, die der Planfeststellungsbehörde kaum einen Spielraum für die Zulassung planmäßiger Flüge in der Mediationsnacht lasse. Der Senat verkenne nicht, dass erhebliche wirtschaftliche Interessen für die Durchführung von Frachtflügen in der Kernzeit der Nacht sprächen. Dem stehe aber auch eine außerordentliche Lärmbelastung gegenüber, der eine Vielzahl von Menschen in der Umgebung des Flughafens ausgesetzt sei. Beanstandet haben die Richter auch die Regelung für die sogenannten Nachtrandstunden (von 22.00 bis 23.00 und von 5.00 bis 6.00 Uhr) insoweit, als die Zahl der 150 zugelassenen Flugbewegungen auf den Jahresdurchschnitt bezogen ist. Dies ermögliche es, Flüge von der Winterflugplanperiode in die Hauptreisezeit zu verlegen, wodurch es zu einer besonders nachteiligen Bündelung von Flügen in einzelnen Nächten kommen könne.

85) Hessischer Landtag, 18. Wahlperiode, 20. Sitzung, Protokoll Seite 1328 ff.

86) Hessischer Landtag, Drucksache 18/993.

87) Hessischer Landtag, Drucksache 18/994.

88) Hessischer Landtag, Drucksache 18/1067.

89) vgl. Anmerkung (85) hier Seite 1332

90) Frankfurter Allgemeine Zeitung vom 16. September 2009: *Nachtflüge: Bund soll mitbestimmen -- Minister Posch strebt zunächst Klärung in Leipzig an*

91) Hessischer Verwaltungsgerichtshof 11. Senat, Urteil vom 21. August 2009, Az.: 11 C 227/08 T u. a. zugänglich über www.vgh-kassel.justiz.hessen.de

92) Luftverkehrsgesetz (LuftVG) in der Fassung der Bekanntmachung vom 10. Mai 2007 (BGBl. I S. 698) zuletzt geändert durch Gesetz vom 24. August 2009 (BGBl. I S. 2942); hier § 29 b Abs. 1 Satz 2: *Auf die Nachtruhe der Bevölkerung ist in besonderem Maße Rücksicht zu nehmen* – vgl. Anmerkung (24).

93) Hessischer Landtag, 18. Wahlperiode, 30. Sitzung, Protokoll Seite 2111 ff.

94) Hessischer Landtag, Drucksachen 18/1408, 18/1685 und 18/1708.

95) Hessischer Landtag, 18. Wahlperiode, 31. Sitzung, Protokoll, Seite 2197 ff.

96) dto. Seite 2199

97) Rechtsanwälte Dr. Gronefeld, Thoma und Kollegen, München; Schriftsatz an das Bundesverwaltungsgericht vom 19. März 2010.

98) ADV-Positionspapier vom 16. Januar 2009, zugänglich über www.adv.aero

99) Bundesverwaltungsgericht insbesondere die Urteile vom 16. März 2006 Az. 4 A 1075/04 – betreffend Berlin-Brandenburg-International und vom 09. November 2006 Az. A 2001/06 betreffend Leipzig / Halle.

100) vgl. Anmerkungen (24) und (92). Die neue Formulierung dieses Satzes lautete dann: *Auf die Nachtruhe der Bevölkerung ist bei der Durchführung von Betrieb von Luftfahrzeugen in der Luft und am Boden im besonderen Maße Rücksicht zu nehmen.*

101) „WACHSTUM. BILDUNG. ZUSAMMENHALT." Koalitionsvertrag zwischen CDU, CSU und FDP; 17. Legislaturperiode; Seite 38; zugänglich über www.fdp-bundespartei.de

102) Hessischer Landtag, 18. Wahlperiode, 31. Sitzung, Protokoll, Seite 2223.

103) Kampagne „Fracht braucht die Nacht"; vgl. auch AERO INTERNATIONAL 3/2010 Seite 32 f. zugänglich auch über www.aerointernational.de

104) Frankfurter Rundschau vom 03. September 2009; Mediator Hänsch im Interview: „Nachtflugverbot gehört zum Kompromiss"

105) vgl. Anmerkung (34)

106) vgl. z. B. die Dokumentation des Themas bei SPIEGEL online www.spiegel.de/wissenschaft/natur

107) Als Beispiel seien die geplanten 701.000 Flugbewegungen genannt, die als Planungshorizont akzeptiert wurden, obwohl ähnlich wie im derzeit bestehenden System (rund 500.000 statt prognostizierten max. 350.000) deutlich mehr Bewegungen und damit auch deutlich stärke Folgen schon mittelfristig zu erwarten sind.

108) So fand der Fraport Vorstandsvorsitzende Dr. Schulte auf der letzten Hauptversammlung der Gesellschaft am 02. Juni 2010 auf die Frage des Autors, warum sein Unternehmen in der De-

batte um die Revision sich nicht öffentlich zugunsten des VGH-Urteils, das ja dem eigenen Antrag am nächsten komme, geäußert habe, nur eine ausweichende Antwort: Fraport habe das Nachtflugverbot beantragt und damit seine Pflicht aus der Mediation erfüllt.

109) Hessischer Landtag Drucksache, 18/2578; beschlossen am 24. Juni 2010.

Ferdi Breidbach

Gegen Vernunft und Augenmaß

Der Prozess der Verdrängung alternativer Standorte zugunsten von Berlin-Schönefeld

Zusammenfassung

Der folgende Beitrag betrachtet Großprojekte aus politischer Sicht. Der Verfasser hat intime Kenntnisse politischer Abläufe. Er war lange Jahre Abgeordneter im Deutschen Bundestag. Daneben beschäftigt er sich mit Fragen der optimalen Standortwahl von Flughäfen.

Der Autor vertritt die These, dass es in Deutschland nicht gelingt, die Luftverkehrswirtschaft dazu zu bringen, optimale Flughafenstandorte zu wählen. Vorhabensträger, Landesregierungen und Parteien bilden eine Allianz, die alte bzw. veraltete Flughafenstandorte verteidigt. Gegen diese Allianz gibt es keine Möglichkeit anzukommen. Landesregierungen üben Druck auf nachgeordnete Behörden und Gerichte aus, Entscheidungen im politisch gewünschten Sinne zu fällen. Die Rechtslage wurde im Laufe der Jahre so angepasst, dass praktisch jedes Großvorhaben der Luftverkehrswirtschaft an alten Standorten genehmigungsfähig ist. Diese Praxis der Rechtssprechung unterminiert die Schutzrechte nach Art. 2 GG. Darum ist das Bundesverfassungsgericht aufgerufen bei nächster Gelegenheit das Grundrecht auf körperliche Unversehrtheit gegen die wirtschaftlichen Interessen der Flugbetriebswirtschaft zu schützen.

Die durch den Luftverkehr Geschädigten (Lärm, Schadstoffe) befinden sich in einer Minderheitsposition, so dass sich die Schädigung selbst sehr vieler Menschen durch Großprojekte der Industrie weder auf deren Umsatzzahlen noch auf die Wählerzahlen der Parteien negativ auswirkt.

Warum aber unterstützt die Politik falsche Standortentscheidungen? Hier macht der Autor auf regionale politische Egoismen aufmerksam. Im Berliner Raum liegt der optimale Standort eines Großflughafens in Brandenburg, nicht in Berlin. In Nordrhein-Westfalen verteidigt praktisch jede Stadt ihren Flughafen. Der Flughafen Frankfurt würde bei einer Verlagerung an einen günstigeren Standort von Hessen nach Rheinlandpfalz wandern müssen. Weitere Beispiele regionaler Egoismen findet man bei kleineren Flughäfen: Kassel (Hessen) wurde zum Schaden von Paderborn (Niedersachsen) erweitert, oder Memmingen (Bayern) zum Schaden von Friedrichshafen (Baden-Württemberg). Einzig im Raum München haben regionale Egoismen keine Rolle gespielt mit dem Ergebnis, dass ein zukunftsträchtiger Großflughafen entstehen konnte.

Der Autor weist darauf hin, dass als Ergebnis des regionalegoistischen Denkens Deutschland in 20 Jahren eine unglaubliche Zahl von Geschädigten aber keinen zukunftsfähigen Großflughafen mehr haben wird.

Einführung

Wer, wie der Autor als Vorsitzender einer Bürgerinitiative, konstruktiv und mit friedlichen Mitteln gegen einen Flughafenstandort kämpfte, urteilt und analysiert die Folgen aus Planung und Betrieb eines Flughafens *politisch*.

Die Erfahrungen, die in diesem Beitrag verwertet weden, stammen aus der Auseinandersetzung des „Bürgerverein Brandenburg Berlin e.V." (BVBB), *für* einen effizienten und langfristig wettbewerbstähigen Großflughafenstandort der Region Berlin-Brandenburg und nicht, wie oft unterstellt, *gegen* einen Großflughafen. Die Erfahrungen und die Kenntnisse der Praxis machen frei von Illusionen über formale Bürgerrechte und Bürgermacht, wie sie von Parteien in Sonntagsreden und brochürten Parteiprogrammen postuliert werden.

Seit 1996 bis heute geht es in Berlin *für* einen Flughafenstandort, der menschenverträglich ist und *gegen* einen Standort, der wegen seiner Folgen für die Gesundheit von mehr als 50.000 von Fluglärm (60 dB(A) bis 80 dB(A)) betroffenen Menschen unmenschlich ist, wie der vormalige Ministerpräsident von Brandenburg, Stolpe, in Interviews erläuterte. Lärmbelastet werden weitere 150.000 Bürger (45 – 60 dB(A)), die zunächst bis zu 360.000/Jahr Überflüge über eine Region im Südosten und Südwesten Berlins ertragen werden müssen. Der Lärmteppich deckt eine Fläche von 60 x 25 km ab. Über 60% der Betroffenen leben in Brandenburger Landkreisen.

Dass der Standort Schönefeld ungeeignet war und ist, ist unbestritten. Trotzdem wurde die politische Entscheidung getroffen, den neuen Berliner Großflughafen in Schönefeld zu bauen. Mit dieser Entscheidung war klar, dass die Politik das Recht auf körperliche Unversehrtheit und den Schutz des privaten Eigentums sowie den Bürgerwillen nicht als Entscheidungsmaßstab akzeptierte.

Folgerichtig musste die Politik den Dialog mit den betroffenen Bürgern meiden. An Dutzenden von Beispielen kann gezeigt werden, wie Ignoranz und Arroganz politischer Entscheidungsträger im Laufe der Jahre die Atmosphäre zwischen betroffenen Bürgern und den verantwortlichen Entscheidungsträgern unerträglich vergiftet haben. Namentlich stehen hierfür der Regierende Bürgermeister von Berlin, Klaus Wowereit (SPD) und der Ministerpräsident von Brandenburg, Matthias Platzeck (SPD). Beide werden assistiert von willigen und abhängigen Abgeordneten in den Parlamenten, Behörden, die sich offensichtlich an den Durchsetzungswünschen der Gesellschaftervertreter der Flughafengesellschaft (FBS), dem Bund und den Länderregierungen von Berlin und Brandenburg orientierten. Es wurden alle für das Vorhaben notwendigen Entscheidungen im Sinne der Gesellschafter manipuliert, formuliert und beschlossen. Die letztlich zuständige Planfeststellungsbehörde des Landes Brandenburg hat hinreichend im Verfahren um die Planfeststellung bewiesen, dass sie wegen ihrer offensichtlichen Abhängigkeit von der Landesregierung nicht in der Lage war, die Kriterien für das Zulassungsverfahren (Planfeststellungsverfahren) ausgewogen abzuwägen.

Nicht genug, diese Praxis prägt auch das Verhalten aller Parteien, die im Stile einer Nationalen Front von der Landesebene bis hin in die Gemeinden den BVBB durch gleichförmiges Verhalten als quasi staatsfeindliche Organisation bekämpft haben.

So war der BVBB gezwungen, Demonstrationsrechte durch die Anrufung von Gerichten durchzusetzen. Selbst Rechte auf Plakatierung mussten in einer Gemeinde über Rechtsauseinandersetzungen erkämpft werden. Die Spitze war, dass der Vorsitzende und der Pressesprecher des BVBB wegen angeblichen Verstoßes gegen Urheberrechte auch mit Hausdurchsuchungen und Durchsuchungen des BVBB-Büros durch die Brandenburger Staatsanwaltschaft verfolgt wurden. Es ging dabei ums Angst machen und um Einschüchterung, nicht aber um Respekt vor den Bürgern und ihren Interessen.

Nie gab es Bereitschaft, trotz Bitten mündlich und schriftlich, sich dem Bürger, dem BVBB und seinen 5.000 Mitgliedern zu stellen. Alle Gesprächswünsche wurden über ein Jahrzehnt ignoriert. Grundsätzlich wurden Briefe nicht beantwortet. Dies ist vielleicht rechtlich nicht angreifbar. Aber ist es im moralischen Sinne anständig? Das Gefühl unanständigen Handelns, der Missachtung von Bürgerwünschen von Bürgern, die als Steuerzahler auch die Einkommen von Beamten oder Ministern finanzieren, gab es nicht.

Zu dieser Missachtung von Bürgerinteressen und der unanständigen Behandlung ihres Anliegens passt dann auch die Ignoranz, die Leistungen, welche die Bürger für Bürger im Laufe der Jahre erbracht haben, nicht zu würdigen. Die Leistungen des BVBB bei der Bestreitung einer dreimonatigen Anhörung zum Planfeststellungsantrag (2001), bei der Organisation von zwei Einwendungszeiten mit insgesamt über 350.000 Einwendungen, die Organisation einer Klage vor dem Bundesverwaltungsgericht mit über 3.000 Klägern und die Organisation der laufenden Klage gegen den Ergänzenden Planfeststellungsbeschluss „Nachtflug BBI" haben weder Landesregierungen noch Parteien beeindruckt. Zu dieser Klage haben am 13. Opktober die Richter des 4. Senates entschieden, dass es ein Recht auf Nachtruhe nur zwischen 0:00 Uhr und 5:00 Uhr gibt. Mit dieser Entscheidung setzt sich eine Rechtssprechung durch die die wirtschaftlichen Interessen von Fluggesellschaften und Flughafenbetreibern vor den Schutz der köperlichen Unversehrtheit stellt. Insbesondere stellt sich die Frage ob das Bundesverfassungsgericht, dass nun von BVBB – Klägern angerufen wird, eine Rechtsprechung schützt die mutwillig die Nachtruhe auf fünf Stunden begrenzt. Die ehrenamtliche Leistung, die im Sinne der Wahrnehmung von Bürgerrechten für mehr als 150.000 Betroffene durch den BVBB erbracht wurde, hat die Parteien, Parlamente und Landesregierungen deren fehlerhafte Standortentscheidung (wie sie heute selber zugeben) weder beschämt noch zur rechtzeitigen Korrektur der Standortentscheidung im Sinne eines bürger- und raumverträglichen Standorts bewogen. Es kann nur geschlussfolgert werden: Aus der Sicht der politischen Machtinhaber war und ist der BVBB als gefährlicher Staatsfeind einzuordnen und entsprechen zu behandeln.

Warum prallen Bürgerwünsche ungehört ab?

Warum, so muss gefragt werden, werden zum Schutze von Grundrechten betroffener Anwohner in Fluglärmregionen von politischen Verantwortungsträgern keine Konsequenzen gezogen? Warum wird die Ausweitung des Flugbetriebs am Tage und in der Nacht für alle deutschen Flughäfen weiter vorangetrieben? Warum werden immer größere Regionen/Gemeinden durch Fluglärmbelastung ihrer Planungshoheit beraubt, zu Gemeinden mit niedrigem Wohn– und Lebenswert degradiert?

Die Antwort, die sich nach mehr als 10 Jahren Erfahrung aufdrängt, lautet:

- Es hat sich mittlerweile ein durch die Flugbetriebslobbyisten beeinflusstes maßgeschneidertes Recht entwickelt, das Gerichten die Möglichkeit gibt, Entscheidungen zu treffen, die im Zweifel immer Entscheidungen zu Gunsten der Forderungen der Flugbetriebswirtschaft, der mit ihr verbandelten Politiker, der Regierungen und Behörden sein können.

- Die Rechtsnormen zur Regulierung des Flugbetriebs inklusive der Rechtspraxis der Gerichte sind mit ihren bewusst weiten Grenzen und Freiräumen keine Normen zur Beschränkung der Luftbetriebswirtschaft, sondern zum Zurückdrängen von Ansprüchen Geschädigter. Es sind eher Normen zur Bedarfsweckung des Flugbetriebs als zur Setzung von Grenzen.

Die Lobbyplattform „Initiative Luftverkehr für Deutschland"

Staatliche Organe und Parteien sind mittlerweile eine so enge Verbindung mit Interessenten der Luftbetriebswirtschaft eingegangen, dass von einem Skandal gesprochen werden kann.

Die Initiative „Luftverkehr für Deutschland" (siehe z.B. Internetauftritt) beherrscht das Geschehen rund um die rücksichtslose Förderung des Flugverkehrs und seine Bevorzugung gegenüber allen anderen, insbesondere den Schutzinteressen von Betroffenen.

Mit dem postulierten Ziel, alle regulatorischen und politischen Rahmenbedingungen zu entscheidenden Erfolgsfaktoren für alle Ziele des Luftverkehrs zu machen, hat sich diese Initiative einer lobbyistischen Organisation zusammengeschlossen. Sie ist politisch mächtig und in ihren Verquickungen für den Laien undurchsichtig. Völlig intransparent ist, mit welchen Methoden diese Lobby der Flugbetriebswirtschaft ihre Ziele durchsetzt.

Der Skandal hat seine Spitze in der Tatsache, dass Vertreter von Genehmigungsbehörden (die Mitglieder der Lobbyorganisation sind) als Behörde darüber entscheiden, was sie als Lobbyisten beschlossen haben.

Wer die Durchsetzungsmacht dieser Lobbyplattform erahnen will, muss ihre Mitglieder kennen. Zusammengeschlossen haben sich fünf Bundesministerien, die als Miteigentümer an Flughafengesellschaften, als Verkehrsministerium oder Umweltschutzministerium Interessen am Flugverkehr haben. Dazu kommen alle Länderministerien mit Eigentümerinteressen an Flughäfen und die Deutsche Flugsicherung (DFS) mit den Flughafengesellschaften, der Arbeitsgemeinschaft Deutscher Verkehrsflughäfen (ADV), den Flughafengesellschaften München, Frankfurt/Main und natürlich der Lufthansa.

Festzustellen ist, dass es gegenüber dieser Lobbymacht, die die Gesetzgebung, die Rechtsauslegung und die Parlamente als Einheit beeinflusst, keine gleichwertige Gegenmacht der betroffenen Bürger und Gemeinden gibt. Es gibt auf dem Gebiet möglicher Einflussnahmen keine Waffengleichheit von Bürgern und Gemeinden zu einer Organisation, die direkt und indirekt an der Umsetzung wirtschaftlicher Forderungen der Flugbetriebswirtschaft, Gesetzgebung, der Rechtsauslegung als Behörde und als Verordnungsgeber tätig ist. Bedingt durch die Macht der Parteien, die die jeweilige Landesregierung oder auch die Mehrheit in Gemeindevertretungen stellen, ist die Wirkung dieser Lobbyorganisation mit einer „Nationalen Front" der Beteiligten am Luftverkehr vergleichbar. Es ist zu beobachten, wie Bürgermeister und Gemeindevertretungen im Zweifel die politische Linie vertreten, die auch in Fragen des Luftverkehrs von Regierungen und Parteiführungen vorgegeben wird.

Bürgerbeteiligung als Erfolgsgarantie - eine Illusion

Die Wirklichkeit der Waffenungleichheit zwischen betroffenen Bürgern, dem Staat und den Trägern von Investitionsvorhaben macht alle auch positiv zu lesenden Rechtsbestimmungen, die eine Bürgerbeteiligung in Verfahren um Investitionsprojekte beschreiben, weitestgehend zur Illusion. Erfolge der Bürgerinitiativen sind abhängig von der Zufälligkeit der finanziellen, personellen und organisatorischen Ressourcen, die den betroffenen Bürgern oder ihren Initiativen zur Verfügung stehen.

Trotzdem ist es richtig und notwendig, wenn sich betroffene Bürger mit den Mitteln zur Wehr setzen, die ihnen zur Verfügung stehen. Immerhin können sie hoffen, dass sie gehört werden und in der Auseinandersetzung Teilerfolge erringen, die für ihre Situation der Folgenabwehr hilfreich sind. Durch kluge und konstruktive Arbeit können sie auch die Aufmerksamkeit auf Perspektiven lenken, die Alternativen zu Projektkonzeptionen und Behördenentscheidungen darstellen. Ob aber und wenn ja welche Erkenntnisse aus der konstruktiven Arbeit von Bürgerinitiativen Gegenstand von Behördenentscheidung letztlich werden, ist dem „Prinzip Hoffnung" überlassen.

Sicher ist nur, dass es bei Trägern von Vorhaben, Landesregierungen oder Parteien keine Offenheit gegenüber Bürgerinitiativen gibt.

- Vorhabensträger, Landesregierungen und Partien beanspruchen das Alleinvertretungsrecht dafür, dem Bürger zu sagen, was *sie* als *sein* Wohl betrachten.
- Immer gilt das Prinzip: Wir haben nach Recht und Gesetz entschieden, Bürger füge dich.

Dabei wird ignoriert, dass eben dieses Gesetz und diese Rechte von denselben Personen gerade so gestaltet wurden, dass zum einen praktisch jedes beliebige Vorhaben der Luftbetriebswirtschaft genehmigungsfähig ist, und das zum anderen für die Bürger keine Möglichkeit einer tatsächlichen Mitwirkung an der Folgenminderung aus Folgen und Ungereimtheiten der Projekte besteht.

Diese Tatsache ist eine Ursache für eine Bürgerwut, die ausbricht, wenn die Bürger erkannt haben, dass sie Opfer einer Waffenüberlegenheit sind, die die politischen Entscheidungsträger zuerst in Gesetzen festschreiben und dann den Bürgern vorhalten. Das Recht ist in Luftverkehrsfragen kein Instrument der Gegenmacht, des Machtausgleichs mehr, sondern ein von der Lobby längst vereinnahmtes Instrument der Interessendurchsetzung.

Das Recht ist also kein Partner der Bürger. Ihre eigentliche Macht ist nur noch der politische Protest. Dieser Protest ist aber auch nur dann wirksam, wenn seine Stärke politischen Parteien oder amtierenden Regierungen Nachteile, sprich Stimmenverluste, verschafft. Proteste, die diese Kraft nicht haben, werden von der Politik ignoriert!

Lobbypolitik auf Kosten von Minderheiten

Wie sieht es in dieser Hinsicht mit den Bürgerprotesten aus?

Bürgerbewegungen gegen lokale Projekte der Luftverkehrswirtschaft werden üblicherweise als Protestbewegungen einer mehr oder weniger unbedeutenden Minderheit eingeordnet. Was sind eine Million Menschen, die an Flughäfen vom Fluglärm betroffen sind, gegenüber 80 Millionen, die nicht wissen, was Fluglärm bedeutet, aber gerne fliegen?

Diese Minderheitensituation der Belasteten ist die stärkste Waffe der Lobby der Flugbetriebswirtschaft für die Durchsetzung ihrer Interessen, weil sie es der Politik ermöglicht, rücksichtslos der Minderheit gegenüber zu sein. Die Minderheiten sind keine Gefahr, die als wirkliche Gegenmacht eingeordnet wird.

Nicht verkannt werden darf selbstverständlich die Tatsache, dass Bürgerinitiativen auch Partikularinteressen vertreten. Es wird behauptet, sie würden nach dem St. Floriansprinzip vorgehen.

Aber hier ist den Initiativen oftmals kein Vorwurf zu machen. Denn es ist festzustellen, dass Bürgerinitiativen im Verfolgen ihrer partikularen Interessen die eigentlichen Ursachen für ihre Betroffenheit nicht erkennen oder diese unterbewerten. Die Bürgerinitiativen kratzen an der Oberfläche und gehen den Dingen nicht auf den Grund. Bürgerinitiativen bilden sich, wenn Bürger von irgendetwas negativ berührt werden. Dies ist immer partikular. Den Bürgern fehlt die Fähigkeit, die Machtströmungen zu erkennen die hinter den Interessengeflechten von Politik und Investoreninteresse stehen. Dies wird häufig von politischen Parteien ausgenutzt, die den Initiativen wegen eines angeblichen Partikularismus die Verletzung des Gemeinwohls vorwerfen.

Den Initiativen kann deshalb nur zugerufen werden: Agiert nicht partikular nach dem St. Floriansprinzip. Wer gegen den Fluglärm kämpft, muss wissen, dass er ihn nur beseitigen kann, wenn er erfolgreich gegen den Standort als Ausgangspunkt des Fluglärms kämpft. Nicht der Flugverkehr als solcher ist zu bekämpfen, sondern die menschenverachtenden falschen Standorte, die heute von der Lobby verteidigt werden. Wer diesen Kampf nicht will, will Fluglärm, vielleicht unter den Bedingungen des passiven Schallschutzes.

Konstruktive Arbeit als Gegenmacht?

Wie konstruktiv in dieser Hinsicht der BVBB für den als einzig richtig bezeichneten Standort eines Berliner Großflughafens, Sperenberg (Teltow-Fläming), seit Beginn der Standortdiskussion eingetreten ist, beweist das Konzept „Zentralflughafen für Deutschland" (siehe bvbb-ev.de), das jetzt sogar um ein Nachnutzungskonzept für Schönefeld erweitert wurde. Es zeigt alle Folgen der falschen Standortfehlentscheidung auf und belegt, dass der nach 20 Jahren Planungschaos nun 2012 in Betrieb gehen sollende BBI/BER keine Zukunft hat (www.bvbb-ev.de).

Seit 2002 hat der BVBB in der Auseinandersetzung um den Standort immer die Position vertreten, dass ein wirtschaftlich vertretbarer, vor dem Hintergrund europäischer Wettbewerbsfähigkeit und der Steigerung des Weltluftverkehrs zu bauender und betriebener Großflughafen am Standort Berlin-Schönefeld ein Problem haben wird. Er ist an diesem Standort, mit seiner Lage in dichtbesiedeltem Gebiet zwischen Siedlungsbändern nicht ausbaufähig. Der BBI/BER hat das einmalige Privileg, die von Fluglärm meistbetroffenen Gemeinden in Deutschland geschaffen zu haben. Dies, obwohl allen politischen Entscheidungsträgern, allen Parteien bekannt war, nur am Standort Sperenberg LK Teltow Fläming, 50 km von Berlin-Zentrum entfernt, ist es möglich, einen für Raumverträglichkeit, für Menschen und Zukunftsentwicklung sachgerechten Großflughafen zu errichten und zu betreiben. Es sprechen auch alle Gründe dafür, dass ein solcher Großflughafen privat finanziert und betrieben werden muss. Nach BVBB–Modell geht es nicht nur darum, den Steuerzahler von Risken eines unwirtschaftlichen Flughafens zu entlasten.

Das Konzept „Zentralflughafen für Deutschland" wird die Zukunftsdiskussion um einen wettbewerbsfähigen deutschen Flughafen bestimmen. Deutschland braucht als Exportnation und globaler Player einen Großflughafen, der einen Flugbetrieb ohne jegliche Beschränkung möglich macht. Der Standort ist mit Sperenberg vorgegeben. Was fehlt ist die Aufgabe politisch kleinkarierten Denkens und die Erkenntnis, dass es mit der Verlärmung und der Zerstörung von Gemeindeentwicklungen in Regionen an allen deutschen Großflughafenstandorten nicht mehr weiter gehen darf.

Flughäfen an falschen Standorten

Greifen wir die oben gestellte Frage noch einmal auf und formulieren: Warum gibt die Politik der Luftverkehrslobby immer wieder nach und erlaubt die Lärmbelastung Hunderttausender von Menschen?

Wer die Entwicklung verfolgt, kann nur zu dem einen Schluss kommen: Es geht um die Rettung von Flughäfen an falschen Standorten.

Schutzziele für die Bevölkerung, und seien sie auch noch so deutlich aus den Grundrechten ableitbar, haben sich im Zweifel den Standortwünschen der Flugbetriebswirtschaft unterzuordnen. D.h. im Klartext: die Rechte und Forderungen der Flugbetriebswirtschaft haben gegenüber den individuellen grundrechtlich zugesicherten Schutzrechten einen hoheitsrechtlichen Charakter gegenüber den Menschen, die in Einflugschneisen von Flughäfen leben.

Ist eine solche Praxis, die eine Bevorzugung der Flugbetriebswirtschaft an fast allen Flughafenstandorten ermöglicht, nicht verfassungsfeindlich und zynisch? Wer diese Praxis befördert, sie verteidigt, ist darum letztlich selbst Verfassungsfeind, der entgegen den Prinzipien der Rechtsordnung wirtschaftliche Interessen über das Lebensrecht und elementare Bedingungen dieses Rechtes, wie etwa die Nachtruhe, stellt.

Die Verteidigung von Flughäfen an falschen Standorten hat eine Konsequenz: In Deutschland gibt es fast keinen zukunftsträchtigen Flughafenstandort mehr. Ob Frankfurt/Main, Düsseldorf, Köln-Bonn, Dortmund oder Berlin–Schönefeld, alle Standorte sind an die Grenzen ihrer Entwicklung gestoßen, die ihre Ursache an den Standorten in dichtbesiedelten Regionen haben.

Darum sind alle Forderungen der Flugbetriebswirtschaft nach unbegrenzten Flugzeiten und unbegrenztem Wachstum letztlich K.O.-Kriterien für diese Standorte. An diesen Standorten wird es in Zukunft keine gute Nachbarschaft zwischen betroffenen Bürgern und dem Flugbetrieb geben.

Es wäre technisch überhaupt kein Problem, Flughäfen in Deutschland an Standorten zu errichten, an denen wenige Menschen gestört werden. Die Luftbetriebswirtschaft negiert aber diese Standorte. Sie liebt Standorte, welche eine große Zahl von Menschen verlärmen. Und an diesen Standorten will sie die technischen Möglichkeiten der Flugzeuge möglichst vollständig ausnutzen. Das bedeutet letztlich: Weil Flugzeuge keine Nachruhe brauchen, dürfen Menschen keine Nachtruhe haben.

Das ist der verwerfliche Kern der Forderung der Lobbyisten in der „Initiative Luftverkehr für Deutschland", die den praktisch uneingeschränkten Nachtflugverkehr durchsetzen wollen. Erfolgreich hat diese Initiative, unter Beteiligung von Politik und Ministerien, eine Aufweichung des letzten Restes des Nachtruheschutzes in das Koalitionspapier der Schwarz/Gelben Regierung „geschmuggelt". Der diesen Restschutz absichernde § 29b des

Luftverkehrsgesetzes soll dahingehend geändert werden, dass zukünftig praktisch die gesamte Nachtruhezeit zwischen 22.00 Uhr und 6.00 Uhr dem Flugverkehr zur Verfügung steht.

Mit Parolen wie „die Fracht braucht die Nacht" oder „die Hotels in den Warmwassergebieten brauchen die Nacht wegen des Bettenwechsels" oder „Nachtflüge sind aus ethnischen Gründen gefordert, damit türkische Mitbürger in der Nacht nach Istanbul fliegen können" und ähnlich unsinnige Aussagen werden Nachtflugrechte angemahnt.

Dabei geht es ganz simpel nur um die maximale Umsetzung von Flugbetriebszeiten und Flugzeugumläufen, die für Gewinne sorgen sollen. Es geht um die Möglichkeit der Bedarfsweckung bei Fracht und Passagieren durch Angebote des Nachtflugs. Diese Bedarfsweckung wird durch Gesetzgebung und Rechtsprechung befördert. Dabei spielt die Nachtruhe im Zweifel keine oder nur ein untergeordnetes Schutzziel.

Rechtlich genehmigte Nachtflüge sind vor dem Hintergrund des Menschenrechtes auf Nachtruhe verfassungsfeindlich. In ihren die Nachtruhe störenden Auswirkungen beinhalten sie das Element verbotener Folter. In jedem Fall richten sie sich gegen das Recht auf körperliche Unversehrtheit und machen krank. Das Bundesverwaltungsgericht spielt auch mit seiner Rechtsprechung zu Nachtflugrechten eine unverständliche Rolle. Seine Entscheidungen zum Nachtflug stützen sich auf die Akzeptanz des Begehrens von Fluggesellschaften, die in der Nacht fliegen wollen. Im Bestreben, diese Flugrechte zu genehmigen, spielt dann das Recht auf Nachtruhe, wie seine Urteile belegen, eine untergeordnete Rolle. In der Konsequenz aus diesen Entscheidungen wird eine Gleichstellung des Rechtes auf Nachtruhe mit einem Recht auf zeitlich unbegrenzte Flugrechte konstruiert. Vor diesem Hintergrund ist es nicht übertrieben festzustellen: Regierungen, Parlamente, Gerichte und die Luftverkehrswirtschaft organisieren die Körperverletzung von Hunderttausenden die im Bereich der Einflugschneisen von Flughäfen zu leben verurteilt sind. Sie begründen diese Verfassungsfeindlichkeit mit dem drohenden Untergang der deutschen Wirtschaft, der Vernichtung von Arbeitsplätzen, von Fluggesellschaften und Logistikunternehmen. Weil dieser Untergang verhindert werden muss, müssen die Flughäfen weiter ausgebaut werden. Die Frage der Raumverträglichkeit spielt hier dann ebenso wenig eine Rolle wie die Folgen für die Nachbarn der Flughäfen. Es geht um die Vermittlung von "Totschlagbehauptungen" die das Ziel haben auch mit Angstpropaganda Mehrheiten in der nichbetroffenen Bevölkerung zu organisieren.

Flughäfen sollten rein privat betrieben werden

Flughäfen sollten privat betrieben werden. Der wichtigste Grund dafür liegt in der Vermeidung von *Interessenkollisionen*, die zwangläufig sind, wenn wie im Falle praktisch aller deutschen Flughäfen, der Staat

- sowohl Geber von allgemeinen Rechtsnormen,
- als auch Instanz zur Genehmigung von Flughäfen
- als auch am wirtschaftlichen Ergebnis von Flughäfen Beteiligter

ist. Flughäfen im Eigentum des Staates oder von Gebietskörperschaften sind auch im Sinne des Allgemeinwohls, der Sicherstellung von Mobilität, nicht begründbar.

Offensichtlich ist der Staat an deutschen Flughäfen Eigentümer auf Grund sachfremder Erwägungen. Wie Dutzende von Beispielen im Ausland beweisen, spielen die Eigentumsrechte an Flughafengesellschaften für die Mobilität oder die Versorgung einer Region mit Flugbewegungen keine Rolle.

Es gibt nur ein verständliches Interesse des Staates an Flughäfen. Dieses Interesse bezieht sich vornehmlich auf die Einbettung der Flughafeninfrastruktur in die Gesamtstruktur der betroffenen Region. Das ist aber nur eine Frage der Vertragsgestaltung auf welcher Rechtsgrundlage und mit welchen Rücksichten Private einen Flughafen betreiben dürfen.

Zusammenfassung: Was ist gefordert?

Was sind die Konsequenzen? Das oben Gesagte lässt sich in folgenden (in keiner Weise abschließenden) Forderungen zusammenfassen:

- Es geht nicht um Wahrheiten oder Unwahrheiten, nicht darum was falsch oder richtig ist. Es geht um *Interessen*, die im Sinne objektivierbarer Rechte, sachlicher Grundlagen und einer angemessenen politischen Hygiene einem Ausgleich zugeführt werden müssen.
- Der Weg zu diesem Ziel führt über *Unabhängigkeit von Behörden,* die für die Rechtspraxis einstehen, über *Gerichte,* die sich von Interessen frei machen und sich in ihren Entscheidungen primär auf die Rechte stützen, die nach Grundgesetz Anspruchsrechte von Menschen sind. Wenn die von den Abgeordneten veränderten Gesetze manipuliert sind, dann wäre es die Pflicht jedes Richters, auf das zurückzugehen, was unmanipulierbar außerhalb der Reichweite jeder Lobbytätigkeit steht: Das Grundgesetz mit den Grundrechten der Menschen.
- Die erste Konsequenz zur Zurückgewinnung der Glaubwürdigkeit von Politik, Regierungen und Parteien muss der sofortige *Austritt von Bundesministerien und Landesregierung aus der Lobbyorganisation „Initiative Flugverkehr"* sein. Es ist des Rechtsstaates unwürdig und darum nicht hinnehmbar, wenn der Staat als Gesetzgeber und Verordnungsgeber mit einem Wirtschaftszweig so verquickt ist wie dies in dieser Initiative der Fall ist. Hier müssen die zuständigen Parlamente endlich handeln und ihre Kontrollpflichten wahrnehmen. Tun sie dies nicht, dann zeigen sie, dass sie es mit der Trennung von Gewalten und ihrer Kontrollpflicht nicht ernst nehmen. Sie befördern dann die Bananenrepublik!
- Die *Flughafenkleinstaaterei,* nach der jeder Landrat, jeder Oberbürgermeister, jedes Bundesland auf den Betrieb eines Großflughafens besteht, hat keine Zukunft. Wer die Entwicklung des internationalen Flugverkehrs als Faktum wertet, kann nicht bestreiten, dass die Bundesrepublik spätestens in 20 Jahren keine wettbewerbsfähige Position im Luftverkehr mehr hat.
- Es kann auch nicht so weiter gehen, dass durch den aktuellen und den wachsenden Flugbetrieb immer mehr Menschen *krank* gemacht werden. Eine Politik, die nicht auf diese Folgen reagiert, könnte man als verkommen, inhuman und auf den Vorrang materieller Werte gegenüber den Menschrechten fixiert betrachten.
- Gesetzgeber und Parteien sind gefordert, die Bürgerrechte zu stärken und *Waffengleichheit* herzustellen. Kein Bürger, der nicht Millionär ist, besitzt die materiellen Voraussetzungen, um seine Rechte in einem Planfeststellungsverfahren wahrnehmen

zu können. Es ist ein Betrug an der Öffentlichkeit, wenn der Eindruck erweckt wird oder behauptet wird, der Bürger habe ein wirksames Recht, sich gegen empfundene Fehlentscheidungen von Großprojektplanungen zur Wehr setzen zu können. Die, die das behaupten und verbreiten, wissen genau, dass die Gesetze, die ein solches Recht formal zugestehen, das Papier nicht wert sind, auf dem sie gedruckt wurden. Es geht um die Herstellung materieller und organisatorischer *Waffengleichheit* zwischen Behörden und Vorhabensträgern auf der einen und Bürgern auf der anderen Seite.

- Bürger haben nur dann die Chance, für ihre Interessen, für ihr Recht zu kämpfen, wenn es ihnen gelingt, sich in einer *Solidargemeinschaft*, einer organisierten Bürgerbewegung zusammenzuschließen. Verbunden mit dem Zusammenschluss ist dann die Hoffung, dass eine Bürgerbewegung in der Lage ist, Voraussetzungen zu schaffen, die im Sinne der Interessen zu einer Hilfe werden. Politik, die es mit Bürgerrechten ernst und ehrlich meint, ist gefordert, Bürgervereine als Vereinigung zur Sicherstellung von Rechten zu unterstützen, zu helfen.

Rolf Reinbacher

Darstellung der Abläufe beim Ausbau des Flughafens Dortmund: Die zweifelhafte Rolle der Politik

Einleitung

Der vorliegende Beitrag befasst sich mit Abläufen bei Ausbauvorhaben von Flughäfen aus gesellschaftspolitischer und ökonomischer Sicht. Es wird ein Überblick über die unterschiedliche Marktlage und die unterschiedlichen Interessen von großen und kleinen Flughäfen gegeben. Den meisten Bürgern sind die Abläufe unbekannt. Dabei folgen sie leicht erkennbaren Gesetzmäßigkeiten, die getrieben werden von den unterschiedlichen Interessen der Beteiligten und den ökonomischen Rahmenbedingungen. Der Autor möchte dazu beitragen, diese Gesetzmäßigkeiten offenzulegen.

Die Interessen verschiedener Flughäfen

Die Flughäfen in Deutschland lassen sich in vier Hauptkategorien einordnen. Es sind dies die Drehkreuzflughäfen (Hub-Flughäfen), die Großflughäfen (Vollsortimenter) mit interkontinentalen Verbindungen, die Regionalflughäfen und die sonstigen Flughäfen. Die sonstigen Flughäfen werden in dieser Arbeit nicht weiter behandelt. Bei ihnen handelt es sich um kleinere Flughäfen in unterschiedlichster Ausrichtung und Eigentümerschaft, deren Bedeutung, wenn überhaupt örtlich begrenzt ist.

Die jeweiligen Flughafentypen differieren sehr in ihrer wirtschaftlichen Stellung, Marktmacht und Ausrichtung. Auffällig ist der Unterschied in der Marktmacht der Hub-Flughäfen (Verkäufermarkt) relativ zu den Regionalflughäfen (Käufermarkt). Auf diesen gravierenden Unterschied wird selten hingewiesen. Innerhalb der Flughafentypen ist die Differenzierung recht gering.

Unterschiede bei den deutschen Flughäfen

Vom Gesamtverkehrsvolumen rd. 46% (Jahr 2009) haben die Hub-Flughäfen Frankfurt/Main und München. Sie werden gefolgt von den Großflughäfen Berlin, Düsseldorf und Hamburg, deren Anteil am Gesamtverkehrsvolumen rd. 28% beträgt. Berlin hat hierbei durch den Ausbau und Zusammenschluss am Flughafen Schönefeld (BBI) eine Sonderstellung mit dem Ziel eines Drehkreuzflughafens. Die beiden Kategorien (Hub und Großflughafen) vereinigen etwa ¾ des Gesamtverkehrsvolumens auf sich. Das Hauptverkehrsvolumen auf diesen Flughäfen wird von Linienfluggesellschaften (Lufthansa, Star Alliance usw.) erbracht.

Die restlichen 25% Gesamtverkehrsvolumen verteilen sich auf die anderen, vornehmlich Regionalflughäfen, deren Hauptverkehrsvolumen vom Low-Cost-Flugverkehr geprägt ist. Bei diesen Regionalflughäfen nehmen Hannover und Stuttgart als Flughäfen der Landeshauptstädte eine gewisse Sonderstellung ein, gleichwohl ändert dies nicht die Ausrichtung als Low-Cost-Flughafen.

Die wirtschaftlichen Verhältnisse

Aus der unterschiedlichen Hauptkundenstruktur der Flughäfen resultieren auch die starken Unterschiede in den wirtschaftlichen Verhältnissen. Den positiven Geschäftsergebnissen der Hub- und Großflughäfen stehen teilweise deutlich bzw. dramatisch negative Ergebnisse der Regionalflughäfen gegenüber.

Bei den Hub-Flughäfen führen Kapazitätsengpässe (Slots sind fast bzw. ganz ausgeschöpft) zu Ausbauüberlegungen. Prognosen sollen die zu geringen Kapazitäten belegen und die Ausbauabsicht untermauern.

Bei den Regionalflughäfen sind die Kapazitäten bei weitem nicht ausgeschöpft. Slots zu fast jeder gewünschten Zeit (innerhalb der Betriebszeit) sind darstellbar. Auch bei den Regionalflughäfen werden Prognosen angefertigt. Sie haben die Aufgabe zu belegen, dass nach einem Ausbau die Auslastung besser werden soll. Der betriebswirtschaftliche Wunsch ist es, die Verluste durch weitere Investitionen zu reduzieren, in der Erwartung einer Akzeptanz des (ausgebauten) Flughafens am Markt.

Auch die Einnahmenseite ist von der gegensätzlichen Marktmacht geprägt. Während die Hub- und Großflughäfen auskömmliche Grundlagen in ihren Entgeltordnungen festlegen können, sind die Regionalflughäfen dem „Preisdiktat" der Low-Cost-Carrier (Billigfluglinien) ausgesetzt. Am Flughafen Dortmund beträgt die geringste Abfertigungsgebühr je Fluggast € 2,50 ohne Berechnung einer Landegebühr[1], wohingegen die geringste Abfertigungsgebühr am Flughafen Frankfurt/Main je Fluggast € 15,13 – zuzüglich weiterer Gebühren – beträgt[2].

Die Kostenseite ist natürlich durch die unterschiedlichen Auslastungsgrade beeinflusst. Zeiten ohne Flugbetriebe wie sie an Regionalflughäfen vorkommen (freie Slot-Kapazitäten), verursachen Vorhaltekosten. Skaleneffekte schließen sich ebenfalls aus.

In der Außendarstellung und ihrer Einflussnahme haben die Hub- und Großflughäfen auch durch das präsentierende Gesamtverkehrsvolumen eine majorisierende Stellung. Dieses führt dazu, dass positive Aussagen und Auswirkungen dieser Flughafenkategorien gerne von den Regionalflughäfen adaptiert werden, obwohl die Regionalflughäfen einer ganz anderen Kategorie zuzuordnen sind, bildlich gesprochen „in einer ganz anderen Liga spielen." Eigentlich gibt es zwischen den Großflughäfen und den Regionalflughäfen kaum Gemeinsamkeiten.

Die Rolle der öffentlichen Hand

Bei allen hier besprochenen Flughäfen in Deutschland ist eine Beteiligung der öffentlichen Hand vorhanden. Diese wirtschaftliche Verflechtung (Frankfurt, München, Berlin / Beteili-

---

[1] NEO Neue Entgeltordnung Flughafen Dortmund gültig ab 01.07.2009.
[2] Flughafenentgeltordnung Frankfurt Airport gültig ab 01.07.2010, ab 01.10.2010 gilt eine neue Entgeltordnung mit höheren Gebühren.

gung der Länder)[3] verstärkt die majorisierende Stellung hinsichtlich der politischen Einflussnahme.

Soweit es sich bei einigen Regionalflughäfen um geringe Minderheitenbeteiligungen der öffentlichen Hand handelt, gibt die genaue Betrachtung der wirtschaftlichen Verflechtungen (z.B. Weeze, Lübeck) ein differenzierteres Bild. Teilweise ist der private Charakter der Flughäfen nur ein scheinbarer. Der Flughafen Lübeck zum Beispiel wurde aufgrund von vertraglichen Bedingungen vom Privatinvestor Infratil wieder an die Kommune zurückgegeben.

Die Rolle von Prognosen

Um zukünftige Entwicklungen eines Flughafens abzuschätzen, wird oft eine Korrelation zur Entwicklung des Bruttoinlandsproduktes bemüht.[4] Angesichts der sehr unterschiedlichen Marktstellungen der verschiedenen Flughäfen, muss eine solch einfache Formel angezweifelt werden. Herausragende Ereignisse wie der 11.09.2001 oder die New-Market-Blase werden in Prognosen oft in der Rückschau erwähnt, aber in der eigentlichen Prognose nicht berücksichtigt. Es wird so getan, als ob zukünftig der Luftverkehr ohne Einbrüche durch Sonderereignisse (z.B. Vulkanausbruch) ablaufen würde.

Akteure: Regionale Zuständigkeiten: Bund, Land oder Kommune

Die diversen, gesetzlichen Grundlagen für Flughafenaktivitäten resultieren aus dem EU-Recht, dem Bundes- und Landesrecht. Der Bundesverkehrsminister setzt die EU-Vorgaben in Bundesrecht um und gibt die zentralen Richtlinien vor. Als oberste Planungsbehörde ist jedoch das jeweilige Bundesland die wesentliche Entscheidungsbehörde für die Flughäfen. Dies wird insbesondere bei der aktuellen Planung des Flughafens Kassel-Calden deutlich, der vom Land Hessen gewollt ist, wobei der Flughafen Paderborn (Land NRW) bei gleicher Ausrichtung (Regionalflughafen) räumlich derart nahe ist, dass beide Flughäfen in direkter Konkurrenz stehen werden.

Ähnlich ist die Situation bei den Flughäfen Saarbrücken und Zweibrücken. Die Landesbehörde in NRW hat die Zuständigkeiten weiter auf die Bezirksregierungen delegiert. Für den Flughafen Dortmund ist im Flughafenrecht die Bezirksregierung Münster (Zentralstelle für Flughäfen) und im Baurecht die Bezirksregierung Arnsberg zuständig. Die direkte Verantwortung auch aus gesellschaftsrechtlicher Sicht liegt bei der Stadt Dortmund.

Diese sehr differenzierten Zuständigkeiten führen zum einen zu einem abgestimmten Verhalten bei gemeinsamen Interessen. Bei divergierenden Interessenlagen sind andererseits bereits Kleinigkeiten von herausragender Bedeutung. Beides wird auch durch unterschiedliche Parteiinteressen verstärkt. Ein aktuelles, allerdings durch die Veränderungen nach der Landtagswahl 2010 der Vergangenheit zuzurechnendes Beispiel ist der auch öffentlich ausgetragene Disput zwischen dem Regierungspräsidenten in Arnsberg (Herr Diegel, CDU) und dem Oberbürgermeister der Stadt Dortmund (Dr. Langemeyer, SPD) zum Haushalt der Stadt Dortmund.

---

[3] Auswertung ADV (Flughafenverband) Gesellschafter und Beteiligungsverhältnisse Verkehrsflughäfen Stand April 2010.
[4] Gutachten Nr.1, Fluggast- und Flugbewegungsprognose Flughafen Dortmund, März 2008, Stadt Dortmund, S. 60.

Im Folgenden werden die Interessen verschiedener Akteure dargelegt, so wie sie in der Vergangenheit deutlich geworden sind.

- **Politiker**. Die Politiker als gewählte Volksvertreter sind in ihrer jeweiligen Partei in verschiedene Funktionen und Gremien eingebunden. Gleichwohl richtet sich das Hauptaugenmerk im Entscheidungs- und Abstimmungsverhalten eher an der Vorgabe der jeweiligen Parteiführung als am Volksinteresse aus. Interessenkollisionen innerhalb der Führungsmannschaften führen bis zur Klärung zu Unsicherheit. Die Hauptakteure der jeweiligen Partei haben durch die Vergabe der auch lukrativen Aufsichtsratsmandate ein zusätzliches Steuerungs- / Beeinflussungsmittel.
- **Parteien**. Die Parteien verhalten sich entsprechend ihrer programmatischen Grundlagen und Aussagen. Soweit kein Konsens zwischen der Partei (Vorstand und Mitglieder) und den politisch tätigen Vertretern (Fraktionsvorsitz, Ratsmitglieder) besteht, entscheidet die Macht und Interessensteuerung des Fraktions- oder Parteivorsitzenden.
- **Wirtschaftsvertreter, Handelskammern**. Die Wirtschaft wirkt auf die entscheidenden Personen in der Politik über persönliche Beziehungen oder formelle Gremien (Wirtschaftsförderung, Projekte, Aufsichtsräte) ein. Ziel der Lobbyarbeit ist es, die Unterstützung der jeweiligen Unternehmen durch die Politik zu sichern. Flughäfen erhoffen sich oft eine direkte Unterstützung in Form von Geldleistungen, Krediten etc. als auch eine indirekte durch Erleichterung bei Anträgen und Entscheidungen zu behördlichen Vorgängen.
- **Bürgerinitiativen**. Betroffene Bürger schließen sich oft zusammen, um gemeinsam das Handeln der Regierenden zu beeinflussen. Vornehmliches Ziel ist es, eine Verschlechterung der Situation zu verhindern (z.B. Zunahme von Lärm verhindern) bzw. eine schlechte Situation (täglicher Schwerlastverkehr teilt ein Dorf) zu ändern. Gelegentlich kommt es vor, dass sich zwei Bürgerinitiativen in ihrer Interessenlage konträr gegenüberstehen. Diese betrifft aber in der Regel höchstens Teilbereiche der jeweiligen Initiativen. Selten kommt es zu einem Zusammenschluss mehrerer Bürgerinitiativen, um gemeinsam die jeweiligen Interessen zu vertreten. In Dortmund ist dies vor der letzten Kommunalwahl in der Initiative „Vor Ort" als gemeinsamer Bürgerbewegung gelungen. Ob es zu einem weiteren gemeinsamen Vorgehen kommt, ist abzuwarten, zumal die Akteure einer Bürgerinitiative neben ihren beruflichen und familiären Verpflichtungen auf ehrenamtlicher Grundlage tätig sind.
- **Befürworterinitiativen**. Anders als bei ggf. sich gegenseitig berührenden Interessen von Bürgerinitiativen sind Befürworterinitiativen konträr zum Meinungsbild der entsprechenden Bürgerinitiative(n) eingestellt. Die Befürworterinitiativen werden von Interessenvertretern z.B. des Flughafens Dortmund ins Leben gerufen. Im Dortmund, wie an vielen anderen Flughafenstandorten, hat sich hierzu die Initiative Pro-Airport e.V. gebildet. Die Gründer dieser Initiative waren Politiker der den Flughafen befürwortenden Parteien und Mitglieder der örtlichen IHK. Als Gegenzug zum Hinweis der Bürgerinitiative, dass die Verluste des Flughafens durch die Dortmunder Bürger über ihre Energierechnung (Strom / Gas) finanziert werden, hat die Pro-Airport e.V. Initiative den Slogan: „Duschen für Manfred" erfunden. Manfred Kossack war der damalige Geschäftsführer des Flughafens. Derzeit tritt die Pro-Airport e.V. Initiative durch das Ableben des Hauptinitiators nicht mehr aktiv auf.

- **Schweigende Mehrheit**. Mit der „schweigenden Mehrheit" wird die Gesamtzahl der Bürger einer Einheit (Kommune) bezeichnet, die sich zu einem Thema nicht zu Wort melden. In der Regel ist sie eine rechnerische Mehrheit im Vergleich zu den betroffenen Bürgern und den aktiven Bürgern, die sich in einer Bürgerinitiative engagieren. Von Politikern wird gerne darauf hingewiesen, dass sie die schweigende Mehrheit verträten. Damit verschaffen sie ihrem Handeln einen demokratischen Nimbus bzw. Legitimation. Negiert wird hierbei, dass diese Bürgerinnen und Bürger der „schweigenden Mehrheit" oft nicht direkt (weder positiv noch negativ) betroffen sind bzw. sich auch nicht betroffen fühlen. Bei ihnen hat noch keinerlei Meinungsbildungsprozess stattgefunden. Diese „schweigende Mehrheit" wird erst bei der nächsten Wahl bzw. einem Volks- oder Bürgerentscheid aktiv.

Politische Entscheidungsfaktoren

Für die politischen Entscheidungsträger ist es wichtig, den Wählerwillen zu treffen. Hierbei sind mindestens drei verschiedene Argumentationsmuster zu erkennen:

- Bei Flughafenthemen sind die Aspekte Arbeitsplätze, wirtschaftliche Entwicklung, Kosteneinsparungen im öffentlichen Raum die oft genutzten Argumente. Jedenfalls drängt sich dieser Eindruck auf, wenn die Veröffentlichungen insbesondere in der Presse hierzu untersucht werden.
- Sobald dagegen Kosten entstehen, denen keine „pekuniären" Erträge zugeordnet werden können, wie dies in sozialen Bereichen vornehmlich der Fall ist, wird das Thema Einsparungen zur zentralen Argumentation.
- Ganz anders ist dies bei Projekten bei denen durch eine positive wirtschaftliche Entwicklung mit Steuereinnahmen zu rechnen ist. Bei der Darstellung der positiven Argumente wird die Kostenseite zwar mit eingebracht, aber selten kritisch hinterfragt. Die Erwartungsseite wird dagegen im positiven Licht dargestellt.

In der politischen öffentlichen Darstellung wird mit dem Worten: „auf den Weg gebracht.", „in die Wege geleitet.", „ein Projekt angestoßen." der positive Beginn bzw. die Erwartung veröffentlicht. Das Projektende wird ebenfalls öffentlichkeitswirksam begangen. Ein Hinterfragung oder wirtschaftliches Résumé, auch um hieraus Lehren für die Zukunft zu ziehen, eine abschließende Kosten- / Ertragskontrolle unterbleibt in der Regel bzw. wird nicht publiziert.

Auf die wichtigen politischen Entscheidungsfaktoren wird im Folgenden eingegangen:

- **Arbeitsplätze**. Selbstverständlich sind Arbeitsplätze und der Erhalt dieser Arbeitsplätze für den Einzelnen als auch für die Gemeinschaft absolut wichtig. Hierzu im Bedarfsfall öffentliche Mittel bereitzustellen ist sinnvoll. Jedoch ist die wirtschaftliche Betrachtung hierbei mit einzubeziehen. Den Erhalt von Arbeitsplätzen ohne erkennbare Unternehmensperspektive zu subventionieren, ist zwar möglich, aber volkswirtschaftlich unsinnig. Es ist immer zu prüfen, ob die Mittel auch erfolgversprechend eingesetzt sind. Ansonsten stehen die falsch verbrauchten Mittel für andere wichtige

Aufgaben wie z.B. den sozialen Bereich nicht mehr zur Verfügung. Diese wirtschaftliche Betrachtungsweise wird zwar bei der Mittelbereitstellung mit eingebracht, eine laufende Überwachung erfolgt aber, wenn überhaupt, nicht konsequent. Dies kann auch darauf zurückgeführt werden, dass bei einer Rückforderung zum einen wieder mit dem Argument des Arbeitsplatzabbaues umgegangen werden muss. Zum anderen würde diese Rücknahme das Eingeständnis beinhalten, eine Fehlentscheidung getroffen zu haben.

- **Steuereinnahmen.** Aus Steuereinnahmen finanziert sich der Staat, das Allgemeinwesen. Steuerverschwendung und Fehlleitungen werden jährlich durch die Rechnungsprüfungsämter veröffentlicht. Eine weitere Bürgerinformation erfolgt in der Regel nicht. Die politischen Parteien werden in Rahmen ihrer Interessen durch entsprechende Nachfragen in den Gremien ebenfalls tätig. Dieses ist vornehmlich interessengeleitet. Öffentlichkeitswirksam und medienwirksam werden diese Fehlleitungen dargestellt. Im Gegenzug wird mit ähnlicher Vehemenz die positive Nutzung der Steuern durch Ausgaben für Investitionen, veröffentlicht. Dieses erfolgt insbesondere bei städtebaulichen Maßnahmen „Leuchtturmprojekten" denen eine besondere „Strahlkraft" auf das jeweilige Allgemeinwesen (z.B. Kommune) zugerechnet wird. In Dortmund sind die derzeit das „U", der Boulevard Kampstrasse, der Phoenixsee. Allerdings ist das Entscheidungsverhalten zu Steuereinnahmen dann von einer anderen Sichtweise geprägt, wenn z.B. bei öffentlichen Unternehmen durch gesellschaftsrechtliche Veränderungen Steuerreduzierungen möglich werden. Infrastrukturprojekte werden über Gesellschaftsgründungen auf Unternehmen der öffentlichen Hand übertragen. Die Entwicklungskosten und ggf. Verluste verringern der Ertrag des Mutterunternehmen. Somit werden diese Projekte neben öffentlichen Zuschüssen indirekt noch durch eine Reduzierung von Ertrags- und Gewerbesteuern mit finanziert. In Dortmund ist dies auch beim Flughafen der Fall. Entscheidungen in dieser „steuerreduzierenden" Richtung werden mit dem Argument der Steuerersparnis sogar noch positiv herausgestellt. Die volkswirtschaftliche Dimension von Projekten, die keine Gewinne erwirtschaften und keine Steuern zur Finanzierung der Allgemeinheit beitragen, wird nicht betrachtet. Die Denkweise reduziert sich m.E. hier auf den im privaten, persönlichen Umfeld vorherrschenden Gedanken der Verringerung der Einkommensteuer.
- **Öffentliche Meinung.** Die öffentliche Meinung wird durch vielfältige Faktoren beeinflusst. Die Medien stehen hierbei an erster Stelle. Gleichzeitig sind die neuen Möglichkeiten des Internet und die gezielte Nutzung zur Meinungsbildung hinzugekommen. Das Internet bietet bei entsprechendem Adressvolumen eine kostengünstige Möglichkeit viele Menschen schnell und gezielt zu informieren. Die Resonanz hierauf spiegelt sich in den Veröffentlichungen der Presse wieder. Gleichzeitig geben die Medien durch Blogs usw. den Bürgerinnen und Bürger einen direkten Zugriff zur öffentlichen und dennoch anonymen[5] Meinungsdarstellung.
- **Bürgerinteressen.** Die Bürgerinteressen stehen bei allen politisch Verantwortlichen in der verbalen Darstellung ganz vorne. Entscheidungen fallen im Bürgerinteresse. Da es jedoch keine für alle gültige Definition gibt, geben kann, wird immer die persönliche Ansicht, persönliche Einschätzung und persönliche Lebenserfahrung des politisch Tätigen in die Entscheidung mit einfließen. Soweit Bürger zu Entscheidungen anderer

---

[5] Anonym über ein selbst gewähltes Pseudonym. Lediglich dem Betreiber der Internetseite (z.B. Presse) ist der Name, der sich hinter dem Pseudonym verbirgt, bekannt.

Meinung sind, steht ihnen zur Publikation ihrer Ansicht nicht der Raum zur Verfügung, den die politisch Tätigen haben. Ruft ein Politiker die Presse, ist diese in der
Regel zur Stelle und wartet auf das Statement. Ruft ein Bürger, dann muss diese Person der Presse vorab schon detaillierte und belegte Informationen zur Verfügung stellen. Soweit die Presse dann ein interessantes Informationsfeld vorfindet, überlegt sie,
die Nachricht zu publizieren. Insoweit ist die Gründung einer Bürgerinitiative das
gängige Mittel, Gleichgesinnte zu finden und mit Hilfe dieser Gruppe sein Anliegen
vorzutragen. Die Bürger müssen dabei auch auf öffentlichkeitswirksame Aktionen als
Mittel zur Publizierung ihrer Interessen, zurückgreifen. Bei diesen Aktionen nicht über
das Ziel hinauszuschießen und damit letztendlich Gefahr zu laufen, dass seine Interessen negativ beleuchtet dargestellt werden, ist schwierig.

Abläufe am Beispiel des Regionalflughafens Dortmund

Die Gründung des Flughafens Dortmund erfolgte 1926, wobei das „Flugfeld" im Dortmunder Stadtteil Brackel lag. Nach dem II. Weltkrieg wurde das Flugfeld von den englischen
Alliierten übernommen. Erst in den 50er Jahren des vorigen Jh. wurde der private Flugbetrieb mit Segelflug wieder aufgenommen. Eine Erweiterung des Fluggeländes scheiterte an
den örtlichen Gegebenheiten, so dass ein Luftsportgelände in Dortmund-Wickede (Standort
des jetzigen Flughafens) eröffnet wurde. 1974 löste die Graspiste aus Sicherheitsgründen[6]
eine Asphaltbahn von 650 Meter Länge ab. Schon 1975 wurde der Planfeststellungsbeschluss für eine 850 Meter Start- und Landebahn erteilt, die 1983 eingeweiht wurde. Die
„alte" Start- und Landebahn wird Rollbahn. Die weiteren Ereignisse sind im geschichtli-
chen Abriss dargestellt. Die im Laufe der folgenden Jahre gefassten Ausbauvorhaben des
Flughafens führten zum aktuellen Stand mit einer Start- und Landebahn von 2.000 Meter
zuzüglich Stoppstrecken von je 60 Meter, einer Betriebszeit von 6:00 Uhr bis 22:00 Uhr
zuzüglich 1.Std. Verspätungsregelung für Landungen und einem Startgewicht der Flugzeuge von 100 t.
   Bei allen Ausbauvorhaben war festzustellen, dass eine massive öffentlichkeitswirksame Meinungsbildung durch Vertreter der heimischen Industrie bzw. IHK betrieben wurde.
Ratsbeschlüsse zur Planung bzw. Planfeststellung erfolgten oft mit dem Hinweis, dies sei
noch kein Durchführungsbeschluss. Nicht-Befürworter im eigenen Lager wurden massiv
beeinflusst, d.h. auf sie wurde massiver Druck ausgeübt. Kosten werden nicht umfassend
beleuchtet. Zeiträume zur Umsetzung werden schon mit den entsprechenden Verzögerungen durch Einsprüche usw. kalkuliert. Es wird eine Planfeststellung vorgenommen, durch
die der Flughafen bereits handeln kann, auch ohne dass eine politische Entscheidung erfolgte.

---

[6]Homepage Flughafen Dortmund www.dortmund-airport.de/?id=1860

Tabelle 1:   Chronik der Wahlversprechen und der Flughafenpolitik in Dortmund[7]

60-er Jahre	Schwerpunktlandeplatz für den Geschäftsreiseverkehr
1972	Beantragung einer neuen Start- und Landebahn
1983	Einweihung der 850 m-Bahn + Stoppbahnen (950 m für Starts)
1986	Genehmigungsverfahren für eine 1.050 m-Bahn + 2 x 200 m Stoppbahnen
1987	heftige Proteste aus dem Stadtbezirk Aplerbeck wg. Fluglärm
1988	Ratsbeschluss auf Initiative der SGF: Beibehaltung des Status als Verkehrslandeplatz – kein weiterer Ausbau. SPD-Allmacht: OB H. Samtlebe und Frakt.-Chef H. Zeidler versichern öffentlich, mit ihrer Stimme werde es keinen weiteren Ausbau geben.
1989 / 1990	Kommunal- / Landtagswahl
1990	Vorstoß von Hoesch-Chef Rohwedder auf Bahnverlängerung. SPD-Fraktion (absolute Mehrheit) mit OB H. Samtlebe und H.Zeidler„vergessen" ihre Zusagen u. schließen sich an, die IHK folgt.
1993	Ratsbeschluss zur Durchführung eines Planfeststellungs- Verfahrens (= „ kein Ausbaubeschluss", tönt´s aus dem Rathaus). Kalkulierte Gesamtkosten: 211 Millionen DM (105 Mio. €)
1994	gehen die Zahlen im Geschäftsreiseverkehr bereits zurück
1996	Plangenehmigungsverfahren (3.650 Einwendungen) zur Einbeziehung der 2 x 200 m Stoppbahnen = 1.450 m – Bahn
1997 März	Erteilung der Plangenehmigung, Umbau der Bahn, Flughafen-Chef H. Nunkesser legt Pläne für den Bau des neuen Terminals vor (Kosten 110 Mill. DM = rd. 55 Mill. €)
1997 Juni	Aufsichtsrat Flughafen genehmigt 177 Mill. DM (88 Mill. €). Rat fällt Beschlüsse für Bahnausbau und Terminalneubau.
1997	Öffentliche Auslegung der Unterlagen im Planfeststellungsverfahren auf Bahnverlängerung auf 2.000 m, Höchstabfluggewicht 75 t (unterhalb der im Touristikverkehr üblichen Flugzeugmuster), Versicherung der Betriebszeit von 6.00 – 22.00 Uhr
2000 Januar	Planfeststellungsbeschluss nach knapp 30.000 Einwendungen
2000 Oktober	Eröffnung des Terminals: Kosten 190 Mill. DM (95 Mio. €), Inbetriebnahme der Bahn, Kosten: 75 Mill. DM (37,5 Mill. €)
2001 April	Antrag des Fh-Chefs Nunkesser auf Karenzregelung bis 24.00 Uhr für höchstens 6 nächtliche und jährlich 500 Landungen ohne vorherigen Ratsbeschluss. Aufsichtsratvors. Ernst Prüsse applaudiert. Öffentlicher Protest – bringt die Politik in Aufruhr: H. Nunkesser zieht den Antrag zurück
2001 Dezember	SPD- und CDU-Fraktion im Rat beschließen Verspätungsregelung bis 23 Uhr und Aufhebung der Tonnagegrenze. Die Flughafen GmbH reicht den Antrag bei der Bezirksregierung in Münster ein. CDU ignoriert den Parteitagsbeschluss einer Verspätungsregelung bis 22.30 Uhr.

---

[7] Quelle: Wirtz, U., Schutzgemeinschaft Fluglärm Dortmund Kreis Unna e.V.

2003 Januar	Die Änderung der Betriebsgenehmigung mit Ausweisung weiterer Lärmschutzzonen in UN-Massen wird erteilt.
2004	SGF startet im Kommunalwahlkampf Fragebogenaktion an OB-Kandidaten / Kandidatin und Fraktionsspitzen. Ergebnis: Keine Veränderungen am Flughafen bis 2009. Durch Vereinbarung zwischen SPD + B 90/Die Grünen hat diese Aussage während der gesamten Legislaturperiode Bestand.
2006 August	Flughafen-Chef H. Kossack eröffnet mit neuen Gutachten die Ausbaudebatte 2.800 m-Bahn, Nachtflug bis Mitternacht + Starts ab 5.00 Uhr. Heftige Bürgerproteste verhindern ein Einknicken der Politik. Der Flughafen ist seit 8 Jahren defizitär. Die hohen Kosten Schrecken Bürger wie Politiker auf.
2006 November	Ein SGF-Mitglied reicht eine Beschwerde wg. Quersubventionierung durch die DSW21 sowie NERES, dem Billigtarif Förderprogramm für Fluggesellschaften, bei der EU ein.
2007 / 2008	Da die EU das Verfahren eröffnet hat, ist die Flughafen GmbH in der Defensive. Neue Fluggesellschaften sind nicht zu akquirieren.
2009	Die SGF greift massiv in den Wahlkampf ein. SPD und CDU werden geschwächt. Gewinner sind B 90/Die Grünen, allerdings platzt die Zusammenarbeit mit der SPD. Diese möchte fortan mit wechselnden Mehrheiten regieren und umwirbt für eine mehrheitliche Flughafenentscheidung die CDU. Gemeinsam mit der FDP ist eine Mehrheit für eine Betriebszeitenausweitung aus heutiger Sicht vorhanden. Die Phalanx der Verweigerer stellen neben den GRÜNEN die LINKEN die sowie das Einzelmitglied der Freien Bürgerinitiative
2010 Februar	Aufgrund der unklaren politischen Lage und vor den Landtags und OB-Nachwahlen darf Flughafen-Chef H. Bunk die neuen Gutachten nicht veröffentlichen. Damit verschiebt sich auch der Ratsbeschluss. Stadtwerke-Boss H. Pehlke will durch Einzelgespräche mit der Führungsmannschaft die CDU-Fraktion für den Bahnausbau gewinnen – entgegen dem Parteitagsbeschluss.
2010 Mai	Am 9.5. wird der H. Sierau als Oberbürgermeister wieder gewählt.
2010 Juli	Der Aufsichtsrat des Flughafens stimmt der Betriebszeitverlängerung bis 24:00 Uhr und der Bahnverlängerung um 300 Meter auf 2.300 Meter zu. Die Ratsvertreter im Aufsichtsrat übersteigen hierbei den Rahmen, den die Parteitagsbeschlüsse ihrer Parteien.

Der geschichtliche Abriss lässt erkennen, dass die jeweiligen Ausbauphasen durch Initiative des Flughafens bzw. der Wirtschaft angestoßen werden. Mal tritt eine Persönlichkeit der heimischen Wirtschaft auf. Das Unternehmen benötigt einen größeren Flughafen, damit es konkurrenzfähig am Markt agieren kann und letztendlich die Arbeitsplätze im Unternehmen gesichert werden. Mal fordert der Flughafen, um konkurrenzfähig zu bleiben, den Ausbau, oft unter Vorlage entsprechender Gutachten. Die Ausbauwünsche werden bereits so formuliert, dass das Maximale gefordert wird. Für Kompromisse ist dann ausreichend

Verhandlungsspielraum vorhanden. Nicht erreichte Ziele werden, soweit es dann noch notwendig ist, auf den nächsten Ausbauschritt verschoben.

Im Vorfeld der Ausbauabsichten werden auch Sonderereignisse genutzt um die „Schmerzschwelle" der betroffenen Bevölkerung zu testen. Während der Fußballweltmeisterschaft 2006 gab es aufgrund der bundesweiten Sondersituation seitens der Bezirksregierung nach Anhörung der SGF eine Genehmigung mit der definierten Aufhebung des Nachtflugverbotes. Im Ergebnis hat die Flughafengeschäftsführung die getätigten Nachtflüge als Argument für die Betriebszeiterweiterung mit einfließen lassen. Der Grund war, dass sich keine Beschwerden gegen diese Nachtflüge ergeben hätten.

Den Mehrbelastungen der betroffenen Bürger durch den zunehmenden Fluglärm werden entsprechende Gutachten entgegengehalten, die beweisen, dass die Mehrbelastungen entweder nicht vorhanden oder vertretbar sind. Die zukünftige Mehrbelastung wird dann auch auf politischer Ebene festgestellt, aber für vertretbar akzeptiert. Für die betroffenen Bürgerinnen und Bürger ist die industrielle Geschichte der Stadt ein zusätzliches Hindernis in den nicht betroffenen Stadtteilen Gehör zu finden. Hierbei ist anzumerken, dass in der Vergangenheit in der Öffentlichkeit Information zu Gesundheitsschäden durch Fluglärm kaum bzw. nicht vorhanden waren.

Kurz und knapp gesagt: Fluglärm beschäftigt und belastet die Betroffenen, ist aber als Argument, einen Ausbau zu verhindern, von geringer Bedeutung. Die Möglichkeiten des Naturschutzes, soweit er betroffen ist, sind hier weitaus größer!

Die wirtschaftliche Situation des Flughafens

Im öffentlichen Leben in Dortmund ist die wirtschaftliche Situation des Flughafens bis zum Jahre 2006 gänzlich unbekannt. Die Verluste im zweistelligen Millionenbereich werden nicht wahrgenommen. Seitens der Bürgerinitiative SGF wurde bei den ersten Ausbauschritten auf die juristische Auseinandersetzung gebaut. Die Erfahrungen aus den gerichtlichen Ergebnissen sind, dass die Ziele zur Verhinderung des Ausbaus nur in geringer Weise erreicht werden.

Zusätzlich ist die Einhaltung des Erreichten sehr genau zu überwachen. Zum Beispiel ist das im Rechtsstreit im Jahre 1997 festgelegte Höchstabflugsgewicht von max. 75 Tonnen durch Ratsbeschluss und Genehmigung der Bezirksregierung aufgehoben worden. Erst ein erneuter Rechtsstreit brachte die neue Festlegung auf max. 100 Tonnen.

Diese Erfahrungen aus der juristischen Auseinandersetzung führen zur Aktivierung der politischen Arbeit. Das zunehmende Gewicht der Grünen als politisch akzeptierte Partei hat hier geholfen. Die Grünen und freie Bürgerinitiativen haben Bedenken, Vorstellung und Ziele der SGF aufgenommen und, soweit für sie vertretbar in die politischen Gremien gebracht. Diese Information in den politischen Gremien hat den Mehrheitsparteien und Flughafenbefürwortern nicht in ihren Vorgehen zum weiteren Flughafenausbau entscheidend behindert. Es fehlte hierzu der öffentliche Meinungsdruck (s. obige Ausführungen zum Fluglärm).

Die Billigflieger und die unerlaubten Beihilfen

Ein wichtiger Meilenstein in der aktuellen Entwicklung und kritischen Betrachtung zum Flughafenausbau ist durch die Billigflieger (Low-Cost-Carrier) und ihrem aggressiven

Marktauftritt entstanden. Die Linienfluggesellschaften spürten diese Konkurrenz und haben die bestehende Rechtslage im EU-Recht genutzt. Das Entscheidung zu Charleroi[8] im Zusammenhang mit Beihilfen für Ryanair ist hierbei ein entscheidendes Ergebnis. Neben der juristischen und politischen Arbeit der SGF, konnten jetzt die wirtschaftlichen Grundlagen des Flughafens Dortmund konkret geprüft und angegangen werden. Die Beschwerde im Jahr 2006 über Beihilfen zu Gunsten der Billigfluggesellschaften aus einer neuen, nicht genehmigten Entgeltordnung (NERES) war der Anknüpfungspunkt.

Die EU hat aufgrund der Beschwerde das Kontrollverfahren eröffnet, zu dem in diesem Jahr die Entscheidung erlassen werden soll. Die Komplexität dieses Verfahrens kann im öffentlichen Dialog zwar nur in Randinformationen genutzt werden, gleichwohl ist die Erwartungshaltung zum Ergebnis hoch. Das EU-Verfahren ist somit ein gutes Vehikel die Brisanz der wirtschaftlichen Situation des Flughafens Dortmund zu kommunizieren.

Bis zum Jahre 2006 war in der Öffentlichkeit die Tatsache einer Kostendeckung von nur 50% (jeder eingenommen Euro wird zweimal ausgegeben) unbekannt. Den Einnahmen von rd. € 20 Mio. standen Ausgaben von rd. € 40 Mio.[9] gegenüber. Seit dem Jahre 1998 haben sich die Verluste bis heute auf insgesamt € 193 Mio.[10] summiert.

Tabelle 2: Ergebnisse des Flughafens Dortmund[11]

Schutzgemeinschaft Fluglärm
Dortmund - Kreis Unna e.V.
Windflügelweg 44
44319 Dortmund

Wir Dortmunder dürfen zahlen !!!
Für Sie zusammengestellt.

Jahr	Jahresergebnis	Fluggäste	Ergebnis je Fluggast	Starts / Landungen	Ergebnis je Start/Landung	Beschäftigte Jahresdurchschn.	Ergebnis je Beschäftigter	Einwohner Dortmund	Ergebnis je Einwohner
1997	105.326,13 €	522.922	0,20 €	39.861	2,64 €	65	1.620,40 €	594.866	0,18 €
1998	-1.328.336,31 €	572.416	-2,32 €	44.221	-30,04 €	77	-17.251,12 €	591.733	-2,24 €
1999	-2.421.989,64 €	637.042	-3,80 €	45.184	-53,60 €	107	-22.635,42 €	590.213	-4,10 €
2000	-5.889.480,21 €	719.365	-8,19 €	45.100	-130,59 €	133	-44.281,81 €	588.994	-10,00 €
2001	-8.622.235,77 €	1.064.149	-8,10 €	46.272	-186,34 €	214	-40.290,82 €	589.240	-14,63 €
2002	-15.669.927,51 €	994.508	-15,76 €	41.690	-375,87 €	238	-65.840,03 €	590.831	-26,52 €
2003	-18.204.133,10 €	1.023.339	-17,79 €	37.879	-480,59 €	259	-70.286,23 €	589.661	-30,87 €
2004	-28.263.568,09 €	1.179.278	-23,97 €	33.429	-845,48 €	313	-90.298,94 €	588.680	-48,01 €
2005	-25.865.334,85 €	1.742.891	-14,84 €	38.918	-664,61 €	311	-83.168,28 €	588.161	-43,98 €
2006	-21.315.215,63 €	2.019.666	-10,55 €	43.514	-489,85 €	372	-57.298,97 €	585.045	-36,43 €
2007	-19.901.149,69 €	2.155.064	-9,23 €	40.436	-492,16 €	383	-51.961,23 €	583.945	-34,08 €
2008	-20.647.671,14 €	2.329.455	-8,86 €	38.112	-541,76 €	399	-51.748,55 €	580.479	-35,57 €
2009	-24.534.492,77 €	1.716.519	-14,29 €	31.927	-768,46 €	366	-67.034,13 €	580.000	-42,30 €
	-192.663.534,71 €	Verluste seit 1998 insgesamt							
Planung									
2010	-22.000.000,00 €	1.800.000	-12,22 €	gem. Geschäftsbericht 2009					
2011	-22.500.000,00 €	1.800.000	-12,50 €	geschätzt					
2012	-22.250.000,00 €	1.950.000	-11,41 €	geschätzt					
2013	-22.000.000,00 €	2.050.000	-10,73 €	gem. Geschäftsbericht 2008					
2014	-19.500.000,00 €	2.100.000	-9,29 €	gem. Geschäftsbericht 2009					

Durch Leserbriefe, eigene Veröffentlichungen in Newslettern wurde innerhalb von gut zwei Jahren auch der wirtschaftliche Sachverhalt thematisiert und von der Presse ebenfalls ange-

---

[8] EU-Kommissionsentscheidung im Jahr 2004; durch das Europäische Gericht als „rechtsfehlerhaft" aufgehoben.(Rechtssache T-196/04).

[9] pauschalierte Darstellung in 10 Mio. Schritten um die Zusammenhänge zu verdeutlichen. Im Jahr 2008 Umsatzerlöse € 22,8 Mio., Aufwand € 43,4 Mio., Verlust € 20,6 Mio.

[10] eigene Auflistung der Jahresverluste anhand der jeweiligen Jahresabschlussunterlagen Durch einen Ergebnisabführungsvertrag mit der DSW21 (Dortmunder Stadtwerke 100 % Tochter der Stadt) wird der Verlust von diesen übernommen.

[11] Quelle: Schutzgemeinschaft Fluglärm Dortmund – Kreis Unna e.V.; kursiv = vorläufige Zahlen

nommen. Das Ziel, zur Kommunalwahl 2009 die Wertverluste für alle Dortmunder Bürgerinnen und Bürger darzustellen, ist gelungen. Das öffentliche Bewusstsein für die Ausgaben und die Kürzungen an anderer Stelle, wie z.B. bei sozialen Leistungen, wurde geschärft.

Die Parteien, die sich gegen einen weiteren Ausbau des Flughafens ausgesprochen haben, erzielten deutliche Stimmenzuwächse, insbesondere die Grünen.

Die unbefriedigende Ertragssituation bei den Regionalflughäfen, insbesondere beim Flughafen Dortmund führt bei den Verantwortlichen und vielen Entscheidungsträgern nicht zu einem Umdenken. Bei allen Flughäfen heißt der Blick nach vorne: Ausbau, Erweiterung mit Begründungen in der unterschiedlichsten Form. Ohne ein hoheitliches bindendes Konzept mit klaren Vorgaben wird hier ein Umdenken schwer erzielbar sein. Dieses Gesamtkonzept ist durch die diversen hoheitlichen Zuständigkeiten zum Flugverkehr bzw. zur Verkehrsinfrastruktur und seiner Vernetzung nicht vorhanden. Ein Controlling darüber, ob die zur letzten Ausbauentscheidung führenden Gründe und Ziele erreicht wurden, fehlt gänzlich.

Selbst die heutige, auch von Politikern vorgetragene Erkenntnis, dass der Flughafen Dortmund im jetzigen Zeitpunkt aufgrund seiner städtischen Lage nicht mehr genehmigungsfähig sei, führt nicht zur Festschreibung des status quo.

Die Bedeutung von Gutachten

Für die politische Entscheidung sowie die anschließenden Planungen und Genehmigungsverfahren sind Gutachten notwendig. Zum aktuellen Ausbauvorhaben wurde zuerst ein Gutachten zur regionalwirtschaftlichen Bedeutung des Flughafens veröffentlicht. Dieses Gutachten wurde mit Unterstützung der örtlichen IHK erstellt. Mit diesem Gutachten, welches in der volkswirtschaftlichen Lehre unter Input-Output-Rechnung bekannt ist, wurde die Bedeutung des Flughafens für die Region, die Arbeitsplätze usw. belegt. Schon zu diesem Gutachten wurden Mitglieder der SGF tätig, um ihrer kritischen Fragen zu stellen. Eine detaillierte Auflistung dieser Fragen und Kritikpunkte übersteigt den Rahmen dieser Arbeit. Im Anschluss an dieses Gutachten wurden die Vorabgutachten zum geplanten Ausbau in vollem Umfang vorgestellt. Alle relevanten Fragen zum Flugbetrieb, zur Betriebszeit, zum Umweltschutz, zum Lärm usw. wurden behandelt. Diese Vorabgutachten in Form von Studien, Aufsätzen behandelten alle gedachten Ausbauszenarien mit dem Ziel, nach der Festlegung auf ein Szenario das endgültige Gutachten zu erstellen. Zu allen Vorabgutachten wurden seitens der Mitglieder der SGF kritische Punkte angemerkt. Sei es der Mix des Fluggerätes, sei es die Berechnung der Lärmwerte usw.

Die Vorabgutachten konnten sogar für die Argumentation der SGF genutzt werden, da sie die Argumentation der SGF unterstützen bzw. sich in Teilbereichen widersprachen. Zum Beispiel wurde die Bedeutung des Flughafens für die umliegenden Gewerbetreibenden hervorgehoben. Allerdings ist in einem anderen Gutachten die Bedeutung relativiert worden. Demnach sind nicht einmal 10% der umliegenden Gewerbeflächen mit flughafenaffinen Firmen besetzt. Die wesentliche Bedeutung für diese Unternehmen ist die örtliche Nähe zum Bundesautobahnnetz.[12]

---

[12] Gutachten Nr. 7 Wertentwicklung von Wohn- und Gewerbeimmobilien, S. 104 ff.

Natürlich sind einige Diskrepanzen auch den gutachterlichen Freiräumen in der Bewertung geschuldet. Aufgrund dieser Bewertungsmöglichkeiten kann nicht ausgeschlossen werden, dass nach dem Ausbau die Realität anders wahrgenommen wird als in den Gutachten vorgegeben, insbesondere bei der Lärmeinschätzung ist dies zu erwarten. Aktuell trifft dies Dortmund nach dem Ausbau der A2 im Vorort Brechten zu. Nach dem Autobahnausbau mit Schallschutz wird der Lärm, trotz gegenteiliger Berechnung dort lauter wahrgenommen als vorher. Ein weiteres, belegtes Beispiel ist dem Film: „Schlaflos in Schönefeld" zu entnehmen[13]. Allerdings hat der Flughafen kein Gutachten über die entstehenden Kosten veröffentlicht. Es wurden lediglich -nicht prüfbare Gesamtbeträge genannt. Zu dem anfangs angesprochenen Gutachten zur regionalwirtschaftlichen Bedeutung (Input-Output-Rechnung) ist anzumerken, dass diese Rechnung in keinster Weise einer Kosten-Nutzen-Rechnung entspricht. Die Kosten-Nutzen-Rechnung ist mittlerweile eine Vorgabe der EU, sobald beihilferelevante Tatbestände auftreten. Die Input-Output-Rechnung hat verfahrensbedingt immer ein positives Ergebnis, da sie ausschließlich die Faktoren aus den positiven Zahlungsströmen des Flughafens (Gehaltszahlungen, Zahlungen für Investitionen usw.) berücksichtigt und in volkswirtschaftliche Zusammenhänge (direkte, indirekte, induzierte Effekte) überträgt. In der Kosten-Nutzen-Rechnung werden alle Aspekte – positive wie negative (z.B. Lärmauswirkungen, Wertverluste von betroffenen Immobilien, Investitionsverzicht bei anderen Projekten usw.) – berücksichtigt. Erst das Ergebnis dieser Berechnung gibt Auskunft über die Sinnhaftigkeit der Maßnahme.

Abschließend ist feststellbar, dass der Gutachterkreis zu den flugtechnischen und volkswirtschaftlichen Aussagen bei den Ausbauverfahren der dt. Flughäfen bekannt ist. Die volkswirtschaftlichen Daten werden vornehmlich von den Professoren Dr. Hartwig und Dr. Klophaus erstellt. Bei den technischen Daten sind Namen wie Desel Consulting, Dr. Leßmann, Dr. Pook, Dr. Dröscher, J. Mihlan sowie deren zuzurechnende Unternehmen oft vertreten.

Planungsgrundlagen

Aufsetzend auf den vorhandenen Gutachten erfolgt die behördliche Planfeststellung entsprechend der gesetzlichen Vorgaben. Das Verwaltungsverfahren ist vorgeschrieben. Soweit Gremien- bzw. Ratsbeschlüsse notwendig werden, wird der Zeitpunkt gerne auf nicht so öffentlichkeitswirksame Termin gelegt. Beliebt sind Beschlüsse in oder kurz vor Ferienzeiten, oder auch vor Festtagen.

Einwandbearbeitung

Vor der endgültigern Planfeststellung erfolgt die öffentliche Auslegung/Anhörung mit Einwandbearbeitung. Je nach Interesse der Betroffenen und der vorliegenden Einreden/Einsprüche ist dieser Teil zeitaufwendig für die Behörde. Zur Einwandbearbeitung wurde vor dem letzten Ausbau die Westfalenhalle in Dortmund angemietet, um allen Einwendern gerecht zu werden.

---

[13] Sender: rbb-online Serie OZON Sendung vom 03.05.2010

Gesprächsrunden (Monitoring, runder Tisch usw.)

Um die behördlichen Planungen zu beschleunigen, wird mittlerweile versucht, durch Monitoring, runde Tische etc. die Einwände der Betroffenen vorab zu diskutieren und zu berücksichtigen. Ein bundesweit bekanntes und beobachtetes Monitoring erfolgt zum Ausbau der vierten Start- und Landebahn am Flughafen Frankfurt/Main. Leider ist das Monitoring-Ergebnis nicht – wie von den Betroffenen erwartet – übernommen worden.

Zum geplanten Ausbau des Flughafens Dortmund wurde ebenfalls im Vorfeld der Kommunalwahl von 2009 von einem OB-Kandidaten ein „runder Tisch / Konsultationskreis" ins Leben gerufen. Im Ergebnis wurden die jeweiligen Positionen ausgetauscht, und vom OB-Kandidaten wurde ein politischer Vergleichsvorschlag vorgestellt.

Dieser Vergleichsvorschlag stellte sich aber als Luftnummer heraus, denn er wurde von der entsprechenden Partei nicht uneingeschränkt übernommen. Ein Vergleich mit dem Monitoringergebnis zum Flughafen Frankfurt/Main (Mediationsverfahren) drängt sich auf.

Gerichtliche Entscheidung

Erst mit der gerichtlichen Entscheidung wird ein Verfahren abgeschlossen. Hierbei werden zur Interessenwahrung meist alle Instanzen angerufen. Das Verwaltungsrecht ist eine sehr komplexe Materie, wobei auch formale Fehler eine wichtige Rolle spielen. Aktuell ist in Dortmund ein Straßenprojekt aufgrund eines formalen Fehlers negativ für die Planungsbehörde beschieden worden. Die Planung wurde von der falschen Behörde erstellt.[14]

Die im Verwaltungsrecht führenden Juristen sind bekannt. Das „Who is Who" ist die Referenten- bzw. Teilnehmerliste der jährlich stattfindenden Verwaltungsrechtstage der Dt. Hochschule für Verwaltungsrecht in Speyer. Die nationale Entscheidungsgewalt ist mittlerweile erweitert worden durch das EU-Recht. Zum einen sind EU-Entscheidungen in das nationale Recht eingeflossen und beeinflussen somit die nationalen gerichtlichen Entscheidungen. Zum anderen ist das EU-Recht insbesondere im Wettbewerbsrecht mittlerweile eine zu beachtende Zeit- und Entscheidungskomponente. Die ergangenen EU-Entscheidungen zu den Bedingungen der Art. 87 und 88 EU-Vertrag haben Einfluss auf die wirtschaftlichen Entscheidungen zum Ausbau und Betrieb eines Flughafens. Die notwendige und nicht notwendige Infrastruktur und die Beihilferelevanz öffentlicher Mittel werden hierbei im Hinblick auf wettbewerbsrelevante Beihilfen geprüft. Direkter Ansprechpartner der EU ist die jeweilige Landesvertretung (Bundesrepublik Deutschland). Bedingt durch die Regelungen in Deutschland ist die Reihenfolge der behördlichen Zuständigkeiten vom Antragsteller, über die Landesvertretung (Verkehrsministerium) und die Bundesvertretung (Verkehrsministerium) zu beachten. Innerhalb der Behörden sind noch unterschiedliche Zuständigkeiten möglich. Somit ist der innerdeutsche Verfahrensweg zeitaufwendig. Dies kann dazu führen, dass Maßnahmen bereits eingeleitet werden, bevor eine Entscheidung seitens der EU getroffen wurde.

Interessensteuerung

Für die Vertreter des Flughafens sowie die Bürgerinitiativen ist es unumgänglich, die Ziele so zu präsentieren, dass eine Mehrheit zur Durchsetzung erkennbar wird. Hierbei sind An-

---

[14] Verfahren der Fam. Hook im Zusammenhang mit einer Ausfahrt im Zuge des Ausbaus der B1 in Dortmund

sprechpartner die Presse, die politischen Vertreter und Meinungsträger in der Kommune wie z.B. Akademien, Verbände usw. Als Unternehmen der Region und Arbeitgeber hat der Flughafen hier Vorteile. Durch die Mitgliedschaft in den diversen Interessenvertretungen (IHK, Arbeitgeberverbände usw.) sind in Gesprächen und Hinweisen die eigenen Ziele und Vorstellungen gut präsentierbar.

Zentrales Meinungsbildungsinstrument ist die örtliche Presse mit ihrer Berichterstattung. Die positive Einstellung der Presse ist, zumal das Thema „Fliegen" allgemein mit Urlaub positiv verbunden wird, vorhanden. Verstärkt teilweise durch die wirtschaftliche Komponente aus Insertionsverträgen mit den Flughäfen und Fluggesellschaften. Die Akzeptanz einer Bürgerinitiative ist von ihrer fachlichen Kompetenz, ihrem Auftreten und persönlichen Kontakten geprägt. Allein spektakuläre Auftritte durch Plakataktionen, öffentliche Präsentationen usw. sind pressewirksam, müssen aber in anderer Weise nachhaltig unterstützt werden. Diese Nachhaltigkeit ist durch eine kontinuierliche Arbeit in Gesprächen mit politisch Verantwortlichen erreichbar. Es ist „ein langer Atem" notwendig. Sobald diese Hürden – nach Jahren – überwunden sind, ist ein Gespräch auf Augenhöhe möglich. Dieses muss dennoch immer eingefordert werden.

Wichtig für Bürgerinitiativen ist immer die absolute Fachkompetenz, um akzeptiert zu werden. Ein kleines Beispiel mag dies verdeutlichen: Zitiert wurde seitens des Flughafenvertreters aus dem Flughafenkonzept[15] der Bundesregierung:

> „Der Luftverkehrsstandort Deutschland muss auch in Zukunft seine Stellung im internationalen Wettbewerb behaupten, um einen Beitrag für Mobilität und Wohlstand in Deutschland leisten zu können, denn der Luftverkehr trägt wesentlich zur gesamtwirtschaftlichen Entwicklung bei."

Nicht darauf hingewiesen wurde allerdings, dass im selben Flughafenkonzept der Flughafen Dortmund als kleiner Flughafen mit internationaler Vernetzung klare und restriktivere Vorgaben bei Neuinvestitionen hat. Es müssen zum Nachweis der Notwendigkeit – vor einer Ausbaugenehmigung – Unterlagen wie z.B. Potentialanalyse und Kosten-Nutzen-Analyse erbracht werden. Diese Ergänzung unterließ der Flughafenvertreter. Sie erfolgte erst durch unsere Bürgerinitiative.

Schlussbemerkungen und Konsequenzen

Im Rahmen dieser Arbeit werden diverse Gesichtspunkte, die uns in unserer Arbeit in einer Bürgerinitiative aufgefallen sind, schlaglichtartig beleuchtet. Eine streng wissenschaftliche Ausarbeitung ist uns leider nicht möglich. Aufgrund der langjährigen Erfahrung des Autors als Mitglied einer Bürgerinitiative gegen Fluglärm am Flughafen Dortmund sind die Wiederholungen bei den Vorgängen und Prozessen jedoch so auffällig, dass die hier angesprochenen Phänomene gleichwohl allgemeingültigen Charakter haben.

Abschließend können die Erfahrungen wie folgt zusammengefasst werden:

- Erfolge durch gerichtliche Entscheidungen sind sehr schwer zu erzielen. Die juristischen Vorgaben sind so komplex und die Gerichte haben so viel Spielraum, dass auch im Zusammenhang mit den zur Entscheidung notwendigen Gutachten eine Prognose über den Verfahrensausgang absolut schwierig ist.

---

[15] Flughafenkonzept der Bundesregierung 2009

- Die politische Arbeit unter Einbeziehung der öffentlichen Meinung kann Entwicklungen und Entscheidungen eher beeinflussen. Für den Erfolg einer Bürgerinitiative ist dem öffentlichen Meinungsbildungsprozess, eine deutlich höhere Aufmerksamkeit zu widmen. Erst danach ist der juristische Weg eine Alternative.

- Wichtig und am ehesten zielführend für die Interessen einer Bürgerinitiative ist, bereits beim leisesten Verdacht auf eine Veränderung/Verschlechterung der aktuellen Situation tätig zu werden. Jedes Zögern auf eine noch so unplausible Äußerung führt zu einem weitern Vorpreschen der Gegenseite und somit zu einem Mehr an notwendigen Gegendarstellungen. Dieser Hinweis auf die Reaktion selbst bei unplausiblen Äußerungen mag übertrieben erscheinen. Aber es muss davon ausgegangen werden, dass jedem Ansinnen auf eine Veränderung (Ausbau) bereits Sondierungsgespräche („Nichtgespräche") im Entscheidungsumfeld des Flughafens vorangegangen sind. Bezogen auf die seitens der Flughafeneigentümer und deren Vertreter eingeleiteten Prozesse und Abläufe ist erkennbar, dass aus Sachverhalten die für den Flughafenausbau positiven Teilaspekten dargestellt werden. Die gesamte Sachverhaltsdarstellung, die anderen Teilaspekte lassen Raum für andere sogar gegenteilige Entscheidungen, werden jedoch nicht erwähnt.

- Auch ist zu beachten, dass kurze, knappe Darstellungen besser wahrgenommen werden. Je mehr eingebracht werden muss, umso schwieriger wird für Dritte die Zuordnung zu den einzelnen Teilthemen.

- Auffällig ist bei der Einleitung von Ausbauvorhaben die Ähnlichkeit in der Argumentation der Flughafenbetreiber. Aktuell wird am Flughafen Bremen angeblich aus „Sicherheits-„ und „Lärmschutzgründen" für die gesamte Nutzung der Start- und Landbahn geworben. Ähnliche Argumente wurden auch in Dortmund verwendet.

- Ein Kritikpunkt, der sich allgemein auf öffentliche Bauvorhaben bezieht, ist die Kostenplanung. Differenzen zwischen Kostenplanung und Kostenabrechnungen von mehreren 100% kommen vor. Dies betrifft auch am Flughafen Dortmund die Differenz zwischen Kostenplanung und Gesamtkosten. Bei den aktuellen Ausbauplanungen am Flughafen Dortmund ist schon derzeit erkennbar, dass die Kosten für eine notwendige Erdkabelverlegung mit aktuell rd. € 18 Mio. nicht in den vorläufigen Plankosten enthalten ist. Gänzlich fehlt ein nachträgliches bzw. laufendes Controlling um rechtzeitig gegenzusteuern bzw. aus den Erfahrungen zu lernen.

- Weiterhin ist, auch bedingt durch die Anzahl von Flugplätzen in Deutschland, der Kreis der tätigen Juristen und Gutachter überschaubar. Dies führt zu erwartbaren Ergebnissen im Planungsverfahren. Der Vorteil für Ausbaugegner ist, dass die kritische Prüfung für Gegendarstellungen leichter ermöglicht wird. Bei den juristischen Wertungen ist das Ergebnis letztendlich von den gerichtlichen Entscheidungen abhängig. Diese liegt i.d.R. beim letztinstanzlichen Bundesverwaltungsgericht in Leipzig. Der politische Entscheidungsweg zur Durchsetzung eines Ausbaues ist langwierig. Hieraus ist nachvollziehbar, dass in Teilschritten agiert wird. Dies führt allerdings auch dazu und wird auch genutzt, dass mit der Teilentscheidung Entscheidungszwänge zum nächsten Schritt -bewusst- impliziert werden. Der politische Beschluss mit anschließender Planfeststellung wird in den Gremien und den öffentlichen Aussagen mit der Begründung verbunden, dass dieses noch kein Ausbaubeschluss ist. Es soll lediglich Planungssicherheit geschaffen werden. Der Ausbau soll danach / anschließend beraten und nur befürwortet werden, wenn die Rahmenbedingungen (z.B. entsprechende

Nachfrage) gegeben sind. Dieser Ausbaubeschluss wird jedoch nicht erforderlich werden, da das Unternehmen mit Erteilung der Planfeststellung -ohne weitere politische Entscheidung- agieren darf. Die öffentliche Hand darf / muss dann die Kosten übernehmen. Es ist ein Sachzwang entstanden.

- Es fehlt ein verbindliches, bundeseinheitliches Verkehrskonzept welches die verschiedenen Verkehrsträger (Straße, Schiene, Luft) und ihre Funktionen und Möglichkeiten berücksichtigt. Ein Geschäftsreisender hat zum Beispiel andere, auch zeitliche Vorgaben und Prioritäten, als der Berufstätige auf dem Weg zu seinem Arbeitsplatz oder ein Tourist. Die Bundesregierung hat bereits 2004 zur Luftinfrastruktur[16] festgestellt, dass Deutschland eine Flughafendichte ausweist, die ansonsten nur in Länder gegeben ist, in denen die geografischen Gegebenheiten (Insellage, Gebirge) den Einsatz des Flugzeuges auch auf Kurzstrecken erfordern. Die Aussage bezieht sich auf die Erreichbarkeit des nächstgelegenen Flughafens, den 64% der Einwohner innerhalb einer Stunde, bzw. 95% innerhalb von 90 Minuten erreichen. Ein bundesweites Verkehrskonzept, welches alle Verkehrsträger ausgewogen und bedarfsgerecht berücksichtigt, wird in der Bevölkerung auch in seinen Einzelmaßnahmen eine höhere Akzeptanz finden.

---

[16] Masterplan zur Entwicklung der Flughafeninfrastruktur, Seite 21

Helmut Breidenbach

Mit viel Lärm an Deutschlands Spitze: Zum Umgang mit Beschlüssen zur Lärmabwehr am Beispiel des Flughafens Köln

Zusammenfassung

Der folgende Beitrag zeigt anhand der Entwicklung am Flughafen Köln/Bonn, wie Ministerien Entscheidungen zum Thema Luftverkehr und Fluglärm treffen. Es wird deutlich, wie viel Spielraum Ministerien besitzen. Es wird gezeigt, mit welchen Methoden Ministerien Entwicklungen aufhalten und verzögern. Ministerien können aber auch sehr schnell reagieren und ohne weitere Abstimmungen Fakten schaffen, die für sehr lange Zeiträume Bindungswirkung entfalten.

Besonders interessant ist in dieser Hinsicht die schnelle Reaktion des zuständigen Landesministeriums in NRW, nachdem das Urteil des Bundesverwaltungsgerichtes in Leipzig zum Wert der Nachtruhe ernsthafte Sorgen in der Luftverkehrsindustrie ausgelöst hatte, dem Schutz vor Nachtlärm könnte nun ernsthaft nachgegangen werden: Innerhalb von wenigen Wochen wurde dem Flughafen Köln/Bonn die von ihm gewünschte Nachtflugregelung durch den Minister ohne Offenlegung der Abwägungsgründe für einen Zeitraum von 22 Jahren gewährt.

Einführung

Auf Platz sechs der Rangliste der deutschen Flughäfen steht er, mitten im Naturschutzgebiet Wahner Heide liegt er, der Flughafen Köln/Bonn – gehätscheltes Kind der Stadt Köln und des Landes NRW und doch nicht aus dem Schatten von Düsseldorf herausgetreten.

Ende der 80er Jahre verlegt man sich in Köln/Bonn auf die Fracht und ist dort, allerdings mit einem Riesenabstand zu Frankfurt, in Deutschland die Nummer zwei, legalisiert mit einer laschen Nachtflugregelung, die Köln/Bonn 24 Stunden am Tag anfliegbar macht. Möglich gemacht wurde dies durch die "Genehmigung" des Flughafens auf einigen DIN-A-4-Seiten nur wenige Tage bevor das Luftverkehrsgesetz 1958 für Flughäfen neben einer Genehmigung nach § 6 LuftVG auch die Durchführung von Planfeststellungsverfahren nach §§ 8 ff. LuftVG vorschrieb.

Wegen der mangelnden Passagierzahlen wirbt die Flughafengesellschaft Mitte der 80er Jahre in einer großen Kampagne weltweit mit der Nachtoffenheit. Fast zwangsläufig erfolgte dann die Ansiedlung von Euro-Hubs der Firmen UPS und TNT. Aus vielen Standorten europäischer Staaten landen fortan die Frachtflugzeuge der Carrier ab Mitternacht im Zwei- bis Dreiminutenabstand in Köln, laden ihre Fracht um und heben in dem Speiche-Nabe-System nach zwei bis drei Stunden in der gleichen Dichte wieder ab.

Sprunghaft steigen die Nachtflugbewegungen an. Starts und Landungen zwischen 22.00 Uhr und 06.00 Uhr werden von ca. 20.000 im Jahre 1988 bis auf knapp 41.000 im Jahre 1997 gesteigert. Köln/Bonn wird ab Mitte der 90 er Jahre Deutschlands Nachtflugha-fen Nr. 1 und nimmt dem nahezu dreimal so großen Frankfurter Flughafen diesen zweifel-haften Rekord ab. Etwa jeder vierte Flug von und nach Köln/Bonn ist ein Nachtflug.

Mit der steigenden Zahl der Nachtflüge wächst die Lärmbelastung, und es folgt die Ernüchterung für mehrere hunderttausend Anwohner vorwiegend in Köln, dem Rhein-Sieg-Kreis und dem Bergischen Land. Im Jahre 1990 beziffert der Flughafen gegenüber der Presse selbst die Zahl der Fluglärmbetroffenen mit etwa 400.000 Menschen. Der nächtliche Fluglärm, ausgehend von vielen alten und lauten Frachtflugzeugen mit zudem schlechten Steigeigenschaften, wird in den Folgejahren ein ernsthaftes Problem.

Neue Nachtflugregelungen 1992: Reinfall

Große Hoffnungen auf eine Verbesserung der Situation werden nach Auslaufen der damali-gen Nachtflugregelung auf die Neufassung im Jahre 1992 gesetzt. Forderungen nach einer nächtlichen Kernruhezeit und einer Lärmobergrenze von 70 oder 75 dB(A) werden im NRW-Landtag vorgetragen und in der Fluglärmkommission beraten. Ein entsprechender Beschluss der Fluglärmkommission wird vom NRW-Verkehrsminister abgelehnt, weil er angeblich "seine verkehrspolitischen Überlegungen für den Flughafen Köln/Bonn stört."

Am Ende der Beratungen des Landtags bleibt von den guten Vorsätzen fast nichts mehr übrig. Der nächtliche Einsatz der sehr lauten Kapitel 2-Flugzeuge soll fortan verboten werden; sie waren noch mit etwa zehn Prozent bei den Nachtflugbewegungen vertreten. Mit Inkrafttreten der neuen für 10 Jahre ausgelegten Nachtflugregelung im November 1992 ist der Flughafen nur noch für die vermeintlich lärmarmen Kapitel 3-Flugzeuge offen. Eine spürbare Verbesserung tritt nicht ein, weil fortan größere Flugzeugmuster die Vorgänger-modelle ablösen und zudem die Nachtflugbewegungen weiter stark ansteigen. So ist es mit den als „lärmarm" klassifizierten Flugzeugen des Kapitel 3 nach zwei Jahren bereits wieder lauter als unter den alten Verhältnissen.

Passives Schallschutzprogramm mit Mängeln

Im Vorfeld sich abzeichnender Klagen wegen der Nachtflugbelastung entschließt sich der Flughafen „freiwillig" zur Auflage eines passiven Schallschutzprogramms mit einem ange-kündigten Umfang von 86 Mio. DM. Anspruchsberechtigt sollen die Bewohner aller Wohngebiete sein, die einer Belastung von mindestens 6 x 75 dB(A) unterliegen. Das Schutzziel wird mit 55 dB(A) festgelegt, gemessen am Ohr des Schläfers in einem belüfte-ten Raum. Die Regelleistung umfasst damit Schallschutzfenster für die Schlafräume, eine Zwangsbelüftung und das Ausschäumen evtl. Rolladenkästen.

In einer ersten Stufe startet das Programm zunächst in den meist betroffenen Gebieten und wird dann sukzessive ausgeweitet. Etwa zwei Drittel der Anspruchsberechtigten ent-schließt sich für das Schallschutzprogramm, ein weiteres Drittel will nicht eingebunkert werden oder scheut die hohe Eigenbeteiligung z. B. bei umfangreichen Schallsanierungen für das Dach.

Das Echo auf den Erhalt des passiven Schallschutzes ist unterschiedlich. Ein Teil der Bevölkerung empfindet ihn als eine spürbare Verbesserung, ein anderer Teil leidet unter dem Eingeschlossensein. Enttäuschend oft auch das Ergebnis, denn Einzelschallpegel von 55 dB(A) in den Schlafräumen garantieren noch lange keinen ungestörten Schlaf – viele Betroffene werden weiterhin aufgeweckt.

Politische Versuche zur Reduzierung des Fluglärms
Die Absichten der neuen Landesregierung 1995

Im NRW-Landtagswahlkampf 1995 stehen die Flughafenthemen, insbesondere die vielfältigen Ausbauabsichten und die Fluglärmproblematik im Vordergrund der Diskussionen. Zur Reduzierung der nächtlichen Lärmbelastung werden die Forderungen nach einer Kernruhezeit immer zahlreicher. Letztlich gehören der Nachtflug in Köln/Bonn und der geplante ICE-Flughafenanschluss auch zu den Knackpunkten der rot/grünen Koalitionsverhandlungen.

Die Koalitionsvereinbarung bezeichnet den Lärm durch den Nachtflug als besonderes Problem. Die vorausgesagte Zunahme der Passagierflüge soll zu keiner Ausweitung des Nachtflugs führen. Die Belastung der Anwohner durch die nächtlichen Frachtflüge soll soweit wie möglich reduziert werden, allerdings dürfe es nicht zu einer Gefährdung der Arbeitsplätze bei den Logistikunternehmen kommen.

Offensichtlich aufgeschreckt durch die erneute Nachtflugdiskussion erhöhen nunmehr sogar die Frachtflugunternehmen den Druck auf die Landesregierung und verlangen nach drei Jahren Laufzeit der Zehnjahresregelung von 1992 schon eine Zusage für die Weiterführung des Nachtflugs über das Jahr 2002 hinaus. Begründet wird dies mit der Planungssicherheit für künftige Investitionen in Frachthallen und Flugzeuge.

Öffentliche Anhörung des Verkehrsausschusses des Landtags Nordrhein-Westfalen zu den Nachtflugbeschränkungen auf dem Flughafen Köln/Bonn

Vom Verkehrsausschuss des Landtags Nordrhein-Westfalen wird im Februar 1996 eine Öffentliche Anhörung veranstaltet. In einer einseitig ausgewählten Sachverständigenrunde (ohne Mediziner) geben die Betreiber des Luftverkehrs den Ton an, unterbrochen nur von den beiden Vizepräsidenten der Bundesvereinigung gegen Fluglärm e.V. und den Sprechern einer fluglärmbetroffenen Stadt.

Landtagsbeschluss zur Neuregelung der Nachtflugbeschränkung für Köln/Bonn

Am 19. Juni 1996 bestätigt der Landtag einen Entschließungsantrag des Verkehrsausschusses zur Neuregelung der Nachtflugbeschränkung für den Flughafen Köln/Bonn. Der Nachtfluglärm wird auch hier als "besonderes Problem" beschrieben. Alle rechtlichen und ökonomisch vertretbaren Möglichkeiten zu dessen Reduzierung sollen ausgeschöpft werden. Gleichzeitig sollen aber die 2.000 Arbeitsplätze im Luftfrachtumschlag gesichert sowie der Standortvorteil der NRW-Wirtschaft aus dem Angebot der Frachtdienste auf Dauer gewahrt bleiben (Drucksache 12/1078).

Vor diesem Hintergrund wird ein Bündel von Maßnahmen vorgeschlagen, das in den kommenden Jahren eine messbare Reduzierung des Fluglärms für die Flughafenanwohner bewirken soll. Ein sog. 22-Punkte-Katalog erweckt den Eindruck vielfältiger Aktivitäten, bei genauerem Hinsehen allerdings sind nur wenige Maßnahmen unmittelbar lärmwirksam – hier die wichtigsten:

- Als Kriterium für Luftfahrzeuge, die nachts auf dem Flughafen Köln/Bonn verkehren dürfen, soll ab 2002 die Bonusliste des Bundesministeriums für Verkehr gelten.
- Mit Wirkung vom 1.11.2002 sollen Nachtstarts und -landungen von Strahlflugzeugen im Frachtverkehr mit einem Abfluggewicht von mehr als 340 t, auch wenn sie in der Bonusliste stehen, untersagt werden.
- Im Passagierverkehr soll eine Kernruhezeit eingeführt werden, d.h. in der Zeit zwischen 0.00 Uhr und 5.00 Uhr dürfen keine planmäßigen Starts und Landungen dieser Flugzeuge stattfinden, auch wenn sie in der Bonusliste stehen.

In den Folgejahren soll zudem von der Flughafengesellschaft ein Lärmminderungskonzept entwickelt werden, das alle Möglichkeiten zur Erreichung von verbindlichen Lärmminderungszielen eruiert. Neben der Fluglärmkommission sollen auch die Flughafenanwohner sowie die Kommunen mitwirken.

Der Landtag fordert die Landesregierung auf, bei der Festlegung von Einzelinhalten einer neuen Nachtflugregelung für den Flughafen Köln/Bonn die angeführten Punkte zu berücksichtigen. Nach jeweils fünf Jahren, erstmals im Jahre 2000, soll die Wirksamkeit der Lärmschutzmaßnahmen überprüft werden. Sollte sich der Nachtfluglärm nicht signifikant vermindert haben, werden unter strikter Beachtung des Vertrauensschutzes zusätzliche aktive und passive Lärmschutzmaßnahmen zwingend als erforderlich erachtet.

Probleme bei der Einführung der neuen Nachtflugregelung für Köln/Bonn

Gemäß den Vorgaben des Landtags arbeitet die Oberste Luftfahrtbehörde NRW die neue Nachtflugregelung für den Flughafen Köln/Bonn aus – das Land ist hier in Bundesauftragsverwaltung zuständig. Den Kern der Regelung bilden die oben genannten Punkte.

Die beabsichtigte Nachtflugregelung wird daraufhin dem damaligen Bundesverkehrsminister Matthias Wissmann zur endgültigen Genehmigung zugeleitet, dort aber in den wesentlichen Teilen angehalten. Der Bundesverkehrsminister antwortet in einem Schreiben vom 23.7. 1997 an die Oberste Luftfahrtbehörde des Landes Nordrhein-Westfalen. Eine Trennung von Flügen nach beförderter "Ladung" sei nach dem Gleichbehandlungsgrundsatz des Grundgesetzes (Art. 3 Abs.1 GG) diskriminierend und stelle einen unzulässigen Eingriff in die Entscheidungsfreiheit der Luftverkehrsunternehmen dar. Auch eine Beschränkung der Masse von Flugzeugen sei nach internationalen Vereinbarungen (ICAO-Konvention) nicht vorgesehen.

Verkündung der neuen Nachtflugregelung von 1997

Mit Blick auf die zwischen dem Land NRW und dem Bund strittigen beiden Nachtflugbeschränkungen verkündet NRW-Verkehrsminister Wolfgang Clement am 27.8.1997 die Nachtflugregelung und erklärt: „Ich bin überzeugt, dass unsere Rechtsposition richtig ist und die Position des Bundes nicht hält, mit der er sich gegen ein Verbot von Jumbo-Flügen in der Nacht und gegen ein Nachtflugverbot von Passagierflügen gewandt hat. Das wird detailliert zu überprüfen sein. Die Bedenken des Bundes bei diesen zwei Punkten hindern uns aber nicht, alles zu unternehmen, was jetzt möglich ist, um weiteres Lärmwachstum zu verhindern und mittelfristig Lärm zu mindern..."

Die jetzt gefundene Lösung eröffne spätestens im Jahre 2000 die Option, bei einer Überprüfung der neugeregelten Nachtflugbeschränkungen doch noch die beiden vom Bundesministerium für Verkehr untersagten Verbote für Passagierflüge während der Kernruhezeit der Nacht und für Nachtfrachtflüge mit Boeing 747 einzuführen, wenn eine andere rechtliche Bewertung erreicht werden kann. Dabei setzt man auf einen Regierungswechsel nach der Bundestagswahl 1998 und einen neuen Bundesverkehrsminister aus den eigenen Reihen.

Die Nachtflugregelung tritt daraufhin mit Wirkung vom 1. November 1997 ohne die beiden wesentlichen Verbote für die Frachtjumbos und die Kernruhezeit für den nächtlichen Passagierflug mit Gültigkeit bis zum Oktober 2015 in Kraft. Damit entfällt die Möglichkeit, zumindest die obersten Lärmspitzen in der Nacht "abzuschneiden" und die Ausweitung der Nachtflugbewegungen über die Frachtflugzeuge hinaus zu begrenzen.

Vorsorglich wird in der Nachtflugregelung festgehalten, dass sich die spätere Einführung einer nächtlichen Kernruhezeit für den Passagierflug und den Einsatz von Strahlflugzeugen über 320 Tonnen im Frachtverkehr vom Vertrauensschutz ausgenommen sind. Darüber hinaus bleibt eine vorherige Änderung dieser Beschränkungen vorbehalten, wenn insbesondere neue umwelttechnische oder -rechtliche Rahmenbedingungen dieses für geboten erscheinen lassen.

Der Flughafen Köln/Bonn erreicht im Laufe des Jahres 1997 mit 41.000 Nachtflugbewegungen einen zweifelhaften „Rekord" in Deutschland, wahrscheinlich sogar in Europa und überflügelt damit deutlich den um das Vielfache größeren Rhein/Main-Flughafen in Frankfurt. Köln/Bonn hat über viele Jahre als einziger Flughafen seine Verkehrsspitze in der besonders sensiblen Kernzeit der Nacht zwischen 0-5 Uhr. Diese verschiebt sich erst ab 2003 nach der Ansiedlung der Billigflieger auf die erste Morgenstunde.

Einholen von Rechtsgutachten 1998, 1999

Um die Entscheidung des Bundesverkehrsministers zu hinterfragen, werden sukzessive mehrere Rechtgutachten in Auftrag gegeben. Ein erstes, von der Landesregierung in Auftrag gegebenes, liegt im November 1998 vor und kommt zu dem Ergebnis, dass ein Verbot der planmäßigen Starts und Landungen von Passagierflugzeugen (auch Bonuslistenflugzeugen) innerhalb der Kernzeit der Nacht von 0.00 Uhr bis 5.00 Uhr bei der Neuregelung der Nachtflugbeschränkungen für den Flughafen Köln/Bonn nicht gegen Art. 3 I, 12 I, 14 GG verstoßen würde.

Während der NRW-Verkehrsminister (dies ist inzwischen Peer Steinbrück) noch zögert, einen erneuten Anlauf zur Durchsetzung der beiden fehlenden Punkte zu nehmen (erst Anfang 1999 wird das Gutachten dem Bundesverkehrsminister zugeschickt), gibt die Flughafengesellschaft ein Gegengutachten in Auftrag. Dies liegt im März 1999 vor und beinhaltet, wen wundert's, auf 140 Seiten genau das gegenteilige Ergebnis des ersten.

Doch damit nicht genug, der Flughafen springt sofort in die Lücke und wirbt für den Sommerflugplan 1999 vier neue Chartergesellschaften an, die die Nachtoffenheit des Flughafens unter strikter Missachtung der noch ausstehenden Entscheidung über das fünfstündige Passagierflugverbot für einen weiteren Umlauf ihrer Urlaubsshuttles nutzen.

Die neuen Bundesverkehrsminister, zunächst Franz Müntefering, dann Reinhard Klimmt, tragen mit inzwischen sogar drei gegenläufigen Gutachten schwer und lange an der Bürde der Entscheidung. In der Folge bleiben spürbare Verbesserungen für die Lärmbetroffenen abermals auf der Strecke.

Befassen der Europäischen Kommission im Jahr 2000

Im März 2000 entschließt sich das Bundesverkehrsministerium, die Streitfrage nach Brüssel weiterzugeben. Am 29.3.2000 ergeht ein Schreiben des BMVBW an die Europäische Kommission mit der Bitte um Prüfung, ob gegen die beiden Nachtflugbeschränkungen für den Fracht- und Passagierflug Bedenken bestehen.

Am 24.10.2000 antwortet die Generaldirektion Energie und Verkehr, Direktion. F – Luftverkehr mit einem Hinweis auf die Grundsätze der Nichtdiskriminierung und der Verhältnismäßigkeit und weist darauf hin, dass eine auf dem wirklichen Lärm der Flugzeuge basierende Beschränkungsmaßnahme ggf. passender sei.

Es wird aber explizit darauf hingewiesen, „dass es sich hier nur um eine vorläufige Untersuchung handelt, die nur auf Grund der von den deutschen Behörden erteilten Auskünften beruht, unbeschadet der Stellungnahme der Kommission, falls sie eine wirkliche Entscheidung treffen müsse."

Eine solche wird der Kommission aber nicht abverlangt. Am 17.11.2000 entledigt sich das BMVBW an mit einem Schreiben an den MWMEV des Landes NRW mit dem Hinweis, dass die Prüfung der Europäischen Kommission ist zu folgendem Ergebnissen gekommen sei: „Ein Verbot nächtlicher Starts und Landungen für Flugzeuge mit mehr als 340 t MTOW, die weniger Lärm als leichtere Flugzeuge machen, würde die Grundsätze der Verhältnismäßigkeit und Objektivität unberücksichtigt lassen, wenn das gewünschte Ziel eine Lärmreduzierung ist. Eine auf dem wirklichen Lärm der Flugzeuge beruhende Beschränkungsmaßnahme scheine eher zielführend zu sein."

Daraufhin stellt das MWMEV des Landes NRW seine Bemühungen zum Lösung des Problems weitgehend ein. Es sucht weder mit einem offiziellen Antrag für eine Entscheidung der Kommission, noch entwickelt es die empfohlenen alternativen Maßnahmen, die auf dem wirklichen Lärm der Flugzeuge beruhen. Dies auch nicht, nachdem die Fluglärmkommission im späteren Verlauf eine solche Lösung mehrmals eingefordert hat.

Überprüfung der Minderung des Nachtfluglärms im Jahr 2000

Gemäß Ziffer 11 der Nachtflugregelung von 1997 soll nach jeweils 5 Jahren, erstmals im Jahre 2000, die Wirksamkeit der Lärmschutzmaßnahmen überprüft und festgestellt werden. „Sollte sich der Nachtfluglärm nicht signifikant vermindert haben, werden – unter strikter Beachtung des Vertrauensschutzes für die zum Zeitpunkt des Inkrafttretens dieser Regelung am Flughafen Köln/Bonn operierenden Luftfahrtunternehmen – zusätzliche aktive und passive Lärmschutzmaßnahmen zwingend erforderlich. Eine Verminderung des Nachtfluglärms liegt vor, wenn die Fläche des Gebietes kleiner wird, in dem zur Nachtzeit sechs Fluglärmereignisse im Freien mit einem Maximalpegel (LASmax) von 75 dB(A) und mehr erreicht werden (sog. Nachtschutzgebiet)."

Feststellung der fehlenden signifikante Verringerung des Nachtfluglärms im Jahr 2001

Die im Jahr 2001 gutachterlich vorgenommene Prüfung ergab, dass das Nachtschutzgebiet (definiert durch 6 Ereignisse von 75 dB(A) und mehr) in der Fläche um ca. 2% abgenommen hat. Fachleute schätzen, dass dies einer Reduzierung des nächtlichen Dauerschallpegels um nicht wahrnehmbare 0,1 dB(A) entspräche. Die Fluglärmkommission hat im November 2001 mit den Stimmen aller kommunalen Vertreter mehrheitlich festgestellt, dass keine signifikante Verbesserung der nächtlichen Fluglärmsituation eingetreten ist und damit zusätzliche aktive und passive Schallschutzmaßnahmen zwingend erforderlich werden. Das NRW-Verkehrsministerium hingegen erklärt die Verbesserung als signifikant und unternimmt nichts.

Das gleiche Spiel vollzieht nach dem Fünfjahresturnus für das Jahr 2005. Hier wies die Vergleichsmessung gegenüber dem Jahr 2000 sogar nur noch eine Verringerung des Nachtschutzgebiets um 0,5% (ca. 0,3 km²) aus. Die Fluglärmkommission bewertet in ihrer Sitzung im August 2006 diese Veränderung erneut als nicht signifikant. Wieder weigert sich das NRW-Verkehrsministerium, schlussfolgernd daraus zusätzliche aktive und passive Schallschutzmaßnahmen zu ergreifen.

Empfehlung neuer Lärmschutzmaßnahmen beim Nachtflug im Jahr 2003 und 2004

Nach den Messungen im Jahr 2000 (und vor den nächsten Messungen 2005) unternimmt die Fluglärmkommission neue Versuche, den Nachtfluglärm zu mindern. Ihre Vorschläge basieren auf der Empfehlung der Europäischen Kommission auch dem Jahr 2000, sich dabei am wirklichen Lärm der Flugzeuge zu orientieren. Ziel ist es, den Lärm zunächst zu deckeln und dann kontinuierlich abzusenken.

Die im Nachtflug eingesetzten Flugzeuge sollen entsprechend ihres wirklichen Lärms klassifiziert werden; für Sommer- und Winterflugplan soll ein Lärmkontingent auf einem abgesenkten Niveau festgelegt werden. Die Einhaltung des Lärmkontingents – und damit auch einer durchschnittlichen Punktzahl pro Nacht – soll überwacht werden, bei Überschreitung sollen Sanktionen erfolgen (als Vorlage sollte die am Rhein-Main-Flughafen Frankfurt eingeführte Regelung dienen).

Die im Nachtflug eingesetzten Flugzeuge sollten zudem an den vorhandenen Messstellen einen noch festzulegenden Höchstwert nicht überschreiten. Dabei ist anzustreben, dass im Mittel keine höheren Einzelschallpegel als 75 dB(A) erzeugt werden. An den äußeren Grenzen des Nachtschutzgebietes soll der nächtliche Fluglärm einen festzulegenden energieäquivalenten Dauerschallpegel nicht überschreiten. Hierbei orientiert man sich an der Nachtflugregelung für den Flughafen München.

Diese Empfehlungen werden im Juli 2003 vom NRW-Verkehrsministerium unter fadenscheinigen Begründungen abgelehnt und nicht umgesetzt. Ein erneuter ähnlicher Beschluss zur Anpassung der gültigen Nachtflugregelung über deren Öffnungsklausel scheiterte im April 2004.

Beschlüsse des BVerwG zum Flughafen Leipzig/Halle 2006 und 2007

Ähnlich wie der Flughafen Köln/Bonn strebt der Flughafen Leipzig/Halle wegen mangelnder Auslastung die Einrichtung eines Frachtdrehkreuzes an und gewinnt zunächst DHL für den dortigen Nachtflugbetrieb. Dazu wird eine der Bahnen leicht geschwenkt, um einen unabhängigen Parallelflugbetrieb zu ermöglichen.

Der ursprüngliche Planfeststellungsbeschluss genehmigte den Ausbau des Flughafens zu einem Frachtdrehkreuz mit nahezu unbeschränktem Nachtflugbetrieb. In einem ersten Urteil des BVerwG im November 2006 wurden zunächst sowohl die Nachtflüge für Passagiere und Normalfracht beanstandet – nur für die Expressfracht erkannte der Senat einen standortspezifischen Nachtflugbedarf an und akzeptierte Flugbewegungen auch in der Kernzeit der Nacht zwischen 0 Uhr und 5 Uhr. In zwei weiteren Urteilen des BVerwG im November 2007 und November 2008 wurden dann generell Frachtflüge und Flüge aufgrund militärischer Anforderungen über die ganze Nacht zugelassen.

Zum nächtlichen Passagierflug stellt das BVerwG 2007 fest: „Ein allgemeines Bedürfnis nach Durchführung gewerblichen Passagierflugverkehrs in der Nachtkernzeit (0-5 Uhr) ist nicht geeignet, sich über das Interesse von Flughafenanwohnern am Schutz der Nachtruhe hinwegzusetzen, wenn ihnen schon durch den Frachtflugverkehr, der auf die Nachtstunden angewiesen ist, eine massive Beeinträchtigung der Nachtruhe zugemutet wird.

Forderung nach ähnlichen Regelungen für Köln/Bonn 2007

Angelehnt an die Urteile des BVerwG zum Flughafen Leipzig/Halle fordert die Fluglärmkommission am Flughafen Köln/Bonn in einem Beschluss vom März 2007 den damaligen Landesverkehrsminister Oliver Wittke auf, nunmehr die schon 1996 vom NRW-Landtag im Rahmen des 22-Punkte-Programms beschlossene nächtliche Kernruhezeit für den Passagierflug von 0-5 Uhr einzuführen und dazu die Öffnungsklausel der Nachtlugregelung zu nutzen. Schließlich hatte das höchste deutsche Gericht eine deutliche Wertung zwischen der Notwendigkeit nächtlicher Frachtflüge und der vermeidbaren Belastung der Anwohner durch Passagierflüge in der Kernzeit der Nacht vorgenommen. Damit war die vermeintliche Ungleichbehandlung oder Diskriminierung einzelner Verkehre endgültig vom Tisch.

Die Umsetzung des Kommissionsbeschlusses wird von der Genehmigungsbehörde mit der Begründung abgelehnt, dass man mit dem Weggang von DHL und Lufthansa Cargo von Köln/Bonn nach Leipzig/Halle zunächst einen Rückgang der Nachtflugbewegungen erwarte. Zudem behauptet das Ministerium, die beabsichtigte Beschränkung des nächtlichen Passagierflugs für Köln/Bonn könne in Anlehnung am den Beschluss des BVerwG zum Flughafen Leipzig/Halle nur im Rahmen eines Planfeststellungsverfahrens vorgenommen werden. Diese Auffassung wird insbesondere von den kommunalen Vertretern in der Kommission nicht geteilt. Ein späteres Rechtsgutachten stützt die Einschätzung der Kommission.

Entschließungsantrag für eine Kernruhezeit im Passagierflug 2007

Die Anwohner und deren Vertretung in der Lärmschutzgemeinschaft Flughafen Köln/Bonn machen über die örtlichen Abgeordneten weiter Druck. Aufgrund unterschiedlicher Anträge wird am 24.8.2007 im NRW-Landtag folgender Beschluss gefasst: „Der Landtag erwartet von der Landesregierung, dass neben den wirtschaftlichen Interessen des Flughafens auch die berechtigten Interessen der Anwohner an einer Verminderung der Lärmbelastung durch Einführung einer Kernruhezeit im Passagierflugbetrieb Berücksichtigung finden."

Auch dieser Beschluss wird, wie der aus dem Jahr 1996, trotz inzwischen anderer Rechtslage vom Verkehrsminister nicht umgesetzt.

Antrag des Flughafens Köln/Bonn auf Verlängerung der Nachtflugregelung bis 2030

Im August 2007 überschlagen sich die Ereignisse. Jetzt beantragt der Flughafen, die bis 31.10.2015 befristete Nachtflugregelung vorzeitig um weitere 15 Jahre bis zum 31.10.2030 zu verlängern. Dieser Antrag wird vom Ministerium mit der Einladung zur Sitzung der Fluglärmkommission am 22. Oktober 2007 bekannt gegeben. Der Vertreter der Genehmigungsbehörde deutet bereits an, dass das Ministerium beabsichtigt, diesem Antrag zu entsprechen.

Die Kommission sieht das Vorhaben der Genehmigungsbehörde äußerst kritisch und fordert das Ministerium in einem Beschluss auf, vor einer endgültigen Entscheidung seine Abwägungsgründe zwischen den Belangen des Flughafens und dem Schutz der Gesundheit der Bevölkerung vorzulegen. Nur dann könne die Kommission ihre Beratungsfunktion wahrnehmen.

Mit Schreiben vom 21.12.2007 teilt das MBV den Mitgliedern der Fluglärmkommission mit, dass dem Antrag der Kommission auf Vorlage der beabsichtigten Entscheidung und deren Abwägungsgründe nicht gefolgt werde. Nach § 32b Abs. 2 LuftVG müsse der Kommission nur der Genehmigungsantrag mit den vorgeschriebenen Unterlagen vorgelegt werden, nicht aber die behördliche Entscheidung. Die Genehmigungsbehörde gibt der Kommission bis zum 31.1.2008 Gelegenheit zu einem Vorschlag gem. 32b Abs. 3 Satz 1 LuftVG.

Der Verkehrsminister lädt für den 25.1.2008 eine Runde von Bürgermeistern der Flughafenregion zu einem Gespräch ein, deutet aber im Vorfeld schon an, dass er sich weder von ihnen noch von der Fluglärmkommission von deinem Entschluss zur Verlängerung der Nachtfluggenehmigung bis 2030 abbringen lassen werde.

Sondersitzung der Fluglärmkommission zur Verlängerung der Nachtflugregelung 2008

Für den 30.1.2008 wird kurzfristig eine Sondersitzung der Fluglärmkommission einberufen.

Diese verweist auf Beschlüsse der Vorjahre und stellt erneut fest, dass es seit der Einführung der heutigen Nachtflugregelung entgegen den Vorgaben der Ziffer 11 der gültigen Betriebsgenehmigung nicht zu einem signifikanten Rückgang des Lärms gekommen ist. Aus Sicht der Kommission seien daher zwingend weitere aktive und passive Lärmschutzmassnahmen für die vom Nachtflug betroffenen Menschen nötig.

Die Kommission empfiehlt dem Minister, die Verlängerung der Nachtflugregelung nicht ohne Ergänzungen mit dem Ziel einer kontinuierlichen Lärmminderung vorzunehmen.

Zum aktiven Lärmschutz (so die FLK) soll zum nächsten Flugplanwechsel ein nächtliches Passagierflugverbot zwischen 0.00 Uhr und 5.00 Uhr eingeführt werden, wie es 1996 im Landtagsbeschluss für die Betriebsgenehmigung des FKB vorgesehen und im August 2007 vom Landtag einstimmig gefordert wurde. Die Verlängerung der Befristung ohne eine Einschränkung der nächtlichen Passagierflüge über 2015 hinaus würde die Einschränkung des Vertrauensschutzes aus Punkt 11 der heutigen Betriebsgenehmigung konterkarieren.

Die Kommission fordert zudem die Erstellung eines Lärmminderungskonzepts für den Flughafen Köln/Bonn mit verbindlichen Lärmminderungszielen unter Beteiligung der Öffentlichkeit.

Die Kommission fordert die Genehmigungsbehörde erneut auf, vor einer endgültigen Entscheidung über den Antrag des Flughafens Köln/Bonn der Kommission die beabsichtigte Entscheidung und die dazu vorgenommenen Abwägungsgründe mitzuteilen.

Verlängerung der Nachtflugregelung für Köln/Bonn im Februar 2008

Der damalige Verkehrsminister Oliver Wittke negiert alle Kommissionsbeschlüsse und benennt auch weiterhin nicht seine Abwägungsgründe. Anfang Februar 2008 verlängert er die laufende Nachtflugregelung im Handstreich vorzeitig und ohne inhaltliche Änderung bis zum Jahr 2030. Manche glauben zu wissen, dass er von Ministerpräsident Rüttgers dazu gedrängt wurde. Dieser habe der Firma FedEX eine entsprechende Zusage gegeben, damit sie aus Frankfurt nach Köln/Bonn umziehe – was später dann auch geschah.

Weder Oliver Wittke noch sein Nachfolger Lutz Lienenkämper verfolgen in den beiden nächsten Jahren die Umsetzung des vom Landtag erneut beschlossenen Verbots des Passagierflugs in der Kernzeit der Nacht von 0-5 Uhr.

Die Nachtflugposition von Köln/Bonn in Europa

Im Januar 2009 veröffentlicht Eurocontrol die Ergebnisse einer Untersuchung des Nachtfluggeschehens an den europäischen Flughäfen (siehe: Eurocontrol (Hrsg.), „Dependent on the Dark: Cargo and other Night Flights in European Airspace", in: Reihe „Trends in Airtraffic, Vol. 5") mit Daten aus 2007; s. http://www.eurocontrol.int /statfor /gallery /content /public /analysis /269%20TIAT5%20-%20NightFreight%20Report.PDF). Dabei werden innerhalb der achtstündigen Nacht gesondert die Flugbewegungen in der Kernzeit von 0-5 Uhr (deep night) ausgewertet.

Zu Köln/Bonn heißt es: „The characteristic differences in traffic patterns between day and night are highlighted by Köln-Bonn, which is the busiest airport of the deep night, and yet not in the top 30 for the day". Damit nimmt Köln/Bonn bei den Nachtflügen in der Kernzeit der Nacht die unrühmliche "Spitzenposition" aller Flughäfen in Europa ein vor Paris Ch. de Gaulle und Madrid Barajas.

Auch dieses, von einer anerkannten neutralen Institution ermittelte Ergebnis, wird Anfang 2010 dem NRW-Ministerpräsidenten Jürgen Rüttgers in einem persönlichen Gespräch von Vertretern der Lärmschutzgemeinschaft Flughafen Köln/Bonn unterbreitet, um ihm erneut die außergewöhnliche Belastung der Flughafenanrainer in der sensibelsten Zeit der Nacht und die Notwendigkeit von Betriebsbeschränkungen zu verdeutlichen.

Neue Landesregierung – neue Hoffnung 2010

Nach der Landtagswahl im Mai 2010 kommt es in NRW zu einem Regierungswechsel. Die schwarz-gelbe Landesregierung wird nach längeren Verhandlungen von einer rot-grünen Minderheitsregierung abgelöst. Wie schon Mitte der neunziger Jahre bei der ersten rot-grünen Landesregierung stehen u. a. Flughafenthemen im Mittelpunkt der Koalitionsverhandlungen.

Im Juli 2010 vereinbart die neue NRW-Landesregierung im Koalitionsvertrag, das vom Landtag 2007 einstimmig beschlossene Verbot nächtlicher Passagierflüge am Flughafen Köln/Bonn zwischen 0 und 5 Uhr umzusetzen und die notwendigen Schritte umgehend einzuleiten. Der neue Verkehrsminister Harry K. Voigtsberger verkündet die Absicht und ruft damit umgehend den Flughafen auf den Plan. Dieser fürchtet um seine zweifelhaften Privilegien, hat er doch im Wissen um den nicht vorhandenen Vertrauensschutz für den nächtlichen Passagierflug und um das damit einhergehende Risiko diesen von damals 10% auf einen Anteil von über 30% an den Nachtflügen ausgebaut.

Mit einem Gutachten bringt sich der Flughafen, flankiert von der IHK und dem Betriebsrat in Stellung und zeichnet den drohenden Exitus an die Wand – Einbußen von zweistelligen Millionenbeträgen und der Verlust von 1.700 Arbeitsplätzen. Weit übertrieben sagen die Fluglärmbetroffenen und kontern mit einem Gegengutachten, das weniger als ein Viertel der Verluste ausweist. Auch der Bedarf an Passagierflügen in der Nacht sei nicht echt. Pauschalreisende erhalten beim Buchen der Reise oft keine oder keine verbindlichen Abflugzeiten mehr und werden in späteren Mitteilungen von (nicht gewollten) Nachtflügen überrascht. Hiergegen läuft bereits eine Beschwerde bei der Ministerium für Verbraucherschutz und der Europäischen Kommission.

Lehren und Konsequenzen

Der Kampf für eine deutliche Minderung des Nachtfluglärms im Umfeld des Flughafens Köln/Bonn geht nunmehr in das fünfzehnte Jahr. Inzwischen haben sich vier Landesregierungen und insgesamt acht Landesverkehrsminister mehr oder weniger ernsthaft daran versucht. Oft erschienen die Bemühungen vor allem der Genehmigungsbehörde eher darauf ausgerichtet zu sein, jeglichen Fortschritt zu verhindern und Gründe für das eigene Nichthandeln zu produzieren. Dabei wurden wechselweise Gutachten gegeneinander gestellt, Entwicklungen bewusst falsch bewertet oder mit den geteilten Zuständigkeiten zwischen Landes- und Bundesverkehrsministerium über die Bande gespielt.

Wiederholt wird dem Druck der Luftverkehrslobby oder fast schon Erpressungsversuchen gleich kommenden Forderungen einiger Luftverkehrsunternehmen nachgegeben. Vorgeschoben wird dabei immer wieder deren Planungssicherheit bei zugesagten Investitionen. Parallel dazu wird effektvoll das Märchen von der sog. „Jobmaschine" Flughafen und der mit jedem Ausbau daher gehenden wundersamen Vermehrung von Arbeitsplätzen inszeniert. Schon Mitte der 90er Jahre wurde in einer Studie des landeseigenen Wuppertal-Instituts nachgewiesen, dass sie Arbeitsplätze im Luftverkehr einen vergleichsweise geringen Anteil an den Arbeitsplätzen im Verkehrssektor haben. Die NRW-Landesregierung hatte bis dahin die Arbeitsplätze im Luftverkehr um etwa das Zweieinhalbfache zu hoch ausgewiesen. Arbeiter im Sortier- und Ladebereich der Frachtgesellschaften haben beispielsweise eine nächtliche Arbeitszeit von 3-4 Stunden – das entspricht knapp einem halben Arbeitsplatz, gerechnet wird dieser aber als ganzer. Multipliziert mit 1,7 für die Entstehung von indirekten Arbeitsplätzen und nochmals 1,7 für die daraus resultierende induzierte Arbeitsplätze geschieht die wundersame Vermehrung auf 2,89, also fast drei Arbeitsplätze, wo eigentlich nur ein einziger Mensch weniger als eine halbe Stelle besetzt. Diese Berechnung trifft für etwa zwei Drittel der Arbeitsplätze der Frachtgesellschaften zu.

Bei jeder Erneuerung oder Verlängerung der Nachtflugregelung wären formal recht einfach ein Teilwiderruf und damit eine weitere Beschränkung des Nachtflugbetriebs möglich. Zweimal hat man für Köln/Bonn diese Gelegenheit verstreichen lassen. In den Jahren 1996/97 wurde zumindest der Versuch einer Abwägung zwischen der vermeintlichen wirtschaftlichen Bedeutung des Nachtflugs und dem Schutz der Bevölkerung unternommen. Vom Landtag wird ein Katalog von 22 Punkten verabschiedet, der bei der Umsetzung der Nachtflugregelung Berücksichtigung finden soll. Bis heute sind die wesentlichen Punkte, vom damaligen Verkehrsminister Clement als fairer Ausgleich für die lange Gültigkeit der Genehmigung bezeichnet, nicht umgesetzt worden. Ursächlich dafür sicher auch eine mangelnde Kontrolle der Regierung durch das Parlament, die es der Ministerialbürokratie einfach macht, nahezu alle Beschlüsse zu unterlaufen oder gar aktiv zu blockieren.

Anders der Fall Anfang des Jahres 2008. Hier wird jede Abwägung von Verkehrsminister Wittke im Zusammenspiel mit Ministerpräsident Rüttgers verhindert und die Verlängerung der Nachtflugregelung entgegen allen Notwendigkeiten und Empfehlungen quasi im Handstreich durchgesetzt. Erstaunlich auch hier, dass sich die Abgeordneten bereits wenige Monate nach einem einmütigen gegenteiligen Beschluss aller Fraktionen erneut düpieren lassen.

Die Verhinderung einer Abwägung wiegt umso schwerer, weil im Frühjahr 2007 die ersten Ergebnisse einer Studie von Prof. Dr. Eberhard Greiser vorgelegt wurden. Grundlage der Untersuchung war der Arzneimittelverbrauch als Indikator für die gesundheitliche Beeinträchtigung der Menschen durch Fluglärm vorwiegend in der Region Köln und Rhein-Sieg. In den vom Fluglärm belasteten Gebieten wurde ein deutlicher Mehrverbrauch von Arzneimitteln gegen Herz- und Kreislauferkrankungen, Blutdruck senkenden Mitteln sowie Tranquilizern, Schlaf- und Beruhigungsmitteln nachgewiesen. Dabei stieg die Verordnungsmenge mit zunehmender Fluglärmintensität an. Gleichermaßen stieg das Risiko eines Herzinfarkts signifikant an. Allein diese alarmierenden Ergebnisse hätten eine umfassende Abwägung der vermeintlichen wirtschaftlichen Vorteile gegen die gesundheitlichen Beeinträchtigungen des Nachtflugs bedingt. Es gab nicht wenige, die die gesundheitlichen Folgekosten höher einschätzten als die Erträge des Flughafens aus dem Nachtflug.

Unbedingt notwendig ist also eine Gesamtbetrachtung großer Projekte oder Maßnahmen, deren Auswirkungen ggf. erst nach zehn bis zwanzig Jahre sichtbar werden. Dazu gehört eine vollständige Abwägung des Nutzens gegenüber den Kosten einschließlich der Belastung der Umwelt und der Menschen. Dies muss in einem transparenten Entscheidungsprozess unter Mitwirkung der Betroffenen bzw. deren Vertretungen geschehen (Dialogverfahren). Dabei müssen die Vorgaben klar umschrieben werden – die Zielerreichung muss überprüfbar und eindeutig messbar sein. Abhängig vom Verlauf und dessen Ergebnis sind zuvor definierte Folgeschritte einzuleiten. Auf diese Weise muss auch der in `Salamitaktik´ scheibchenweise erfolgende Ausbau vor allem der großen Flughäfen gebremst werden. Einzelne Ausbauschritte erfolgen meist mit einer einfachen luftrechtlichen Genehmigung oder sog. Negativtestaten – am Ende steht dann ein ganz anderer Flughafen, der eigentlich ein Planfeststellungsverfahren hätte durchlaufen müssen. Ein besonderes Negativbeispiel auch hier der Flughafen Köln/Bonn, der niemals ordentlich planfestgestellt wurde, sondern im Rahmen der Beschleunigungsgesetze nach der Deutschen Einheit dann mit Einführung des § 71 LuftVG nachträglich als fiktiv planfestgestellt gilt.

Vorrangig gilt es auch die Nachtflugproblematik zu lösen. Anzustreben ist dabei die Umkehrung der heutigen Regelungen mit dem Ziel eines grundsätzlichen Nachtflugverbots, von dem es dann, je nach örtlichen Gegebenheiten, differenzierte Ausnahmen geben kann. Heute hingegen werden mit dem Hinweis auf den vermeintlichen Konkurrenten sinnvolle Lösungen aktiv verhindert. Wer die Planungssicherheit von Unternehmen herausstellt, hat die verflixte Schuldigkeit auch den Lebensraum der Menschen langfristig zu schützen – dies gilt vor allem für die Nacht. Deswegen sollten Beschlüsse und Anforderungen aus Abwägungsprozessen erst umgesetzt werden, ehe langfristige Genehmigungen erteilt werden.

In der weiter vorne schon angesprochenen aktuellen Rechtsprechung des Bundesverwaltungsgerichts zum Flughafen Leipzig/Halle wird die sensible Kernzeit der Nacht (0-5 Uhr) als besonders schutzwürdig angesehen. Das Gericht erkennt zwar standortspezifisch einen Nachtflugbedarf für Frachtflüge an, weitet diesen aber nicht auf den Passagierflugverkehr aus. Dieser wird in seiner Bedeutung anders eingeschätzt und überwiegt nicht das Recht der Anwohner auf den Schutz deren Nachtruhe. Erstmals werden deutlich rein wirtschaftliche Interessen wie das Ermöglichen eines dritten oder vierten Flugzeugumlaufs begrenzt. Zu hoffen bleibt, dass zudem über die EU die künstlich erzeugte Nachtflug unterbunden wird, der nur entsteht, weil Flugreisende bei Abschluss ihrer Pauschalreise noch keine verbindlichen Flugzeiten genannt bekommen – später dann ungewollt auf einen Nachtflug gesetzt werden.

Durch den zunehmenden Luftverkehr werden künftig die Dauerschallpegel wieder spürbar ansteigen. Die immer dichtere Folge von Überflügen bewirkt schon tagsüber, dass die dazwischen liegenden Ruhezeiten immer kürzer werden und die von der Bevölkerung empfundene Gesamtbelastung steigt.

Die Entwicklung lärmarmer Flugzeuge geht nur langsam voran. Bis eine neue Generation die Flotten wirksam durchdringt, vergehen wegen der langen Nutzungsdauer meist deutlich mehr als 20 Jahre. Zudem wird der reduzierte Lärm dann durch den Einsatz größerer Flugzeugmuster und Mehrverkehr überkompensiert. Auch der Einsatz lärmarmer Betriebsverfahren stößt technisch und in der Umsetzung immer wieder an Grenzen und bewirkt meist nur marginale Verbesserungen.

Daher werden künftig vermehrt Betriebsbeschränkungen notwendig, auch um in kurzer Zeit Verbesserungen zu erzielen. Diese werden wegen der schon hohen Tagbelastung und dem zunehmend wichtigen Gesundheitsschutz vornehmlich in die Nacht fallen.

Die derzeitige Bundesregierung verkennt dieses und geht sogar auf Konfrontationskurs. Formulierungen innerhalb des Koalitionsvertrags lassen vermuten, dass sie die bestehenden Nachtflugbeschränkungen sogar lockern will. Dies könnte durch eine Änderung des § 29b LuftVG geschehen. Heute weist dieser Paragraph noch aus, dass auf die Nachtruhe der Bevölkerung in besonderem Maße Rücksicht zu nehmen ist.

Der Konflikt ist zunächst bis Mitte 2011 aufgeschoben, weil das Urteil des Bundesverwaltungsgerichts zum Frankfurter Flughafen abgewartet werden soll. Die Fortführung der gesellschaftlichen Auseinandersetzung um die Flughäfen ist also vorprogrammiert.

Ein Gericht zum Recht auf Nachtruhe

Die Menschen erwarten die Nacht als eine Zeit der Stille, in der das natürliche und soziale Umfeld zur Ruhe kommt. Diese alte und in den Menschen tief verwurzelte Erwartung verdient Respekt und darf nicht durch Erwägungen verdrängt werden, die sich auf Schlaftechnik beschränken.

Im Rahmen des Lärmschutzes sind lärmfreie oder lärmarme Zeiten wichtig, die der Betroffene voraussehen und auf die er sich freuen kann. Vor dem Hintergrund eines schwer machbaren aktiven Schallschutzes gewinnt der Nachtschutz eine zusätzliche Funktion, nämlich die des Ausgleichs für den stark belärmten Tag.

Auch würde die Bestimmung der Zumutbarkeit von Lärm an einem ärmlichen Menschenbild ausgerichtet, hielte man es für ausreichend, wenn der Betroffene seine natürliche Umgebung immer nur durch dicke Fensterscheiben oder aber belastet durch schwer erträglichen Lärm erlebt.

Dadurch dass der Schutz von Freiräumen zwangsläufig nur in die Nacht fällt, setzt seine Inanspruchnahme ohnehin voraus, dass der Betroffene seine Schlafgewohnheiten verschiebt oder einschränkt. Das mindert offenkundig den Wert dieses Schutzes. Aber gerade der Umstand, dass sich nurmehr Restzeiträume schützen lassen, macht die Bewahrung des Restes umso wichtiger.
(Urteil des Bayerischen Verwaltungsgerichtshofs vom 27.9.1989, AZ: 20 B 81 D.1)

Nick Timm

Lobbyismus in einer Demokratie – die hässliche Seite des Luftverkehrs

Zusammenfassung

Roland Koch, der frühere hessische Ministerpräsident, hat den Kampf für den Flughafenausbau als Teil seines Lebenswerkes gesehen. Was Politiker wie Koch übersehen ist, dass an vielen Flughafenstandorten nahezu identische Prozesse ablaufen. Die Politiker, die sich als Antreiber von Entwicklungen sehen, sind selbst Rädchen im Getriebe eines größeren Mechanismus, der mit Beharrlichkeit seine Bahn zieht.

Die vielen Lügen und Kehrtwendungen, zu denen die Politik in den letzten 30 Jahren greifen musste, zeigen, dass in der Politik nicht die Antreiber, sondern die Getriebenen sitzen. Die Vorgänge an den deutschen Flughafenstandorten spiegeln die Interessen einer Lobby wider, die einen Weg gefunden hat, sich durchzusetzen. Das Ausmaß, mit welchem die Öffentlichkeit getäuscht, Verfahren missbraucht und die dritte Staatsgewalt, die Judikative, instrumentalisiert wurden, führt eine Demokratie an ihre Grenzen.

Die Folge ist ein verheerender Vertrauensverlust der Bürger in die Politik und in die Objektivität der Gerichtsbarkeit.

Einleitung

Der Ausbau des Flughafens Frankfurt / Rhein-Main ist nicht das Ergebnis einer strategisch wohlüberlegten Standortplanung für die Rhein-Main-Region, wie uns die Politik, allen voran der 2010 aus dem Amt scheidende Ministerpräsident Roland Koch, einzureden versucht, der dies als sein politisches Lebenswerk herausstellte.

Das Mammutprojekt des Flughafenausbaus, in das mehr als vier Milliarden Euro investiert werden, ist das Resultat engagierter Lobbyarbeit der Luftverkehrsindustrie, die das Projekt gegen die Interessen und gegen den erbitterten Widerstand der hier lebenden Bevölkerung in einem langen zähen Kampf durchgedrückt hat.

Wohlgemerkt, es ging im Rhein-Main-Gebiet nicht gegen den Flughafen als solchen, wie man den Bürgerinitiativen immer wieder unterstellt hat. Eine pulsierende und prosperierende Region wie die Rhein-Main-Region profitiert in hohem Maße von einem internationalen Flughafen mit direktem Zugang in alle Richtungen der Welt. Als ein in der Kommunalpolitik tätiger Bürger von Neu-Isenburg weiß ich wovon ich rede. Die Kommune verdankt ihren Wohlstand nicht zuletzt dem Standort in unmittelbarer Nähe zum Flughafen.

Wogegen die Mehrzahl meiner Mitbürger und ich uns aber zur Wehr gesetzt haben, ist der Ausbau eines internationalen Großflughafens zu einem Mega-Hub in einem dichtbesiedelten Gebiet, das faktisch zu einer einzigen Großstadt aus selbstständigen Kommunen zusammengewachsen ist, aber nach außen als Metropole und Wirtschaftseinheit verkauft wird. In einem mit der Rhein-Main-Region vergleichbaren Stadtgebiet wie London oder Berlin läge der Flughafen mitten in der Stadt, also ungefähr da, wo in Berlin der Flughafen Tempelhof angesiedelt ist, der gerade geschlossen wird, weil er für die Bevölkerung nicht mehr zumutbar war.

Die negativen Folgen für die hier lebende Bevölkerung sowie für die Standort-Entwicklung der Region überwiegen bei weitem die angeblichen positiven Effekte, wie sie von Politik und Luftverkehrsindustrie mithilfe einer gesteuerten Informationspolitik den Bürgern verkauft wurden.

- Im Wesentlichen argumentierte die Kampagne mit der Schaffung von *Arbeitsplätzen*, ein einseitig orientierter Zahlenpopanz, der nie stimmig war und der jetzt, nachdem nun irreversible Fakten geschaffen worden sind, in sich zusammen gefallen ist. Ich komme später noch einmal darauf zurück.
- Ebenfalls von den Bürgerinitiativen vehement bestritten wurde die These, dass der Flughafen und damit einhergehend die gesamte Region in die *Provinzialität* versinken würde. Mit, aber nicht wegen des Flughafens zu wachsen, wäre Aufgabe einer per-spektivischen und nachhaltigen Standortpolitik gewesen. Hier hat die politische Steue-rung versagt.

Es war ein langes zähes Ringen durch alle Instanzen, die ein solches Projekt gesetzlich zu nehmen hat, um die Machbarkeit und die Verträglichkeit für Bürger, Kommunen, Natur und Umwelt nachzuweisen.

- Von einer *objektiven Prüfung* konnte jedoch keine Rede sein, denn das Ausbauziel war von vornherein vorgegeben.
- Mit einer Skrupellosigkeit ohnegleichen wurden *politische Zusagen* gebrochen.
- Es wurden Millionenbeträge für *Gefälligkeitsgutachten* ausgegeben, die wunschgemäß die propagierten Vorteile herauszustellen und die negativen Konsequenzen minimier-ten.
- Kommunen, Verbände und Bürger wurden zu einem scheinbaren Dialog ermuntert, der aber (Mediation, Dialogforum) so organisiert war, dass keine negativen Beschlüsse entstehen konnten. Der Ausbau konnte nicht in Frage gestellt werden.

Der Ausbau selbst durfte nicht in Frage gestellt werden. Das Bündnis der Bürgerinitiativen wurde ein einziges Mal vom Ministerpräsidenten zum Gespräch eingeladen. Dieser eröffne-te den Kurzdialog: "*Ob ausgebaut wird, wird nicht mehr diskutiert. Sie können später im Regionalen Dialogforum mitmachen oder die von andern ausgehandelten Ergebnisse über die Zeitungen kommentieren.*" Das Bündnis lehnte daraufhin seine Teilnahme ab.

Ich erinnere mich an eine der ersten Arbeitssitzungen einer der Projektgruppen des Fo-rums, an der ich als Vertreter der AG Flughafen der Stadt Neu-Isenburg teilnahm. Als ich eine Reihe unbequemer Fragen stellte, erwiderte mir der Vertreter von Fraport, damals noch FAG, das dürfe hier nicht diskutiert werden, dies stelle den Ausbau in Frage. Später wurde diese strikte Formulierung von den Übereifrigen nicht mehr benutzt – aber der Vor-fall zeigt, wie kanalisiert von vornherein die Vorgänge gesteuert wurden. Ausbaubefürworter und Gegner saßen sich gegenüber und lieferten sich heiße Debatten. Nur genutzt hat es wenig, die Fronten waren unversöhnlich und die Weichen voreingestellt.

Die Zusammenarbeit von Bürgern, Kommunen und Verbänden war nicht von vornherein eine Einheit, sondern formierte sich erst allmählich. Erst als die Kommunen aufwachten und begriffen, wie einschneidend der Krake Flughafen drohte, in ihre Rechte einzugreifen, kam Bewegung in die Sache. Es wurden Gelder für juristische Auseinandersetzungen genehmigt. Partikularinteressen wurden zurückgestellt, die Region rückte in der juristischen Aufarbeitung näher zusammen.

Auch die Bürgerinitiativen erhielten von den meisten Kommunen administrative Hilfe bei ihren Kampagnen beim Raumordnungsverfahren, beim Planfeststellungsverfahren und während des neun Monate dauernden Erörterungstermins in Offenbach. Etwa 150.000 Bürger machten von ihrem Recht Gebrauch und erhoben Einwendungen sowohl im Raumordnungsverfahren ROV als auch beim darauf folgenden Planfeststellungsverfahren.

Der Tiefstpunkt: die Judikative verrät den Bürger

Wenn man sich schon von der Politik und ihren Wortbrüchen verraten fühlte, so setzten doch die meisten Bürger auf die Unabhängigkeit der Rechtsprechung. Verwundert und in ihrem Glauben an eine unabhängige Justiz erschüttert, mussten die Menschen mit ansehen, dass der für das Verfahren zuständige Senat des Hessischen Verwaltungsgerichtshofs (VGH) in Kassel, allen voran der Vorsitzende Richter, auf einem Auge blind war: für ihn stand die Notwendigkeit des Ausbaus von vornherein fest. Ich erinnere mich an eine der ersten Sitzungen des VGH, in der der Vorsitzende vor der Eröffnung in einem Statement sinngemäß klarstellte: *„Hier stehen sich öffentliches und privates Interesse gegenüber. Für mich überwiegt eindeutig das öffentliche".*
Alle Klagen abgelehnt – Kann es sein, dass alle unrecht hatten?

Und genauso kam es: Der Planfeststellungsbeschluss wurde durchgesetzt. Der Flughafen ist ausgebaut. Die über 260 Klagen von Kommunen, Verbänden und Privatleuten beim VGH wurden entweder erst gar nicht zugelassen oder abschlägig beschieden. Alle Planungs- und Genehmigungsverfahren hat der VGH durchgewinkt. Die Ansammlung von Täuschungen, einseitigen Bevorzugungen ist in dieser Ausnahmslosigkeit wohl einmalig! Lediglich bei der Aushebelung des Nachtflugverbotes ist das Gericht den Vorgaben aus Wiesbaden nicht gefolgt. Aber selbst über das übriggebliebene Trostpflaster für die lärmgeplagte Bevölkerung hat sich die Landesregierung ohne Skrupel hinweggesetzt und hat in der Kernnacht von 23.00 Uhr bis 5.00 Uhr 17 Flüge zugelassen. Im Schnitt wohlgewerkt, das können mal 10, es können aber auch mal 25 werden. Mit der Revisionsklage der Hessischen Landesregierung gegen das Nachtflugverbot beim Bundesverwaltungsgericht in Leipzig BGH bekämpft sie ihre eigenen Zusagen und bricht das politische Versprechen von Herrn Koch, „Kein Ausbau ohne Nachtflugverbot". Inzwischen hat der Hessische Verwaltungsgerichtshof die Nachtflüge gestoppt. Zumindest bis zur Verhandlung beim BGH am 13./14.März 2012 darf in der Kernnacht nicht mehr geflogen werden. Endlich hat mal ein Gericht gewagt, der Landesregierung die rote Karte zu zeigen. Ich bin mir ziemlich sicher, dass dies nur möglich war, weil der Vorsitzende der Kammer, ein bekennender Ausbaubefürworter, in Pension gegangen ist.

Das Ende vom Lied: David am Boden

Es war ein harter und sehr unfairer Kampf gegen eine unnachgiebige, beratungsresistente Allianz aus Politik, Wirtschaft und leider auch der Gerichtsbarkeit. Es war ein Kampf David gegen Goliath. Über zehn Jahre lang hat David Goliath die Stirn geboten und einige Verzögerungen erkämpft. Ohne den engagierten Einsatz im Verbund von Kommunen, Verbänden und Bürgerinitiativen wäre die neue Landebahn bereits 2002 gebaut worden, so wie es eigentlich von den Initiatoren dieses Vorhabens geplant war. Im Gegensatz aber zur biblischen Urgeschichte ist David allerdings am Ende in die Knie gegangen. Er liegt ausgetrickst am Boden.

Allerdings war die Zahl der juristischen Fehlentscheidungen in den verschiedenen Teilen des Ausbauverfahrens so hoch, dass es durchaus möglich ist, dass der BGH einen Teil der Entscheidungen aufhebt. David hat also noch eine Chance, wenn auch eine kleine.

Der Ausbau des Frankfurter Flughafens ist ein Lehrbeispiel dafür, wie man Politikverdrossenheit auf die Spitze treiben kann. Die Luftverkehrslobby hat von der Politik alles bekommen, was sie wollte, ohne einen Preis dafür bezahlen müssen. Im Gegenteil, da sich über 50% der Fraportanteile immer noch in öffentlicher Hand befinden, steht zu befürchten, dass der Steuerzahler bürgt oder im schlimmsten Fall auch noch für einen Teil der Kosten aufkommen muss. Der Bürger zahlt, aber zählt nicht.

Die Folgen für die Region

Der Preis, den wir, die Bürger der Region für den angeblichen Wachstumsmotor zahlen, ist gewaltig:

- Noch mehr Lärm und Dreck für Hunderttausende von Menschen zum Schaden ihrer Gesundheit,
- erhebliche Einschränkungen der Entwicklungsmöglichkeiten der Anrainerkommunen,
- Zerstörung wertvoller Bannwaldgebiete,
- Behinderung einer perspektivischen Standortpolitik für eine der prosperierendsten Regionen Europas durch die Forcierung einer einseitig ausgerichteten Monostruktur.
- Und was vielleicht am allerschlimmsten wiegt, der verheerende Vertrauensverlust der Bürger in die Politik und in die Objektivität der Gerichtsbarkeit.

Jetzt, nachdem alles zur Zufriedenheit der Luftverkehrsindustrie gelöst ist, gibt man sich konziliant. Plötzlich gibt es ein Maßnahmenpaket für aktive Schallschutzmaßnahmen wie schalldämpfende An- und Abflugverfahren oder schalldämmende Filter, mit denen ein Teil der Lufthansa-Flotte ausgestattet werden soll. Abgesehen davon, dass die Verkehrsbetreiber zu einem Großteil dieser Maßnahmen ohnehin gesetzlich verpflichtet sind, wurde ein solches Paket in wesentlich größerem Umfang bereist im Mediationsverfahren versprochen und hätte schon vor zehn Jahren in Angriff genommen werden müssen.

Für den als sehr wirksam bezeichneten Einbau der Schutzfilter wird die lächerliche Summe eines einstelligen Millionenbetrages veranschlagt. Eine Zumutung, wenn man bedenkt, in welchem mickrigen Verhältnis diese Investition zu den Gesamtkosten steht. und dass die Maßnahmen schon vor Jahren möglich gewesen wären.

Die Geschichte der Wortbrüche und Manipulationen – ein Rückblick

Die Geschichte des Ausbaus ist eine Aneinanderkettung von Wortbrüchen und Manipulationen, die ich hier noch einmal zusammenfasse:
Die sogenannte Mediation - Was ist davon geblieben?

Die Mediation, die am Anfang des Ausbauverfahrens stand, hatte nicht etwa die Aufgabe, ein nachhaltiges Verkehrskonzept zu entwickeln, um die von zwei internationalen Großkonzernen der Luftfahrtindustrie reklamierten Engpässe zu überprüfen und lösen zu helfen. Das hätte bedeutet über Landesgrenzen hinweg das nationale und internationale Flughafen-, Schienen- und Straßennetz sinnvoll miteinander zu verzahnen, um zu einer dosierteren Verteilung von Verkehrsaufkommen und den damit einhergehenden Beeinträchtigungen zu kommen. Abgesehen davon, ob dies für eine Hessische Landesregierung alleine machbar wäre oder nicht, es hat einfach nicht zur Debatte gestanden. Hier stellt sich die grundlegende Frage, ob ein Projekt von dieser Dimension überhaupt in die Planung regionaler Politiker gehört oder nicht auf nationaler, wenn nicht sogar europäischer Ebene gelöst werden müsste.

Das 1997 ins Leben gerufene sogenannte Mediationsverfahren diente einzig und allein dem Zweck, die ultimative Forderung der beiden Luftverkehrskonzerne, nach Ausbau der Luftverkehrsdrehscheibe Rhein-Main auf ihre Durchführbarkeit hin zu überprüfen.

Wie kann der Flughafen erweitert werden? Und wie bringen wir das der hier lebenden Bevölkerung bei?

Der Ausbauallianz aus Landesregierung, damals noch unter Ministerpräsident Eichel, und der Luftverkehrslobby war zumindest nicht ganz wohl bei der Sache, wie das Ganze wohl draußen angenommen würde. Immerhin war die Politik nach dem Bau der Startbahn West bei der Bevölkerung im Wort. *„Kein Baum wird mehr fallen"* und 375.000 Flugbewegungen waren das damals zugesagte Limit. Inzwischen war man schon bei fast 500.000 Flugbewegungen. Allein die nicht genehmigte Zunahme der Differenz dieser weiteren 125.000 Flugbewegungen entsprach dem Potential eines mittleren Großflughafens. Ein nochmaliges Draufsatteln weiterer 120.000 Flugbewegungen, aus denen dann später sogar 200.000 für die offizielle Obergrenze von nunmehr 700.000 wurden, musste für die Bevölkerung wie eine Provokation wirken.

Allein das Abholzen riesiger Waldflächen, die auch noch erst wenige Jahre zuvor unter den Bannwaldschutz gestellt worden waren, würde Erinnerungen an die Auseinandersetzungen von 1975 wachrufen.

Ich maße mir nicht an, das Mediationsverfahren als reine „Schaufensterveranstaltung" zu apostrophieren, es wurde teilweise sehr heftig und kontrovers diskutiert und miteinander gerungen. Die politische Absicht aber war unverkennbar. Die Einbeziehung des Umwelt-Pfarrers Kurt Oeser, als einem der Sprecher aus der Startbahn-West-Bewegung, sollte helfen, den Ausbau in der Bevölkerung durchzusetzen.

Immerhin wurde die Zustimmung zum Ausbau an klare Bedingungen geknüpft.

Über die Diskussion zum Nachtflugverbot ist völlig in Vergessenheit geraten, dass dies nur einer von fünf Teilen des Gesamtpakets war, das Zugeständnis der drei Mediatoren, in letzter Minute übrigens, für die Zustimmung zum Ausbau. Die Kapazitätserweiterung durch Ausbau war gekoppelt an die:

- Optimierung des vorhandenen Systems,

- die Umsetzung eines Anti-Lärm-Paketes und die
- Schaffung eines Regionalen Dialogforums
- Und in letzter Minute, sonst wäre die Sache gescheitert, die Einführung eines Nachtflugverbots

Stück für Stück sind die ausdrücklich als untrennbar verbundenen Komponenten des Paketes aufgeschnürt, demontiert oder weichgespült worden. Sollte der BGH das vom BGH verhängte Nachtflugverbot tatsächlich aussetzen, würde auch noch der Baustein, der die die Zustimmung zum Ausbau überhaupt erst möglich gemacht hat, beseitigt.

Die Planfeststellung von 1971

Die Geschichte der politischen Wortbrüche um den Frankfurter Flughafen reicht weit zurück bis in die 70iger Jahre. Es begann mit dem Planfeststellungsbeschluss vom 23. März 1971. *„Die Befürchtungen, dass später eine weitere Start- oder Landebahn errichtet werden könnte, entbehren jeder Grundlage. Die Genehmigung einer solchen Maßnahme wird auf keinen Fall erteilt"*, hieß es.

Dieses Versprechen wurde zehn Jahre später von dem damaligen SPD-Ministerpräsidenten Holger Börner noch verstärkt: *„Nach dem Bau der Startbahn West wird kein Baum mehr für den Flughafen fallen"*.

Es folgte die Zusicherung der Deckelung von 375.000 Flugbewegungen und die mit der Startbahn West verbundene Aussage der Fluglärmentlastung in den östlichen Kommunen.[1]

Unbeeindruckt von diesen Zusicherungen der Politik hat der Flughafenbetreiber seine Ausbautätigkeit innerhalb des Zaunes fortgesetzt und zwar heimlich still und leise. Wie die Recherchen der Juristen im Laufe der Auseinandersetzung ergeben haben, sind 60% der erfolgten Ausbauten nicht planfestgestellt, also illegal gebaut worden.

Der Beginn der Planungen für die Startbahn West Anfang der 80iger Jahre war verbunden mit der Zusicherung, dass ein weiterer Ausbau des Frankfurter Flughafens nur *innerhalb* des Zaunes um das Flughafengelände stattfinden werde. Schon die Startbahn-18-West wurde aber *außerhalb* des Flughafengeländes gebaut und 1984 eingeweiht.

Parallel zu diesen Ausbauplänen erreichte die Privatisierungswelle öffentlichen Eigentums auch den Frankfurter Flughafen, der sich bis 2001 noch komplett in öffentlicher Hand befand. Es sollte privates Kapital zur Flughafenerweiterung genutzt werden können. Die Privatisierung war ein paradoxes Unterfangen: Wie konnte man sie realisieren und gleichzeitig den weiteren Ausbau des Frankfurter Flughafens als »öffentliches Interesse« maskieren? Man fand eine Lösung: Die Flughafen AG, wurde in *Fraport* umbenannt und an die Börse gebracht. Die öffentliche Hand behielt einen Aktienanteil von über fünfzig Prozent. In bemerkenswerter Offenheit begründete der Fraport-Chef Wilhelm Bender diesen Coup: *„Ich begrüße sehr, dass das Land Hessen und die Stadt Frankfurt, die beiden großen Anteilseigner, im Konsortialvertrag von 2001 gesagt haben, dass sie mindestens zehn Jahre die Mehrheit an der Fraport AG halten wollen – auch um den Ausbau sicherzustellen"*.

---

[1] Als persönliche Anmerkung hierzu sei mir erlaubt: In dem Glauben daran, hat meine Familie im Westend von Neu-Isenburg ein Haus gebaut. Später wurde uns von Politikern gerne der Satz entgegengehalten: "Sie haben ja gewusst, wo Sie bauen."

Wem gegenüber die »öffentliche Hand« verpflichtet sei, stellte Wilhelm Bender ebenfalls unmissverständlich fest: *„Ich gehe davon aus, dass jeder, der einen solchen Posten über-nimmt, sich vorher das Aktiengesetz anschaut. Und das legt fest, dass alle dem Wohl des Unternehmens verpflichtet sind"*. Mit anderen Worten: Der öffentliche Anteil am Privatun-ternehmen Flughafen dient nicht dem Gemeinwohl, sondern als Schutzschild zur Durchset-zung privatwirtschaftlicher Interessen. Und diese wurden mit dem Generalausbauplan 2000 – da lief die sog. Mediation noch – klar umrissen: Eine neue Landebahn, außerhalb des Flughafenareals, mitten durch den Kelsterbacher Wald, ist 2011 in Betrieb genommen wor-den.

Doch bei diesen Planungen gab es ein weiteres Problem: 1993 war das hessische Forstgesetz verabschiedet worden, in dem der überwiegende Teil des Frankfurter Stadtwal-des als »Bannwald«, die höchste Schutzkategorie für einen Wald, ausgewiesen ist. Da die meisten Reststücke Wald rund um den Frankfurter Flughafen in die Kategorie „Bannwald" fallen, erklärten alle Parteien, dass ein weiterer Ausbau des Frankfurter Flughafens nur innerhalb der bestehenden Grenzen möglich sei.

Dieselben Parteien, die diesem Forstgesetz zugestimmt hatten, saßen als Vertreter der Stadt Frankfurt und des Landes Hessen im Aufsichtsrat der Fraport und unterstützten ein paar Jahre später völlig unbefangen den Bau einer neuen Landebahn, die das neue Forstge-setz Makulatur werden ließ – ein Rechtsbruch folgte dem Wortbruch.

Der Gipfel der Wortbrüche aber ist das jahrelang von Ministerpräsidenten Koch pro-pagierte Junktim *„Kein Ausbau ohne Nachtflugverbot – kein Nachtflugverbot ohne Aus-bau"*. Erst waren es die Bedenken, ein solches Verbot hätte keinen juristischen Bestand bei einer möglichen Klage der Lufthansa. Als dann wider Erwarten der VGH in Kassel der beantragten Nachtflugregelung im Planfeststellungsbeschluss eine Absage erteilte, ist es nun der Vorwand, man wolle eine bundeseinheitliche Regelung durch das Bundesverwal-tungsgericht. [2]

Die Job-Lüge

Wer bei Millionen von Arbeitslosen Tausende von Jobs verspricht, der hat alle Sympathien. Und wenn es der größte Arbeitgeber im Lande verspricht, dann ist man bereit über vieles hinwegzusehen. Politik und Lobby wurden daher auch nicht müde, dieses Totschlagargu-ment beharrlich vor sich herzutragen. Den Bürgern wurde suggeriert, dass der Ausbau ei-gentlich nur wegen der *„Hunderttausende von neuen Jobs"* stattfinden würde. Teils aus Unkenntnis, teils wider besseres Wissen wurde mit schwindelerregenden Zahlen operiert. Gestartet wurde mit der Zahl 250.000, später waren es dann 100.000, eine von Herrn Ben-der während des Planfeststellungsverfahrens ständig wiederholte Zahl. Nachvollziehen konnte das niemand so richtig.

Zur Erinnerung: Im Rahmen der Mediation wurden durch Fraport (damals noch FAG) drei Gutachten in Auftrag gegeben, die die Auswirkungen auf die Beschäftigungs- und Standorteffekte sowohl für den Ausbau als auch für den Fall eines Nichtausbaus untersu-chen sollten.

---

[2] Unter Verwendung von Textauszügen aus Wolf Wetzel, Eine landebahn für Deutschland, in: Publik-Forum 5/2009.

Die Arbeitsplatzberechnungen stammen:

- Aus dem Gutachten W 1/2, später 19.1. PFV Arbeitsplatzeffekte am Flughafen von Rürup, Hujer, TH Darmstadt.
- Aus dem Gutachten W 4, später 19.2. PFV Standorteffekte durch Ausbau von Baum, Uni Köln.

Das dritte Gutachten, W3 zum Thema Arbeitsplatzeffekte des Rheinisch-Westfälisches Institut für Wirtschaftsforschung (RWI) kam zu völlig anderen, aber für Fraport negativen Ergebnissen und wurde daher unterschlagen und nie mehr erwähnt.

Die beiden og. Schlüsselgutachten sind methodisch und inhaltlich unzureichend. Beide basieren methodisch auf einer unzureichenden Datenmenge u.a. äußerst geringe Fallzahlen aufgrund einer extrem hohen Verweigerungsrate und einer niedrigen Rücklaufquote (ca. 10%).Die Durchführung der Studien war fachlich unsauber, verschiedene Befragungsmethoden wurden miteinander vermengt, Ergebnisse beider Untersuchungen wurden in unzulässiger Art und Weise miteinander verrechnet.

Es ist interessant, die Herkunft der Zahlen über angeblich geschaffene Arbeitsplätze zu verfolgen, mit denen die Öffentlichkeit beeinflusst werden sollte. Die Zahl von 250.000 ergab sich aus der Addition der höchsten errechneten Prognose zusätzlicher Arbeitsplätze im Falle des Ausbaus aus dem Gutachten 19.1. mit der extremsten Verlustprognose wegfallender Arbeitsplätze im Falle eines Nichtausbaus aus dem Gutachten 19.2. Dieser Zahlenwert war derart unseriös, dass er dann auch bald in der Versenkung verschwand. Als PR-Effekt der Kampagne hat er aber sicherlich seine Wirkung nicht verfehlt.

Inhaltlich war zu beanstanden, dass der Untersuchungsansatz völlig einseitig war. Untersucht wurden nur positive Effekte. Der mögliche Wegfall von Arbeitsplätzen durch eine drohende Monostrukturierung der Region, bzw. der mögliche Wegzug von Unternehmen wegen Fluglärmbelästigung oder der mögliche Rückgang von Neuansiedlungen durch Beeinträchtigung der sogenannten weichen Standortfaktoren wurde nie in Betracht gezogen. Die Untersuchungsergebnisse wurden einseitig interpretiert bis hin zur Manipulation.

Im Rahmen des ROV und des PFV wurden die Zahlenwerte beider Gutachten zwei Mal überarbeitet und neu berechnet. Nun stand eine neue Zahl im Raum: 100.000 Arbeitsplätze. Wie kam man nun auf diese Zahl?

Beide Gutachten errechnen unabhängig voneinander theoretische Beschäftigungszuwächse am Flughafen – 19.1. am Standort Rhein-Main; 19.2.in Form von direkten, indirekten und induzierten Arbeitsplatz-Effekten. Nach der Prognose aus dem Gutachten 19.1. sollten zwischen den Jahren 2000 und 2015 über 32.000 neue direkte Arbeitsplätze am Flughafen entstehen. Multipliziert mit einem nicht nachvollziehbaren über die Zeit variablen Faktor von ca. 1,7 im Schnitt ist dies die Grundlage der Berechnung. Ergebnis: 53.000 Arbeitsplatzeffekte für die BRD davon 32.000 für den Regierungsbezirk Darmstadt, der mit der Region Rhein-Main gleichgesetzt wurde.

Das Gutachten 19.2. errechnet neben direkten, indirekten und induzierten auch noch sog. katalytische Beschäftigungseffekte (Einkommens- und Arbeitseffekte durch Unternehmen, die sich wegen des Flughafenausbaus neu in der Region ansiedeln). Ergebnis: 79.000 direkte, indirekte, induzierte und katalytische Arbeitsplatzeffekte für den Regierungsbezirk Darmstadt. Beide Gutachten sind individuell ermittelt und haben keinen Bezug zueinander.

Aber auch hier wurden von Fraport die Ergebnisse beider Studien zu einer Gesamtzahl verknüpft. Man reduzierte aus dem Gutachten 19.1. von den 53.000 bundesweiten Arbeitslatz-Effekten die 32.000 direkten, indirekten und induzierten Arbeitsplatzeffekte für den Regierungsbezirk Darmstadt mit der Begründung, diese seien ja bereits im Gutachten 19.2. erfasst worden, und addiert die verbleibenden 21.000 bundesweiten AP-Effekte zu den 79.000 aus dem Gutachten 19.2. und erhält so eine runde Summe von 100.000 zusätzlich entstehender Arbeitsplätze. Die katalytischen Effekte, eine äußerst nebulöse und ex post nie nachprüfbare Kategorie, machen mit knapp 50.000 etwa die Hälfte dieser Berechnung aus.

Mittlerweile sind die Jahre ins Land gegangen und es zeigte sich, dass sich die Realität leider nicht so entwickelte, wie es die Gutachten prognostizierten. Nach der Prognose hätte die Zahl der Beschäftigten im Jahre 2005 bei bereits 74.000 liegen müssen. Fraport hat aber Schwierigkeiten nachzuweisen, dass sich die Zahl der direkt Beschäftigten von 62.500 seit der Mediation überhaupt nennenswert veränderte. Diese liegt heute nach Fraport eigenen Angaben bei etwas über 70.000 Da aber die Zuwachszahl an direkten Arbeitsplätzen die Grundlage für die Errechnung aller weiterer Beschäftigungseffekte ist, bricht natürlich die Gesamtprognose in sich zusammen. Untersucht werden müsste in diesem Zusammenhang auch die Zählweise und Bewertung der Fraport-Statistiken. Wie werden z.B. Teilzeit und Ein-Eurojobs gezählt? Fraport entzieht sich jedoch jeder offiziellen Kontrolle und verwickelt sich mit unterschiedlichen Zahlenangaben in Widersprüche.[3]

Völlig abwegig ist die Prognose, dass durch Neuansiedlung zusätzlicher Unternehmen 47.000 sog. katalytische Arbeitsplätze entstehen sollen. Der Flughafen Rhein-Main in seiner jetzigen Größe gehört zu den führenden internationalen Luftverkehrsangeboten der Welt. Es ist sehr schwer vorstellbar, warum nun durch den Ausbau und das Angebot einiger zusätzlicher Flüge derartig enorme zusätzliche Anreize zur Ansiedlung entstehen sollten, dass fast 50.000 neue Arbeitsplätze katalysiert werden. Es ist im Gegenteil eher damit zu rechnen, dass Unternehmen wegen der Mehrbelastungen durch Lärm, Schadstoffe, Verlust von Wohn- und Lebensqualität im Falle eines Ausbaus sich hier nicht ansiedeln oder sogar wegziehen.

Und sollte sich trotzdem das eine oder andere Unternehmen aus diesem Grunde hier ansiedeln, so würde dieses nicht neu entstehen, sondern aus einem anderen Standort verlagert werden. Es entstünde also bestenfalls ein Nullsummenspiel. Die Verlagerung von Speditionen aus Kelsterbach hat das gezeigt. Das Quantifizieren katalytischer Effekte in Gutachten ist nicht nur unüblich, sondern gilt aus wissenschaftlicher Sicht als unseriös.

Bemerkenswert ist, dass auch die Gutachter von 19.1. im Rahmen ihrer Überarbeitungen für das PFV nicht zuletzt aufgrund der wirtschaftlichen Entwicklung selber eine Korrektur ihrer Prognosen vorgenommen haben. Danach reduziert sich die Hochrechnung von über 53.000 Effekte auf ca. 29.000.

Die Arbeitsplatzprognosen sind haben sich mittlerweile auch aus einem anderen Grund als fragwürdig herausgestellt. Fraport steht unter einem gewaltigen Rationalisierungszwang, auf den die Bürgerinitiativen übrigens von Anfang an hingewiesen haben, während die Politik und die Luftverkehrsindustrie behauptete, das sei nicht der Fall. Da für eine Aktiengesellschaft die Gewinnmaximierung und nicht die Schaffung von Arbeitsplät-

---

[3] So sieht die Mehrzahl der neuen Arbeitsplätze offenbar aus: Minijobs, Teilzeit- oder Schichtarbeit mit harter körperlicher Arbeit zu derart geringen Löhnen, dass viele einen zweiten Job brauchen, um mit ihren Familien leben zu können. Im Flughafenumland gibt es dafür kaum Bewerber. Zu solchen Bedingungen arbeiten Menschen, die in ihrer Heimat keine Arbeit finden. Strukturpolitisch ist das schlicht falsch.

zen im Mittelpunkt steht, war davon auszugehen, dass es trotz der angestrebten Zunahme von Flugbewegungen zu keinen nennenswerten Arbeitszuwächsen kommen wird. Dies hat sich in der Zwischenzeit schon vor der Inbetriebnahme der neuen Bahn bestätigt.[4]

Schlussbemerkung

Der Zahlenpopanz, den die Gutachter der Fraport aufgebaut hatten, wurde während des sechsmonatigen Erörterungstermins in Offenbach von den Ausbaugegnern und ihren wissenschaftlichen Beratern zerpflückt. Genützt hat es nichts. Im Gegenteil. In einem persönlichen Gespräch mit dem Vorsitzenden der Kommission, Gentzsch, äußerte dieser sich mir gegenüber etwa sinngemäß: *„Das ist ja alles löblich, was Sie hier vorbringen, aber für die Entscheidung des Ausbaus im Rahmen des PFV ist dies von völlig untergeordneter Bedeutung."* Wieder einmal waren die Rollen ungleich verteilt. Während Politik und Luftverkehrslobby über die ihnen offenstehenden Medien die Öffentlichkeit mit dem Totschlagargument der Arbeitsplätze jahrelang bombardierten, waren diese Argumente rechtlich praktisch ohne Relevanz. Antworten auf das Bombardement mit falschen Argumenten konnte die Gegenseite nicht, denn die Zugänge zu Rundfunk, Fernsehen und zu einem Großteil der Presse hatten nur Politik und Lobby.

> *„Es ist der alte Widerspruch konservativer Politik: Einerseits will man alles bewahren, andererseits fördert man nahezu kritiklos wirtschaftliche Dynamik gleichgültig wie tief die damit einhergehenden gesellschaftlichen Eingriffe sind. Man könnte auch sagen, konservative Politik ist der politische Wegbereiter einseitiger wirtschaftlicher Interessen im blinden Glauben, dass wirtschaftliches Wachstum immer auch zum Wohle der Menschen ist."*

---

[4] Unter Verwendung von Berechnungsmodellen von Michael Paulitsch.

Angaben zu den Autoren

Frank Boermann, geb. am 3.7.1968 in Kevelaer/NRW, Studium der Rechtswissenschaften an der Universität Bielefeld, Mitarbeit bei Prof. Dr. Stock und Prof. Dr. Lübbe-Wolff. Nach dem Referendariat im OLG-Bezirk Hamm im Januar 1996 Rechtsanwalt in Berlin. Seit 2001 Fachanwalt für Verwaltungsrecht. Seit 2007 zusätzlich Fachanwalt für Bau- und Architektenrecht. Seit 2009 Notar im Bezirk des Berliner Kammergerichts. Tätig bei der Kanzlei Grawert Schöning und Partner in Berlin, deren geschäftsführender Partner er ist. Schwerpunkt im Bereich des Verwaltungsrechts ist das Fachplanungsrecht, dort insbesondere Fragen der luftverkehrlichen Fachplanung. In diesem Zusammenhang eine der beiden großen Sammelklagen gegen den Planfeststellungsbeschluss zum Ausbau des Flughafens Berlin-Schönefeld. Weitere anwaltliche Tätigkeiten im Planfeststellungsverfahren zum Neubau des Flughafens Kassel-Calden sowie im Verfahren zum Ausbau eines Verkehrslandeplatzes zu einem Verkehrsflughafen im nördlichen Brandenburg. Derzeit Betreuung verschiedener Klagen im Zusammenhang mit dem geplanten Nachtflugbetrieb auf dem künftigen Flughafen Berlin-Schönefeld BBI und Vertretung hunderter Anwohner, die ihre Ansprüche auf Schallschutz geltend machen.

Ferdi Breidbach, geb.03.05.1938 in Langenberg/Rhld. Von 1945 bis 1980 wohnhaft in Duisburg, bis1998 in Schliersee/Obb und aktuell in Diedersdorf bei Berlin. Verheiratet, 3 erwachsene Kinder und 4 Enkelkinder. Nach Beendigung von Schulzeit und Lehrzeit als Schlosser Besuch der „Akademie der Arbeit" in Frankfurt/Main. Berufliche Tätigkeiten als Gewerkschaftsekretär, verschiedene Aufgaben in nationalen und internationalen Großunternehmen in den Unternehmensbereichen Marketing und Öffentlichkeitsarbeit, anschließend 10 Jahre Unternehmensberater bis 2008. Verschiedene politische Funktionen in der CDU, auf Orts-, Landes- und Bundesebene. Mitglied im Deutschen Bundestag von 1969 bis 1980 (Wirtschaftsausschuss). Nach 2000 Mitglied und Vorsitzender des Bürgervereins Brandenburg Berlin e. V. Aktuell Ehrenvorsitzender und verantwortlich für Kommunikation.

Helmut Breidenbach, geb. am 30.03.1948 in Gelnhausen. Abitur 1966 in Gelnhausen. Studium der Wirtschaftswissenschaften an den Universitäten Frankfurt und Gießen. Berufliche Stationen im Marketing der Automobilindustrie, im Produktmanagement in der Pharmaindustrie und der Organisationsentwicklung/Unternehmensplanung beim Westdeutschen Rundfunk Köln. Fünfzehn Jahre kommunalpolitische Tätigkeiten in unterschiedlichen Funktionen mit den Schwerpunkten Umwelt- und Verkehrspolitik. Seit über 20 Jahren tätig in Fluglärm-Initiativen und Mitglied in mehreren Fluglärmkommissionen. Seit fünf Jahren Präsident der Bundesvereinigung gegen Fluglärm e. V.

Joachim Drews, Studium der Wirtschaftspädagogik und der Informatik. Selbstständiger EDV-Berater. Legasthenie- und Dyskalkulie-Trainer. Langjährige Tätigkeit als Privatdozent. Seit 1994 in Hochheim-Massenheim lebend. Für die dort ansässige Praxis für Logopädie und die Lernwerkstatt der Ehefrau war der zunehmende Fluglärm ein merklicher

Störfaktor. Seitdem Beschäftigung mit Fragen des Fluglärms. Seit 2005 im Vorstand der Bürgerinitiative WIDEMA tätig.

Christoph Ewen, seit Sommer 2003 Inhaber von team ewen. 2000 bis 2003 Institut für Organisationskommunikation GmbH (IFOK), Bensheim, Bereichsleiter Umwelt, Planung, Technik; 1985 bis 1999 Institut für angewandte Ökologie e.V.(Öko-Institut e.V.), zuletzt stellvertretender Geschäftsführer und wissenschaftlicher Koordinator des Instituts, Studium und Promotion im Fachbereich Bauingenieurwesen an der TU Darmstadt, Schwerpunkt Umwelt- und Raumplanung. Geboren (1960) und aufgewachsen in Neuwied/Rhein, wohnhaft in Darmstadt.

Dieter Faulenbach da Costa, 1969 bis 1972 Studium Architektur, Städtebau und Regionalplanung in Siegen. 1972 bis 1975 Abteilungsleiter für Wettbewerbe und Städtebau in Gummersbach. 1975 bis 1981 Fraktionsassistent in Offenbach, Bezirksgeschäftsführer der SPD Hessen Süd, Landesgeschäftsführer der SGK Hessen, Direktor der Akademie für Kommunalpolitik Hessen e.V.. 1981 bis 1985 als Entwicklungshelfer auf den Kapverdischen Inseln Aufbau des Stadtplanungsamtes in der Hauptstadt Praia. Seit 1985 weltweit als selbstständiger Planer im Luftverkehr tätig. Mitarbeit, Projektleitung und Qualitätssicherung bei Standortsuchverfahren, nationalen Luftverkehrsstudien, Machbarkeitsstudien, Masterplänen, Kapazitätsanalysen, Raumordnungsverfahren, Planfeststellungsverfahren für Verkehrsflughäfen. Seit 2002 als Gutachter in luftverkehrsrechtlichen Verfahren auch vor Oberverwaltungsgerichten und dem Bundesverwaltungsgericht tätig.

Wulf Hahn, Dipl.-Geograph, ist seit 1996 geschäftsführender Gesellschafter der Fachagentur für Stadt-, Verkehrs-, Umwelt -und Landschaftsplanung, Regio Consult. Studium der Geographie mit den Schwerpunkten Verkehrs- und Wirtschaftsgeographie, Raumordnung und Landesplanung in Marburg/Lahn von 1991-1996. Spezialgebiete: Raumentwicklungsprognosen, Verkehrsprognosen; Beratung zu Straßenbau- und Schienenprojekten, UVP; ÖPNV-Konzepte, ÖV-Marketing .Mitglied der Forschungsgesellschaft für Straßen- und Verkehrswesen (FGSV) e.V. seit 1998. Mitglied im AA 1.2 „Erhebung und Voraus-schätzung des Verkehrs" (Leitung: Prof. Dr.-Ing. Dirk Zumkeller); Mitglied im AK - Empfehlungen für Verkehrserhebungen – Neufassung der EVE 1.2.5., AK 1.2.6, Empfehlungen zu Konzeption und Einsatz von Verkehrsnachfragemodellen im Personenverkehr, AK 1.8.4 „Empfehlungen zu Konzeption und Einsatz zur Berechnung im Wirtschaftverkehr", AK 1.2.7 „Konsistenz und Plausibilität der Inputdaten für Verkehrsmodelle", Mitglied im AK 1.7.2 „stadtverträgliche Umweltbelastungen" im AA 1.7 „Sonderfragen des Verkehrs". Mitglied der Deutschen Verkehrswissenschaftlichen Gesellschaft (DVWG), Bezirksvereinigung Nordhessen sowie der Stadt-, Regional- und Landesplaner – SRL e.V., Regionalgruppe Hessen/Rheinland-Pfalz.

Klaus Haldenwang, geb. am 14.06.1943 in Berlin, aufgewachsen in Berlin und Karlsruhe, Studium der Rechtswissenschaft in Berlin und Tübingen, seit 1971 Rechtsanwalt, seit 1986 Notar in Frankfurt am Main, Fachanwalt für Verwaltungsrecht mit Spezialisierung auf öffentliches und privates Baurecht und Immobilien- und Planungsrecht. In gleicher Weise für den Schutz der Bürger und die angemessene Wahrung kommunaler Belange engagiert.

Harm Heldmaier, geb. 04.11.1945, aufgewachsen in der Region Sindelfingen, Abitur 1965. Beginn einer Maschinenschlosserlehre bei Daimler Benz als Vorbereitung für Studium der Luftfahrttechnik. 1967 Beginn der Pilotenausbildung an der Fliegerschule der Lufthansa in Bremen und San Diego. 1969 bis 1999 Pilot bei Lufhansa auf den Flugzeugtypen B 727, B 747 und A 310/300. Seit 1999 Mitglied im Regionalen Dialogforum. Beratend tätig für in der Einrichtung "Zukunft Rhein Main".

Ralf Hoppe, Gesellschafter der Fachagentur für Stadt-, Verkehrs-, Umwelt -und Landschaftsplanung, Regio Consult. Studium der Geographie, Bodenkunde und Meteorologie in Bonn, Promotion zum Dr. rer. nat. in Marburg, Seit 2007 Gesellschafter von Regio Consult. Spezialgebiete: Überprüfung von Verkehrsgutachten, Wirtschaftlichkeitsuntersuchungen; Statistische Verfahren und Überprüfung von Prognosen; Beratung zu Straßenbau-, Schienen- und Schwebebahnprojekten; Überprüfung von Flughafenausbauplänen; Standortgutachten und Einzelhandelsuntersuchungen.

Martin Kaltenbach, geb. 23.09.1928 in Lörrach/Baden. Medizinstudium in Freiburg, Basel und Marburg. 1955 Staatsexamen und Promotion. Habilitation 1966. 1973 Professor und Leiter der Kardiologie im Klinikum der J.-W.-Goethe-Universität Frankfurt bis 1993. Vorsitzender Deutsche Gesellschaft für Kardiologie, zahlreiche wissenschaftliche Auszeichnungen, Bundesverdienstkreuz 1. Klasse. 10-jährige Mitarbeit im regionalen Dialogforum. Studie zu Herz-Kreislaufwirkungen von Fluglärm, Publikationen in Deutsches Ärzteblatt und Clinical Cardiology.

Frank Kaufmann, geb. 09.03.1948 in Berlin, aufgewachsen in Frankfurt am Main, Abitur daselbst, Studium der Physik, danach Tätigkeit an der Universität Frankfurt, später als kommunaler Wahlbeamter im Rhein-Main Gebiet. Seit April 1995 Mitglied des hessischen Landtags und von Anfang an in der GRÜNEN Fraktion für die Probleme des Flugverkehrs sowie die Auseinandersetzungen um den Flughafen Frankfurt zuständig.

Matthias Möller-Meinecke, geb. 1952 im niederhessischen Treysa, Abitur 1972 in Frankfurt am Main. Anschließend Studium der Volkswirtschaft und Rechtswissenschaft in Frankfurt. Mitglied des Senates und 2. Vorsitzender des allgemeinen Studentenausschusses der Universität. 1980 Bearbeitung der ersten Verbandsklagen des Bundes für Umwelt und Naturschutz Deutschland gegen die Startbahn 18 West. Seit 1983 niedergelassener Rechtsanwalt in Frankfurt am Main mit dem Schwerpunkt Bau – Planungsrecht. Größere Projekte: Flughafenausbauplanungen Berlin, Frankfurt am Main, München, Hannover, Calden, Memmingen, Egelsbach, Reichelsheim. Nachtflugverbot für den Flughafen Frankfurt. Straßenplanung Bundesautobahn 49 Mittelhessen, A 661 Dreieich, Odenwaldzubringer B 46, Südumgehung Dreieich. Eisenbahn: Neubaustrecke Köln-Rhein/Main, Ausbaustrecke Fulda-Frankfurt, Mannheim; ICE-Bahnhof Erfurt. Kraftwerke: PREAG Block 5, E.ON Block 6 bei Hanau, Heizkraftwerk Frankfurt West. Sondermüllverbrennungsanlage Bad Harzburg, Müllverbrennungsanlagen Mainhausen, Zella-Mehlis, Heringen. Frankfurter Hochhäuser: Campanile, Opernturm, Westend Duo. Vorlesungen zum Planungsrecht, Wasserrecht und Naturschutzrecht an der Bauhaus-Universität Weimar. Ehrenamtliches Engagement in der Aktionsgemeinschaft Westend, in der Beratung der Bürgerinitiativen »Volksbegehren keine

Startbahn 18 West«, im Bund für Umwelt und Naturschutz Deutschland und der Bundesvereinigung gegen Fluglärm sowie der Bundesvereinigung gegen Schienenlärm.

Marek Much, geb. 08.02.1978 in Münster, nach dem Abitur und Zivildienst Beginn des Jura-Studiums im WS 1998/99 an der Universität Trier. Im Sommer 2000 Abschluss der fachspezifischen Fremdsprachenausbildung im Anglo-Amerikanischen Recht. 2000/2001 ERASMUS-Studium an der Universität Uppsala mit Schwerpunkt Völker- und Europarecht. Fortsetzung des Studiums an der Humboldt-Universität zu Berlin und Stipendiat der Studienstiftung des Deutschen Volkes. Im Jahr 2006 erstes juristisches Staatsexamen mit Wahlfach Europa- und Völkerrecht. Im Februar 2007 Beginn der Promotion im Bereich Verfassungs- und Völkerrecht bei Prof. Dr. Bernhard Schlink. Seit Januar 2009 wissenschaftlicher Mitarbeiter in der Kanzlei Grawert Schöning und Partner. Seit Februar 2010 Rechtsreferendar im Gerichtsbezirk des Kammergerichts Berlin.

Gerda Noppeney, geb. 1940 in Essen, Studium der Medizin in Bonn und Münster (1960 – 1966), Approbation 1968, Promotion zu einem Thema der Medizingeschichte 1968. Anerkennung als Fachärztin für Innere Medizin 1975. Zusatzbezeichnung: Betriebs-, Sozial- und Rehamedizin. Langjährige Tätigkeit als Leitende Medizinaldirektorin bei einem Sozialversicherungsträger. Gutachtliche Tätigkeit für Sozial- und Arbeitsgerichte. Mitbegründerin und derzeit Vorsitzende der Ärzteinitiative für ungestörten Schlaf Rhein-Sieg 2001.

Rolf Reinbacher, geb. 11.05.1952 in Dortmund und dort aufgewachsen, nach Schulabschluss 1968 Ausbildung zum Bankkaufmann und anschließend berufsbegleitende Weiterbildung zum Bankfachwirt. Berufliche Tätigkeiten bei der LBS und der Westdeutschen Landesbank/WestLB in den Fachbereichen Auslandsgeschäft, Baufinanzierungen, Firmenkredite. Zuletzt Vorsitzender des Betriebsrates Dortmund und Gesamtvertrauensperson der Schwerbehinderten. Mitglied der Schutzgemeinschaft Fluglärm Dortmund Kreis Unna e.V.

Friedrich Thießen, geb. 1957 in Bonn. Aufgewachsen in Berlin und Frankfurt. Abitur 1976 in Frankfurt. Studium der Volkswirtschaftslehre Universität Köln. Promotion Universität Köln. Habilitation Universität Frankfurt. Ord. Prof. für Bankwirtschaft und Finanzierung der TU Chemnitz. Wissenschaftliche Beiträge zur Bankbetriebslehre, Kapitalmarktfragen, insbesondere Investmentbanking. Studien zu regionalökonomischen Fragen und zu den Auswirkungen von Fluglärm auf Immobilien. Ehrenamtliche Tätigkeiten: Vorstandsmitglied des Rhein-Main-Instituts für Regionalforschung, Darmstadt. Geschäftsführender Direktor des Network for Financial Studies, Saxony, Chemnitz, Freiberg, Leipzig, Dresden.

Nick Timm, geb. 15.10.1938 in Berlin. Seit 1968 wohnhaft in Neu-Isenburg. Nach Abitur Fachschule für Kommunikation und Marketing in München. Ein Jahr Sprachausbildung in London. Ab 1961 Kundenberater und später Abteilungsleiter und Prokurist bei J. Walter Thompson (JWT) in Frankfurt. 1981 selbstständig mit eigener Werbeagentur in Frankfurt. Seit 1997 im Ruhestand. 1997 Gründungsmitglied der Bürgerinitiative gegen Fluglärm und Schadstoffbelastung in Neu-Isenburg. Zeitweilig einer der Sprecher des Bündnisses der Bürgerinitiativen. Seit 2005 Mitglied bei Bündnis 90/Die Grünen und Stadtverordneter in Neu-Isenburg. Kein Flughafengegner, aber engagierter Streiter gegen den Ausbau und

Dominanz des Frankfurter Flughafens mit den damit einhergehenden Folgen für die in der Region lebende Bevölkerung und die Umwelt.

Dirk Treber, geb. 27.08.1951 in Frankfurt am Main, aufgewachsen in Mörfelden-Walldorf, Abitur 1970 in Gross-Gerau. Anschließend Studium der Soziologie, Politik und Volkswirtschaft in Frankfurt. Verschiedene berufliche Tätigkeiten in der Marktforschung, wissenschaftlicher Mitarbeiter, hauptamtlicher Stadtrat und freiberuflich in der Kommunikationsbranche. Von 1982 bis 1985 Abgeordneter des Hessischen Landtages in Wiesbaden für Bündnis 90/Die Grünen. 1979 Mitbegründer der Bürgerinitiative gen die Flughafenerweiterung Frankfurt Rhein-Main, Vorsitzender der Interessengemeinschaft zur Bekämpfung des Fluglärms (IGF), Vorstandsmitglied der Bundesvereinigung gegen Fluglärm (BVF) und Mitglied der Kommission zum Schutz vor Fluglärm am Frankfurter Flughafen.

Claudia Weiand, Dr. rer. nat., geb. 01.09.1963 in Bogotá/Kolumbien, aufgewachsen in Bogotá, Studium der Biologie in Freiburg i.Br., Abschluss mit Diplom und anschließend Promotion im Bereich der virologischen Krebsforschung. Während der Mutterzeit ehrenamtlich beim BUND in verantwortlichen Positionen bis heute tätig. Gründungsmitglied des Deutschen Fluglärmdienstes (DFLD) , Mitglied der Interessengemeinschaft gegen Fluglärm im Taunus. Preisträgerin verschiedener Umweltpreise. Soziales Engagement in diversen anderen Vereinen. In neuerer Zeit Gymnasiallehrerin für Biologie in Königstein im Taunus.

Frank Zimmermann, Studium Bauingenieurwesen an der FH in Würzburg. Abschluss Diplomingenieur. Anschließend in verschiedenen Hierarchiestufen bei Baufirmen und Ingenieurbüros gearbeitet. Zuständig u.a. für alle Arbeiten im Ing.-Tiefbau (z.B. Straßenbau, Kläranlagen, Entwässerungs- und Wasserversorgungs-arbeiten). Seit 1988 lebt er in Wiesbaden-Delkenheim. Gründungsmitglied der Bürgerinitiative WIDEMA im Jahr 1998.

Neu im Programm Politikwissenschaft

Neu im Programm
Politikwissenschaft

Jahn, Detlef

**Vergleichende
Politikwissenschaft**

2011. 124 S. (Elemente der Politik) Br.
EUR 12,95
ISBN 978-3-531-15209-7

Die Vergleichende Politikwissenschaft ist
eines der bedeutendsten und innovativ-
sten Teilgebiete der Politikwissenschaft,
das durch die Fokussierung auf die vergleichende Methode eine besonders aus-
geprägte Analysekraft besitzt. Dieser
Band führt auf knappen Raum und in ver-
ständlicher Form in alle wichtigen Aspekte der Vergleichenden Politikwissenschaft
ein und weist auf die neuesten Entwicklungen der Disziplin hin.

Schmid, Josef

Wohlfahrtsstaaten im Vergleich

Soziale Sicherung in Europa: Organisation,
Finanzierung, Leistungen und Probleme
3., überarb. u. akt. Aufl. 2011. 546 S. Br.
EUR 24,95
ISBN 978-3-531-17481-5

Ein Lehrtext zum Problemkreis: Wie funk-
tioniert der Wohlfahrtsstaat in verschiedenen Ländern, mit welchen Problemen
und Perspektiven? Untersucht werden
unterschiedliche Fälle, Felder und Probleme der Sozialen Scherung, wobei eine
enge Verbindung wissenschaftlicher Ana-

lyse mit politisch-praktischen Aspekten
verfolgt wird. Die vorliegende 3. Auflage
wurde umfassend aktualisiert und erweitert.

Simonis, Georg / Elbers, Helmut (Hrsg.)

Externe EU-Governance

2011. 347 S. (Governance) Br. EUR 29,95
ISBN 978-3-531-17941-4

Wie gelingt es der EU, ihre Außenbezie-
hungen gegenüber Nachbarstaaten und
auf entscheidenden Politikfeldern zu
koordinieren, zu institutionalisieren und
zu gestalten? Diese Frage ist mit gängi-
gen Instrumenten der staatenbasierten
Außenpolitikforschung schlecht beant-
wortbar. In diesem Band wird der Gover-
nanceansatz als analytisches Instrumen-
tarium ausgearbeitet und, unter besonderer Berücksichtigung der normativen
Basis der EU-Außenbeziehungen, in Fall-
studien auf die oben gestellte Frage
angewandt. Hierdurch wird eine wichtige
Lücke der EU-Forschung geschlossen.

Einfach bestellen:
SpringerDE-service@springer.com
tel +49 (0)6221 / 3 45 – 4301
springer-vs.de

 Springer VS

The manufacturer's authorised representative in the EU is Springer
Nature Customer Service Centre GmbH, Europaplatz 3, 69115 Heidelberg,
Germany. If you have any concerns regarding our products, please
contact ProductSafety@springernature.com

Printed and bound by CPI Group (UK) Ltd, Croydon, CR0 4YY
27/04/2026
02097634-0005